U0566335

桑　兵◎主编

各方致

孙中山 函电汇编

【第四卷】

(1919.1~1919.7)

谷小水　编

社会科学文献出版社
SOCIAL SCIENCES ACADEMIC PRESS (CHINA)

目　　录

郭坚致军政府总裁、国会议员电

（1919 年 1 月 1 日）

广州军政府总裁诸公暨参众两院诸公钧鉴：

天祸吾国，督团构乱，护法军兴，两载于兹。迩者南北议和，双方停战，坚等方幸北廷悔祸，和平可期，谨饬所部，静候解决。不意北廷阳倡和议，阴行决战。近日奉军陆续入关，窃据潼、渭，晋军潜师渡河，袭我韩、郃，甘军密布西北，扰我长、武，且豫军乘我不备进攻盩、鄠，陈逆又派张团侵掠兴、武。似此纷纷进兵，则议和显非诚意，不过远交近攻之狡谋，假道灭虢之毒计耳。嗟夫！喋血遍野，流亡满目，沙场暴骨，滋增隐痛。陈氏既负嵎残民，北廷犹助乱奖恶，陕民何辜，遭此鞠凶！应请我军府迅饬前敌各军大张讨伐，并通告各友邦，俾知北廷于停战期内，全力图陕，衅由彼开，咎有应归。坚等身典戎机，责无旁贷，惟有为最后之奋斗，藉达护法最初之目的而后已。枕戈南望，无任神驰。除呈由总、副司令飞电钧府及两院外，特电迳陈，不胜迫切待命之至。陕西靖国军第一路司令郭坚、参谋长马凌甫、总指挥刘锡麟、支队长郭英甫、王珏、党玉崑、张志成、刘福田、耿庄、王仕云、李夺、麻振武、靖国军第八军第三团团长向岩同叩。东。

（《陕军司令郭坚致军政府及国会电》，上海《民国日报》1919 年 1 月 12 日）

颜德基致孙中山等电

（1919 年 1 月 1 日）

十万火急。唐行营唐总裁，广州军政府岑总裁、孙总裁、伍总裁、唐总裁、林总裁、非常国会、莫督军、李省长，施南唐联军总司令，武鸣陆巡阅使，成都熊总司令、杨省长、曾厅长、萧厅长、杨厅长、但师长、杨司令、省议会，西川道尹，丽川唐总司令、柏总指挥、泸州蔡总司令、方纵队长，三原于总司令、胡总司令，云南刘代督军、由代省长，贵阳刘督军，夔州王总司令、黎总司令、王师长，泸州赵军长、赵道尹、朱旅长并转富顺金旅长，各江夏总司令，资州顾军长，重庆王总司令、袁师长、黄总司令、卢副司令、余总司令，万县姚总司令，顺庆石总司令，保宁陈副司令、郑总队长，绵阳吕师长，打箭炉陈镇守使，新川刘师长转杨道尹，刘行营刘师长，舒行营舒司令，大竹陈司令，各县知事，各报馆均鉴：

养、梗两电计达亮察。兹奉联帅真、有电复，一再慰留，中有：和局未定，自应切实准备，未合遽卸仔肩数语。德基感联帅知遇之隆，荷军民付托之重，闻命惶悚，声与泪俱。人孰无良，能勿奋发，且各界同人咸以大义相责，函电纷纷，基既不忍为权利之私争而重益人民痛苦，又不忍忘国家之公愤而坐视大局颠危。日前出外清乡，兹于十二月十四日回部，本拟再申前请，力求息事宁人。无如谍报纷传，敌氛日甚，我军虽云获胜，北虏日益增援，倘不谋预防，祸至无日，早知横生障碍，只得勉任艰难。一俟国难稍平，仍当决然引退，以明素志，金石可渝，此心不改，邦人君子共鉴斯言。谨电以闻。颜德基。东。叩。印。

（《军政府公报》修字第四十一号，1919 年 1 月 22 日，"公电"）

林葆怿致孙中山等电

（1919 年 1 月 1 日）

广州军政府岑、伍总裁、各部部长、各部次长、莫督军、翟省长、参众两院、林、吴两议长、王、褚两副议长暨诸先生、兵工厂钮总办、汪精卫、胡汉民先生，韶州李督办，黄冈方总指挥，漳州陈省长、吕总司令，武鸣陆总裁，南宁谭联军总司令、陈省长，永州谭总司令，郴州程总司令，贵阳刘督军、王总司令，云南唐总裁、由省长，四川熊督军、杨省长，上海孙总裁、唐总裁、孙伯兰先生，陕西于督军，福州省议会、商会、教育会，马尾储才馆、林仲孙先生暨各舰长，厦门通济蒋印秋先生暨各舰长均鉴：

窃十一月三十日奉军政府令：任命林葆怿为福建督军并兼本职，此令。并奉颁印信一颗，文曰：福建督军之印。各等因。奉此。惟念葆怿备员军府，供职楼船，护法南来，潍思逾岁，迭膺艰巨，时惕冰渊，自顾庸才，宜让贤路。只以李厚基负隅抗顺，黩武殃民，近且勾结奉军，增加闽毒。葆怿本有被发缨冠之志，重以敬恭桑梓之情，任既相加，责无旁贷，兹于一月一日先在海军部遵令就福建督军兼职。本当克期入闽部署一切，惟海军职务亦关重要，必当合计统筹，而后乃无顾此失彼之虞，现正积极筹备，力策进行。我前敌群公爱国心长，尚希互相提携，互相赞助，矢一德一心之谊，收使臂使指之功，俾国家永固，苞桑黎民早等衽席。谨纾胸臆，伫候教言。林葆怿。东。印。

（《军政府公报》修字第四十一号，1919 年 1 月 22 日，"通告"）

陈炳堃致广州军政府政务会议、参众两院电
（1919 年 1 月 1 日）

广州军政府政务会议、参众两院钧鉴：

读吕师长梗电，刘、钟乘隙袭我褒、沔，甘为戎首，罪不胜诛。窃军兴以来，手足一变而寇仇，故旧一变而敌国，情深箕[其]豆，泪洒阋墙，忍痛出师，情非获已。故我军始以政治之争执，至万不得已而用兵，继以外祸之传来，复万不得已而停战，无非欲早日依法解决，奠我国本，还我共和，孤诣苦心，朗如星月。

乃刘、钟当川滇决裂，既忍心作乱于前；值南北言和，又昧良启衅于后，祸川不已，且转祸秦，自始至终，甘冒不趡。若不早加惩处，万一战祸因此延长，虽肇乱乐祸责有攸归，而或引起列强之干涉，则非特祸及川陕，且危民国。斯时即枭刘、钟之首，岂足告天下，以谢我邦！惟中央言和，是否出于诚意，而刘、钟举动之是否出自中央，请即诘问北庭，速其明白答复，以便告我有众，尚架戎车，开骑数万，齐集嘉陵，谨率诸军提械待命。滇川黔靖国联军援陕第二路副司令兼嘉陵道尹陈炳堃叩。东。印。

　　（《军政府公报》修字第四十五号，1919 年 2 月 8 日，
"公电"）

熊希龄致军政府总裁等电
（1919 年 1 月 2 日）

北京徐大总统、国务院各部院，各省督军、省长、各都统、巡阅使、护军使、镇守使、各师旅团长、广东军政府七总裁、武鸣陆上将军、永州谭组安先生、各省省议会、教育会、商会、上海《申报》、《时报》、《时事新报》、《新闻报》、《神州报》、《中华新报》及各报馆、北京《晨报》、《公言报》、《国民公报》、《顺天时报》、《北京日报》、《京报》及各报馆、长沙、广州各报馆、天津《大公报》、《益世报》及各报馆均鉴：

　　前因南北相持，生灵涂炭，全国民意希望和平，适值欧战终了，世界潮流将驱东亚，更为我国生死关系问题。希龄以饱经忧患久谢政治之人，本不欲再闻世事，特为同人责备，不得已而联合同志，忠告双方，又恐态度不明，必滋惑虑。故于平和期成会成立之始，通电各界声明：不作政团，不有他种作用，不提出媾和条件，事竣之后，即行解散等语。本此宗旨，始终不渝。现值中央代表联袂出京，希龄等亦不日南下，仍持介绍之劳，以副本会之旨。

惟国人习惯，动辄多疑，南北暌违，易生谣误，若不一再声明，终恐无以取信。所损于个人者甚微，所贻累于大局者甚巨，言念前途，时深惕惧。窃维孔圣有言：无信不立。民国七年以来，起义宣言，表示宗旨，咸谓事成之后解甲归田，实则无一履行，致贻话柄。虽当事者各有苦衷，然言行不符，实为终身之玷。希龄识庸德薄，自知甚明，此次勉与是举，全属不忍斯世之心，毫无觊觎权位之念，既不敢利用他人，亦不肯为人利用。苟双方不听而事败，固愿谢罪于国民，即双方见听而事成，亦本素志以终养。倘有自食前言，投身政治，组织政党者，敢请全国之人置诸不齿之列。谨预声明，藉为凭证，伏冀鉴原，无任虔祷。熊希龄叩。冬。

（周秋光编《熊希龄集》第 7 册，第 2～3 页）

柏文蔚致军政府政务会议电
（1919 年 1 月 2 日）

广州政务会议钧鉴：

胡廷佐请恤案尚希照准，早日发表为祷。柏文蔚叩。冬。印。

（《军政府公报》修字第四十二号，1919 年 1 月 25 日，"公电"）

安瑞麟等致军政府总裁、国会议员函
（1919 年 1 月 4 日载）

广州护法军政府各总裁，参议院、众议院诸先生钧鉴：

吾国内争，于今两年，征夫满道，民穷财尽。于是国民奔走于前，友邦忠告于后，冀和平之有成，望国事之早定。谁无亲属、产业而乐有兵祸哉。诸公爱国爱民，同具苦心，然必双方开诚心布公道，则和平方可以永久。此国民之素愿，亦友邦之所同望者也。

不图两面和议之声初起，而北方违法之件日生，奸狡百出，诈伪时露。进攻闽、陕，急图川、湘，故无论矣。昨见东方通信社北京专电，钱能训致电李纯，声称希望孙洪伊、章炳麟勿令列席于会议云云。读之不胜骇异。夫今次和平会议之代表者，代表国民也，非代表某党某系或某私人也。孙、章两君，人所共晓，可以代表人民，人民自知之，不可以代表人民，人民亦自知之，此人民应有之特权，非钱氏可得干涉而阻制者也。即令合法之大总统与内阁总理，亦不能干涉或阻制民意，而况钱氏乎！

钱能训者，北京非法内阁之总理。徐世昌者，北京非法政府之总统也。钱氏无时无事不声言帮助徐世昌，而徐世昌亦无时无事不藉钱氏以代表其意，是名虽钱而意实徐也明矣。若徐、钱果有谋和之诚，则当尊重民意、固守法律，以示中外而信国民。今则视法律如弁髦，视人民如刍狗，何谓以诚谋和而息事宁人哉。夫达者窥于未萌，君子见微知著，树德务滋，除恶务尽，恶不可长，虑其难除。亡新未见，王莽俨然贤者；讨贼之初，曹操似乎大忠，及罪至罔加而力有难灭者矣。近者辛壬之际，项城之大恶不显；丙辰之年，段氏亦号称和义。继而帝制自为，坏法横暴，残民以逞，无恶不作矣。鉴往知来，为当以惧，况袁、段、徐、钱一邱之貉，其今昔之密切，人所共晓，揆之事理，必至同辙。袁也，段也，皆诸公偷安旦夕而委屈求全以成之者也。此悉诸公之往咎，而非吾人民之所愿望者也。

前事如斯，理应改途。国多一次之乱法，则民多一次之抵护，即多受一次之痛苦。今吾民已受苦极矣，不愿得暂时之和平之名，而再受来朝之大难也。扬汤不如抽薪，养痈不如溃决，诸公既吾民之重寄，当本民心，历陈奸罪，公布中外，坚守法律，秉理征讨，净除暴乱，削尽奸慝，以全我民主之国家，成我永久之和平。蕲诸公努力，勿事宽容，则感戴无□，岂仅麟等而已哉。临书迫切不胜拜祷之至。

　　　　　　　　　　　　安瑞麟等五十七人同叩

　　（《对于护法诸公之哀告》，上海《民国日报》1919
年1月4日）

全国和平联合会致广州军政府电
（1919年1月4日载）

广州军政府鉴：

　　闽陕军事问题，本会意见，拟促二省各推定代表，协议同时罢兵，并互划定驻兵地点。如有匪患，各于所管地点，负剿抚之责，不得藉口进兵。一切善后办法，静候南北会议解决。此项主张，已经电知北京当局，及分电闽陕二省，查照办理。应请贵军政府迅即通告前敌双方，均应照办，并请将会议代表名额，从速派定通知，指日开议，以顺舆情，而定大局。临电神驰，诸〔伫？〕候明教。全国和平联合会。

　　（《和平联合会斡旋闽陕问题》，上海《民国日报》
　1919年1月4日）

马逢伯致孙中山函
（1919年1月4日）

中山先生伟鉴：

　　启者：顷闻局部和议行将实现，段、陆携手，西南解体，国事益不可为矣。前事迄无回音，而议和之声频击耳鼓，吾党计划，似为段氏所利用，但不知内幕如何。先生卓识远虑，当必有灼见其

隐，愿进晚等而教之也。敬候

炉安，并颂

新禧

名正肃　元月四日

（《革命文献》第五十辑，第419页）

孙中山批：代答见后：段、陆断无携手。局部和议乃徐、陆之阴谋，吾辈当竭力打消之，否则民国已矣。

于右任致广州军政府等电

（1919年1月4日）

（衔略）自撤防令下，北廷假托和议，阴派许、张入关，甘、晋各军越界攻我，在段系为争陕地盘计，夫又何言。最可恨者，北廷对人尚曰已饬许、张停止进攻，不知其战略作用较之直接加入战争尤妙十倍。盖以许、张未悉陕情之军加入战线，胜负不待蓍龟，乃以许、张之军接防潼关、二华、临潼、渭南、蓝田及省城东关等处，而陈、刘逆军由此替出战线者增多至十余营。一面以镇嵩军全部攻我盩厔，激战已逾十日，一面以陈军全部攻我武功，艳日失守。右任以军府明令，未敢以一隅之事破坏和局，今已忍无可忍，即下令攻击，限日复原防。护法之大战争又将由此发轫，今日缩中国南北问题为陕西问题，以一陕西而与北派全体抗，胜则中华民国欲解未解之悬案迎刃而解，败则以陕西殉民国殉法律，亦千载一时之荣誉也。望诸公勿因敌人逼我，和议遽为让步，则负国负陕且负右任等苦守之心。临电愤慨，不知所云。陕西靖国军总司令于右任叩。支。帅。

（《于总司令通告陕战复开电》，上海《民国日报》

1919年1月14日）

李烈钧致孙中山等电

（1919 年 1 月 4 日）

急。广州军政府岑总裁、伍总裁、林总裁、各部长、参众两院、莫督军、翟省长，武鸣陆总裁，南宁谭督军、陈省长，贵阳刘督军，云南唐总裁，成都熊督军、杨省长，永州谭组庵总司令，郴州程总司令，韶州李督办，漳州陈省长，诏安方会办，黄冈吕督办，龙驹寨探送于督军、张军务会办，上海孙总裁均鉴：

国会两院议长上月陷日通电主张，一致赞成南方总代表唐少川先生力持在沪开和平会议，电中列举三大理由，皆正大光明，至当不易。唐总代表以去就相争，非仅杜干涉，免后患也。沪为万国梯航所辐辏，中外名流所荟萃，更为地理历史上南北适中之地点。苟非别有阴谋，何致设词拒避？吾侪宅心，唯矢至公至诚，与国民相见，唐总代表坚持在沪会议，国会诸公既认为适当，钧尤极端赞同。谨电奉达，伫盼明教。李烈钧叩。支。印。

（《军政府公报》修字第四十二号，1919 年 1 月 25日，"公电"）

国会议员焦易堂等致军政府总裁书

（1919 年 1 月 5 日载）

总裁诸公钧鉴：

孙总裁前函军政府，请以正式公文敦请美总统威尔逊作我护法战争仲裁。易堂等以为此事最关重要，可即进行。惟请作仲裁，似不如请作调人之较得也。兹将调人与仲裁之性质，及主张改作调人之详情缕陈之。

凡自然人与自然人争斗，不能解决时，双方或一方请第三人出为排解，名曰调人。除判是非息争端外，调人不惟不得有其他干涉，即报酬之利益，亦并无之。国家与国家战争，不能解决时，双方请第三国出面判决，名曰仲裁。除依公法彰公道外，仲裁亦绝无权利之可言，尤无侵占他国利益之可虑。若夫国内团体与团体之战争，不能解决，又无第三方有力团体出而裁判，似只有请友邦作仲裁，或作调人，以息此争之一法。顾请作仲裁，须有双方之公文，依法之组织，方能有效。

吾国此次战争经历年余，不能解决，违法者复欲施其欺骗讲和之手腕，以变相的方法，求达武力政策，因以铲除民派基础。我政府如倡友邦仲裁之论，而逆庭以其主张公道，不便于己，恐难得其同意。不如依照自然人交际惯例，由我政府以正式公文，请美总统作我护法战争调人，判是非解纷纠之为愈。理由如左（下）：

（一）有先例可援。欧美之先例不具论矣。就吾国最近之历史言之，辛亥之役，民国与满清战争，不能解决，满清政府敦请英国出任调停，于是清帝退位，民国成立。当时有谓为国内战争，辄请外国调停，不惟于体制有所贬损，尤恐兆干涉之端倪者。其究也，英国以公正之评论，解我莫大之纠纷，而英人卒无报酬之希冀，我亦未予以利益以酬报之。前事可征也，此有先例可援之理由一。

（一）有机会可乘。欧洲停战之际，美总统之演说，其大旨以为，美国加入欧战，欲藉以铲除世界不负责任之君主与蛮横之武力。我国自张勋复辟，督军团造反，破坏约法，迫去总统，解散国会，无非此蛮横武力之作祟逞威，当然在美总统铲除之列。乘此机会，一为敦请，定邀同情。此有机会可乘之理由一。

具此二理由，倘我政府不能急起直追，误信逆庭之诈和，相与周旋，或者和议未终，而民派已无立足地矣。谓予不信，试观逆庭近日举动：一面以和议作钓饵，一面以蛮兵攻闽陕。陕为川、滇屏障，闽为粤、桂门户，陕、闽失守，粤、桂能安然存在乎？

即不然，四省无恙也，而陕、闽失守后，湘、鄂随之，兵压堂奥，扼我喉咙，势力日削，操纵在人。到欲战不能欲和不得期间，徒以唯所欲为之条件，作城下之盟，耻辱孰甚？我诚天良一愤，不甘屈服，敌必以破坏和议相坐，佳兵谋逞。友邦不知真相，反谓其屈在我，而民派之大事去，生命绝矣。就假乐观方面言，陕、闽护法军队，拼命严守，原有势力，纵令保存，而与反复无常之武夫、机械变诈之官僚提出条件，卤莽议和，无第三有力者担保，窃恐武人干政如故，官僚蠹国如故，北洋派以国家为私产仍如故。则此一和也，徒为沉湎政海征逐名场者辟一禄位进身之新径，浸至猜忌相寻，护法诸贤决难纵容，而宋教仁之被暗杀，唐绍仪一再逐拒，孙洪伊不安于位，其残贼民派之故智，又何不可复萌于今日耶。

　　是以再四思维，援自然人交际之例，请美总统作我护法战争调人。和议一成，履行条件，担保有人，逆廷虽狡，不敢反复。准此以行，实有百利而无一害。军府诸公，爱国爱家爱身，无微不至，今为国家计，为西南计，为自身计，此举仍万不宜缓，千虑之愚，务望采纳。除由国会以国民外交方式电请美议会咨美政府允纳外，谨再函恳总裁诸公施行，幸垂察焉。

　　（《议员致军府请美总统作调人书》，上海《民国日报》1919 年 1 月 5 日）

陈血岑致军政府总裁书
（1919 年 1 月 5 日）

总裁诸公钧鉴：

　　敬肃者：慨自满社既屋，袁孽萌生，帝制方消，张奸又起，辟祸虽灭，段逆犹横。六七年来，兵连祸结，以致国系苞桑，民将牛马。幸我西南兴护法之师，各省赋同仇之什，使国本颠而不坠，民气困而渐苏。方期扫穴犁庭，灭彼群丑，乃以欧战终局，中外倾向和平，总裁诸公顺世界之潮流，应北廷之和议，副国人属望之殷勤，慰邻国警告之关切，心苦意诚，仁至义尽。

然岑闻履非常之险者不可以常道驰，解非常之纷者不可以常语喻。窃以为今日欲其勉强和平易，求其永久和平难。岑追思往事，因前有辛亥之勉强和平，遂有癸丑、丙辰之激战；后有丙辰勉强之和平，复有丁巳、戊午之激战。是昔日之苟且迁就，欲求和平，而终未得食和平之果。则今兹仍苟且迁就，冀求和平，非又种不和平之因乎？且历年来国家之所以不能和平者，非由北洋派欲以武力统治国家乎？惟北洋欲以武力统治国家，故寄生北洋派之督军团，不惜黩武穷兵，助桀为虐，是以北方之主战督军团，即为永久和平之障碍物。是以不求永久和平则已，欲求永久和平，则必先除督军团。欲除督军团，则必废督军制。

查督军之制，创古未闻，既藉土地、人民之势，复拥甲兵、财赋之权，命之曰封建也可，称之曰割据也亦可。而北廷犹复倒持以柄，纵恐以威，于是气焰愈张，骄横益甚，而多头政治之势成，尾大不掉之形见矣。例之晋之八王，唐之藩镇，皆不及也。然藩镇连兵，已足倾唐之业，八王构乱，亦能覆晋之基。况今之督军团，无世界之眼光，昧政治之常识，群盲角力，踏碎甓甄，小犊不羁，破坏犁轭。不更易，亡我中华民国耶！是以全国识时之士，列强觇国之贤，莫不以废督军制为第一义。但今日创论之废督军制者，皆昌言废督军制，而划定军区法。岑以为，废督军制是求永久和平之先决问题，划军区法是谋永久和平之后决问题，第审时度势，能否即行废去，尚在讨论之间。若先决问题不能生效，则后决问题虽善，仅成一纸空谈耳。是故岑之主张，宜将督军之所以危害于国与民者，宣告中外，然后详论以必废之理，处置其必废之方，用征舆论之赞同，庶几通行而无碍。待其决废之际，再议设区之条则，言论事实两有裨益。兹就某等管见所及，其所以必须废督军制者，其理由厥有八端，胪举于左（下）：

　　夫国政革新，休养为本。自督军团起，四处招兵，父子决别，夫妻分离，一卒从征，全家受累。居者有饥寒之苦，行者有锋刃之忧，身家两难，民不堪命。似此民心已失，国本将倾。此关于息民，不能不废督军制者一也。国家重农，在轻赋税。自督军团起，战争不休，聚兵日久，供费愈多，只以常赋不充，擅自严增苛税，膏血竭于笞箠，麻桑没于追呼，市井荒芜，流亡载道。似此农务凋疲，国课何征。此关于保农，不能不废督军制者二也。富国之方，首通商业。自督军团起，久罹兵灾，战祸延长，战区愈广，奸掳烧杀，远近骚然。商旅迫于苛捐，市廛遭其蹂躏，亡家破产，无处追偿。似此涂炭连年，商业何能恢复？此关于安商，不能不废督军制者三也。国家养兵，用御外侮。自督军团起，恃为爪牙，屡起内争，七年四战，南北互相抵抗，死伤何啻万千！忍驱国家有用之兵，供作数人争权之具，将领空劳心血，士卒枉送头颅，偶语沙中，噢咻怵惕，似此自相残杀，国家命脉何堪。此关于养兵，不能不废督军制者四也。弱国病民，莫如外债。自督军团起，浪费军资，无厌要求，皆恣中饱。北廷历次借日之债，已达一万八千万元，国家命脉所关，概行抵押殆尽，国民担负，何法偿还？似此外债日增，国家亡在旦夕。此关于债务，不能不废督军制者五也。国家用人，惟贤是与［举？］。自督军团起，群小当权，用卑污巧佞为才，以贪鄙残酷为艺，忠谠因之召嫉，英豪是以见疏，士气沉销，廉耻丧尽。似此人才剥削，国家何法图强？此关于用人，不能不废督军制者六也。保障人权，全凭法律。自督军团起，国法无灵，上无独立之机关，下无奉行之官吏，无论民刑重案，概以武断为由，颠倒是非，含冤莫白。似此上无法守，下无道揆，人民箝口结舌，难照覆盆。此关于司法，不能不废督军制者七也。国号共和，注重法治。自督军团起，约法取消，国会两经解散，议员迭受摧残，约法不能保存，宪法不能产出，命令专制，有过前清。似此违法政府，难息革命风潮。此关于约法，不能不废督军制者八也。

　　本此八义，借箸代筹，征诸时贤，前箫后鼓，名为废督军，除一时之积弊，实为保民国与百世之良规。此所以宜毅然决然，非立行废止不可者也。或者谓，此种废制手续不外二端，或由立法机关间接请行，或由行政元首直接主办。但当此武力横强、法令薄弱之时，亟欲实行，恐难生效。然物极必反，而人定胜天，以安史之强、颉颖之暴，进足以动摇中原，争衡天下，退足以称雄割据，帝制自为，然或受部卒之诛，或被傅枭之戮。证之历史，指不胜屈。督军何妖，岂不能废！且天下无不可除之弊，亦无不可兴之利，惟在主持者绸缪未雨，措置得宜耳。

　　抑岑本军人，且讲求将略，平日孜孜策励，岂不冀得兵柄，报国荣身，而特主张废督军制者，非自相矛盾也。盖以军人卫国，在能竭智尽忠，以御外侮，不在拥兵自固，跋扈嚣张。岑虽鄙陋无才，尚有何嫌何疑不倡废除之论？倘蒙过纳狂瞽，不弃鄙谋，则请召岑一见，藉以晋谒崇阶，俾岑所拟处置之方，得详密而罄，使我公建此宏图，一决刍策。制胜于无迹，销患于未萌，此之谓也。岑等不胜愚诚恳款，谨具意见以闻。

　　　　湖北靖国军东路总司令陈血岑谨上　　一月五日

　　（《陈血岑主张废督军制之意见书》，天津《益世报》
1919 年 2 月 22、24 日）

刘人熙、邹维良致南北政府电
（1919 年 1 月 6 日）

北京国务院、广州军政府均鉴：

　　勘电亮达。和议之声传布数月，乃〈地〉点问题至今未决。宁为一省行政之区，沪尤万国观瞻之地，同为领土，何可区分？属以玄黄甫罢，玉帛未将，窃意南人岂无顾虑，既已求使命之安全，实足轻北方之责任。往者袁氏之威，居首善之地，值新造之势，无猜忌之端，乃南士朝延，北兵夕变，既损威重，复招群疑。宁垣今日戒备方严，会议一开，捍撤愈困，□属解决内政非同敌国，若待更加保证，适足以损国光，征诸舆论，似以上海为便。至闽、陕剿匪问题，宜速划分区域，俾两方各负责任。苟以诚心相见，解决亦复何难，若捭阖未易寝谋，则会议又乌足恃。总之，事机迫切，无可再延，解决纠纷，均赖议席，盖以无关至计之事，反复诘难，将以持议之坚，转召怀□之衅，窃□将□会议隔阂愈多。本会审度大势，体察群情，望诸公断以决疑，早慰民望。中华民国策进永久和平会刘人熙、邹维良公叩。鱼。

（《策进平和会致南北当局电》，长沙《大公报》1919年1月12日，"要电"）

唐继尧致军政府政务会议电

（1919年1月6日）

广州军政府政务会议公鉴：

顷接援陕第二路总司令颜德基电称：和议之说，北廷实藉以缓兵，于陕西方面增加兵力，然后进窥四川。现逆军麇集西乡、筹阳一带，枪精弹足，联合刘逆，乘我军停战，攻陷定远，现复节节进逼。又据熊督军电称：赖心辉率新锐之众，运得大批子弹，攻陷我宁、羌、褒、沔等城，现我军已退回川境，犹复猛攻未已。又迭接川中各将领来电，均谓南北议和，独遗川、陕，是北方毫无诚意可知。我川、陕义军不忍堕其奸计，惟有决一死战，以竟我护法靖国之天职等语。如果战事未停，和议终成画饼。仍请由军府严诘北廷，务须一律实行停战，俾免横生枝节，实深盼祷。继尧。鱼。印。

（《唐总裁要电三则》，上海《民国日报》1919年1月25日）

熊希龄致军政府七总裁等电
（1919 年 1 月 6 日）

湖南永州谭组安先生、郴州程颂云司令、衡州吴子玉师长、常德冯焕章镇守使、贵州刘督军、云南唐督军、武鸣陆上将军、广州军政府七总裁、谭督军、湖北王督军均鉴：

　　希龄于二日出京，四日到宁，现寓中正街华安保险公司，特此奉布。希龄叩。鱼。

（周秋光编《熊希龄集》第 7 册，第 5 页）

李述膺致军政府总裁函
（1919 年 1 月 6 日）

总裁诸公钧鉴：

　　敬启者：顷接陕西于督军快函，内开：北廷于停战令下后，增兵入陕，一意主剿。揆其用意，无非欲于此伪和期间，完全取吾陕于北方势力之下。夫吾陕兴义，志在靖国，靖国之目的未达，即护法之责任未尽。中道言和，虽诉诸吾人酷爱平和之志，固所乐闻，而靖国之目的未达，护法之责任未尽，五夜清思，负疚至深。况和则俱和，不能与陕独战，战则俱战，亦不能与西南数省独和。今北庭与西南政府言和，而独划陕西为剿匪区域，进兵主剿，此其居心，何若为计奚似，明眼人当能见之。吾军既誓志以身许国，以血护法，和虽所欲，战亦不避。惟所虑者，全局言和，吾陕独战，致令前次北方之所恃以敌南方者，悉移而加诸吾陕耳。今北庭悉移对南之军，转而对陕，且入关均在北廷停战令后，是北庭已表示与陕独战之决心，吾军惟有取对此正当防卫之一法，奋力一战，以效忠于护法主义。而在军府，则非俟达到北军撤回原地之目的，万无开始和议之理，此乃军府当然应守之信义。切勿以北军进迫，虑及吾军，致或弱志让步也。苟或有此，匪特有堕陕局，而大局恐亦随之矣。时机迫切，坚持是赖，戆直之言，俯祈鉴纳，等语。嘱代转呈。特此奉闻。敬颂

钧祺

李述膺谨上　中华民国八年一月六日

（《军政府公报》修字第四十三号，1919 年 1 月 29 日，"公文"）

熊克武致孙中山等电

（1919 年 1 月 6 日）

百万急。广州军政府岑总裁、伍总裁、林总裁、李参谋总长、各部总长、参众两院、莫督军、翟省长，上海孙、唐两总裁，武鸣陆总裁，云南唐总裁，贵阳刘督军，永州谭督军，郴州程总司令、马总司令、鄂军李总司令，辰州分转田、周、张、胡、林各总司令，桂林陈省长，南宁谭联军总司令，韶州李督办，漳州陈总司令，黄冈吕总司令，诏安方总指挥，龙驹寨转陕西于督军、张会办，夔州黎总司令、王旭九总司令、施南柏总指挥、唐总司令，资州马军长，泸州赵军长均鉴：

李督办有电谅达。陕西义军艰难护法，北政府逞其私图，欲认为剿匪区域，以实行其远交近攻之计。设不注意，受其奸欺，寒天下义士之心，撤西南藩篱之助，为害前途，□非浅鲜。印公有电历举郭、樊、刘诸君起义事实，及确非匪军铁证，言之亲切，令人感愤。故军府依据抗□为和平会议之先决问题，如北方执意不回，自当宣告中外，贯彻初心。克武素知北虏，黄士殆张来生□至萃剥伏牴处，与亡国贱夫无异，不于此时主张公道，则正义销沉，国与俱毙。临电怆然，无任企祷。克武叩。鱼。印。

（《军政府公报》修字第四十四号，1919 年 2 月 5 日，"公电"）

湖南善后协会聂其杰等致
广州军政府、参众两院电
（1919 年 1 月 7 日）

广州参议院、众议院、军政府诸公公鉴：

兵祸连年，难民度日如岁，惟一希望在和议之早成。北方代表业已抵宁，南中尤争执末节，旷日持久，失国民之望，贻外人之讥。其杰等痛切剥肤，不得不涕泣敦促，务恳诸公捐除成见，早派代表成行，全活数千万垂毙之生灵，即诸公所以报国。我水深火热之湘民，尤深感戴。临电无任激切待命之至。湖南善后协会聂其杰等叩。阳。

（《湖南善后协会电》，《申报》1919 年 1 月 8 日，"公电"）

熊希龄、蔡元培等致军政府各总裁等电
（1919 年 1 月 7 日）

武鸣陆干卿先生，云南唐督军，贵阳刘督军，成都熊督军，桂林谭督军，永州谭组庵先生，广州军政府各总裁鉴：

希龄等不量棉薄，力望和平，承诸公本顾全大局之心，表一致戢兵之旨，救民救国，感佩同深。惟议和之开，国人望之若岁，乃延缓至今，倏逾两月，动机虽久，开会犹遥。

近得西讯，欧洲和议行将开始，彼时局之重大，关系之复杂，过我何啻十百。乃我之议和进行，若将落后，以至比来舆论责备，日益加严。试思南北双方，及各和平团体所愿促进和平者，其意无非为欧洲和会将开，吾国不能不速谋统一，以冀国际上得列席发言之地位。今若失此千载一时之机，将使吾国吾民永无出死入生之日。时会迫促，宁忍因循，及今不图，万悔莫及。希龄等日夕彷

徨，忧心如捣，诸公远识，自有同心。现幸北方代表已抵南京，同人抱其促进和平之夙愿，冀效奔走之微劳，亦于四日到宁。顾以南方代表诸君姓名尚未宣布，何时到会，亦未得知，翘首南天，曷胜悬盼。

我公谋国心长，和平念切，计必力谋和议早成，以期出国民于水火，进世界于敦睦。务乞电促军政府，即将各代表姓名电布，并促即首途，克期集会，俾和议早开一日，国家人民即早安一日。同人等虽薄劣无似，然于双方间之调停疏通，当惟力是视，不敢辞劳，亦不忍卸责也。谨再陈词，伫候明教。平和期成会熊希龄、蔡元培等同叩。阳。

（《熊希龄等致南方当局电》，上海《民国日报》1919年1月10日，"公电"）

颜德基致广州军政府、参众两院电

（1919年1月7日）

参众两院、军政府（余衔略）钧鉴：

号、梗两电，计邀亮察。兹奉联帅真晚电复，一再慰留，中有和局未定，前定援陕计划，自应切实准备，未可遽卸仔肩数语。德基感联帅知遇之隆，受军民付托之重，闻命惶悚。人孰无情，能勿奋发？且各处同人咸以大义相责，函电纷纷，基既不忍为权利之私争，重益人民痛苦，又不能忘国家之公愤，坐视大局垂危，前月二十四日回部，本拟再申前请，力求息事宁人。无如电报纷传，寇氛益炽，我军虽云获利，仍待策援，倘不协力进行，危亡可虑，迫得暂守本职，共扫妖氛。一俟国难稍平，仍决然引退，以明素志。江石可转，此心不改，邦人君子，共鉴斯言。谨电以闻。颜德基叩。阳。印。

（《颜德基电告留任》，上海《民国日报》1919年1月20日）

谭浩明、陈炳焜致广州军政府电

（1919 年 1 月 8 日）

广州军政府钧鉴：

　　勘电奉悉，灵匪窜劫南乡，前据营县呈报，已电咨粤督，并派队饬县约期会剿，计日当可荡平，请纾廑念。浩明、炳焜谨陈。庚。印。

　　（《军政府公报》修字第四十号，1919 年 1 月 18 日，"公电"）

王安澜致广州军政府电

（1919 年 1 月 8 日）

广州军政府钧鉴：

　　前于十月养日遵照军政府改组大纲第三条，各军得派代表列席之语，电托国会议员邱国翰、张汉二君为敝军代表。嗣接吴议长马电，会务忙迫，着由敝军另派。但陕南粤东相距遥远，中途盗贼充斥，达到为难，现仍电恳邱、张二君兼充敝军代表，以便就近接洽，会商一切。除迳电邱、张二君求其承认外，专此电闻，伏乞钧察。滇川黔靖国联军援鄂第二路左翼总司令王安澜叩。庚。印。

　　（《军政府公报》修字第四十号，1919 年 1 月 18 日，"公电"）

唐克明致军政府总裁电

（1919 年 1 月 8 日）

广州军政府各总裁钧鉴：

　　奉苛［哿?］电令云：兹为尊□法律，维持统一起见，所有护法各省嗣后任免官吏，应由军政府核准令行等因。奉此。敝属军自荆州

□十时，即照两师编制，因师长一职无适当人员，欲留有待，故编为四混成旅。又吴醒汉招集义军由川援鄂，愿编入属，收为第三师，即以吴为师长，资位适合。兹奉电令，理合将属员编制、履历及所部师旅长、总参谋等衔名，电呈鉴核，伏乞正式任命，以重职守，实为公便。计开请任命各员：吴醒汉为湖北靖国第一军第三师师长，杜□俊为湖北靖国第一军总参谋，胡□□为湖北靖国第一军第一混成旅旅长，张明为湖北靖国第一军第二混成旅旅长，纮内剩为湖北靖国第一军第三混成旅旅长，林鹏飞为湖北靖国第一军第四混成旅旅长，刘煊为湖北靖国第一军第三师第五旅旅长，何复州为湖北靖国第一军第三师第六旅旅长。靖国联军湖北第一军总司令唐克明叩。庚。印。

（《军政府公报》修字第四十四号，1919 年 2 月 5 日，"公电"）

南京和平期成会致广州军政府电
（1919 年 1 月 8 日）

广州军政府钧鉴：

欧战媾和，瞬将开议，欲谋对外，必先筹国内统一。朱总代表暨诸代表均已南来，尊处代表亟盼即日派定，早开会议，以定国是，而餍舆望。南京和平期成会钱崇固、郑维成等。庚。印。

（《军政府公报》修字第四十五号，1919 年 2 月 8 日，"公电"）

蔡元培、张相文致孙中山函
（1919 年 1 月 9 日）

中山先生大鉴：

顷接方兄寰如来函，欣悉国史征集，荷蒙先生允为间日演讲，逖听之余，至为佩慰。

盖以民国成立以来，群言淆乱，是非不明，不有信史，曷以昭示来兹？且饮水思源，尤不容忘其本来。故元培与编纂诸君，公同斟酌，拟自南京政府取消之日止，上溯清世秘密诸党会，仿司马公《通鉴》外纪之例，辑为一书，名曰《国史前编》，所以示民国开创如斯其难也。

惟兹诸党会，既属秘密组织，迄今事过情迁，往往不能言其始末。再阅数十年，窃恐昔年事迹，不免日益湮没，兹可惧也。所幸先生以创始元勋，不吝教诲，征文考献，皆将于是赖之矣。手此，即颂
勋安

蔡元培、张相文谨启
（《国父墨迹》，第 332 页）

孙中山批：答以方君云云，乃彼想当然耳，文实未之知也。然此事亦文所乐为者，但以近方从事于著述，其中一段为革命原起，至民国建元之日止，已略述此共和革命之梗概，可为贵史之骨格也。至其详细，当从海外各地再行收集材料乃可采呈。此事现尚可办，文当发征文于海外各机关也。各秘密会党于共和革命，实无大关系，不可混入民国史中，当另编秘密会党史。

刘显世致孙中山等电
（1919 年 1 月 9 日）

广州军政府岑总裁、伍总裁、林总裁，上海孙总裁、唐总裁，武鸣陆总裁，桂林谭督军，永州谭督军，成都熊督军，云南唐督军鉴：

项接熊秉三、蔡子民阳电云：欧洲和议将开，我国不能不力谋统一，北方代表现已派定，南方代表应速宣布等语。就大局情形论，如不早日解决，则国际上必生危险。月前，唐冀公卅一电，曾

请速派代表，实为极要。今北方代表已到宁，若南方延迟不发表，恐外人转将归究于我。拟请从速决定，宣告如何，祈酌。显世。青。印。

（《军政府公报》修字第四十一号，1919 年 1 月 22日，"公电"）

于右任致孙中山函
（1919 年 1 月 9 日）

中山先生伟鉴：

自许、张入关，张接东路防务，替出陈、刘之兵十余营，开赴省西，陈军陷我武功，与我军鏖战兴醴、马嵬之间十余日矣。刘镇华亲率镇嵩军全部，攻我周至盩屋，与张副司令、樊司令鏖战亦十余日。适第一路指挥党佑卿由江口出山，与刘逆大战两日夜。刘虽大败归省，而联合张宝麟留省余部，与张锡元攻周至盩屋之说又急，许兰州全部开咸阳一带，许亦移驻该县，节节压迫我军，恐大战争即在目前。

陕西之战祸，必不能免，是彼辈无诚意媾和，其心路人皆知。近有要人来自西安，称段氏致陈树藩电，有徐氏胆小气歉，小事可通融，大事万难让步，请弟放手为之，限阴历年内务必联合各军平陕。如弟力有不足，再当以国防军相助云云。他人进兵之猛如此，蓄谋之深如此，对西北之决心又如此。我护法各省此时若不决心援陕，制彼奸谋，使陕西数万义军为敌所覆，则西北之险要既失，西南动摇，彼时谁复与我议和。即使议和，我尚能得胜乎？两年来护法之战全无效果，有必然者。自重庆会议后，日又言援陕，迄今汉中一城尚未下。传闻已下令退兵而引北兵之入关者，已四旅之多。援陕者何异于祸陕？先生卓识，北庭之毒计谅早在洞鉴。

务祈协商军府诸公，为同盟计，即为右任蚁命计，严电川、滇统帅，限日攻下汉中，并限日出山。陕局安，和局自成。荆襄覆辙，不可蹈也。

再，今日陕西独当其难，牵制北军已多，军府如能通告各国，声明北庭阻碍和平之罪，即令湘、闽、赣、蜀前线之师，一律进攻，南北取一致行动，不特抒陕之急，大局亦利赖之。临颖无任迫切之至。肃此，即颂

道安

于右任上言　九号

（《于右任文选》，第 173 ～ 174 页）

程镜波等致军政府总裁等电
（1919 年 1 月 9 日）

广州军政府诸总裁转海军部林总长、莫督军、翟省长、欧阳统领钧鉴：

敬肃者：故总长玉堂以身殉国，瞬将一载，凶徒未获，举国同悲。镜波等谊属同宗，情逾骨肉，恨奸人脱网，痛不可言。为国家计，为先烈计，用特联叩台阶，吁恳重申缉凶之令，迅成铸像之议，则生者固感人德，死者亦能瞑目。冒渎上陈，伏乞迅赐施行，谨呈。香山南蒗程族绅耆镜波、建携、立康、文锦仝叩。青。

（《军政府公报》修字第四十一号，1919 年 1 月 22 日，"公电"）

黄复生、卢师谛致广州军政府电
（1919 年 1 月 9 日）

广州军政府钧鉴：

复生、师谛特派朱叔痴、潘江两君为本军军事代表，现已由渝

驰赴粤省参与会议，特此电闻。四川靖国军总司令黄复生、副司令卢师谛叩。佳。印。

（《军政府公报》修字第四十四号，1919年2月5日，"公电"）

石青阳致军政府总裁电
（1919年1月9日）

万急。广州军政府总裁诸公钧鉴：

有电令护法各军派代表参赴军事会议，颜总司令德基所派代表潘江，已得军府许可，青阳与颜事同一律，兹特援例委国会议员潘江就近赴军事会议，代表一切。谨合电陈，无任翘盼。滇川黔靖国联军援陕第一路司令石青阳叩。青。印。

（《军政府公报》修字第四十五号，1919年2月8日，"公电"）

王天纵致军政府总裁电
（1919年1月9日）

广州军政府各总裁钧鉴：

元月感日奉读质问伪政府祸电，义正词严，足令伪廷无从置辩。然职窃有所见，敢与我军政府委曲陈之。盖伪廷此次求和，本非出诸诚意，特因前此五国劝告，不得不阳为承认，以得和平之名。兹当双方停战，开始议和，凡属交战区域，自应一律收兵，静候解决。乃伪廷复别生名义，指闽、陕、施南为匪区，增兵进剿，使我军不能忍受，必起而抗拒，然后以破坏和平之罪加之我军，宣告五国，俾友邦不直我军，必反戈相向。伪廷得利用友邦势力，以遂其武力能决之初心。今我各总裁飞电伪廷，严重诘责，诚为正当办法。窃拟犹须速将伪廷此中诡计诉诸友邦，俾知所曲在彼，自有一定公论。倘友邦不以伪廷为直，则彼隐有所忌，而狐鼠之计已穷，诡谲之谋自息，和平解决或可期焉。职意如此，未知是否有当，伏乞核夺施行。豫军总司令官王天纵叩。佳。印。

（《军政府公报》修字第四十六号，1919 年 2 月 12 日，"公电"）

徐谦致孙中山函
（1919 年 1 月 10 日）

中山先生伟鉴：

　　连拍上两电，尚未奉复。欧洲和平会议于吾国前途命运颇有关系，若能争回一分，即属莫大之利益，较之国内争论鸡虫得失，相去何啻霄壤之别。

　　南方派代表赴欧致［至？］不可缓。无如岑无见识，而伍有私心，竟将前月廿六日议决之案阁置，累催仍不发布，至九号会议始决定发电欧洲。岑经谦剀切言之，始知为重要，万不可缓，伍亦似觉悟，但至今日尚未将所拟之电译出。该电稿已由吴山寄上，兹不赘述。先生是否允行？电商不能详，兹定于十七号乘高丽丸由港启程来沪，面陈理由。

　　国内议和结果，不外承认徐世昌为总统，谦实不愿一手作成。昨日已提出任命谢惠生为次长，事前并得岑之同意。仲恺前函示以先生之意难与争衡，谦亦知之。故谦此次以为民党能于国内有立足地，嗣后尚有救国机会。今兹如能赴欧设法挽救，或亦未晚，此谦所以盼先生能行也。如实不能行，惟有请先生提出谦以自代，向军政府言之，是所至幸。谦总欲将美国人说醒，勿助徐世昌，致自背威尔逊之宣言也。

南北和议十代表，今日已定，即胡汉民、章行严、李曰垓、曾彦、郭椿森、王伯群、刘光烈、彭允彝、饶鸣銮、李述膺，已通知北方矣。专此，敬颂

时祺

谦上 一月十日

再，吕超攻汉中，乃钟、刘得北方援助，竟突围反攻，致将吕军攻破，直败退至川境。现在南方情形，愿战者力不足（如竞存亦然），此外则皆无斗志。若不战不和，将来造反，督军团再开战端，南方甚至一败涂地。故此时吾人须知彼知己，不可似孙伯兰一派，只知说大话造谣言无济于事也。

（《革命文献》第四十八辑，第 318～319 页）

唐继尧致广州军政府等电
（1919 年 1 月 11 日）

广州军政府、参众两院、李督办并转于督军鉴：

顷接李督办转来于督军电，骇悉井君勿幕在临源遇害。井君以革命巨子，功在三秦，所志未竟，为贼所害。属在同袍，弥深哀悼。应请军政府、参众两院特予表扬，从优议恤，以彰忠荩而慰英灵。无任企祷。继尧。真。印。

（《唐总裁要电三则》，上海《民国日报》1919 年 1 月 25 日）

方井东致孙中山函
（1919 年 1 月 12 日）

中山先生伟鉴：

久别尊颜，时深渴慕，敬悉先生聘任胡汉民先生担负会议代

表，拯人民于水火，全国钦从。

但此时陕闽问题，尚未完全解决，会议宁沪，争执之间。鄙人意以在沪较在宁安妥，超出军警势力范围，方好妥协。刻今北方十代表驻宁，偶然外出，军警荷枪沿途护送，如临大敌，途中禁止平民行走。日前朱代表至三新池沐浴，军队入内将该池全体澡客驱逐外出。无论何代表至何处，即将该处交通断绝，甚且二面商铺屋顶，都有军警。似此情形，近于迫胁人民，仍沿专制官僚旧习，毫无共和气派。茶楼酒肆，军警取缔，禁论国事，人民言论交通，均不能自由。务祈先生与唐少川筹商会议地点，定须坚持在沪，诸多稳便。然沪上系全国舆论中心，鄙人已经奉函转陈少川先生，谅少公处必表同情。

今日宁绅商二界，在地方公开开会欢迎熊希龄先生。闻希公明日至申访候少公，筹商会议地点事。北代表在宁甚为铺张扩充，将国民有用金钱，作为被〔彼〕等淫威之用。是以鄙人略〔有〕就近所知，陈明先生钧鉴，谅先生亦必定表同情。先生可否通电北代表，移沪会议，最合时宜。想西南代表诸先生月内定可到申，一俟诸先生到申，鄙人定然来前，面聆教益。专此奉陈，敬请
钧安

南京公民方井东三鞠躬上言　一月十二日

回示敬祈先生赐南京新桥船板巷九号门牌方荣兴丝缎绸号转交鄙处便是。

孙中山批：代答：奖励其有心。

（《革命文献》第五十辑，第 420 页）

陈炯明致军政府总裁电

（1919 年 1 月 12 日）

广州军政府总裁诸公鉴：

鱼电祗悉。福州纸商请令将乐将士准该纸商自由贩运纸料一

事，已分电总指挥吴忠信、将乐县知事朱忠祥查明妥办矣。特复。
炯明叩。文。印。

（《军政府公报》修字第四十二号，1919 年 1 月 25
日，"公电"）

施承谟等致广州军政府等电
（1919 年 1 月 12 日）

广州国会、军政府诸公，护法各督军、省长、各军司令、各省议
会、教育会、商会均鉴：

熊希龄，亡清巧宦，民国罪人。迹其生平，每尚诡谲，惯用投
机方法，以猎取彼辈之所谓功名富贵。顷者南北言和，复利用时
机，奔走京外，揭和平期成会之帜，藉以号召党徒，为瓜分权利之
预备；并运动各省省议会、教育会、商会推举代表，以第三者之名
干涉和议。幸各团体不为所动，犹复觍颜通电，自谓不近政权，不
思利用。饰词巧说，适以自欺，推其用心，与张謇之登报声明不闻
政治如出一辙。溯袁氏蹂躏约法，背叛民国，首署乱命者实惟希
龄。始则助逆固宠，继为袁氏所弃，遂又衔袁掠反对帝制之美名，
屡思登台而不获。往年报章所传熊内阁之失败史，世人当能记忆。
中更八载，变乱相寻，追原祸始，谁尸其咎？身负得罪民国重戾，
一遇可乘之机会，仍复肆其簧鼓，淆乱是非，将从此世道人心流变
何极。识者恫之！

我西南诸省，护法戡乱，以扶植正义为职志，对兹害群之辈，
允宜屏诸不齿之列，尚望勿为巧言邪见所惑，大局前途幸甚。施承
谟、林志迈、蒋元钊、瞿焯等三百六十八人同叩。文。

（《痛斥熊希龄电》，上海《民国日报》1919 年 1 月
14 日）

唐继尧致军政府各总裁等电

（1919 年 1 月 12 日）

急。广州军政府各总裁、各部长、国会议员诸公，武鸣陆总裁，贵阳刘督军，成都熊督军，桂林谭督军，永州谭组安先生鉴：

　　顷复熊秉三、蔡子民两君一电，文曰：接艳、阳两电，知台驾抵宁，两公以忧国忧民之心，为排难解纷之举，热心毅力，敬佩难名。继尧前已［以］护法本旨，不得已而用兵，战祸经年，徒伤国脉，故主张在沪开和平会议，解决法律、政治诸问题。承诸公斡旋其间，北京亦经同意。乃于双方下令停战之后，而北京复藉词剿匪，进兵闽、陕，争持不已，而和议之开，因此停顿。现南方代表亦已推定十人，但闽、陕各方面战事未停以前，实属无从开议，拟请两公切电北京当局，查照继尧所商划定停战区域办法一律实行，应不至因一隅兵祸妨碍大局，不胜企幸等语。特此奉闻。继尧。文。印。

　　（《军政府公报》修字第四十四号，1919 年 2 月 5 日，
　　"公电"）

贵州省议会致军政府各总裁等电

（1919 年 1 月 13 日）

广州军政府各总裁、参众两院钧鉴：

　　顷接顺直议会蒸电，请政府通令恢复县议会。查县议会为一县自治总枢，人民盼望恢复甚切，本会曾于二期常会，提议拟案电请中央，将章程提具公布。嗣接复电称，现另订自治制度，俟提交国会议决，即行公布等语。现延宕多月，恢复无期。彼北方议会电恳恳勤之请求，我西南护法各省岂宜缓图，拟请钧府总裁暨参众两院诸公，速将前清原订自治章程修改，暂行公布施行，俾得早日恢

复，以慰民望。黔省议会叩。元。

（《黔会提议恢复自治》，上海《民国日报》2月6日）

熊克武致孙中山等电
（1919 年 1 月 13 日）

急。广东军政府各总裁、各部长、参众两院、莫督军、翟省长、李联军总司令，桂林陈省长，云南唐总裁，上海孙总裁、唐总裁，贵阳刘督军，永州谭督军，郴州程总司令，汕头吕总司令，漳州陈省长均鉴：

印公有电敬悉。井君勿幕殉难秦中，凡我同袍，感怀怆恻。克武与井君交游最久，倾佩极深，前由于督军处传来噩耗，中心寸裂，痛愤昏迷。印公拟恳军府，追念勋劳，从优议恤，尤足发扬忠义，垂名将来。伏望同申前请，特□殊施，临电无任企祷。熊克武叩。元。印。

（《军政府公报》修字第四十七号，1919 年 2 月 15 日，"公电"）

福州峡吉纸商公所等致军政府七总裁电
（1919 年 1 月 14 日）

广州岑云阶先生、陆干卿先生、孙中山先生、唐少川先生、伍秩庸先生、唐蓂赓先生、林悦卿先生钧鉴：

俭电吁恳电饬将乐军官，开放溪运，当蒙鉴察。现商等纸货被阻滞停运五阅月，商困难堪，恳迅电将乐所辖军官，即行开放溪运，以恤商难，乞复。福州峡吉纸商公所、闽省纸商公叩。寒。

（《军政府公报》修字第四十二号，1919 年 1 月 25 日，"公电"）

吕超致军政府各总裁等电

（1919 年 1 月 14 日）

北京徐菊人先生、钱干臣先生、各部总长，广东政务会议各总裁、参众两院，各省督军、省长、各报馆均鉴：

超奉命停战，引兵还防，静待和议，已电左右。不战而大法可决，亦何苦劳师伤民。唯察近事，有甚不可解者。陕西民军，志存护法，而认为匪，屏诸议外，更遣许、张诸军入关。言和进兵，不可解者一。四川赖吾熊总司令泽涠苏困，军民感戴，统治有人，庶政咸理。乃刘存厚窜扰陕边，仍称四川督军，蜀中人士，无不愤恨。停战令下，我既退兵，近接颜军通报，刘且进攻通南，私利是营，不惮破坏大局。褫夺不加，任其扰川，不可解者二。征兹两事，足梗和平，明如诸公，谅鉴及此。此事不图，和议谁信！超虽武人，粗知大义，枕戈咋血，大法是争，谨率师旅，勒兵待命。如此两论，不先解决，亦唯誓诸生死，万无反顾。身既许国，玉碎不辞。用再电陈，敬候明教。四川护国军第五师师长吕超叩。寒。

（《四川护国军师长吕超电》，上海《民国日报》1919 年 1 月 19 日，"公电"）

川军将领但懋辛等致军政府各总裁电

（1919 年 1 月 14 日）

军政府政务会议各总裁钧鉴：

蜀疆多故，傥扰频仍，护法军兴，战祸益烈。幸熊督军力撑危局，还节成都，安辑抚绥，军民咸赖，迄今统治十月有余，勤苦爱人，大公无我，缩减兵备，轻闾阎之负担，禽薙凶残，靖崔苻之寇盗，理财务除中饱，行赏必待有功，察吏训农，通商兴学，举凡根本大政，无不措理裕如，故能宏济艰难，救民于水火也。我军府眷顾西蜀，宠命南来，远虑鸿谟，军民欢跃。乃熊督冲怀谦退，久不即真，顾督军为全省兵枢，系国家安危极重，当百度维新之际，名位讵可久虚？况惠政深入人心，宁宜过拂众意，用特概陈成绩，敢祈荣命再颁，促熊督早日履新，慰苍生喁喁之望。庶几名实相符，功业益懋。除迳恳熊督即日宣布就职外，不胜迫切待命之至。四川护国军第一师师长但懋辛、第二师师长刘湘、第三师师长吕超、护理川边镇守使陈遐龄、第一混成旅旅长向传义、第二混成旅旅长陈洪爵、旅长喻堪培、何鳌、陈能芳、王丽中、张成孝、陈国栋、王维纲、彭远跃、邓锡侯、廖谦、徐询，（援陕）第一路总司令颜德基、第二路总司令石青阳，援鄂第一路总司令黄复初、副司令卢师谛，江防总司令余际唐，警备总司令杨维，增□军总司令陈泽沛，汉军统领郭昌明，统带胡家政、蒋福康，第四师师长刘成勋叩。寒。

（《川军官请促熊督就职电》，上海《民国日报》1919年1月18日，"公电"）

柏文蔚、唐克明致广州军政府、唐继尧电
（1919年1月16日）

万急。广州军政府、云南唐联军总司令钧鉴：

施鹤方面之兵力及驻扎地点，并各区指挥官姓名，受蔚直接指挥者已由蔚分别电陈，施鹤军队全部亦由明电陈大概。兹奉唐公卅一电，恐明等前报不明，未详尽之处，特合电条陈，以备鉴查。一、川军援鄂第一纵队长方化南指挥蓝文蔚所部二千余人，驻防建始及所属之石马、绵阳坝、龙家□一带。二、湖北靖国第一军及第一混成旅长兼第一军指挥胡廷翼，及第二、三、四混成旅长易继

春、毕公杰、林鹏飞等所部之各部共六千余人，驻防施建所属之演觞、明渤、垩子、马安山、桥河、黄本圣、景阳关、担斗口一带。其土地岭、温家河、亮羔鄂军第二军之第二旅，属本部护卫司令关克威指挥者亦千余人。三、第三师师长吴醒汉所部二千余人，其半部驻窟来凤，半部防御鹤峰前方之五里坪、过路圈、求子坪一带。厦宣恩之沙道、沟回除三开外，利川蔡济民、大昌唐牸支所属听蔚调遣者，及在雀垛之武备队约五千余人。第七军各师旅中之未开赴前线及特别部队控扎施南，充总预备队及担任地方守备队者七千余人。统计施鹤方面，除川军外，鄂军现数约二万五千余名。谨此奉闻。再，自奉停战令后，即饬所部严守原防，未侵越敌境一步。柏文蔚、唐克明叩。铣。

（《军政府公报》修字第四十六号，1919 年 2 月 12 日，"公电"）

熊克武致广州军政府电
（1919 年 1 月 16 日）

前以鄂西方面敌军进逼，曾经电请军府抗议在案。嗣奉冀公鱼电、军府齐电，均称钱能训暨李苏督复电，谓王占元驻兵鄂西，在未奉令停战以前，目下并无进兵之事等语。现接李督办来电：能训据鄂督江电称：据鹤峰知事报称：施南敌军，进攻县城，当于十一月二十七日电令宜昌王总司令派兵前往救援。又于十二月十九日，据该知事续恳救援，当令王总司令转饬邱团长赶紧前进，但不得贸然与匪接仗，贻人口实。应请转致西南查明，如系正式军队，即勒限退出鄂境等语。据此，查春□、烈武两兄弟所部，有无进攻鹤峰情事，敝处未据通报。惟鄂督增兵赴援，业已自认不讳。与所致军府电，谓并无进兵意，对于远省，则闪烁其词，朦饰观听，对于邻省，则声称剿匪，冀迫义军出境。该督电文称敌军为匪徒，尤属事体颠倒，不可揣度。顷已函电李督诘问，文曰：南京李督军鉴：□密。顷奉真电称：钱公干臣转饬鄂督江电称，南军向鹤峰前进各情。查鄂西一带南军，向取守势。自军府停战命令到达后，前敌将领，悉已切实奉行，现在并未得有进军通报。鄂督所据鹤峰知事电告，是否属实，无从得知。近来北军往往藉名剿匪，乘隙进攻，陕、闽问题，尚未解决，鄂西之事，得无类此？查鄂西等处南军，谭、蔡诸人四处起义以来，转战迄今，久驻该处，原系鄂军护法之一部。即桑林司令德轩所部，系湘西义旅，其人曾任旅长，指名为匪，似觉好□恶情。且现既遵令停战，自当于原防驻守，静候解决。苟必藉名剿匪，逼令退出，与违令进攻何异？万一两军接进，致启衅端，以一隅而牵动全局，则破坏和平之咎，南军所不任责也。除电友军查询外，先此奉复。即祈转电钱公暨请唐、柏两公，就近斟酌情形，与鄂督声明，各守原防，划定防线，以免纠纷为祷。克武叩。铣。印。

（《王占元又违约进兵》，上海《民国日报》1919 年 2 月 17 日）

国会议员沈智夫致军政府总裁函
（1919 年 1 月 17 日载）

军政府总裁诸公钧鉴：

敬启者：现据南洋三宝垄中华总商会函称：荷属爪哇姑突土埠华侨，于去年十月三十日循俗迎神，乃土人意存排客，竟以巨车满载砖石拦阻道途，华侨报由警察制止。并请侨长雷兰征（荷官职名）向土酋（土人而服荷官）交涉，土酋坚称必不肇事。讵料于三十一夜十时，土人突聚众约二千人，手持武器、火炬，汹涌而至。先行分头截断隘道，使华人不得往来，始则沿户抢掠，继则放火焚烧，其夺命逃出者，身上所有均被抢去，不及逃者则葬身灰烬。事后调查，死者八人，店屋被焚六十余家，财产损失约值荷币一百万卢布以上。连日逃来三宝垄，流离失所，惨不忍述。而荷政府对于华侨被害，绝无赔恤办法等情。智夫诵读之余，不胜悲愤。

窃以华侨之在荷属，备受各种虐待，千辛万苦，从事工商，觅微利于蝇头，供无穷之苛税，而该地政府稍恤侨情，自应尽其保护之责任，以重邦交。此次姑埠土人乘机掠杀，荷政府之于华侨事前疏于防备，致肇无妄之灾，事后绝不维持，益增流离之惨。我政府胞与为怀，对于侨民岂肯任令鱼肉而不予维持，且爪哇全岛华侨六十余万，倘不急为保护，后祸恐犹未已。

用敢哀请我总裁诸公，俯悯侨民之无辜受祸，亟向驻华荷兰公使严重交涉，务必责令赔偿损失，厚恤伤亡，以重国际，而敦邦交，至纫公谊。

参议院议员沈智夫敬启

（《粤闻纪要》，《申报》1919 年 1 月 17 日）

陈炯明致广州军政府电

（1919 年 1 月 17 日）

李逆因王旅全部到闽，近日举动，确有藉口剿匪，乘机反攻之图。我军支撑左、右、中三路，跨泉、厦、兴、化、邵各属，防线几达千里，军士劳苦尽常〔尝〕，加以欠饷七八月，子弹异常缺乏。一旦有事，弹药不充，何以作战？迭请电拨子弹，迄未有应，究竟是否要粤军防守？如再不发子弹，炯明拟请另派军队接防，立将粤军调回广东解散，舍此别无自救之策。现请诸公力向莫督军问子弹是否要发，以便早日进行为盼。炯明。篠。

（《援闽粤军急待枪械》，上海《民国日报》1919 年 2 月 6 日）

侨日学商各界致广州军政府等电

（1919 年 1 月 18 日载）

《民国日报》转北京政府、广东军政府、各省督军、省长、教育
会、商务总会、张季直、梁任公、熊秉三、张溥泉诸先生暨全国各
报馆、全国父老昆季公鉴：

中华民国四年，中日交涉，乃乘我国大盗秉政、立法机关废弛
之时，予以等于覆亡朝鲜之残酷条件待我。所有当时交换约束，俱
系袁氏个人私许，并未经全国公允及立法机关正式通过。现值人道
正义复活之时，国际平等之会，我国为东亚平和及世界平和起见，
于欧洲讲和会议时，理应宣布废弃，该次私约无效，庶与此次联合
国媾和本旨不相背驰。事关世界和平，务祈联络进行，毋任祷盼。
中华民国侨日学商各界全体公叩。

（《留日华侨请废弃中日新约电》，上海《民国日报》
1919 年 1 月 18 日，"公电"）

杨庶堪致军政府各总裁电

（1919 年 1 月 18 日）

广洲［州］军政府政务会议各总裁钧鉴：

窃庶堪前因父丧丁艰，当即通电辞职，并将省长印务咨由熊总
司令主持。嗣准军府秘书厅咸电开：十二月十二日政务会议议决，
四川省长杨庶堪丁艰，电恳辞职，杨庶堪应准假一个月治丧，毋庸
辞去省长职任。此令。等因。旋准四川省议会咨，暨唐联帅及各将
领、各方面来电，均嘱遵令假满视事；并准熊总司令以川省军民两
政，待理百端，实难再行兼任，咨催即日视事前来。兹于一月十八

日遵令到署视事，谨此电闻。四川省长杨庶堪叩。巧。印。

（《川省长复任通电》，上海《民国日报》1919 年 2
月 13 日）

熊克武致军政府各总裁电
（1919 年 1 月 19 日）

广州军政府政务会议各总裁钧鉴：

　　窃照前因杨省长庶堪闻讣丁艰，电请解职，暂将省长印务咨由
克武主持。时以杨省长哀痛迫切，不得已暂行兼代，并电请钧府准
予给假治丧，假满仍复视事。旋准军府秘书厅咸电开：十二月十二
日政务会议议决，四川省长杨庶堪丁艰，电恳辞职，杨庶堪应准假
一个月治丧，毋庸辞去省长职任。此令。等因。旋准省议会咨，暨
唐联帅及各将领、各方面来电，均各敦劝杨省长遵令假满视事。复
经克武以川省军民两政，待理百端，实难再行兼任，咨催遵照钧府
明令，并查照各方面文电，即日视事。现杨省长已于一月十八日到
署视事，克武即于是日解除兼代省长职务，除通电外，谨此电闻。
四川靖国各军总司令熊克武叩。皓。印。

（《熊克武解除省长职任》，上海《民国日报》1919
年 2 月 13 日）

熊克武致孙中山等通电
（1919 年 1 月 19 日）

云南唐总裁、省议会，武鸣陆总裁，上海孙总裁、唐总裁，广东
参众两院、军政府各部长、莫督军、翟省长、省议会，韶州李督
办，漳州陈总司令，汕头许总指挥、吕总司令，诏安方总指挥，

黄冈吕总司令、王副司令，桂林陈省长，南宁省议会、谭联军总
司令，永州谭督军、林民政长，郴州程总司令，贵阳刘督军、省
议会、王总司令，辰州转田、周、张、胡、林各总司令，龙驹寨
转陕西于督军、张会办，夔府黎总司令、豫军王总司令、燕都督，
巫山转砖坪王总司令、万县姚总司令、田梯团长，施南柏总司令、
唐总司令、蔡总司令、牟副司令、方纵队长，重庆黔军朱参谋长、
袁师长、黄总司令、卢副司令、江防余总司令、盐运使、孙电政
监督、张铜元局长、陈监督、各级审检厅长、郑警厅厅长，资州
顾军长，泸州赵军长，叙府赵旅长，隆昌刘师长，新津刘师长，
康定陈镇守使，嘉定陈旅长，宁远郭统领，眉州邓旅长，广元吕
师长、喻旅长、朱司令，保宁陈副司令，顺庆石总司令，梁山转
绥定颜总司令，大竹陈统领，绵阳王旅长，成都抄送省议会、但
师长、喻卫戍司令、向旅长、筹赈总局、萧财政厅长、西川道尹、
吴造币厂长、杨警务处长、童监督、王烟酒公卖局长、董印花税
处长、钱交涉员、各级审检厅长、各局分送各道尹、各知事、局
长钧鉴：

前因杨省长庶堪闻讣丁艰，电请解职，暂将省长印务咨由克
武主持。时以杨省长哀痛迫切，不得已暂行兼代，并电请军政府
准予给假治丧，假满仍复视事。旋准军政府秘书厅咸电开：十二
月十二日政务会议议决，四川省长杨庶堪丁艰，电恳辞职，杨庶
堪应准假一个月治丧，毋庸辞去省长职务。此令。等因。旋准省
议会咨，暨唐联帅及各将领、各方面电，均各敦劝杨省长遵令假
满视事。复经克武以川省军民两政，待理百端，实难再行兼任，
咨催遵照军政府命令，并查照各方面文电，即日视事。现杨省长
已于一月十八日到署视事，克武即于是日解除兼代省长职务，除
电呈军政府外，特此奉闻。四川靖国各军总司令熊克武叩。皓。
印。

（《熊克武解除省长职任》，上海《民国日报》1919
年 2 月 13 日）

孙洪伊致军政府各总裁等电

（1919 年 1 月 19 日）

广州参众两院、护法政府各总裁、政务会议各代表，海军暨各省护法军将帅诸公均鉴：

自西南及海军誓师之始，即以拥护约法、恢复国会、惩办祸首三事相要，布告中外。皇天后土，实闻此言。乃口血未干，而和会将开，对于祸首问题，一若未遑措意，此诚大惑不解者。

夫要约之事有三，而解决之途则一。乱贼若去，法律迎刃而解，大梗尚在，其他更复何言。辛亥之役，覆满也，丙辰之役，倒袁也，今兹之役，讨段也。覆满而宣统退位，倒袁而洪宪颠踣。以段祺瑞之地位及根据，与彼二百余年之清帝、八十三日之僭主比絜，权势相去，岂可以道里计。顾乃伈伈俔俔，狐埋狐搰，抛置向日之主张，贻留将来之巨祸，事之失计，宁有过于此者！血战两年，糜烂数省，仅一二造乱之人犹不能去，试问西南出此重大牺牲，人民受此重大痛苦，所得者安在？且恐令清、袁笑人也。

近段氏藉国防筹备为名，已招集三师二混成旅，计三月内即可成军。加以奉军四混成旅，则属段直辖者，足有七八万之众。徐树铮且有添练二十混成旅之计划，而倪嗣冲、张作霖及其他心腹之把持兵柄者，尚不在内。以段党跋扈之资，据此雄飞之势，徐世昌且在其掌握，现北京伪内阁成立，兵、财、交通三部，皆其死党，复有一般帝制余孽、媚外党徒，为之牙爪，隐患潜伏，宁待著龟。值此和议开始，西南有绝对之发言权，不及此时锄而去之，生貙生罴，势力日厚，不特共和法治更无存立之地，即诸公欲为河西之窦融，浙东之钱镠，纳土归藩，仅求自保，其可得乎？

建国以来，纪纲坠地，抗义者无显戮，乱国者受上勋，朝为民国罪人，夕为共和柱石，牛骥一阜，枭凤同巢，国家既无赏罚，社会遂无是非。破法乱纪不为逆，杀人放火不为暴，娄赃百万不为贪，卖国丧权不为耻。驯致今日据列要津之辈，什五皆国法不赦之人，长此终古，何以为国？今段党与国家、与西南皆成不两立之势，段党去则国法稍伸，犹可自存；段党不去，任何条件都成虚语。有谓段氏实力布满京畿，惩办问题岂樽俎之间所能办到。不知段不能去，祸本犹存，已无和平之余地。武力主义，早为世界所厌忌，段以黩武造乱，友邦啧有烦言。最近其党企图拥段复起，五国出有劝告，始寝密谋。重以北系军人反对段之武断政策者，人人自危，日忧反噬。我若为严正主张，必能得外人积极之赞助，北方将帅之同情。顺内外之趋势，图远久之治安，讨贼弭祸，义无中止，息壤在彼，宁肯食言。谨电申意，伏希采纳。孙洪伊叩。皓。

（《孙洪伊重申惩治祸首电》，上海《民国日报》1919年1月20日）

李根源致广州军政府等电
（1919 年 1 月 20 日）

广州军政府、参谋部、莫督军钧鉴：

据杨旅长筱电称：迭据胡营长思舜报告，此次驻澄江拐枪逃兵马增清等十八名，确系虔南县匪徒马树芳、马龙甫与伪知事傅汝揖串同贿诱，故逃兵一到赣境，即由该伪知事出城鸣炮欢迎，随又连械送缴，由匪房伪营长曹某收留，转送到龙南伪旅长陈光达所部。查国事将就和平，而敌人犹出此奸计，鼓励煽惑，破坏我军，殊堪痛恨。能否电详军政府转电诘责，以破其一切奸谋，而彰公道。临电迫切，立候示遵等情。除复电饬该营长申明约束，严守原防外，应否转电诘责之处，伏候核示饬遵。李根源叩。哿。印。

（《军政府公报》修字第四十五号，1919 年 2 月 8 日，"公电"）

广东和平期成会致广州军政府等电

（1919 年 1 月 20 日）

北京总统府、国务院、和平期成会熊秉三先生、蔡孑民先生、梁燕荪先生，广东参议院、众议院、军政府，上海南北议和总代表朱桂莘先生、唐少川先生，各省督军、省长、和平期成会、各报馆、商会、教育会均鉴：

南北和平会议开会在即，双方代表亦已先后派定，和平曙光早露端倪。本会成立，宣言南北，均以和平为标帜，今幸目的将达，亟宜公同选派代表赴沪，组织各省和平期成会联合总机关，居间斡旋，以期贯彻主张，公维大局。兹于本月十八日敝会同人特开全体会议，举定王芝祥、陈其援、周廷劢、欧□祥四先生为本会代表，克日赴沪，联合南北各和平会组织机关，共策进行，以为和平会议之后盾，此后声气相通，平和幸福指日可望，吾民幸甚，民国幸甚。特此电闻，并候明教。广东和平期成会叩。号（二十日）。印。

（《广东和平会促进和平电》，长沙《大公报》1919年 1 月 28 日）

唐克明致军政府总裁电

（1919 年 1 月 21 日载）

广州军政府总裁诸公钧鉴：

比者北廷悔祸，停战求和，克明武人，惟知以护法靖国为职志，服从命令为天职，故奉我军政府严守原防静待后命之电令，遵即转饬我军前方将士，一体遵照矣。乃王逆占元，藐视我军，蛊惑北廷有将鄂西划出停战之说。顷据报，该逆已于鄂西仍增兵不已，其用意无非以绾纽南北，关系重要，必使鄂军消灭，以遂其盘踞湖北之心。用意狠毒，殊堪痛恨。前方将士群情愤怒，誓不俱存。克明恐以一隅牵动全局，转致其曲在我，故为抵制，不允轻动。惟王逆既蓄此心，势在必行，一旦衅自彼开，克明为自卫计，不得不竭力抵御。战守两难，如何而可，尚祈明示办法，以便遵循，实为至恳。靖国联军湖北第一军总司令唐克明叩。印。

（《唐克明请示战守方略》，上海《民国日报》1919年 1 月 21 日）

钱能训致军政府七总裁电
（1919 年 1 月 21 日）

广州岑、伍、陆、唐、孙、唐、林先生鉴：

奉发下真电，诵悉。所言陕南、赣南两事，全与事实相戾。查川军于上年十一月十六日明令停战以后，突然大举侵入陕南，于十二月（一、二、三、五、七等日）迭陷阜川、略阳、沔县、褒城、镇巴等县，环攻南郑者两星期，至二十二日城围始解。以中央停战之期计算，川军违约反攻一月有余。屡经此电致李督军，转诘锦帆，锦帆迄未得复，至十二月三十日始接锦帆通电，有蒸日转令前方停战之说。若以锦帆之电为可信，则吕超等违约反攻又十有余日。迨吕超等退出之后，当然有接防军队驻防，沔县、宁羌各处本是陕境，为停战时北军防御前线，何得谓为占据？从前本以川陕边界为界限，何得谓为进逼？以事实时日确实计算，则谁开战祸，谁为信约，必有能辨之者，中央不负此咎也。赣南军队于未奉停战命令以前，皖军马联甲所部十六营皆驻在前线，现在马部久已撤至樟树，陆续向皖省运回，所余只有江西本省向来驻防赣南之军队，而且战时所派之总指挥一职业经撤销，皆事实之可证，中外所共知者，何尝有调回各军添募新兵之事？不知尊处何所据而云然。用特胪举事实，详悉奉复，即希查照。能训。个。印。

（《政府公报》第一千七十号（1919 年 1 月 25 日），"公电"）

蔡元培、张相文致孙中山函
（1919 年 1 月 21 日）

中山先生大人尊鉴：

　　捧诵来教，感佩无量！

　　清世党会，来源最古，大要以天地会为鼻祖，确系明末遗老所创立，递衍而为三合、为哥老，蛛丝马迹，具有线索可寻。彼其初意，不过反清复明而已。至同盟会兴，乃与共和有直接关系，然固亦秘密党会也。且亦多吸收各会分子，此中离合之迹，诚未易分明，要非广事搜罗，不足以资考证。诚如尊谕所谓，须经以岁月，几经审慎，乃可成为信史者也。可恨者，前此处专制时代，国内书籍，几无一字可考。元培前亦曾托旅外诸友，代为搜集，迄今年余，报告尚属寥寥。先生以开国元老，望重寰球，海外各机关，大半亲手创造，幸蒙俯允，通告征集，此诚元培、相文等所翘首跂踵，日夜所祷祀以求者也。并恳就大著中所述关于《革命缘起》一章，先行抄示，庶乎先睹为快，得以略识指归也。

　　京中印刷诸局，相文因印行《地学杂志》曾有数家相识，近就询之，皆以先须告以书之格式，及用何纸张，印刷多少，乃可定其价格云云。大著杀青后，如蒙在京分印，请即先将样本见示，是荷。肃此，敬服。并请

大安

蔡元培、张相文同叩

（《蔡元培全集》第 10 卷，第 368 页）

蔡济民、牟鸿勋致孙中山等电
（1919 年 1 月 21 日）

急。上海孙总裁、章太炎先生、唐少川先生、孙伯兰先生、张溥

泉、章行严先生、《民国日报》转各报均鉴：

徐世昌以胜朝达官，帝制遗孽，嗣承袁氏，领袖北洋，嗾使武人坏法乱纪，阴谋祸国，罪不容诛。近且伪造国会，贿膺大选，伪托文治，以与义军言和。我军府不忍久事干戈，委曲周旋，以求达护法目的。停战以来，前敌将士，一律景从，济民何人，敢不唯命？而北兵攻闽攻陕，节节进行，湘西、鄂西，又以增兵见告，一方言和，一方激战。并敢视义军为土匪，以善后言和平。川湘有另议之言，意在收复已去之势力。我西南义军前线，彼皆划为匪区。所谓和者，和鞭长莫及之云贵两广耳。藉议和以懈我军心，实行远交近攻之策，秦于六国，往事可征。且徐氏而果有议和诚意，果抱文治主义也者，则乱国暴力当予扫除，现有之兵求去不暇，尚何争城争地之足云。而必固争陕、闽、川、湘、鄂等省之地盘者，司马之心，实欲扩张势力范围，为将来据叛之准备。诸公谋国，夙具荩筹，慎勿误于和议，蹈辛亥、丙辰之覆辙。况骈枝国会尚存，私生总统未去，乱国祸首，犹踞要津，前提未决，尤无议和余地。伏乞熟察奸谋，力持正义，忍一时之痛，宏百年之图，始终以依法和平、永久和平为志，不稍迁就，致隳全功。引领南天，荷戈待命。鄂西靖国军总司令蔡济民、副司令牟鸿勋叩。马。印。

（《蔡牟两司令之痛言》，上海《民国日报》1919 年 2 月 6 日）

宣慰使安健致军政府各总裁电
（1919 年 1 月 22 日载）

广州军政府政务会议各总裁钧鉴：

民国肇建，奸慝迭兴，国内多难，怀远未遑。鉴往昔之覆辙，念西藏之来逼，边事日棘，可为寒心。健昔谬膺宠寄，宣慰川边，适值藏番肇衅，警电频传，自顾棉力，不胜重任，只以匹夫报国有义，故敢拜命而行。为因湘鄂持战，攸、醴、宜、渝途船久经阻绝，长途间道，遂稽时日。潜至成都，惊闻番乱愈炽，炉城以外日□□□，健忝尸微秩，奉职无状，奉领危边，□惟慨息。迩者微察边情，知番势虽张，非无羁縻之计。盖其藏四噶苍派匈考分，旨趣不类，新派瞎噶札苍参学异国，领蓄异志，内犯之谋，主持龙□；旧派三噶苍笃信宗教，取便内附，实无反叛之心，边军陷入藏地者，悉予优遇，公资遣东归者，临行频嘱输诚上国，静待抚绥，收兵归命。健准此次边衅，藏番皆以边统彭日升开枪激变为口实，推其所指，一人横加□语可知，逞乱叛国，本无容心。国家于彼盗逆，但使怀柔有道，斯即安边之计，奚必劳兵异远，重困国力。健辱寄边命，宣慰有责，苟利国家，敢事偷息？兹决计兼程西去，广布我军政府德意，秉承机宜，和缓藏番，按兵勿动，徐听大府派员处置。惟健识陋学浅，念边情之危艰，昕夕彷徨，千虑未有一得，万乞时赐方略，遵途以往，免致陨越。临电不胜惶恐迫切之至。安健。印。叩。

（《军政府公报》修字第四十一号，1919 年 1 月 22 日，"公电"）

熊希龄、蔡元培等致军政府各总裁电

（1919 年 1 月 22 日）

广州各总裁鉴：

顷接福建李督军咸电开：敝处自奉令停战以后，即经分饬各军队一体遵照，严守原防，并电致陈炯明表示和平之诚意，请其切实答复，协商办法。文电俱在，可以证明。乃许崇智于上年十一月二十日，以全力围攻莆、涵一带，经刘、王两团会同抵御，历时半月，地方始保治安。而粤军司令蒋国宾，又于十二月八日陷我永泰，比派周旅长前往救援，将县城收复，搜获信件，内多阳假和平，阴行侵袭之计。并据彼方军队来归者面称，此次进攻永泰，系谋袭击省城等语。又，是月十七日，匪首蓝桁、陈子明等乘虚攻古田县城，交战一夜，幸而击退。又，本月九日据姚师长电称：据报大股土匪千余人，带机枪三架，由永泰上洋乡窜入，围攻尤溪甚急，所辖二十三、五、七等都，均被攻破，县城岌岌可危等情。并屡据各该地方商民来省呈诉，南军及士兵焚杀淫掠，种种蹂躏荼毒之处，可为痛心。以上情形，均经电达陈炯明。彼则或以误会冲突为词，或以成事不说相约，二三其德，言与行违。苦我人民，何所底止。

又查林保〔葆〕怿本月一日电告，在广东海军部就任福建督军兼职，内有克期入闽，现正积极筹备，力策进行等语。是彼方意果何居，已可概见。倘竟侵扰无已，不惟破坏和平，糜烂地方，势必至全局受其影响，瞻念前途，岂堪设想。敬希诸公主持公论，鼎力斡旋，俾和议早日就绪。等语。

窃维南北代表均已派出，和平之机日形接近，双方各处军队，此后益应严守原防，静待解决，以免因一隅之争，牵动全局。诸公爱重平和，久所钦佩，拟请再行电饬部属，一律停止进行，以免为和局之碍。特此奉达，无任翘企。平和期成会熊希龄、蔡元培等。养。印。

（《军政府公报》修字第四十七号，1919 年 2 月 15 日，"公电"）

唐克明致军政府总裁电

（1919 年 1 月 23 日）

广州军政府总裁诸公钧鉴：

顷接鄂籍国会议员来电云：各省举义各军应得派军事代表一人

出席与议。除第二军已委派刘君成禹外，属军谨遵照委派鄂籍议员居君正为军事代表，就近列席与会，并祈鉴准示遵为荷。靖国联军湖北第一军总司令唐克明叩。漾。印。

（《军政府公报》修字第四十四号，1919 年 2 月 5 日，"公电"）

杨庶堪致军政府各总裁电
（1919 年 1 月 24 日）

广州军政府政务会议各总裁钧鉴：

蜀乱经年，今始粗定，追维奠安抚辑之功，皆熊总司令苦心护持所致，军民讴歌，播于遐迩。比者军府特任四川督军，莫不翘首跂足以待新猷。乃熊公虚谨为怀，谦不就职，川中将领、议会、法团，掬诚敦劝，至于再三。窃维督军为全省兵枢号令所出，动系安危，正名定分，未可久虚。伏恳钧府垂念川民望治之殷，一致推戴之诚，明令催促克期就职，以慰群望。临电无任翘企。四川省长杨庶堪叩。敬。

（《四川军阀史料》第二辑，第 333 页）

杨庶堪致军政府各总裁电
（1919 年 1 月 24 日）

广州军政府政务会议各总裁钧鉴：

庶堪特派李湛阳君为驻粤沪代表，刻将由沪来粤，到时乞赐接洽为祷。特电奉达。杨庶堪叩。敬。印。

（《军政府公报》修字第四十七号，1919 年 2 月 15 日，"公电"）

李纯致军政府七总裁电

（1919 年 1 月 24 日）

迭接云阶先生电，因陕省问题，以致会议停顿，纯甚惜之。陕事当然持平解决。窃谓尊处所争在不得指军为匪，中央所持在不得以匪为军，纯以为皆是也，今欲释双方之争，先当分别军与匪之界限。中央停战令，本未划出陕省，但声明土匪扰乱治安，军队有妨秩序，为国人所共弃，是所重者治安秩序而已。能保治安、守秩序，有正当之将领，一定之名额，与驻扎之地点，即为军；反是，则为匪。今若将各项开明，双方议定适当界限，划定暂驻区域，各守原防，则军之界限定，而区内之匪各担任剿除之责，有扰治安妨秩序者，与众弃之。尊处所认为部队者，但无妨于地方，中央不过问，无指匪为军之嫌；中央军队之入陕者，但无轶乎范围，尊处不过问，无指军为匪之争，静待会议收束解决，此关乎陕事者也。粤军陈炯明现方力谋进攻，应请严令停止。其闽、粤方面，李所部与陈、许所部商定双方撤退，各指定界限，声明地点并区域，彼此遵守，静候解决，总期双方距离百里以外，免生冲突。有违约者，曲直自判，如尚虑区分不易，或临时发生争执，不妨由双方或居间公团派员分往指导监视，秉公商定。如荷赞同，即祈示复，以便转陈中央，即日实行。至欧洲和会代表，关系国际重要，任命未可分歧。尊处推重之人，仍宜由中央派往，统希亮察。纯。敬。

（《调和南北战争》，《近代史资料》总 36 号，第 96～97 页）

唐继尧致广州军政府、参众两院电

（1919 年 1 月 25 日）

自权奸乱法，国本动摇，西南兴师，国会移粤，齐心同志，共济艰危。虽法纪赖以维持，而民力已苦凋敝，言念往事，常为痛心。夫护法而致于用兵，实出于不得已，苟舍此而可以达护法之希望，亦何必相见于兵戎。迩者全国人心恻然厌乱，欧洲和局已告敉平，北方知西南之不可以力征，故惄然有议和之议，护法各省自不能不赞同，以向应世界之潮流，而稍留国家之元气。惟是赞成和议，所求者在适法永久之和平，并非敷衍目前为苟且之计。使和议而国基可以奠定，吾辈亦复何求。设北方对于法律问题，无正当之解决，则即和局破裂，其责亦有攸归，或再致破斧［釜］沉舟，西南亦可宣告无罪于天下。然欲贯彻主张，非徒泛空言，必恃有力量、有责任之护法团体，使促其成。今代表既经推定，应即由军府力促进行，俾会议速开，早定立国大计。若因循苟且，而内部互相牵掣，使大局陷于杌陧不安之境，西南受拒绝和议之名，想亦非爱国诸君子所忍出此。冀军府当局，力任其难，国会诸公，亦互相体谅，庶始终一致，相与有成，不致凭意气误国家，为天下后世之所责。心切词迫，尚希谅之。继尧。径。印。

（《唐督军箴和议电》，上海《民国日报》1919 年 2月 22 日）

旅粤皖人致军政府总裁函
（1919 年 1 月 26 日）

总裁诸公钧鉴：

敬启者：公民等近维和局将成，大法显著，政治革新，行有端兆，不胜忭舞庆幸之至。惟是倪逆嗣冲，在皖七年，为害最烈。公民等隶属皖民，仅举其祸皖情形，为军府陈之。

自该逆莅皖以来，苞苴贿赂，相习成风，上行下效，罔知顾忌。以赌博为行贿之门，一局未终，所入已盈千累万，当夕亏折，诘朝即署缺兼差。官吏为卖烟土之行商，娼寮是冠盖往还之重地。

省长不驻省，知事不驻县，政事掌诸小吏，行赏出于爱憎。税关、厘局，悉系家奴，公产、官荒，悉归倪姓。全省岁入均藉名军费花消，有主矿山则串合洋商盗买。视学校如仇敌，任意摧残，用省会为私党，专供驱策。顺我则为良民，逆我则为奸匪，因自好之士均箝口结舌，远避其锋，世恶土豪均乘机掘〔崛〕起，横肆其毒。长此以往，则前吾皖将成为草寇世界矣。近者该逆犹以为祸皖未足，又复田亩加捐，盐斤加价，以剥削民膏。每县担募保卫队二三营，以扰害闾里。吾乡耆旧，如周馥、李经羲辈，已久未与闻家乡事务，近亦忍无可忍，函电交驰，力图反对。而该逆仍一意孤行，务遂其恶。凡上所述，该逆祸皖各节，即在专制时代，亦应革职问罪，今属民国，更何能容！况该逆又有援助袁氏称帝，怂恿张勋复辟，倡率督军团，逼迫国会，依附段祺瑞，毁坏约法，种种叛国之罪乎！

公民等远怀桑梓，痛切肌肤，爱不揣冒昧，公推代表□策、张我华、汪彭年、张鸿鼎、宋发、李乃景、毕靖波、汪镜芳等恭诣钧府，面陈一切，要求将惩办倪嗣冲一事列入议和条件，电达总代表，切实磋议，庶几叛逆潜消，邦基永固。皖民幸甚，国家幸甚。肃此，敬颂

勋祺

安徽旅粤公民同启

（《旅粤皖人宣布倪嗣冲罪状》，上海《民国日报》1919 年 1 月 27 日）

唐克明致孙中山等电
（1919 年 1 月 26 日）

广州军政府总裁诸公、各部长、次长、各省代表、参众两院各议员先生、莫督军、翟省长、魏厅长、林军长、李镇守使、陈总司令、钮督办、各军各旅长、汪精卫先生，漳州陈总司令、洪镇守使、熊

道尹、方总指挥、伍旅长、刘督办，汕头刘镇守使、吕总司令、王副司令并转陈旅长、夏旅长，韶州李督办、李镇守使、朱师长、成司令，转沈军长、古镇守使，云南刘代督军、由代省长、唐卫戍司令，南宁陆总裁，桂林陈省长并转各师、旅长，宣威唐总裁，贵阳刘督军、王总司令，成都熊督军、杨省长、但师长，资州颜总司令、泸州赵总司令、夏司令，重庆黄总司令、卢副司令，梁山转绥定颜总司令，陕南石招讨使、吕师长并转陕西于督军、张副司令，保宁陈副司令，永州谭联军总司令、谭督军、程总司令、赵师长、韦总司令、马总司令、林旅长、贲旅长，辰州卢总指挥、田总司令、周总司令、张总司令、胡总司令并转桑植林总司令，夔州黎联军总司令、王总司令、田旅长，巫山颜师长，丽川方司令，兴题叶总司令、王总司令，上海孙总裁、张溥泉、孙伯兰、章太炎、吴稚晖诸先生，各省议会、教育会、各商会，上海、广州、汉口、天津各报馆均鉴：

邦家不造，兵祸连年，阋墙虽凶，终为昆弟。当欧战结束之日，倡南北和解之议，固为大势所趋，不得不尔。南北当道及在野诸公、前敌各将领，热心爱国，岂复在克明后，然克明盱衡往事，审查近状，知有不可轻易言和者数端，愿与诸公一商榷之。

辛亥武昌起义，西南各省望风响应，曾不数月，得地十余省，有众数十万，倡宪党者转诩新猷，抗义军者亦输同志，铲除数千年不良之专制政体，建造东亚独一无二之民主国家，可谓盛矣。乃始终以当局诸公一再迁就，不惜举我同志以铁血购得之权利，拱手奉之于袁氏。于是厚集党徒，广招朋类，腐朽之官僚，鲁莽之武夫，皆踞要津，握重权，重敛重征，借款募债，以为穷兵黩武、坏法乱纪之资，此辛亥让步和议之结果也。

癸丑之役，五省军兴，京师震撼，全国动摇，方期以寒袁氏之胆，挽辛亥之失败。而黎大总统适督武昌，力主退让，其余各省亦多观望，袁氏遂得以侥幸一时，而长江流域遂无复民军之足迹。卒之约法废弃，国会摧残，洪宪改元，项城称帝，此又癸丑让步和议之结果也。

　　洎乎滇黔仗义兴师，为民请命，川湘粤桂后先景从，军威发扬，所向披靡，乃因袁氏之愧死，还我直壮之雄兵。元恶虽终，丑类未殄，黄陂继任，徒拥虚名。段祺瑞效袁氏之故智，恃二三暴督为其爪牙，弁髦法纪，蔑视国民，黄陂稍一措手令其解职，即又阴谋作乱，始终嗾使其党恶宣告独立，解散国会，□□密令张勋拥兵入京，迫逐总统，叛国复辟。乃因之乘便推除张勋，夺取总理，以图掩饰国人耳目，而天下之乱遂至于此。是又丙辰迁就议和，有以阶之厉也。

　　和议乎？果能得永久之和平乎？毋亦多一次和议，即多一次祸机也。乃者，声罪致讨，义旅如云，如滇川黔粤桂之兵，据鄂湘闽赣陕之地，财力雄厚，士马精良，有席卷武汉包举幽燕之势。即北方前敌各将领，亦不少深明大义之人，主持公道，而段氏犹复悍然不顾，若再枉法议和，不为正本清源之计，则"议和"二字实彼等一至妥之护身符，叛法者益无忍惮，附恶者日有增加，天下滔滔何所底！慨自辛亥改革〔止〕以来，用兵六七年，喋血数千里，抛弃数十万头颅，浪费数万万金钱，野居流离，四民凋敝，但赢得局部之权利，个人之尊荣，而一任政治上之腐败如故，违法者之猖狂如故，得无与公等起义初心大相刺谬乎？

　　抑克明尤有进者，欲求吾国永久和平，固当于法律上为根本之裁判，尤应于地球上谋势力之平衡。武昌纲毂，固原归我范围，方能拥护约法，不然则枢纽在彼，势力不均，仍不足以遏乱萌而定天下。吾恐和议甫成，风波又起，忽和忽战，纷扰不休，再及数年，不待外患之来，而吾同袍已无噍类矣。公等或主持清议，或掌握兵符，应恳切实诉诸根本解决，国命所关，幸勿迁就。克明不敏，谨率全军将士以盾其后，不得美满结果，誓不肯解甲奉命，再贻他日无穷之患也。谨掬血诚，伏候明教。靖国联军湖北第一军总司令唐克明叩。宥。印。

　　（《军政府公报》修字第四十五号，1919 年 2 月 8 日，"公电"）

云南和平会致广州军政府电

（1919 年 1 月 26 日）

广州护法政府鉴：

国本未固，迭起风潮，胥溺势危，万声呼吁，内恫外惕，咸望和平。滇爱和平，素为真切，月之效日，组会成立，协助进行，仍希赐教。云南和平会叩。宥。

（《军政府公报》修字第四十六号，1919 年 2 月 12
日，"公电"）

谢持致孙中山函

（1919 年 1 月 26 日）

先生钧鉴：

前书计达览。季龙还沪，粤中情形当晓然矣。

大使案先是政府提出五人，参议院于礼拜二投票，出席一百三十八人，先生以百三十三票同意，伍先生以八十余票同意，余三人则否决。于是政府设法疏通，乃改余三人为特使，避去约法之拘束，以咨询案提出国会。所以必咨询国会者，盖经国会否决之人，非经国会通过不能得外交上之信用也。昨日礼拜六，礼拜四开会不足法定人数，众议院开会同意案（出席三百三十余人，投票者三百廿七人），先生以三百十三票同意，伍先生以二百八十余票同意，咨询案两院皆通过。但参院由委员申明，全权特使系赞助全权大使者，又此后政府派遣何项代表，不得援此次特使为例。众院如何声明则未之知也，议员中大不满意于儒堂、亮畴。咨询案之通过乃委曲迁就，谋政府国会之融和，不然亦几遭否决矣。

上海议和总代表同意案，季龙所提出者，竟经政务会议取消

（礼拜二，持赴参院投同意票，及返军府则会议已散）。护法政府案则先电征各省意见，举持前礼拜四所力争者，付诸东流（季龙退席后，李印泉、陈强、郭松年、冷雨秋反对最甚），而今又异势矣。昨日两院以三读会，将派遣代表条例通过（总代表须国会同意，分代表违反护法，由总代表请政府撤换之），而护法政府则早已由外交部令罗诚照会各国领事矣。此异闻也，敬略述之：先是国会咨文达府，伍即批可备文照会（文备且核稿签名），及十六日（前礼拜四）政务会议争辩未得结果，议暂缓办，而伍则忘其批可之令，未及中止，礼拜二议决电征各省同意，伍亦忘之。昨礼拜四（廿三日）例会，郭松年由日领事馆抄得公文，当众查问，伍氏父子皆答无之，会散始查得为老博士于十六日所核行者也。现在各方疏通，可将错就错做去。虽然伍之重视国会，前礼拜四、昨礼拜二，伍皆主张承认国会议决，固可敬也，乃以公事错误见于梯云否决之后，其激刺可知矣。

竞存又来电辞，已复电慰留。沧伯于十八日复职视事，惟锦帆必欲摧残石、颜、黄、卢各部，殊可叹也。昨日持与潘士逸谒西林，拟据重庆联军会议所定七师次序，统由政府命令发表。西林答云：待电询唐蓂赓，得复确答后，便可照办，将来结果正不可知，望先生有以教也。敬颂

钧安

谢持鞠躬　一月廿六日

（《革命文献》第四十八辑，第319～320页）

谭浩明、谭延闿致广州军政府电

（1919年1月26日）

政务会议马电奉悉。查西南兴师护法，成立军政府，是军政府即护法机关，固无事变更名称始为明瞭也。国会诸公议论及此，自

系因巩固国基，务加慎重。军府成立以之对内对外信用已著，兹值和议期间，若忽变更，虽于实际无关，未免淆人观听，似以仍旧贯为宜。诸公以为何如，伏候公决。浩明、延闿叩。宥。印。

（《粤闻纪要》，《申报》1919 年 2 月 11 日）

护法各省各军驻粤军事代表致军政府总裁函
（1919 年 1 月 27 日载）

总裁诸公钧鉴：

敬启者：昨日接军府茶会通知，以为有重大问题磋商，及代表等莅会，聆伍总裁演说，始知为议和代表及军事委员会委员送别，代表等不胜诧异。因场中俱多远到之客，未便当面质问，致碍军府体面。然代表等以为军府此等行为，有背军政府组织大纲，试为总裁诸公约略言之。

查军政府大纲第三条第二项：护法各省及经政务会议承认之护法各军，得各派代表一人。关于第二条所载，第一（关于和战事件）、第二（办理共同外交，订立契约）、第四（裁决省与省之争论事件）、第六（关于统筹军备及计划作战事件）各款，得参与政务会议。法章具在，理宜遵守。此次上海和平会议，派遣唐少川先生为总代表，既经提交代表列席之政务会议议决；即派遣分代表之案，又经代表列席之政务会议皆［认］可，是军府深知此案根据于军政府大纲第二条第一项关于和战事件而来，当然使代表等参与政务会议以解决之。何以此次派遣章士钊、彭允彝、郭椿森、刘光烈、李述膺、缪嘉寿、饶鸣銮、胡汉民、曾彦、王伯群等十人为分代表之案，竟不提交代表列席之政务会议，遽由军政府迳行派遣？此其可疑者一也。

又军府任命军事委员会委员十余人，据昨日伍总裁说明，所有军事委员与分代表等一同赴沪，并在沪上开军事委员会。又据岑总裁所提出议和条件之第三条，划军区并裁撤各省军队事宜（附说由军事议员会议决提交和平会议）云云。此外尚含有何种性质，代表等均在黑□，不得而知。但查此一问题，与军政府大纲第二条第六项有密切之关系，何以军府又不提交代表列席之政务会议，于迅雷不及掩耳之中，竟发生一似议和机关非议和机关之军事委员会。夫护法各省、各军情形，非各军军事代表不能深知，今各军俱派有军事代表在此，军府竟不之问，将来收束军队之事宜，裁撤军队之缓急，补充军费、军实之数目，是否局外人之所能处分所能负责？且各省军事代表间关来粤，奔叩军府，其代表之责任与代表之意思，能不被此军事委员会打消殆尽乎？又何贵军事代表之有？况军事委员会开在上海，而军事代表又羁留粤东，即欲将护法各军之艰难情形，贡献于军事委员会，以备临时开会参考，势亦有所不能。是军事委员会对于护法各军，直不啻秦人视越人之肥瘠，然则军政府之有此军事委员会，其用意安在？此其可疑者二也。

以上二项，如谓军府因所派之人员，间有不满人意者，恐代表等反对，始不提交政务会议耶？然政务会议，向例由多数公同取决，非少数人所能反对者，固有成案可查。如谓非代表权限所能过问，始不提交政务会议耶？则军政府大纲所载，甚为明瞭，军府不乏精通法律之士，是以代表等百思不得其解。合观此等情形，何殊□□□□①。窃思西南军政府名义，号召于天下者，不外护法二字，孰谓□□□□□□□□□□，恐与总裁诸公之初心，有大相背谬者也。自民国成立以来，袁世凯擅作威福，一手遮天，不肯遵守法律，至于身败名裂；黎元洪知有法律而不能遵守，至为天下人所吐弃；段祺瑞袭袁氏故智，竟听左右二三小人之言，专制用事，置公论于不顾，现在海内名达，口诛笔伐，声罪致讨者，举在皆是。往事昭然，可为殷鉴。

故代表等痛惜民国缺乏柱石人材，国家日形阢陧，对于国内贤豪，不敢轻加菲薄，望之深故不能不责之备。我总裁诸公既以护法

---

① 原文如此。后同。——编者

为职志，又为宇内所推崇，一举一动，观瞻所系。既允纳代表等于政务会议，而此等大事，又不依法公开，在代表等固无足轻重，然一念及委托之重，既不可卸责于本军，而溺职之愆，又不能见谅于天下，是以不得不剀切陈词，一寻究竟。幸总裁诸公有以教之。

（《军事代表质问军政府》，上海《民国日报》1919年1月27日）

军政府政务会议致孙中山等电

（1919年1月27日）

云南唐总裁，武鸣陆总裁，上海孙总裁、唐总裁，南宁谭督军，桂林陈省长，贵阳刘督军，成都熊督军、杨省长，永州谭督军，龙驹寨于督军、张会办，漳州陈省长，诏安方会办，黄岗吕督办、王副司令，夔州黎总司令，施南柏总指挥、唐总司令，豫军王总司令，巫山援鄂王总司令，郴州程总司令、马总司令，辰州田、张、胡、林、谢各总司令，溆浦周总司令，广州参众两院、莫督军、林督军、翟省长、李督办、驻粤各代表均鉴：

案准司法部长兼代总裁徐谦咨陈请假赴沪省亲，并请以次长谢持代理部务，其代表孙总裁之权，亦暂委托谢次长代行等由。准此，经已议决□准，合特电闻。政务会议。感。印。

（《军政府公报》修字第四十四号，1919年2月5日，"通告"）

陈炯明致军政府总裁函

（1919年1月27日）

总裁诸公钧鉴：

春阳来复，和议方新，嘉会良时，欢胪宇内，寅维万机□

理，□政□休，大法藉以维持，邦基于焉永固。炯明志存护法，忝总师干，转战经年，亲临矢石，虽汀漳各属次第戡平，而李逆负隅，闽局尚迟收拾。乃辱承派使慰劳，德意有加，三军闻命，无任感激。当经□电，谨致谢忱，兹值蓝使天蔚劳军既毕，省旋复命，合将全军感忱下情，披沥上陈，希为察鉴。肃此，敬颂①

       陈炯明谨启　中华民国八年一月二十七日

    （《军政府公报》修字第五十号，1919 年 2 月 26 日，"公文"）

林德轩致孙中山等电

（1919 年 1 月 28 日）

广州参、众两院、护法政府各总裁、各部总次长，上海孙总裁、唐总裁，武鸣陆总裁，云南唐总裁，南京李督军、覃代表理鸣，成都熊督军、杨省长，重庆黄总司令、卢副司令，夔州黎总司令，施南唐总司令、柏总指挥、叶总司令，永州谭督军，郴州林民政长、程总司令、赵师长、林纵队长，洪江周总司令均鉴：

    前次卿、王并师，进窥桑植，卿军进至凉风界桥头，王军进至咸池峪、竹叶坪、叶家桥等处，与哨线逼近。经我军严防电诘，始各回原防。讵是时忽接鹤峰友军急报云，王军有由鹤边进窥桑植后路之举。轩正派兵防堵间，忽于一月二十四日，由慈利方面突来兵匪不分约四千余人，围攻我军。经我军极力抵御，接战两昼夜，击毙匪首数名，及匪兵二百余人，夺获快枪十余支，雕枪二十余支，旗帜、马匹多件，余始溃退，刻正在防剿中。惟是时又确有王军步兵两营，进侵桑植咸池峪。窃土匪扰乱，经此次大创，洵为地方之

---

    ①　以下数字不清。——编者

庆。独不意王正雅以正式军队，于停战期内忽进忽退，声东击西，显与该匪勾通一气。此次虽将匪兵击退，而王军仍逗留竹叶坪，难保不再生枝节。理合将歼毙土匪及王军勾匪进攻各原由，电恳查照，并祈转电北政府，饬该军遵照停战命令，毋得再开衅端，至碍和平为祷。林德轩叩。俭。

（《王正雅勾匪图湘西》，上海《民国日报》1919 年 2 月 20 日）

湘西和平期成会致广州军政府等电
（1919 年 1 月 29 日报载）

北京大总统、国务院，广东军政府，各省督军、省长，北京、上海、南京、汉口、长沙各和平期成会、各团体、各报馆均鉴：

南北政争，扰攘经年，湘西困于兵祸较他处尤烈，凡有知识，罔不希望和平。为集合同志，发起湘西和平期成会，业已成立。苟经公举修君承浩为名誉会长，许君孝绥为会长，李君佚、田君兴奎为副会长，并推梅君馨为京津沪汉代表，张君伯良为驻宁代表，黄君忠绩为驻省代代〔表〕，接洽一切。谨先电闻，伫候明教。湘西和平期成会发起人舒守恂、张称达、李永溺、舒发甲、李德藩、杨道仲、张克家、何先高、文兴焕、龚德、秦欧、钟燊、杨□南、邬渥光、胥大诚、田达道、滕兴长、唐孝钧、申开云、弄〔?〕周南、杨民、罗胜楅、邓守静、滕文昭、滕凤藻、李百襄、刘文运、杨骥、罗兴华、郭唐寿、樊生梅、余树樾、龚官云、李鸿奎、黄裳元、王尚忠暨全体会员叩。印。

（《湘西和平期成会报告成立电》，长沙《大公报》1919 年 1 月 29 日）

阿穆尔华侨总商会会长宋云桐致广州军政府电

（1919 年 1 月 29 日）

广州军政府均鉴：

南北和局缓急与欧西议席甚有关系，公等洞悉时势潮流，当能应机转移，对外利害在此关键，国家前途凭公手造。望和愚诚，难安缄默，翘首南天，愿闻好音。阿穆尔华侨总商会会长宋云桐叩。艳。

（《军政府公报》修字第四十七号，1919 年 2 月 15 日，"公电"）

冯自由等致军政府诸总裁等电

（1919 年 1 月 31 日）

广州参众两院、军政府诸大总裁，北京新闻编译社转徐菊人先生，上海中华国民策进永久和平会刘艮老转唐少川、朱桂莘及南北分代表诸君，各省督军、省长、省议会、教育会、商会、各报馆、各团体均鉴：

本会于本年一月晦日成立，宗旨在图谋全体同胞真正幸福，主张合法永久和平，此物此志谅表同情，谨电奉闻，伫候明教。广东中华国民策进永久和平会会长冯自由、副会长谭民三、张秋白暨全体会员同叩。世。印。

（《关于南北和议之粤讯》，《申报》1919 年 2 月 14 日）

国会议员张知本等致军政府各总裁等电

（1919 年 2 月 1 日）

广州军政府各总裁、政务会议各代表、国会同人、上海唐少川先生均鉴：

顷闻政务会议有人提议加派鄂省一人为和议代表，用意公允，良深感佩，然画蛇添足，窃期期以为不可。

查此次国内和平会议，系全国问题，非一隅问题，必欲按省分遣代表，转形西南狭隘。不可者一。前者国会谈话会，佥谓和议代表，应以人才为前提，不以各省为本位。虽谈话会之主张，法律上无何种效力，然国会意旨所在，宁能固与背驰？不可者二。南北两方代表，均以十人为限，我若逾额派遣，北方将以此藉口，指我为地盘主义。不可者三。

吾鄂前次起义，比战荆襄，顺国民全体之意志，以拥护法律为己任，非有部落思想也。乃于各分代表业经派定后，忽有以鄂省为名添派代表之议，在倡者或持之有故，惟同人等统筹全局，觉此举于和议前提无关宏旨。与其节外生枝，贻他方以误解，孰若信任现已派定之代表，用昭吾人酷爱和平敬恭桑梓之诚意。我总代表暨各分代表公忠体国，谅不以鄂省无人列席和平会议而歧视之。谨布区区，伏维亮察。张知本、毕鼎琛、白逾桓、董昆瀛、鲁鱼、汪哕鸾、邱国翰、高振霄、万葆元、吴崑、廖宗北、时功玖等同叩。东。

（《破除方域之言论》，上海《民国日报》1919年2月11日）

尹仲材致孙中山函

（1919年2月3日）

中山先生钧鉴：

日前奉教，纫佩无既。返都后，谨将尊旨面向东海详述，极表赞同之意。谓愿设法解除一切困难以赴之，俾得实现云云，并嘱转达。谨此奉闻。兹呈上拙作意见书二通，一得之愚，祈赐之指摘为

感，余俟南下面陈。肃此，敬颂

健康

　　　　　　　　　　尹仲材谨启　　二月三号

附一　尹仲材致新旧国会友人论法律解决之书缄

　　（上略）旧国会自黎前总统解散后，自行集会于广州，固法律所深许也。然直至冯前总统法定任期已满之日，讫未能足法定人数举出新总统，即吾人对之亦殊缺望。设此际东海老人尚不承认新国会选举为有效，硁硁然不应其选，为独善其身计，诚自得也，即沽名钓誉之伦，尤优为之。其如风雨飘摇之国家，将陷于无政府之险地何？是国且不国也，更何法之可护哉！此理至明，人所共谅。即以质之护法者，爱国之初衷，易地以思，可乎？不可。由此言之，新国会之发生，虽不免以法律迁就政治之嫌，然今已为时势所须要。旧国会因法律与政治冲突，不幸效力中断，循至牺牲总统选举会，今日言之，殆已为成历史上过去之事实矣。

　　任何法律，大家不能为之曲解，任何忠于旧国会之人，亦无法为之挽回。惟是此后旧国会或竟能足成法定人数，续开宪法会议，则其议决之宪法全案，不能谓为无效也。即人数终于不足，而为永久之消灭，然其前年在正式开会期间，所已经过二读会之条文，仍不可不继续其效力。若曰必新国会之宪法始有效，旧国会之宪法原案一概无效，是再启下届国会抹杀新国会宪法案之端也；谓新国会由约法产生，遂可蔑视旧国会，则将来设再有依据约法更行组织者，又孰得而非之，最治丝而愈棼之也。故解决之道，对于旧国会之宪法原案，仍不可不保存其效力也。

　　惟是议会虽二，国家则一，同时而有两国会，同时而产生两种宪法，乃法理所不可通。要知新旧两国会发生，既有先后顺序，理宜贯彻，故新国会只能作第二届国会观。对于旧国会之宪法原案，只宜另案修改，以待决于第三届之国会，不宜消灭其原案。依仲材愚陋一得之见：主张旧国会，俟足成法定人数，即应议决宪法，万一人数终于不足，亦须将前年经过二读会之条文，继续有效。新国会只宜就其原案条文另案修改，或虽独立制定，亦只宜视为宪法改正案。而旧国会之原案与新国会之修正案，均不即行实施，待第三届依据原国会组织法召集之国会成立，重开宪法会议，并案议决，乃行公布。至于此次旧国会在广州集会，须要之经费与议员岁费，既曰非常会议，以外例言，以法理言，当然归地方担负，中央所认。愚以为似此主张，较之近人解决法律问题之极端与折衷诸说，其优点有四：（一）可使新总统不牵入法律冲突之漩涡，国基稳固。（二）可使民国法律效力，有贯彻之条理。（三）可使南北双方主持法律论者，均得保存人格。（四）可使民国宪法，将来得稳固之正产。

有此四种优点，各方均易承认，在新国会当事者，须知推重旧国会，即新国会之所以自重也。保存今日旧国会之宪法原案，即所以保存他日新国会之修正案也。新国会既享有总统选举权，更可修正宪法原案，从自罢体［？］，自行议决适宜之解散方法，可谓功成身退，不蚀统一之职志。而在旧国会当事者，须知效力中断，全属政治与法律之冲突，今日已成历史，但使宪法原案继续有效，原组织法不费，效力得以渐次回复，不枉护法之苦心。尤须知大凡开国之初，无论各先进法治国，其法律效力初亦薄弱，故法律与政治冲突之实事，尤数见不鲜。即吾国旧国会前此割裂宪法之一部，总统选举法遽先公布，何尝非以法律迁就政治之恶例。则今日此种主张，既系为法律本身谋自救之上策，虽不免有迁就政治之嫌，然以从前恶例证之，要非自我作俑也。但使新旧两国会之宪法原案与修正案均得并存，彼此独立之精神各得巍然葆固，于将来而同人于正当竞争之法治轨道，而严格约法系与改良约法系两政党，各得遂其初衷，以励成他日之宪法，斯即计之至得者矣。且国人对于宪法产生，皆怀一种审慎矜严之意，似此主张亦必为一般人心所共谅，而南北朝野渴望和平之热心，亦必一致赞成，不致再生他议。

尤有为西南护法诸公进者，查吾国国会自行集会非常国会之说，原首倡之于民国初年仲材所组织之欢迎国会团，凡以为预防政府之摧残，而为曲突徙薪之至计也。乃当时不见诸公择纳，使仲材不幸言中，连遭解散，直至今日乃始有广州集会之举。然须知世界共和国，固有自行集会之非常国会之先例，而实无人数不足之非常会议之名称。今广州之所谓合法国会者，名之曰旧国会议员团，宜若相称；若竟以国会之名归之，是非护法而违法也。仲材实不解西南之军阀与名流，何以始而置国会之厄难于不顾，何以忽而揭护法之旗，奔赴不止，殆亦有昧乎焦头烂额为上客之说欤，是未可知矣。

至于徐总统之为人，既不似袁项城之雄猜，亦不类段合肥之峻绝，浑厚宏博，确然具有容纳平民政治和平竞争之雅量。虽亦未免有巩固北洋系之观念，然不过以南北判用情之先后，非若他人之以南北划恩怨之界域也。故今次新国会举之，以息纷扰，亦即北洋系忏恨从前方针错误之一念，而发现此让步也。则南中之极端武力解决论，其将不可以已乎。

此外尚有断断于新国会之金钱运动者，据鄙人所闻，亦属事实。然当日旧国会选举之胜利者，其金钱运动又何能讳言哉。盖凡开国之初，人民政治思潮不发达，对于选举权自多放弃，故金钱丑史，无国无之。所赖国人急取直追，共入正轨，合力铲除。设今必以五十步笑百步，窃恐比较上之优点未明，而彼觇国者，反已传笑柄于四方矣。

今欧战既已告终，险象益迫，事实解决既定，和机已成，故仲材敢以诚挚之意敬告诸君子，同念国家缔造之艰难，免除蛇影杯弓之误会。要知旧国会是中华民国之旧国会，非西南所专有也；新国会是中华民国之新国会，非北洋系之所能独占也。庶得系铃人解铃，不致因解环而破环，斯则国家之幸尔。（下略）

附二　尹仲材再致南中友人书

此次和局，关于解决法律问题，应采折衷办法，曾以此旨，妄贡末议于诸君子之前。嗣接复函，多承谬赞，而以过于迁就北庭之说相非难者，亦间有之。古人交道，十反不厌，矧兹事体大，敢辞再度商榷之烦。

窃思凡事实上判断之歧出，必其基本观念未臻一致。盖鄙意以为，国内但无洪宪复辟等问题发生，对于当时政局，第一即应认定其为建设范围内之时代，而以征求国民意力之拥护，为其唯一之武器。乃同人或以继续革命时期，为其对于时局之认识，而以取得权力、地盘为其活动之武器，此其基本观念已相水火，又何怪其对于法律解决，有主极端、有主折衷之诤议耶。由此言之，今日欲求和议之一致，必先对于基本观念歧异之点，详为研究，乃为今日和议之先决问题也。

北洋系权力之强盛，滇桂系地盘之广漠，吾人或不免有健羡而谋代之意乎。然试一思民党自二次革命失败以来，权力、地盘早已丧失馨尽，而至今全国人民脑海中，仍然深印有"国民党"三字。再试一调查边远民心，不知国中有北洋系者有之，不知国中有滇桂系者有之，而决无不知国中有"国民党"之存在者，且不禁为之流连太息、翘望高瞻不能自已。所以然者，诚以国民党无形之权力、地盘，在开国之功，物望之充满，主义之鲜明也，而绝不在有形之权力与地盘。故虽丧败历年，而国民犹不之忘也。彼有形之权力与地盘，如北洋系、滇桂系者，假使一旦失败，可断其不崇朝而即无称焉矣。审如是也，民党奈何健羡谋代此不足轻重之权力与地盘，而降身与之角，而不从事于充满吾党固有之物望，刷新吾人固有之主义。

此何说也？若曰主义物望，必待权力、地盘，乃能刷新，乃能充满，此又仲材所大惑不解者也。试问民党辛亥之役，民党本无地

盘、权力也，而地盘、权力何自来乎？无他，国民意力拥之耳。更
进而论之，同一国民意力也，何以拥之于前而不拥之于后，此无
他，前者国民对于民党开国之功，物望认为充满，主义认为鲜明，
而后者则否也。同一民党也，何以前者主义鲜明、物望充满，而后
者则否，此无他，前者破坏当然用武力，故深符国民意力云霓之
望，而后者当建设时代范围内，亦用武力，致招国民意力厌乱之反
感耳。譬之拆屋造物，当破坏旧屋，则凡工人有冒险性质、气壮力
大者，即其选也。造屋则必须能缮制营造之图本者，与能鸠集土木
之材料者，与夫木匠、瓦匠、砖匠、石匠等工，乃能邀主者之优
录。而向日之徒恃冒险性质、气壮力大者，则非其选。此又民党主
义鲜明于前，物望充满于前，而后者则否之一确喻也。故民党在今
日唯一之所当有事者，则在积极研究建设之方法，储备建设之人
材，制成巨细不遗之大方案，以征国民之信仰。一旦势机到来，自
有国民意力拥之以出。彼挟有千百什倍雷霆万钧之权力、地盘，一
遇国民意力之锋刃，直如摧枯拉朽耳。故曰佳兵不祥，兵凶战危，
故曰勿战自焚，再三则渎，马上得之，不能以马上治之也。

　　试更征之中外历史及近势。昔武王固开吾国革命之滥觞也，然
一戎衣而有天下，即归马桃山，放牛牧野，示天下不复用。法兰西
革命八十年，积弱至今，此非革命家之美谈，而后世开国之炯戒，
革命之惨史，不足法也。英吉利一切政治上大改革，皆由政党平和
运动，而取决于巴力门，即足以藏事，世界学者称为名誉革命，而
英遂为世界宪政健全之鼻祖国，以富强执欧亚之牛耳者百余年，凡
此皆示吾党以不敢不勉者。

　　仲材不敏，敢忘年来时事予我之教训。当癸丑一役，亦尝绞脑
汁效奔走，以从诸同志之后，竭民党多数之全力，合进分取，经年
累月，卒无片土立足之地。循至同人星散，四海漂流，返国无期，
几有长此终古之势。直至洪宪问题发生，蔡松坡以匹马入滇，义旗
一挥，全国景从，而北庭乃因之以倾，国会赖之以复，民党乃得褰
裳以归。由此思之，乃知不有非常之政变，不足以言非常之大举。

换言之，即不有非常之政变，而强为非常之大举，不能得国民意力之拥护也。及乎袁氏自毙，黎、段当权，当此之时，国会重开，民党全部可云处于优胜之地位，仰首伸眉，论列是非，此非大有可为之秋乎？此非今日极端派所欲回复旧观之政局，而不得者乎？乃不转瞬，而政局纠葛丛生，民党复败，国会因以不禄。由此又可知不有积极之建设研究，不有多数之建设人材，不有素洽国民信仰之建设方案，不足取代根深蒂固之势力，而造非常之大业也。换言之，即当建设时代，而无完善之建设能力，明确预示，不能得国民意力之拥护。古语云：名不虚附，事不妄成。此言岂我欺哉。

仲材自经此次教训，二年以来，埋首牖下，委怀于建设之研究，希庶立毫末，收之桑榆，自求补过。而同人武力解决之声，嚣然尘上。窃念人之欲善，谁不如我，进化之业，尤赖合群，故又尝就所亲，剀切赴告。当广州举事之际，又驰书左右，力陈滇桂自有其大西南主义之内幕。且滇桂当国会解散时，原有通电赞同及破甑不顾之说，言犹在耳，今忽响应，其意别有在，已昭然若揭。吾党此时，但当求之在己，不宜求之在人。我欲利用人，人先利用我，是欲倒一北洋系未能，而反使国中造成多数之换象。北洋系计之至拙，无逾于此。吾党不但不可必达利用之目的，即得之，而所得不偿所失。凡此云云，盖逆知当建设时代范围内而兴兵革，适招国民之厌恶。今其结果果何如乎？是殆不幸言中乎？虽然事已至此，就事论事，亦不可不筹一适当之结束，故和议席上之研究，亦非可以轻心掉之者。

持对人之论者，注意于梗法乱法之人，充其意将谓举北庭之人，无一人可留者，此亦责人不责己之流亚，与前者所述，只求在人不求在己者，同一谬误。古人云：三王不易人而王，五霸不易民而霸。故败者之所弃，胜者之所取，必曰非坑杀一代旧人，而后吾之新政治乃得而措手，此论不但适足以暴露其政治能力之弱点，即遍观世界古今政治家，恐亦无此学说。此等无补事实，徒快喉舌之谈，仲材实不敢赞同。

　　至于极端法律解决论，仲材初亦主张甚力之一人。惟自总统选举愆期，国命不亡如线，审内外意向之所趋，推战事利钝之所届，必主极端解决，有类破环。且也吾党果能达破环之目的，尚不失为解环之快事，其奈不得其环而破之哉。忆昔吾党从事二次革命之日，正袁氏权势极盛之时。彼直完全废约法也，彼直完全不须国会也，当此之时，若非袁氏利令智昏，发生洪宪问题，滇桂起义，可决其至今无恙，吾党至今且无如之何也。况今日北庭尚以尊崇约法，号召四方乎？尚以改选国会挣持门面乎？既不能奋护法之帜，以武力使之披靡，即当取平和竞争之步调。由此言之，则折衷之法律解决论，要自有其可采之价值矣。再者，窃闻此次和议席上，有主张恢复国会者，此与仲材所见略异。盖当黄陂继位时，所以有明令恢复之必要者，以彼时国会尚无自由集会之能力故也。今国会已自由行使其无上之职权，集会广州矣，犹必待行政机关之恢复，是自龃也。鄙意以为，今日但须行政机关，承认其行使一切职权，即得之矣。又主张折衷法律解决者，所宜注意之点也。

　　至于法律效力薄弱，易致摧残，以开国来之事实考之，皆由屡起政治冲突之故。吾人今日一方使法律得折衷之解决，以葆存其效力，而待其长养。一方尤宜对于不合政治原理之诸般政治问题，俾得根本解决，以为将来法律之保障，斯乃进一步之护法也。而吾国最不合政治原理，最足冲突法律者，就表面言之，固由于督军制之不善。查吾国督军之权力汗漫，实遗胎于将军制、都督制、总督制，其干政治之咎，要当由历史上负其责，名义之改革易，实际上之铲除难。然民国官吏，虽以总统职权之大，犹有约法明为规定，而督军则自由适用惯例，迄无特定专条以范围之。是则纵容之咎，行政最高机关亦与有责焉，然此不过就改革其名义言之耳。致欲图实际上之铲除，则舍大裁兵额，以为釜底抽薪之计，无他策也。考各国平时养兵之费，占政费岁出总额百分之十六乃至二十六为至。吾国军费，据五年度预算案，已占政费全额百分之六十几。故今日中国之兵能否对外，是否徒酿内乱，姑置不论，即以国家经济原理论，已非破产不止，虽圣者不能善其后也。

顾今之主张裁兵论，约有三派，其进一步之裁兵论，主张完全废兵，如梁任公有军队无中国，有中国无军队之类，其说以此次欧战屈强权、伸公理之成功为根据。不知今番欧战结局，只能解决大西洋问题，必不能解决太平洋问题。中国遽言废兵，未免失之神经过敏。依仲材发表于《微言》杂志之《时局根本解决之建设论》，主张以裁至二十师为限度。若曰既不赞同废兵，则即此二十师，又安足以备太平洋问题之缓急，是非以五十步笑百步乎？要知拙作之主张裁至二十师用意所在，乃裁目前无用之多数军队，而期于以五年之力，造成将来较今尤多之有用军队，所谓消极进行之裁兵计划，非如他之徒言裁兵之主张也，此折衷之裁兵论也。其退一步之裁兵论者，主张先裁至五年度军费为限，为数五十师。此论北庭主张甚力，要亦具有苦衷。骤观之，似军阀派压制文治派之结果；细审之，则知为日本援段主义之暗中进行所致。是其致病之由，不在国内，而在国外也。夫段氏原为吾国人格最高之大军阀，必待外援，诚属国耻。平心论之，即段氏亦未必甘受其援。惟日本意中，以为中国共和政治完成，日本帝政必致危险。故吾国今日即使能如排段论者，竟达去段之目的，而全国南北军阀甚夥，野心尤炽，彼国之贵族资本家，为保持自身利益计，亦必于去段之后，再嗾寻第二之段氏而援之，以乱中国。则裁兵之论虽美善，终亦徒托空谈。故仲材对于解决吾国治乱之根本观念，唯一要图，以为决不在南北战争之胜负，亦不在和议席上之纷哗。惟乘此战局将终，和局开始之际，联结南北不赞同日本援段主义之人，合力筹处，多派名流赴欧参观和议，乘美人疾视日本之际，肆力运动，丐其于和议席上，打消日本在中国之优越权；或揭发其扰乱吾国之阴谋，俾受议席之裁制，以除吾国致乱之根，斯乃计之至得者也。

嗟乎！国危如此，症结所在，明眼何人？悠悠天下，蹙蹙四方，卒之倡莫予和，行莫予从。譬之初植小树，遇东风其枝条西倒，遇西风则又东斜。仲材自信今已枝干拱把四时，但当直立，不敢苟同，亦不敢苟异，自行其是，以待解人，倘不相谅，数则反疏，停云载望，不尽欲言。

（《革命文献》第四十八辑，第300～309页）

唐绍仪致军政府各总裁电
（1919年2月5日）

万急。军政府各总裁均鉴：

本日致徐东海一电，其文曰：万急。北京徐东海先生鉴：据路透电报称：日使对我警告，干涉我外交主权。谓政府当训令在巴黎之中国代表，凡所主张非经日本同意不能提出和平会议，中日缔结之密约不能发表。中国政府如同意，则昨年九月参战借款二千万元中未付之千百万元可以照付，否则将该借款契约取消，并索还已付之三百万元等语。此事果确，殊骇听闻。我国自有主权，岂能受此无理恫喝！四万万国民未死，岂能受此屈辱！公负莫大责任，全国具瞻，请即饬部据理答复，迅速筹偿该款，取消军事协约，中日一切秘密条约，得由我国全权代表随时提出，诉之万国公论。公不能使之有所瞻顾，以违反民意。至日使所指三百万元之款，如公不能筹偿，我全国国民自应力任，否则公无以自解于天下，国民亦将谋所以对公。一发千钧，宜立裁断，无任盼切。绍仪。微。

又致朱总代表一电，其文曰：南京朱总代表鉴：昨日路透电称：日使警告干涉我外交主权，谓和平会议须惟日本马首是瞻，绝不容我有所主张，否则参战借款契约须即取销，并索还前交之三百万元等语。当经电东海。按参战借款，成立于欧战紧急危险之时，未经国会同意，今情势变更，该约当然无继续承认之必要。日使特以此要胁，殊属强横无理，我如俯首听命，何以言国？现惟有迅即筹偿该款，并取消军事协约，免为高丽之续。四万万人民意所在，万国公论所在，无所逃避，请尊处亦以此意急电东海，迅予裁夺。

事关大局，无任盼切。唐绍仪叩。微。此事于和平前途关系至巨，亟请钧府速筹应付，无任盼切。唐绍仪叩。微。

　　（《唐绍仪致军政府电》，上海《时报》1919 年 2 月 6 日，"公电"）

留日学生救国团致广州军政府等电

（1919 年 2 月 6 日载）

北京政府，广州军政府、参众两院，各省督军、省长、省议会、教育会、商会、各报馆均鉴：

　　近据确讯，日本因我国特派赴欧议和专使顾维钧、王正廷两公，拟提出归还青岛问题及欧战期中由日本诱胁订立之一切秘〔密〕约于和平大会，深恐列强不直所为，将有害于彼国，遂乃揭去假面，大逞强权。驻华公使至我外部，妄加诘问，肆行恫吓，并要求我国政府撤还顾、王两公，声称我国如不听从，日本将以五十万吨之海军、一百万之陆军威加于我。即此胁迫行为，不谓再见于公理昌明之今日，以视要求聘彼顾问，或要监陆使，殆又甚矣。凡我国人，孰不发指。

　　查青岛原为我国领土，当日德宣战之初，日本政府曾有宣言，战后必归还我国。值兹议和之际，提出大会讨论，是乃当然之举。至于民国四年五月七日，以哀的美敦书胁迫承认之二十一条，及去岁诱惑订立之军事协约，未经我国正式民意机关通过，尤为我国民所誓死反对，而必求公判于和平大会者。

　　我国虽弱，自有主权，日本何得恃强妄加干涉。务望我政府，严词拒绝，毅力主持，我国民群起反对，勿甘屈服。须知欧战已终，日本固不敢独逞淫威，激动公愤，徒为虚词恫吓耳。至小幡氏以前次中日交涉之当事人，再来我国，不改野心，干涉我外交，蔑视我独立，应要求彼国政府撤退该氏，以敦睦谊而重主权。盖使节之派遣，事前固须得驻在国之同意，即驻在期中，苟有反于驻在国之行动，驻在国亦得要求更撤，我国前曾行于葡使，实国际之公例也。事关大局，迫切陈词，不胜待命之至。留日学生救国团同人谨叩。

（《救国团之通电》，上海《民国日报》1919 年 2 月 6 日）

陕西四十七县公民代表致广州军政府等电
（1919 年 2 月 6 日）

北京国务院、各报馆，天津和平期成会转各报馆，广东军政府、滇黔川陕四省协会并转各报馆，上海唐少川先生、《文汇西报》、《字林西报》、《大陆报》、《新闻报》、《申报》、《民国日报》并转各报馆、南北议和各代表暨商会、各团体均鉴：

此次南北停战，和议进行，陕民方延颈企踵，冀望和平，不谓全国之战事方停，陕西之兵祸乃亟。连旬以来，东方师旅，长驱入关，人心惊惶，地方骚动，顾瞻前途，忧念曷极。伏查陕西靖国军之起，已经年余，势力澎涨，漫及全省。陈督历次派兵抵御，战线所及，井里骚然。今更以数万客军，置之腹地，兵连祸结，阅日旷时，致召横决，益滋伏莽。失所灾黎，何堪再受此祸。政府名为剿匪，其结果无异剿民，治丝而棼，莫此为甚。务恳主持公道，速降明令，一律停战，以视西南各军者视陕军，视全国人民者视陕民，则兵戈或从此寝息，和议亦不至决裂，为人民保有限之生产，即为国家培无穷之命脉；毋偏信一方假借之诬辞，拒绝百万人民之公论，则陕西受赐，全国蒙福矣。临电不胜迫切待命之至。陕西中东西四区四十七县公民代表曰种玉、侯笃、李元鼎、高增实等二百零六人全叩。鱼。

（《陕人之不平鸣》，上海《民国日报》2 月 8 日）

李纯致军政府各总裁等电

（1919 年 2 月 6 日）

万急。北京国务院、各部院，广州军府各总裁，保定曹经略使，各省巡阅使、督军、省长、都统、护军使、海陆军各司令，南京朱总代表暨代表诸公，上海唐总代表暨代表诸公，永州谭月波、组庵两先生，衡州吴师长均鉴：

近月以来，和平空气，布满全国。因善后之解决有会议之盛举，既经中央复准，各方赞同，双方各推总代表、代表，亦均先后分莅宁沪。惟以中央颁布停战罢兵，今广州军府亦通令停战罢兵，各省虽皆举行，而陕、闽、鄂西等处，尚有纠葛。经多次之洽商，定简捷之办法：一、闽、陕、鄂西，双方一律严令实行停战。二、援闽、援陕军队，即停前进，担任后方剿匪任务，嗣后不再增援。三、闽省、鄂西、陕南，由双方将领直接商定停战区域办法，签字后各呈报备案。四、陕省内部由双方总代表，公推德望夙著人员，前往监视区分。五、划定区域，各担任剿匪卫民，毋相侵越，反是者国人共弃之。以上五条，均陈奉中央允准，电得广州军府同意，即日双方通令按照实行。所有陕、闽等问题遂已解决，会议即可进行。知关廑念，特此布闻。李纯。鱼。

（《李纯宣布解决陕事电》，上海《民国日报》1919
年 2 月 9 日）

唐绍仪致广州军政府电

（1919 年 2 月 7 日）

广州军政府总裁均鉴：

顷准李督军鱼电，称所拟停战办法五条，经北京政府电准，已同时征钧府同意等因。准此，当于本日电朱总代表，请其电京，迅饬前方防线各军实行停止进兵，不得再施攻击，以昭诚意而维和局云云。相应电达钧府，请一致应付，并速催张君瑞玑克日赴陕主持。无任企盼之至。绍仪叩。虞。

（《唐总代表力争陕事文电汇录》，上海《民国日报》1919 年 2 月 21 日）

国民策进永久和平会致广州护法政府电
（1919 年 2 月 7 日）

北京政府，广州护法政府、参众两院，南京朱总代表，上海唐总代表，各省督军、省长、省议会、教育会、各和平会、各报馆均鉴：

日使要求约束在巴黎之中国代表，令与该国一致。质言之，即举我国听其指挥，且任情恫喝。如饮狂药！当万国玉帛之时，有此野蛮狂暴之举，逆拂公理之趋势，破坏世界之和平，不还青岛，可任宣言，即启衅端，何辞相见。威廉之殷鉴不远，友邦之公论难逃，中国名词一日存在，中国民族未尽灭亡，万无俯首迁就自侪亡国之理。至如索还参战借款已付之三百万元，盘剥本同驵侩，要挟尤近下流，此等外交，尤堪腾笑。唐少川先生主张迅速筹还，如政府力有未能，当由国民担任。凡有血气，莫不赞同。伏望当局勿少屈挠，严重拒绝，尤愿各省长官及国民团体，腐心泣血，壮此声援。五千年文明古国，存亡关头，即争一刻。尤有进者，国际密约，每为战争媒介，实足阻碍和平。威尔逊氏宣言，美国决不与他国订立密约，共和先进，美意可师。此次欧洲和议，英相乔治已宣言与日本密约之无效，废除国际密约必为重要议题。返观吾国历次内乱，皆以此为厉阶，受祸已深，痛心在目。敢请我南北代表，列作议题，使政府永久不得与外国订立秘密条约，和平保障，庶几在兹。懔外侮之横来，望和平其未远，临电迫切，祷祀以蕲。国民策进和平会叩。虞。

（《日使要求后之电报飞驰》，天津《益世报》1919年2月11日）

林修梅致孙中山函
（1919年2月8日）

中山先生钧鉴：

去冬罗君迈来沪，曾肃芜禀，嘱为递呈，谅邀赐鉴。

现在南北和议虽渐接近，然解决世局之根本办法，双方均无正确表示。段氏改为国防督办，仍握有练兵重权，某国复阴为援助，危机所伏，匪惟无永久和平之望，即目前亦恐有决裂之虞。我国此次战争与妥协，实与世界政潮同一趋向，段氏种种举动，无一不与世界趋势相违反，自非设法制阻，无以餍一般国民之望。我公德识誉望，中外倾仰，必有伟谋硕划，息此群嚣，培养国脉。万一段氏犹弗悔祸，梅早有宁为玉碎毋为瓦全之决心，曾于前禀申明之。

郴地交通梗塞，每于大局变迁，不得其真象，尚乞时锡南针，俾有遵循。此间情形，舍弟伯渠颇知其详，特嘱其趋叩崇阶，陈述一切，乞进而教之为幸。专肃，敬请

钧安。伏惟

赐察

林修梅（印）谨上　二月八日早

孙中山批：元冲拟答奖励。

（《革命文献》第五十辑，第421页）

国会议员孔昭晟等致军政府各总裁等电

（1919 年 2 月 8 日）

广州护法政府各总裁，上海和平会议总代表，各省省长、各省省议会、各报馆、各商会、各团体均鉴：

报载段祺瑞等将与日人订约，准其每年贩运苏米一百五十万石出口，以三年为限［限］。骤闻之下，不胜惊骇。查吾国缺米省份，多以苏米为后援。南粤北燕，转输万里，供求相应，丰岁率以为常，酌盈剂［济］虚，凶年尤为须要。即如今岁广州荒歉，贩入苏米巨万，尚不足以资接济，更输暹罗、安南之米，始克支持，危局似此。苏米出口，关系至为重大，不辨可知。乃段逆一心卖国，不惜断民食以媚外人。值兹水旱频仍，疮痍满目，吾民粒食维艰，自顾已不暇给，若更与外人先订三年之约，万一偏灾再见，庚癸兴嗟，则民食问题，势将演成德、俄面包之乱，段氏之肉，其足食耶？安危之机，间不容发，务望诸公急起挽救，合力拒绝，破厥奸谋，以消隐患。临电不胜迫切盼祷之至。国会议员孔昭晟、李建民、赵中鹄、许森、刘云昭、何陶、陈尚斋、尹承福、曾昭斌、戴维藩、王谟、黄策成、祝震、聂相清、陶礼燊、王维新、樊文耀、白瑞、孔绍尧、段炳、胡正芳、刘汝麟、刘人炯、李希莲、吴史仁、方国培、何晓川、邓璞献［献璞］、胡庆雯、谢英伯、李应森、李洪翰、叶逢春、何铨绳、李炳焜、许镇。庚。

（《国会反对苏米出口电》，上海《民国日报》1919 年 2 月 27 日）

湖北靖国军东路总司令陈血岑致西南书

（1919 年 2 月 9 日载）

西南护法诸公，护法各省督军、省长，各省护法军、靖国军、各联军总司令钧鉴：暨参众两院诸公，陕闽湘鄂四省联合会诸公，各省镇守使，各省护法军、靖国军各路司令，各省护法同志，各省报馆钧鉴：

血岑关于和局上军政府之意见书，快邮代电，内开：军政府总裁诸公钧鉴：民国遭屯，权奸盗柄，西南倡义，护法兴师。血岑以阳夏余生，奔走湖海，屡起屡仆，艰险不辞。去冬荆襄举兵，即携巨资赴汉，招集旧部，誓师鄂东。嗣因湘鄂失机，不能独奋，虽闻鸡于祖逖，终垂翅于耿弇。顾念国仇未涤，祸首犹存，数月坚持，未当少懈，既惨淡而经营，冀重来之卷土。嗣奉军府允和，停战命令，只得收束部从，静候依法解决。不意北庭狡诈，袭苏、张连衡之智，为远交近攻之谋，表面言和，阴行作战。竟将闽陕湘鄂四省，划为剿匪之区，黩武穷兵，进攻不已，大有鞭挞军府，驱灭国会，踏平西南之势。若非前敌靖国各军防御周密，无懈可击，其不长驱直入者几希。言念及此，忧愤交乘，故特仗剑南来，面陈刍策。满拟诸公好贤若渴，纳谏如流，使忧时之士，侧席陈辞，烛彼奸谋，取销和议，庶几直进急起，扫荡贼氛，使约法国会，重光重轮也。不料诸公惑于政客之诐谈，怵于外交之警告，致以私人条件，改变方针，竟忍俯首言和，一再让步，自误尚浅，误国实深，此血岑窃期期以为不可也。兹就血岑管见所及，将可战不可和、能战始能和之利害，为诸公约略陈之。

方今徐段阴讧，直皖明竞，守兵骄惰，甚于五季之禁军，督团专横，更似晚唐之藩镇。伪廷不能制将帅，将帅不能令偏裨，与之急战，固立见土崩，与之久持，亦终当瓦解。良以徐狡而懦，段愎而愚，幕僚既□□其阴谋，权柄更旁落于部下，阁员碌碌，但解依人，兵气嚣嚣，势难终日。当此民宪昌明，强权失败之时，外有敌忾同仇之诸路义师，以供驱策，内有誓不从贼之合法国会，树之中坚，复有大声疾呼之中心舆论，以为鼓吹，及百折不回之各省英豪，以为后盾。有此五助，万事可图。诸公能本讨贼弭乱之初衷，随世界潮流之趋势，持以不屈不挠之志，自建可久可大之功。此诸公之宜下决心者一也。

且诸公昌言护法，血战频年，衅隙已成，势不两立，此诸葛武候［侯］所谓汉与贼也。须知北庭之猜忌诸公，较猜忌国会为尤甚。彼目前明提一二条件，暗许各种利权，并非尊崇之悃诚，乃属羁縻之长技。倘偶一不慎，堕彼术中，则辛亥丙辰之覆辙，为袁、段所卖者将复为徐氏所卖。则将不至数月，俟吾辈护法各军团体涣散，士气懈弛之际，势必变更诸公之职权，削灭西南之兵力，种种限制，测度无从。当此之时，诸公赤手空拳，毫无凭藉，从之则失机，抗之则违令，自全无计，追悔何堪？倘再演洪宪之改元，张勋之复辟，不特断头改造之民国，等于昙花，即斯流血成功之共和，付诸甚水，何以瞑先烈？何以对国民？是诸公始为救国护法之功首，终为卖法亡国之罪魁矣。一经疑贰，立蹈危机，逆料诸公断不出此。此诸公宜下决心〔流〕者又一也。

故由前言之，则可战不可和，由后言之，惟能战始能和，震古如斯，于今为烈。或者谓我若持正气以相争，彼必挟重兵以相犄，伪廷兵械，数倍西南，战事久延，胜操难必。岂知师出以律，否臧乃凶，武王之陈牧野，刘秀之济昆阳，能以寡胜众，惟师克在和耳。当知徐、段诸逆，万恶滔天，南北人民，同深痛恨，以护法靖国之师，征违法叛国之贼，用顺讨逆，何忧不成？纵或利钝存亡，非所逆睹，若本春秋重义之心，尚有虽败犹荣之训，且穷原溯委，衅非我开，事实昭彰，公理具在。内有人民之切齿，外泯邻国之责言，其最后解决，彼北方武人之蛮横，官僚之顽钝，终必淘汰而灭亡，此中外心理之所同，而今日大好时机，万万不可错过者也。血岑愚戆，忌讳不知，特他人不敢言，而岑不惜披肝沥胆直陈于诸公者。冀诸公明四目而达聪，排群议而独断，衡忧危虑患之心，图长治久安之计，导共和立宪之正规，破掩耳盗铃之诡谋，国家前途，无穷庆幸，惟诸公实利图之。湖北靖国军东路总司令陈血岑叩上。此等刍荛之见，是否有当？特此布闻，恭聆明教。

湖北靖国军东路总司令陈血岑通告

（《和局不可恃之痛言》，上海《民国日报》1919 年 2 月 9 日）

熊克武致孙中山等电

（1919 年 2 月 9 日）

特急。广州军政府岑总裁、伍总裁、林总裁、各部长、各省各军代表、海军各舰长、参众两院、莫督军、翟省长、林军长、钮督办、汪精卫、胡展堂先生，武鸣陆总裁，云南唐总裁，上海孙总裁、唐总裁、章太炎、孙伯兰、张镕西、谷九峰、张溥泉、李伯苏先生、议和各代表，南京熊秉三、张季直、蔡子民先生，贵阳刘督军、王总司令，南宁谭联军总司令，桂林陈省长，永州谭督军，郴州程总司令，马、韦两总司令，鄂军李总司令，辰州分转田、周、张、谢、胡、林各总司令，韶州李督办、李镇守使，漳州陈省长、洪镇守使、方会办，黄冈吕督办、王副司令，惠州刘督办，琼州沈总司令，陕西探转于督军、张会办，凤翔赵军长，夔州黎总司令，豫军王总司令，施南柏总指挥、唐总司令，利川蔡总司令，万县田梯团长并转王总司令，重庆黔军朱参谋长、袁师长，资州顾军长，泸州顾军长，叙府赵旅长并转何总司令，成都杨省长、省议会，各省督军、省长、省议会、各巡阅使、各都统、护军使、镇守使、各师、旅长均鉴：

克武猥以菲材，追随护法诸贤之后，适川局乏主，出总师干，绠短汲深，已非所任。嗣奉军府明令，畀以四川督军一职，迭经力辞，未蒙俞允，各方面复文电交加，责以大义。在军府监顾西陲之殷，蜀人想政治平和之观，克武岂敢畏难，不思图报效。顾以为川中频年扰攘，皆起于争权夺利，初以个人一念之私，遂遗父老无穷之累，殷鉴不远，而敝军岂蹈之？且前岁加入联军，本以卫川靖国，冀或促进和平，乃战事经年，实鲜成效，匡扶之功未建，闾阎之困未苏，若更高位，斯膺尤与初怀相戾。用是迁延退避，冀得别简贤员，福我西土。无如军府屡电敦促，不允收回成命，川省各军将领及议会、法团等金以川中统治不能独异于人，且军府受国会委托，摄行大总统职权，明令既颁，尤宜正名定分，实本爱护桑梓之忱，并非拥戴私人之意，群相劝勉。克武窃念军府委托之重，既不敢固违，川省军民责望之殷，亦不容强抑，兹谨于二月九日遵令就四川督军之职。大局未定，国步日艰，如涉春冰，罔有攸济，尚望诸公念全局之艰危，悯民生之凋瘵，不弃鄙夷，随时匡教，俾免陨越，无任主臣。四川督军熊克武。佳。印。

（《军政府公报》修字第五十二号，1919 年 3 月 5 日，"通告"）

李绍白致孙中山、伍廷芳等函[①]

（1919 年 2 月 10 日载）

窃维此次欧洲会议，所以谋世界永远之和平，盖欲将国际间一切不平之事根本解决，不使留有媒介，以诱起世界将来之大战。夫战争起于不平，国际间所以有不平之事，由于国力有强弱之别耳。在西欧有巴尔干问题，在东亚则有中国问题。中国问题不解决，是祸源未除，世界第二次之大战终必不免。惟绍白之所兢兢者，则以东省一隅，又为祸源中之祸源也。诚以外力之侵入，至深且巨，二十四省中当无过于东省。譬之疾病，已入膏肓，群知必死，今幸值时序之推移，天气之回转，病者略有苏甦之象，则问方求药，当为孝子之纯诚。绍白幼年失学，未尝习于外事，对兹重大问题，诚未敢冒然将事。第觉东三省之于外人，接触之繁，镠辖之多，似不无问题可以提出和会，要求解决。先生眼明如炬，烛照中外，且于东事早已洞悉本源，倘不吝金玉，进而教之，俾绍白得遂其孝子之

---

① 此函除孙中山、伍廷芳外，尚致送唐绍仪、孙洪伊、李烈钧、熊希龄、赵次山、张贞午、谷九峰、张耀曾、范静生、张謇等。——编者

诚，则病者果有更生之望，谅亦当世贤豪所甚赞许乎，企余望之矣。

（《旧议员发起世界和议讨论会》，《申报》1919 年 2月 10 日）

孙洪伊致军政府总裁等电
（1919 年 2 月 10 日）

广州参众两院、军政府总裁，各省督军、省长，护法军暨北军诸将帅，各省省议会、教育会、农、商、学会，各团体，各报馆均鉴：

项日本小幡公使威迫北廷，限制我欧洲和会发言权，其参谋部复训令其驻沪武官，警告西南不许于南北和议时，提议裁撤段氏之国防军。吾以独立国列于参战团体，在国际会议固为权利主体之一，乃谓不得日本同意，宣布密约为违反外交惯例，夫密约苟无瑕疵，有何不可宣布？以国家而主张权利之自由，此例实未前闻。且日本于欧战期间与吾国交涉，无一不出于外交常轨之外。如民国四年所结之二十一款，实由日军阀以强力迫我承认，复强我严守秘密；及英人闻而质问，则又隐匿重要条件而欺之，试问国际上有此惯例否？民国七年，与段祺瑞缔结之军事协定及一切借款，并与曹汝霖缔结之山东铁路条约，皆利用吾国政争，扶植奸人，助长内乱，因而攫取权利，此行径直与乘火打劫等。求之外交史中，更有此惯例否？在世界多事、列强不暇东顾之际，彼利诱威胁，以苛虐严酷之条件，肆行其并吞大陆之野心，我国民含辱饮痛久矣。

今幸大和会开始，强权屈服，公道昌明，举凡各国悬而不决之问题，皆将于是焉质正。昔加富尔声诉奥人罪恶于巴黎会议，曾为各国所公认。千八百七十七年，俄国胁土耳其结《圣斯德发诺条约》，及甲午之役《马关条约》，日本胁中国割让辽东半岛，皆以违反公理，列国迫令解除。况今日我国并非战败国，军阀乘危劫取之种种条约，将当援例提出和会，以待列国公判，顾乃横肆干涉，冀保持继续其不正当利益，甚至进而欲拥护其助段私立之国防军。言大战则欧洲之大战已停，言国防则我国内政，他国岂容置喙？乃强谓国防军即参战军，以永居为奇货。欧美各方惕于军国主义之不当，倡议缩减军备，中国年来扰乱，苦兵尤深。彼段祺瑞之所谓国防军者，实乱国之媒，我国民急欲锄而去之，凡酷爱和平之与国，自应与以同情。而日军阀乃甘为人道正谊之敌，不惮越俎而卵翼之，是犹欲贯彻其大亚细亚主义，以段氏为其外臣，以国防军为之内应，置中国于指挥之下，而挟以俱走耶？日军阀既欲凭恃条约，实行其侵略主义，段祺瑞等亦藉日本奥援，为个人权利之护符。两国武人互相结托，固不独危及中日自身，其害且将及于列国。

吾国民苟不忍国家之沦胥，战祸之无已，尚其策我群力，急起奋斗，向欧洲和会请求，将欧战期间中日一切不正当条约决议取消，杜绝东亚之乱源。一面自行裁撤所谓国防军，惩治段祺瑞等，剪除亡国之导线，谋中日真正亲善之实，去世界和平之梗。呼吸存亡，争此一发，惟谋国者速起图之。孙洪伊叩。蒸。

（《孙洪伊主张废除不正当条约通电》，天津《益世报》1919 年 2 月 18 日）

王文华致孙中山等电

（1919 年 2 月 11 日载）

急。天津黎宋卿先生、冯华甫先生、梁卓如先生、熊秉三先生，北京徐菊人先生、王聘卿先生、钱干臣先生、张敬舆先生，保定曹仲山先生，南京李秀山先生，上海孙中山先生、章太炎先生、张季直先生、唐少川先生并转各代表、孙伯兰先生、汪精卫先生，广东岑云阶先生、伍秩庸先生、林悦卿先生、李协和先生、非常国会，南宁陆干卿先生，云南唐冀赓先生，永州谭组庵先生、各省督军、省长、各都统、各护军使、各镇守使、各总司令、各司令、各师长、各旅长、各省议会、各报馆均鉴：

自欧战告终，世界和平思潮澎湃汹涌，吾国际此运会，亦举国一致，求泯内争。虽各方面所蕴蓄，非吾人所尽知，然终不能违反世界之潮流，以归于天演之淘汰。

顾欲求和平之道，不于根本解决，则变乱相寻，非空言法治所能消弭。所谓尊重法律、改定制度、地方分权、振兴实业诸大端，固为根本解决之问题，然为此论者，不始于今日矣，数年以来，曾否收效？不惟无效，而一度建树，一度破裂，元气剥蚀，精神衰惫，除少数政客武人循环利用、互相争执外，多数蚩蚩之民咸皆待死无生之气，舍本逐末，伊于胡底？反诸良心，能不愧怍！夫祸国殃民，谁则甘受，毋亦流连忘反，有所执著，利害所蔽，遂无所觉悟耶。然而国家地位、社会状况既已至此，不求永久之和平，岂有生存之希望？欲求永久之和平，则当统筹计划，审定立国方针，方针既定，先去事实上之障碍，用消极方法以求消纳于正轨，然后积极整理，可得而言。否则，虽有良法美意，何所措施？

所谓立国方针者，愚意以为，不外乎顺世界之潮流，以经济政策振兴农、工、商业，即取法美利坚，以实业立国是也。所谓障碍者，即庞杂之军政是也。世界各国由军国主义嬗蜕为经济主义，至是而愈明瞭矣。人以经济政策来，我不能不以经济政策应之，不以武力来，岂徒恃吾人所能竞争，吾国地位不能以武力立国，稍有知识者所能道也。况所谓武力者，专为对内造乱之薮耶。且全国财政支出，军事费占五分之三，而强世界以武力立国者，亦无此例。凡百政治，皆受影响，安有余力以达实业立国之目的？苟不先除障碍，则其他无可言者。事势所趋，不能不相见以诚，固无所用其忌讳。今者和平会议将开矣，筹定国防、编制国军额数，军民分治、划分行政与军事区域，收束军队，整理财政，已为一致之论调，且闻将有军事会议之组织。对于此大问题，研究之结果，当有具体方案，以图解决。区区一得之愚，值此机会，不敢缄默，聊为诸公述之。

吾国所谓陆军额数，昔日曾拟定四十八师，已编定者二十余师，去岁军事会议提及此案，据两部调查，已编、暂编及名目分歧者，已有七十余师之多，杂项队伍且有不在此内者。年余以来，增加又不知凡几，其势不能不收束。其收束之标准，愚意以为，最大限亦不能过四十师，最适宜为五十混成旅。盖吾国国防除海岸线而外，只东北、正北、正西、西南为陆军卫戍重要地，常备军三十旅足分布边防，二十旅足分布京畿及东南及长江各要点；至各省内地，就目前状况，警察尚未办理完善，警备队暂时不能取消，亦可斟酌分布，绝对不能以省分限制陆军。国军额数既定，则全国之国防卫戍地，及交通线之关系，方能拟定，而军民分治、划分区域始可办到。既假定国军五十混成旅矣，而所余军队且将二倍之，非有消纳之方法，则同时裁汰，势难办到。即能裁汰之，不惟需要巨款，而国中骤添数十百万强悍游民，将尽驱而为匪，而社会受莫大之妨害；即用递减之法，为时亦觉嫌久，不能救目前财政之窘迫。如是则舍纳兵于工、农二者外，别无良法。

查路矿两项为目前必要之图，借债修路、开矿，势不能免之事，以兵作工，不特退减军费，且可化兵为工；次则最窳之军队及无业游民，舍移之殖边外，亦无他法令其生产。总之，中国众多之军队，留之不惟无益国防，抑且互相造乱；裁之不惟不能自食其力，抑且扰害治安，非设法使之自食其力，渐能生产，则军队允为造匪机关。不宁惟是，驯至国人皆欲舍其农工负贩之业，而为不伦不类之兵，聚敛不足，则日借债以养之，如是国家前途尚胡可问，个人幸福又安可得，而坐拥重兵，争权夺利，实自贻伊戚耳。或有疑者谓，国际武装竞争终未脱尽，五十旅之数不能为最后不虞之备，征兵未办，不能临时补充，一也。国内治安多恃陆军，遽然收束，势将纷乱，二也。即令拟定办法，谁能使之遵行？拥兵自卫，多多愈善，已成不可掩之事实，孰能自束其势以纳于轨？且皆以治安为己任，名义甚正，不能衡其多寡良窳而收缩事，更不能责以路矿工作而以其兵寓之，更不能令其移边而垦植之，则如之何？由前之说，是昧于势，吾国现状任谁以武力来者，虽倾国而出，亦不足以当人一击。不惟财力、物力、交通诸端，非十数年所能办到，即陆军本身而论，何以言战？海岸线之长，海军之幼稚，何以攻守？教育不普及，征兵制度何以实施？夫常备军五十旅，战员三十余万，目前犹嫌其多。美利坚常备陆军，平时不足二十万，一年之间召集三百余万之众者，无他，国家社会良好，教育普及完全，而财力、物力足以副之故也。东亚永久和平，固非吾国所能操纵，风云变幻，最后竞争万一不幸而复以武力，则吾国状况亦非以实业为根据，充实其财力、物力，普及教育后不可言战。拟定五十旅者，亦维持边防之现状耳。

由次之说，则不即裁汰而寓兵于工者，亦维持军民分治过度〔渡〕时间治安之意。于此过度〔渡〕数年之间，吾国警察非极力扩充整顿不可，将来不惟陆军不应负内部治安之责，即中国特产之杂项队伍，亦应逐次裁汰，溶化于警察范围之中。不如是，则所谓法治国者，终不可期，而利用割据负隅争权之事，终不能免；且数年来，妨害治安最大，而莫如军队本身，果能根本解决，悉遵轨道进行，则区区股匪甚属易治。至揭竿啸聚时集时散者，多因生计之窘迫，此则行政之范围，非陆军之能事矣。由后之说，久为国人所诟病者，实无词以自解，亦吾人良心上所愧怍者。急欲解决者，则舍求诸军政长官之觉悟，全国军人之反省外，尚有何法耶？吾辈军人负国家安危之重任，年来更成举足存亡之势，其演成此恶果者，真军人所乐为耶？岂军人中皆蠢蠢如鹿，岂毫无知识耶？盖亦历史沿革之育孕，执政巨公欲便私图，每因袭而利用之，政客从而煽动之，遂致违反世界进化之公例，成国家特殊之事实。既由事实自然之演成，则除自身解决外，又孰能使之令之以归正轨？脱能之者，则当在十七世纪以上，海禁未开以前，互争雄长，或七八年，或数十年，封豕长蛇，搏噬吞并，硕果仅存，则帝之王之，乱极思治，不统一而自统一，不治平而自治平矣。今也不然，国家根本摧残已尽，四围强力压迫而来，我不自觉而求解决，则必有迫我解决之者，决不容我永久残杀，剪除异己，以便私图，而逆世界之潮流。故为今之计，非军人自身觉悟，推除个人利害观念，以公共利害为标准，则亦惟有听人之剥削，以阴险之经济政策以制我，以强力而迫我，使四万万同胞悉为外人之经济的奴隶而后已。

文华国民一分子也，亦军人也，不幸而军人为世诟病，岂始愿所及料？时机已迫，不能不求自身解决之方，更不能不蕲诸军政长官与同袍之觉悟，而筹善法以超出。文华管见所及者万万，心所谓危，不敢不言，知而不言，是自欺也，言而不当，是不智也。宁负不智之咎，不忍自欺其心，苟有解决之方，得洗军人之耻，卸军人之责，而国家仍无振兴之望者，则误国之罪不专属诸军人。区区苦衷，尚希公鉴。黔军总司令王文华叩。

（《政府公报》第一千八十六号，1919 年 2 月 11 日，"公电"）

王文典致广州军政府等电
（1919 年 2 月 11 日载）

中国上海各报馆乞转北京总统府、广州军政府及各团体钧鉴：

此间报载，日本挟制吾国欧会代表发表中日密约，以兵事相恫吓，持强欺弱，破坏世界永久和平本质，大碍人道。务请政府严词拒绝，勿为所愚，吾国有国民五万万，愿与国以俱殉焉。王文典由星加波叩。

（《日使要求后之电报飞驰》，天津《益世报》1919 年 2 月 11 日）

赵炳麟致军政府各总裁等意见书

（1919 年 2 月 11 日、15 日载）

北京大总统、冯前总统、新国会诸君子、旧国会诸同人、钱总理、段前总理、各部总长，天津黎前总统、王前总理、曹经略使，广州各总裁、旧国会诸同人，各省督军、省长、巡阅使、护军使、都统、省议会、教育会、各和平会、各报馆，南京南北各代表均鉴：

方今南北疏解，渐见端倪，释隙寻盟，拭目可俟，所具条款，互让非难。惟于处分国会问题，独无两全方法，不得已而去其一，则无论何方，亦均不能有圆满壮直振振之词足餍人意。所谓言不顺则事不成也。

盖旧国会乃根于约法召集而来，不以约法废之，则将使国家有弁髦法律之嫌，而不能纳民于轨物。此去旧存新之说之不足用也。新国会之发生，由段合肥重复共和，遵照约法召集临时参议院，修改选举法，于是有新国会之组合。今大总统由新国会选出，又为中外所公认推翊之人，且于吾国有存亡关系之重。事实上，我国民已承认新国会矣。若轻议解散，则今元首统治之权，将何所取得？根本动摇，人心解体，俄罗斯纷扰之状必现吾国。此去新存旧之说之又不足用也。

或为调停之说曰新旧两会，任去其一。其困难有如此者，则莫若两废之，另以国民会议改约法定宪法，以解纠纷而安大局。不知一去一存，得半失半，尚属利害相参。若两俱去之，则徒见其害，未见其利。且国民会议，以何项资格为标准，以何项机关为执行，各省人数如何分配，表决人数如何订定，种种皆无根据。他日作法乱法，徒致纷扰，更有甚于今日。实为永久和平之绝大障碍，可断言也。无已，其两存而利用之乎？麟以为，旧国会为约法所召集，当然为第一届国会，新国会为国民所承认，当然为第二届国会，约法本以制宪之权赋予国会，莫如合第一、第二两届国会制定宪法。盖制宪，大事也，必须荟萃群伦，深研广索，容纳全国势力，始可悬诸国门，昭兹来许。决非少数人之偏私武断，所得擅专。今南北两方，争持全在新旧两国会，是两会乃天然对峙之两政党，亦天然代表南北两方之势力也。宜组合之，而令其同负议宪之责，一举而解释纷争，促成大业，计无有便于此者。其议宪办法，凡旧国会通过二读之宪条，皆当认为有效。盖数次大总统皆根据旧会所制之大总统选举法选出，万无废弃此法之理。且旧会通过二读者，麟详细考究，尚无流弊（大总统自由任免国务总理一条，于内阁制精神不无妨碍，加一但书以救正之。其文曰：但国务总理免职，以预算案被国会否决时为限制。又中华民国人民有尊崇孔子、信仰宗教之自由一条，字句亦不明瞭，拟修改文字，其文曰：中华民国人民尊崇孔子，仍有信仰宗教之自由）。至国会制度、地方制度，各重要条文未通过二读，转旋极易，继续前项开议，为时较少，收功较速也。

或谓两会合议宪法，新会人少，旧会人多，表决时恐难持平。麟以为不然也。旧国会议员，当然以在京解散时人员为准，其中稳健者有过半数，合之新会数百人，可决其无偏激之弊，而得完善之根本法。宪法成立，然后根据新宪另订选举法，再行召集第三届新国会。是第一、第二两届国会皆以新宪解散之，此永久和平之道也。或谓两国会议员，未必人人同意，延不到会，则开会无期，即人数足而开议有期，彼此冲突必烈，争持不已，宪法终不能产出。麟以为，此种流弊当于和平会议中，由双方代表酌定期限，严订法制，以防少数之牵掣，而促宪法之成功也。至于组合两会议员千有余人，断非旧议场所堪容膝，仰且议宪巨典，亦宜特开堂皇正大之议场，示尊严而崇体制，则以太和殿内布置议席最为适宜。非徒取其壮丽崇闳，亦足以动国民之观听，而生其信仰宪法之心也。

麟为解决困难，维持国家起见，谨献刍议，以供研究。临颍神驰，敬候明教。

赵炳麟叩

（《赵炳麟之意见书》，天津《大公报》1919 年 2 月 11 日、15 日）

唐绍仪致军政府政务会议电

（1919 年 2 月 11 日）

广州军政府政务会议诸公均鉴：

前准贵会议议决，以唐绍仪为南北议和全权总代表，章士钊、胡汉民、缪嘉寿、曾彦、郭椿森、刘光烈、王伯群、彭允彝、饶鸣銮、李述膺为议和代表并派员赍送总代表证书前来。兹各代表已先后抵沪，开会地点亦经南北协商决定在沪。仪遵于二月初一日正式就职，谨以奉闻。唐绍仪叩。真。印。

（《唐绍仪发电稿》，《近代史资料》总 51 号，第 126 页）

旅俄华侨总会会长宋云桐致广州军政府电

（1919 年 2 月 12 日载）

广州军政府钧鉴：

为顾全大局，冒献刍言，国家兴亡，匹夫有责，欧战告终，对外事迫，南北修睦，岂容或缓。闽、陕问题何堪困钝，国民望治如同云霓。想公等洞悉时局，默察人心，悲天悯人，促成和局，以奠国基。侨民心关祖国，徒具热诚，异地引领，翘企吉音。旅俄华侨总会会长宋云桐自黑河坚。

（《军政府公报》修字第四十六号，1919 年 2 月 12 日，"公电"）

旅沪国会议员陈义等致孙中山函

（1919 年 2 月 12 日载）

中山总裁先生钧鉴：

敬启者：议和代表章士钊，在南京与北方代表谈话之荒谬，已由郭人漳、方潜、牟琳、茅祖权四君面述，想邀明听。章士钊出此不法之言，不但同人皆以为非，即北代表亦讥其荒谬，不但北方代表讥刺，即西报亦揭载而非议之。此等悖谬小人，厕身和议代表，既贻护法之羞，且足为和议前途之魔障，推其所极，势必将共和根本推翻。同人等心所谓危，因即迭次开会，共谋挽救，并函恳唐总代表，依法办理。昨奉唐总代表复示，内有章士钊在宁答复北方代表之言，据称总代表及各代表，均为军政府所委任，自以军政府为主体，不直接受国会之拘束云云。是章士钊蔑视国会之意，业已昭著，其为违反西南护法之宗旨，百喙难辞。因再集会讨论，公推郭、方、牟、茅四君赴唐公处面述一切，并公推义等面谒先生，陈述各情状，并请秉公持正。一面电商岑、陆、唐、伍、林各总裁，一面函告唐总代表，立将章士钊撤换。本日趋谒，适遇政体违和，未得参谒，怅惘希似。谨陈书白众情环恳，此中关系特重，万难稍予优容，敢祈迅赐施行，不胜惶切待命之至。敬请

痊安

陈义、王试功、彭养光谨启

（《旅沪议员致孙总裁函》，上海《民国日报》1919年2月12日）

闽陕湘鄂联合会致军政府总裁函

（1919年2月12日载）

总裁诸公钧鉴：

启者：援闽粤军总司令陈炯明君，血战经年，复地千里，诚西南护法军人之最力者。刻因子弹缺乏，万分告急，未识诸公已否接济？查闽陕湘鄂为护法军重要门户，敌人以和平为政策，停战为军略，不惜四面来攻，司马之心，路人皆知。现在虽云停战，而军事上之先着，要不能以人之愚我自愚，致陷援军于死地。诸公鸿谋远

略，千乞勿分畛域，速为接济，粤军之幸，全国之幸。用是公推林、赵二君代表本会趋前呼号，迫切之至，无任待命，并候

勋祺

闽陕湘鄂联合会公启

（《四省联合会成立纪事》，上海《民国日报》1919年2月12日）

李烈钧致孙中山函
（1919 年 2 月 12 日）

中山先生大鉴：

　　南北妥协渐有端倪，果从此息事宁人，共循轨道，亦未始不足以慰人民之望。特北方武力依然存在，苟无拔本塞源之计，则年来护法尽归泡影，杞人之忧，恐未有艾耳。

　　窃谓议和开始之际，必先从军事上求正当之解决，苟使南北两方不失其均衡之势，则暴力武人自不敢滥用威权，法律问题即可迎刃而解。军府因组织军事委员会藉资讨论，参部次长蒋伯器兄，业经政务会议任命为军事委员，兹伯器兄因与各方面接洽，先行赴沪。

　　我公胸有智珠，统筹全局，对于护法各省军事必有具体办法。务乞不吝教言，与伯器兄详细筹商，俾得圆满解决。除将此间一切情形由伯器兄面罄外，专此，敬颂

勋祺。

李烈钧顿首（印）　二月十二日

（《革命文献》第五十辑，第 421～422 页）

唐绍仪致孙中山等电
（1919 年 2 月 12 日）

广州国会林、吴、褚议长暨议员诸公、军政府岑、伍总裁、林总裁

兼督军、莫、赵、徐各代总裁、李总长、李督办、翟省长、李前省长，漳州陈省长，诏安吕总司令、方总指挥，武鸣陆总裁，桂林陈省长，云南刘代督军转行营唐总裁、各总司令，贵州刘督军、王军长，四川熊督军、杨省长并转各总司令，永州谭联军总司令、谭组庵先生、程颂云总司令、赵师长暨各总司令，施南柏总指挥转黎、石、唐、王各总司令，三原于督军、张会办并转胡、郭各路司令，上海孙总裁、孙伯兰、章太炎先生均鉴：

前准军政府政务议会议决，以唐绍仪为议和全权总代表，章士钊、胡汉民、缪嘉寿、曾彦、那［郭］椿森、王伯群、刘光烈、彭允彝、饶鸣銮、李述膺为议和代表，并经派员齐送代表证书前来。兹各代表经已先后抵沪，开会地点亦经南北议定在沪，仪遵于二月一日正式就职。迩者，和议行且开始，虽补偏救弊，容有未周，而遗大投艰，义不获已。窃念民国成立以来，兵燹频仍，纪纲荡尽，以诡随为相容，以苟安为无事。盖政本不立，则乱机靡穷，强权不锄，则真理终晦，自非于合法之中求和平之鹄，于应变之外奠郅治之基，其何以收一劳永逸之功，进而与世界周旋？此不能不就教于公等者也。谨布愚诚，伫待后命，海天在望，无任主臣。绍仪叩。文。印。

（《和议开幕后之唐电》，天津《大公报》1919 年 2 月 24 日）

旧金山中华商会致广州军政府、国会电
（1919 年 2 月 12 日）

广东军政府暨国会钧鉴：

闻日本因我议和代表宣布其对我国阴谋，恫吓我政府。乞力争，留代表。中华商会关叩。

（《军政府公报》修字第四十七号，1919 年 2 月 15 日，"公电"）

唐绍仪致广州军政府、参众两院电

（1919 年 2 月 13 日）

广州军政府鉴：总密。转参众两院诸公鉴：

此次中日外交，关系绝大。闻欧洲和会关于中国问题，咸以对于日本二十一条之承认系由武力之压迫。至上年九月二十四日非法政府所订顺济、高徐两路合同，及胶济铁路允许中日合办合同，似出于中国政府之愿意。部有档案，打销较难。查上项各合同，均未经国会同意，国民决无承认之理。若不打销，则吾国所拟废除各国势力范围之租借地，及铁路统一各问题，将俱成泡影。国际联盟吾国能否加入，亦以能否废除此等合同为断。此为吾国生死关头，国民应誓死力争，以为代表后盾。请诸公设法，即与决议，电致欧洲和平会议及吾国代表，声明上项合同未经合法国会同意，应作无效。并通电全国，唤起国民一致反对，以厚声援，无任翘盼。再者，迩来两院诸公联翩来沪，于开会人数不无影响。和议问题，将来有待于国会运用者甚多，倘会议中断，恐生困难，务请诸公注意。唐绍仪叩。元。印。

（《唐绍仪发电稿》，《近代史资料》总 51 号，第 159 页）

唐绍仪致军政府政务会议电

（1919 年 2 月 13 日）

万急。广州军政府政务会议诸公鉴：总密。转西南各省督军同鉴：

南方各代表先后到齐。会议地点，经与北方代表商定在沪，会议规则亦经双方订定。惟北方总代表等尚未来沪，故开议日期尚未能定。北方虽日言和，依然增借军费，接收军火。计十二月初旬由日本交款三百万，月底交七十万，正月五十万；正月二十一由秦皇岛上岸军火一万四千，野炮、山炮、战炮各二门，机关枪二十二枝，子弹一千箱。盖日本趁此时期，力助段系成立国防军，以扩充其国防军军阀势力，同时使段系破坏和局。故北方对于陕西，陆续以许兰洲、张锡元等重兵加入，且开进国防军一部，共以六倍我义师之兵力并命来攻。其意固欲占据地盘，且企和议因此决裂。仪屡以陕事电责东海，昨并致电，认为和议进行最大障碍，要其确实答复。惟段系完全受日本军阀指挥，此时恃有后援，并知和局于彼不利，走险困斗。此等行动能否制止，尚属疑问。即北方代表迟迟来沪，亦恐系有心推托。从来军事以有备无患，知我军府暨西南当局诸公，即在和议进行时期，亦有相当之准备。惟此间所知北方实情具如上述，尤须警备。万一彼方果以此时攻落陕西，应如何对付？和议万一破裂，应如何一致进行？尚望统筹全局，复电赐教。绍仪。元。印。

（《唐绍仪发电稿》，《近代史资料》总 51 号，第 159 ~ 160 页）

华侨平和期成会致军政府诸总裁等电
（1919 年 2 月 14 日载）

北京大总统、国务院，广州军政府诸总裁，各省平和期成会、商会、教育会、各报馆、华侨各团体钧鉴：

南北政争，扰攘经年，人民痛苦已极。华侨渴望和平，组织团体，襄赞和议，协助善后。上海法界霞飞路一百六十三号华侨平和期成会正、副会长李登辉、朱遐九、谢碧田暨同人等叩。

（《华侨平和期成会通电》，《申报》1919 年 2 月 14 日，"公电"）

广东和平期成会致广州军政府等电

（1919 年 2 月 15 日载）

大总统、国务院，军政府，各报馆均鉴：

敝会代表陈其瑗先生十二日乘天洋丸赴沪，协同各省平和会组织联合仲裁机关，请赐接洽为祷。广东和平期成会叩。陈省署代。

（《公电录要》，天津《大公报》1919 年 2 月 15 日）

柏文蔚致孙中山函

（1919 年 2 月 15 日）

先生钧鉴：

蔡幼襄被杀一案，内容颇为复杂。陈君幼挈回沪，已托代为面陈。兹将敝处关于此案往返函电，及胡金桥等呈报牟鸿勋等通电，一并抄寄钧阅，以明真相。肃此，敬颂

勋祺

文蔚（印）谨呈　二月十五日

（《革命文献》第四十八辑，第 264 页）

众议院议员秦广礼致广州军政府等电

（1919 年 2 月 15 日）

广州参众两院、军政府，南北总代表暨各代表，西南护法各督军、省长及前敌将帅，各报馆、各省议会、各团体均鉴：

南北和平行将开议，全国和平已露曙光，国人闻之，莫不载忻载慰。但广礼之愚，以为永远之和平，非仅敷衍于目前。所为永远

和平者，孰为为之，孰令致之，一言以蔽之曰，法而已矣。盖法也者，国民之保障，国家之灵魂，亦即治国之标准也。能纳全国于法治之中则国治，反之则国乱，此自古及今不易之定理也。民国成立，于今八年，此八年间，无时无地不大为扰乱者，法律失其效力也。袁氏当国，胆敢帝制自为者，恃法不能约束之；张勋拥兵，胆敢实行复辟者，恃法不能制服之；督军团胆敢公然开会，大国干政者，恃法不能裁判之。殷鉴不远，可为痛心！故此次会议，一切问题能按法律解决，中国即可由此长治而久安，否则纵能敷衍于一时，不久而大乱仍必随之而发生。伏愿诸公力事按法律事案法律而判决，即以此会，奠中国永远和平之基。广礼等之幸，抑亦国家之大幸也。区区之意，幸希鉴纳。不胜盼切拜祷之至。众院议员秦广礼谨电。删。

（《秦广礼主张护法电》，天津《益世报》1919 年 2 月 19 日，"公电录要"）

江西和平期成会代表匡世德致军政府各总裁等电
（1919 年 2 月 16 日）

北京大总统、冯前总统、新国会、钱总理、段前总理、各部总长，广州各总裁、旧国会，天津黎前总统、王前总理、熊督办，上海南北总代表、分代表，各省督军、省长、巡阅使、护军使、都统、省议会、教育会、商会、各和平会、各报馆钧鉴：

顷阅报载赵炳麟主张新旧国会合并制宪电文，殊堪诧异。查世界各国，政争不知凡几，其结果必有正当办法，万无一味牵就，同时有两国会存在之理。我国南北议和，法律事实殊难偏废。如赵君所主张，一方承认依旧选举法产出之国会，一方又承认依新选举法产出之国会，大背法理，固不可言。即就事实而论，名为会萃群英，实则势成乌合，将来官民之争、南北之争、党派之争愈演愈烈，诚恐经过三年，仍然不能制定宪法，较诸单独新旧国会议宪，其难易不可以道里计也。窃观议和伊始，一般政治家研究国会问题，不外数说：一、去旧存新说。一〔二〕、去新存旧说。三、由旧国会制宪，交新国会通过说。四、新旧两废，另由国民制宪说。前两说偏重一方势力，万难见诸实行。第三说调停两可，亦觉非马非驴，且恐新国会百端留难，宪法终难议定。第四说理论虽是，但茫无标准，纠纷愈多，未收制宪之效果，先感组织之困难。至如赵君之说，则尤牵强附会，直不成为问题矣。今欲求其法律事实两不背驰，唯有新旧国会同时解散，根据旧约法，召集第二届国会制宪，较为直捷了当。盖旧国会任期已满，当然不能存在，新国会依新选举法产出，而新选举法又非经旧国会修正者，基础亦不健全。唯根据旧约法，召集第二届国会，其中当选人才不必尽属新国会之人才，亦不必尽属旧国会之人才，将来制成宪法，即属真正民意所表见，不失为一国之根本大法。至因国会问题牵及总统问题，则不难以两种办法解决：第一种以新国会选出之现大总统，令旧国会通过；第二种完全由政治作用，奉现大总统为临时总统，待第二届国会产出后，再行依法选举。两种办法，任择其一，均不患元首统治之权无从取得也。世德对于南北和议，深知权有所归，不欲提出条件，徒乱听闻。惟国所以立，在于国会，而国人所主张者，似与世德略有出入，用敢以私人资格，谨献刍言，伏希亮察。江西和平期成会代表匡世德叩。铣。

（《江西和平会之制宪主张电》，《申报》1919 年 2 月
21 日）

张钫致军政府诸总裁等电

（1919 年 2 月 16 日）

广东军政府诸总裁、参众两院暨各省护法诸司令均鉴：

段氏祸国，西南起义，护法旌旗，炳若日星。钫以武夫，间关

入陕，招集旧部，勉随护法诸君子后。方冀会师汴洛，直捣幽燕，肃清丑类，还我国魂。讵意护法之成功未告，而和平之声浪日高，停战命令已逾三月，陕西战事益形剧烈。今者豫、奉各军，布满乾、凤，兴、武、沔、扶，相继沦陷。而陈树藩、许兰洲又各率其所部，扰我河北，进逼泾原，危急存亡，千钧一发。诸公未闻出一师，遣一卒，以遥相策应。大丈夫为国驰驱，成败利钝，何所顾忌。所最不可解者，陕军血战经年，屏蔽滇、川，犄角鄂、豫，使北庭不敢以全力图西南，而西南得以从容议和者，未始非陕军运制之力。孰意北庭一面言和，一面图陕，驱十万豺狼之师，抗外援无救之众，诸将士死不足惜，其如天下之公论何！是陕军不死于战，而死于和，不死于北庭之屠戮，而死于西南之坐视。直接谓徐、段等杀陕西民军，间接即谓军政府杀陕西民军也。假令当日者，陕西民军独来独往，不与滇、粤取一致行动，则北庭图陕未必如是之急，陕民受祸未必如斯之惨。昔日矜言护法，今日坐视护法者之垂危而不救，护云乎哉，直不法而已矣。张钫身在重围，躬冒矢石，甘愿牺牲一切，为护法历史上留一线之曙光，为中华国民剖未明之是非，知我罪我，均所弗计。然张钫尤有一言，为西南诸君子敬告曰：陕西地盘完全到手，国防劲旅转瞬告成，西蜀危殆，滇、粤可知，噬脐之忧，恐将不远。愿诸公好自为之，甚勿令张钫言之中也。大局幸甚。陕西靖国军副司令张钫叩。铣。

（《张钫警告西南电》，上海《民国日报》1919 年 3
月 2 日，"要闻"）

李述膺致军政府总裁函
（1919 年 2 月 17 日载）

总裁诸公钧鉴：

敬启者：顷接陕西于督军快函，内开：北庭于停战令下后，增兵入陕，一意主剿。揆其用意，无非欲于此伪和期间，完全取吾陕于北方势力之下。夫吾陕兴义，志在靖国，靖国之目的未达，即护法之责任未尽。中道言和，虽诉诸吾国酷爱平和之志，固所乐闻，而靖国之目的未达，护法之责任未尽，五夜清思，负疚至深。况和则俱和，不能与陕独战，战则俱战，亦不能与西南数省独和。今北庭与西南政府言和，而独划陕西为剿匪区域，进兵主剿，此其居心何若，为计奚似，明眼人当能见之。吾军既誓志以身许国，以血护法，和虽所欲，战亦不避。惟所虑者，全局言和，吾陕独战，致令前次北方之所恃以敌南方者，悉移而加诸吾陕耳。今北庭悉移对南之军，转而对陕，且入关均在北庭停战令后，是北庭已表示与陕独战之决心。吾军惟有取对此正当防卫之一法，奋力一战，以效忠于护法主义。而在军府，则非俟达到北军撤回原地之目的，万无开始和议之理，此乃军府当然应守之信义。切勿以北军进迫，虑及吾军，致或弱志让步也。苟或有此，匪特有关陕局，而大局恐亦随之矣。时机迫切，坚持是赖，戆直之言，俯祈鉴纳。等语，嘱代转呈，特此奉闻。敬颂

钧祺

李述膺谨上

（《军府对陕应守之信义》，上海《民国日报》1919年2月17日）

唐绍仪致广州军政府、参众两院电
（1919 年 2 月 17 日）

广州军政府鉴：总密。并转参众两院均鉴：

　　兹准北京外交部电称：唐少川、朱桂莘二公鉴：准法京陆专使八日电称：国际联合关于世界安危，我国参与其间，关系尤切。自威总统主席以来，正在竭力进行，而我国内各界尚未于威总统之前

有所表示。请速商参众两院，即用两院名义直接电达美国议院，表示中国四百兆人民对于国际联合会之组织，钦仰威总统为世界造福无涯，不胜祷祝云云。即请美议院将原电转呈威总统等语。除商参众两院，即日照电外，窃以二公领袖群贤，中外钦仰，南北会议既为全国安危所攸系，亦为世界观听所同趋。如以会中名义电威总统，尤足唤起世界注意，于巴黎会议前途，裨益匪浅。等因。准此，查该电所称参众两院，系指北京非法国会而言。恐美人不察，遽与接洽，似急应由参众两院以正式国会名义，迅电美议院，为同一之表示，以赴事机而一观听。无任企盼之至。绍仪叩。筱。印。

（《唐绍仪发电稿》，《近代史资料》总 51 号，第 160～161 页）

吴醒汉致广州军政府、国会电
（1919 年 2 月 17 日）

广州军政府、国会钧鉴：

鄂西靖国军总司令蔡济民，起义元勋，功在民国。此次倡义鄂西，备受困苦，乃竟遭人妒嫉，于上月二十七日横被惨杀，实为千古奇冤。请速派员查办，以张公道。湖北第三师师长吴醒汉叩。筱。印。

（《军政府公报》修字第五十四号，1919 年 3 月 12 日，"公电"）

李根源致孙中山等电
（1919 年 2 月 18 日）

急。广州军政府总裁、部长、参众两院、莫督军，云南唐总裁，武鸣陆总裁，上海孙总裁、唐总代表，贵阳刘督军，成都熊督军，南宁谭督军，永州谭督军，郴州程总司令，辰州田、张、胡、周各总司令，陕西于督军、张军务会办、叶军长，巫山王总司令，夔州黎总司令、唐总司令，施南柏总指挥，桂林陈省长，漳州陈省长，诏安方会办，黄冈吕总司令均鉴：

顷接陕西于督军函开：敌乘旧历元旦，分路大举来攻。西路则管金聚攻我凤翔，镇嵩军用全力攻我盩厔，奉军及陈树藩所部攻我武功及我军所驻之大王村；东路则张锡元率兵渡河，由渭南县属之小社、大社要道一带来攻我军，刘世珑勾结蒲城李襄初余众攻我兴市镇等处。各方面战事均极剧烈，倘非北庭决心破坏和议，则各路北军何能一致行动，请速代电军府，通告护法各省，诘问北方，亟速筹援应，以解决陕危云云。查前此北庭欲藉剿匪之名，为进兵之计，经军府严词诘责，与诸公仗义执言，凡属义军，同深感佩。不意和议将开，而阴谋愈炽，竟以全力围攻陕军，是迭次派员赴陕监督划界，均系以虚词相诳，实则藉和议期间为进兵地步。对陕如此，大局可知。应请军府与唐总代表提出诘问，倘北军不将入关军队全数退出，陕西境内完全停战，万无议和余地。如北军悍然不顾，甘于破坏和议，根源惟有再申前请，躬率所部，联合护法各军一致进攻，以为三秦军民请命。伏候衡裁。李根源叩。巧。印。

（《军政府公报》修字第五十四号，1919 年 3 月 12日，"公电"）

旅沪议员温世霖等致广州军政府、参众两院电

（1919 年 2 月 18 日）

广州军政府鉴：总密。转参议院林议长、众议院吴议长暨两院同人均鉴：

段氏于南北停战后，编练国防军，某国接济饷械，源源不绝。

去冬，五国劝告南北从速讲和，某国亦在其列。乃一面劝和，一面济敌，殊与劝告之旨相反。即祈商请护法政府，质问五国何以有此矛盾之主张。望即切实进行，以达裁撤国防军之目的。旅沪议员温世霖、周震鳞、李燮阳、谷思慎、郭人漳、方潜、唐宝锷、王试功、杨铭源、彭养光、陈荣广、陈九韶，牟琳、秦广礼、陈义、熊兆渭、彭汉遗、张书元、茅祖权，居正、张我华叩。巧。印。

（《唐绍仪发电稿》，《近代史资料》总 51 号，第 161 ~ 162 页）

唐绍仪致军政府各总裁等电
（1919 年 2 月 18 日）

广州军政府各总裁、永州谭督军、郴州程总司令均鉴：

新成密。钱能训筱电称：据湘督真电称，据田使报，由武冈开来守备队两营，进抵百竹桥，图占滩头，显欲于宝庆右侧背方，先占要地，意实叵测。除令严加防范外，战端万不可自我而开。究应如何对待，乞电示遵。等语。又据删电称：顷接田使电称：陈光斗所部数百名，进击隆回两山铺；姚斌所部千余名，进据隆回鸟树下；周伟所部两营，占据桃花坪。其意旨有围攻滩头之势。查周伟守备队，其前进情形，前已电陈，兹又连合各部占据要地，究其用意何在？若因此重开战端，则系伊之有意挑衅也。等语。查和议日渐接近，南北自应一致静候解决。乃陈光斗等忽又违令增兵，节节进占，似此甘为戎首，实属有碍和平。即希饬电前方，务令退回原防，和局幸甚。盼复。等语。究竟实情如何？盼详复，以资应付。和议方始，若部下果有乘机进取之意，万望严令阻止，免资北庭口实。绍仪叩。巧。印。

（《唐绍仪发电稿》，《近代史资料》总 51 号，第 161 ~ 162 页）

唐继尧致广州军政府、唐绍仪电

（1919 年 2 月 18 日）

（衔略）西林先生转致唐总代表复电敬悉。继尧亦致北京一电，文曰：徐菊人先生鉴：据路透电报称：日本向我警告，干涉我外交主权。又日政府迭次训令现在巴黎之中国代表，凡所主张非经日本同意不能提出和平会议，中日所结秘密约不能发表，其昨年九月参战借款二千万元中付之千七百万元可以照付，否则将该款借约取销，并索还已付之三百万元等语。阅电之余，不胜骇诧。查上年中日密约，缔结于欧战紧急之时，全出于段祺瑞私党人所主张，未经国会及外交当局同意。现欧战既息，实无表示承认该约之理由。近顷美国大总统威尔逊迭次宣言，主张和议公开，不得再有何种秘密会议，欲扫除国际私利之密约，以免扰乱世界和平。中日密约，直接损害中国主权，间按〔接〕即为扰乱世界和平之种子，我国主权代表趁此次和议期间诉诸万国公评，实属正当办法。各代表列席会议，自有发言之权，凡所主张，他国宁能限制，应请饬部据理力争。至二千万元借款，既以参战为名，则现在欧战既平，自无取款之必要；且参战处成立以后，未闻派一兵赴欧。其已取之三百万元是何用途，应请严诘段祺瑞明白宣布。如果用途正当，则国民自当请担，及早偿还，以免挟制，诚不宜因此区区之款以断送国权。迫切陈词，立候裁示等语。敬此奉闻。继尧。巧。印。

（《唐督军废约停借论》，上海《民国日报》1919 年 3 月 4 日）

陕人致广州军政府书

（1919 年 2 月 19 日载）

（上略）前者国会与军府鉴于北廷之远交近攻，毫无诚意，决议非陕事解决，不派代表，乃陕事如故，而代表已派出矣。当派定代表之时，又声明非陕事解决，不开和议，今陕中水益深火益热，而北廷代表已一部来沪，南中代表亦纷纷去宁，互相接洽，已为精神上之开议。军府漠视陕局，已令吾陕人失望达于极点，言之滋增愤慨耳。

　　然吾民今日犹存一线之希望者，只此形势［式］上尚未开议之和平会议而已。故今后解决陕事之责任，将负于诸公之双肩，吾陕八百万人民之生命，亦悬于诸公之一念，此吾民不能不一向诸公呼吁也。至如何解决陕局，诸公谅自有成竹在胸。然吾民既痛切肤之灾，尚具刍荛之见，尤不能不泣陈于诸公之前。兹谨将所拟之条，撮要如下：（一）祸陕罪魁陈树藩、刘镇华务速离陕，且依法严惩。（二）张锡元、许兰洲停战后，开赴陕西之军队务须全数退出潼关（屡得确报：陕中战事最近益烈，右（上）二条应火速提议，迅促实行，以绝乱源）。（三）由南北分派公正大员赴陕，与陕中两方军事当局商组军委员会，办理收束军队事宜。（四）陕受督军之祸最深，此制必须永远废除。现总司令于右任，前曾有全国废督由陕作始之宣言，吾民极端赞成。（五）省长由省议会全体及县议会每县一人所组之省长选举会选举之，或同时选举三人，由将来合法统一之政府择一任命，以开宪法上之先例。（六）陕省此次视川湘惨祸尤重，将来另设善后机关，对于受灾各区之救济，需款极巨，应全由政府照拨。上开六条，乃就事实上最低之限度言之。至法律问题，尤吾陕人所拼死力争者。惟法律乃国家根本问题，且其性质系绝对的，非相对的，诸公谅不至丝毫让步，当无待吾民晓晓也。（中略）

　　若于此停战之后，两方正划界之时，犹不能止张、许之进攻，则所谓裁撤国防军者，宁非梦呓！而裁兵之说，亦为滑稽。果如斯也，则诸公之举动，与世人所注目之和平会议，乃一极无聊之举而已。故吾民甚望诸公以解决陕事，为解决大局之标准，且以诸公〈能〉否解决陕事，为能否解决大局之确证，对于陕事不能公允之

解决，则全国各事均无解决之望。即强言解决，亦糊涂敷衍，不解决之解决而已。（下略）

（《陕人致军政府书》，上海《民国日报》1919 年 2 月 19 日）

颜德基致军政府各总裁等电

（1919 年 2 月 19 日）

广州军政府各总裁、国会议员诸公，云南唐总裁钧鉴：

蔡总司令济民贤劳国事，历有年所。辛亥之役，长鄂军势，指挥筹画，厥功甚伟。此次树义鄂西，虽因各种障碍，大勋未集，究属苦心孤诣，艰险备尝。方谓天年克享，足挽狂澜，何期遽遭惨害，赍志以殁。除电请邻近友军详复蔡公遇害情形外，应请诸公主持公道，惩办祸首，以慰幽魂，而彰国法。临电神驰，毋任盼祷。颜德基叩。皓。印。

（《军政府公报》修字第五十四号，1919 年 3 月 12 日，"公电"）

熊克武致广州军政府电

（1919 年 2 月 19 日）

广州军政府钧鉴：

前奉钧电，特授克武陆军上将衔等因，祗领之余，莫名感悚。克武猥以菲材，忝领兵符，仰托钧威，粗平川局。然北定中原，有惭武侯之烈，西封函谷，遽班奉隼之师。元凶未殄，宠命特颁，在军府激励戎行，不嫌于破格，而克武屡邀旷典，惧益懔夫临渊。惟有督率所部，益自振励，以仰副钧府护法靖国之至意。谨电陈谢，伏维鉴察。四川督军熊克武叩。皓。印。

（《熊督军受上将谢电》，上海《民国日报》1919 年 3
月 11 日）

李根源致广州军政府、莫督军电

（1919 年 2 月 20 日）

广州军政府、莫督军钧鉴：

据杨旅长益谦巧电称：顷接驻罗墟刘连长荣华报告，探得虔南
敌军于筱日增加一营，信奉又增加步兵第十七团。查和局几欲开
幕，而敌人阳出和意，阴实增兵，我联军仍宜积极备战，以免中敌
人奸计等情。除电复该旅长饬令各队扼守防地，随时探报外，谨转
呈请，察核示遵。李根源。哿。印。

（《赣边停战之疑云》，上海《民国日报》1919 年 2
月 27 日）

李纯致军政府各总裁等电

（1919 年 2 月 20 日）

北京国务院、各部院，广州军府各总裁，保定曹经略使，各省巡阅
使、督军、省长、都统、护军使、镇守使、海陆军各路司令，北
京、天津探送黎前大总统、冯前大总统、段前总理、王前总理、严
范孙、梁燕孙、熊秉三、王揖唐、蔡子民、范靖［静］生诸先生，
南通张季直先生，上海、广州探投章太炎、吴莲伯、林子超、孙伯
兰诸先生，各省议会、和平会、商会、公团、报馆均鉴：

时局纠纷，垂及二稔，幸赖内外上下一德一心，舍己从人，共
谋宁息。护国者知法坏而国无由立，护法者知国坏而法亦罔存，遂

以和平之公理，共谋善后之解决。纯与湖北王督军、江西陈督军内承中央政府之指挥，外荷西林、武鸣诸公之启迪，黄陂、河间、合肥、正定暨在位英俊、在野名贤随时指导维持，经迭次之洽商，得各方之同意，议定开一会议，双方各派总代表、代表，解决法律、事实等项问题。比由朱桂莘、唐少川两总代表商定，于本年二月二十日在上海开会，是纯与王、陈两督军二年以来千回百折所希望于护国、护法两方面有两全而无两伤者，幸已达其目的，遂其请求。凡膺其任，已可告一结束。嗣后解决各项问题，总代表、代表诸公皆一时人望，必有可以慰吾侪之具瞻，副国民之心理，此纯极当与居间诸君子洗耳听之，拭目俟之。

　　鲁仲连有云：所贵于天下之士者，为人排患释难解纷乱，而无所取之。窃愿会议诸公本良心上主张，从根本上解决，为国家谋长久，为人民谋福利，期有以善其后而已。浮图七级，重在合尖，为山九仞，功亏一篑，纯仔肩虽卸，愿望正殿，苟其义不容辞，力所当尽，敢不从诸君子之后，更愿当代宏达布所蕴蓄，同力匡扶，以成和局，而尤纯所馨香祷祝者也。谨布悃诚，伏维鉴照。李纯。哿。印。

　　（《军政府公报》修字第五十四号，1919 年 3 月 12 日
"公电"）

唐绍仪致军政府总裁等电

（1919 年 2 月 20 日）

广州军政府各总裁、各代表、各部长并代转各省督军、省长、各军总司令、各师旅长、各督办、各省议会、教育会、商会、报界联合会均鉴：

　　绍仪不敏，承国会及军府以议和总代表相委，深以国难未已，民困待苏，不敢固辞，勉为肩任。迩来内外情势，益加切迫，非速行开议，何以解兹纠纷。会北方代表，齐集沪滨，迭与磋商，遂行

决定，谨于今日午前九时，会南北双方全体代表，在上海德国总会举行平和会议开幕典礼，礼成。谨此电闻。绍仪。哿。

（《和议开幕后之唐电》，天津《大公报》1919 年 2 月 24 日）

唐绍仪致军政府总裁等电
（1919 年 2 月 21 日）

万急。广州军政府：总密。各总裁、各部长、各代表鉴：并代转参众两院、陆巡阅使、各省督军、省长、师旅长、各督办、指挥、各省议会、商会、团体、报界联合会均鉴：

　　本日开第二次会讨论陕西问题，两方代表全体列席。绍仪要求四事：一、撤消陈树藩。二、许兰州〔洲〕所统入陕奉军退回原驻地点。三、由去年十一月十六日停战令下之后，至二月十三日五条办法宣布之前，所有北军占领地域一律退出。四、即日讨论一种切实解决办法，俾张君瑞玑到陕划界时易于办理。朱君桂莘对于第一条以为操切，未肯赞同，二、三两条只允由二月十三日五条办法宣布之日起负责任，四条俟今日晤张君瑞玑后再行讨论。今日会议未有结果，明日二十二日开会继续讨论陕西问题，谨闻。唐绍仪叩。马。印。

（《唐绍仪发电稿》，《近代史资料》总 51 号，第 162 页）

杨虎致孙中山函
（1919 年 2 月 21 日）①

中山先生钧鉴：

　　顷阅报端载有军府特授实官一节，此典之行，关系殊重。夫人

――――――――――

①　原函未具年份，据内容判断，当在 1919 年。――编者

冒万死不顾一生，执干戈以卫社稷，若无荣宠之褒，何以慰人心而劝后进？

虎无状，奔走国事十余年于兹矣，虽无殊功，幸鲜大过，先生所知也。况今游说四方，毫无凭藉，声势上未免稍受影响。军府自有此典，敢请先生将虎亦授一官，不胜感激。虽然虎之此请，并非热心官爵者。盖世风浇漓，不崇天爵，视太朴于砥砆，等明珠于鱼目。苟人爵之嶒嵘，即权位之显赫。虎为扩张党势起见，欲得一官以昭信用，庶几权力藉此增益，对于本党不无小补。务恳先生鉴其款款之愚，准如所请，案虎官阶，晋授中将，是为至祷。并附呈履历一纸，以凭核实。肃此，敬请

崇安

伏希

爱照不既

杨虎谨呈　二月二十一日

孙中山批：代答以吾辈此次护法，并未成功，所以吾党之士当仍卧薪尝胆，艰苦奋斗，万不可立此虚名之想。且此事亦为先生万难办到，则［即］使勉强办之，必为北京所忌，于兄有损无益也。

（《国父墨迹》，第 334 页）

湖南辰沅永靖各属公民致广东军政府等电
（1919 年 2 月 21 日）

北京大总统、国务总理，广东军政府政务会议、非常国会，各省督军、省长、省议会、商会、报馆，上海和议代表诸公均鉴：

据路透电报称：日本干涉我代表，在巴黎会议不能独立发言，又不许我发表中日密约，中国政府如同意，则七年九月参战借款二千万元中未付之一千七百万元可以照付，否则将取消借款契据，并索还已付之三百万元等语。窃思国家存在，首在主权，主权苟失，

国脉随亡。对外独立发言，即此主权显著之要端。我国此次派遣代表，早经各友邦之承认，彼日本以同种关系，反藉口于区区借款，竟欲蔑我主权削我国体，悲痛耻辱，莫此为甚。前者南北构衅，出于政见偶殊，阋墙御侮，古训昭然。矧今弃战言和，自应共策群力，雪兹羞愤。为今之计，莫若将参战借款及中日密约迅速消毁，并将已借之三百万元由南北共同筹偿，或由国民捐付，纵令全国破产，亦所不惜。况此区区之数，中国虽贫，而爱国心富，想不难凑集也。诚以借款则丧尽主权而速亡，毋宁破产而或救止于万一，华元之存宋拒楚可为殷鉴。事关国家存亡，不忍缄默，临电涕泣，万祈一致主持，民国幸甚，同袍幸甚。湖南辰沅永靖各属绅学商工农民公叩。马。印。

（《湖南辰沅永靖各属公民通电》，《申报》1919 年 2 月 23 日，"公电"）

参众两院议长暨议员致军政府总裁函
（1919 年 2 月 22 日）

迳启者：顷因北军攻陕甚急，违背停战主旨，森等翌日特开两院联合会，决议敦促诸公迅电北庭，限一星期内将该省北军全数撤退，并即解除陈树藩、刘镇华兵柄，实行停战。如仍背约，一意攻击，是阳藉和平之美名，阴以武力相压制，以□所为，即无议和之诚意。应即通电外交国，俾知和局破裂，责有攸归，并通告护法各军急筹抵御，一致进行。无任翘企之至。除电致上海唐总代表外，合亟函达，即希查照施行。此致
护法政府总裁诸公
　　　　参议院议长林森、众议院议长吴景濂暨两院议员同启
　　　　　　　　　　　中华民国八年二月二十二日

（《军政府公报》修字第五十五号，1919 年 3 月 15 日，"公文"）

唐绍仪致广州军政府等电

（1919 年 2 月 22 日）

急。广州军政府政务会议鉴：

　　总密。并转参众两院、陆巡阅使、各省督军、省长、师旅长、各督办、指挥、各省议会、商会、团体、报界、联合会均鉴：本日九时，第二次会议继续讨论陕西问题。据朱总代表报告，钱干臣电称：停战划界，自本月十三日以后北京政府可负完全保证之责任。至三原、泾阳并未进兵等语。现由双方议决，公同委托张君瑞玑于明日兼程赴陕，依据勘电五条办法，实行监视。至关于军事协约问题，本日颇有讨论，朱极表同情，已电京，请将此项密约宣布。又经绍仪以国防军与外交上所有各种关系详细报告，并略及收束军队、整理财政之语，朱亦无异辞。再者，本日闻北京政府有接收参战借款余额一千七百万元之说，当由此间电致菊人严重质问矣。合并报告。绍仪叩。养。印。

　　（《唐绍仪发电稿》，《近代史资料》总 51 号，第 162～163 页）

广东绅商各界致军政府总裁电

（1919 年 2 月 24 日）

分送广州军政府各总裁，南宁陆总裁钧鉴：

　　吾粤军兴之初，风潮震荡，各军误会，一夕数惊。幸莫督军接任，开布公诚，指挥镇静，粤局危而复安，军心涣而复结，遂能从容弭乱，内外肃然，军民感戴，倚重方殷，乃忽风闻莫督有告退之说，全粤震骇。当此大局粗定，军政结束之时，似不宜更易长官，致滋摇动。如无其事，亦恳明白宣示，以释群疑，而慰众望，粤局幸甚。自治研究社，粤绅易学清、李翰芬、伍铨粹、赖际熙、区大原、陈之𫐄、陈濂伯、陈廉迈、刘锦江、潘元燨、王心镜、黎荣耀、罗桓熊、潘肇元、吴冕、谭步云，七十二行总商会正副会长陈勉畬、胡颂棠，粤商维持公安会正副会长黎廷桂、谢焜彝，粤省商团团长黄鹭塘，广东省教育会长金曾澄，全省第一中学校长李伯贤，救灾公所总办李聘臣，九善堂院广济医院李芝畦、黄丽炎、爱育善堂何寅卿、方便医院屈湘萍、明善堂冯□□、刘天衢、文朗轩、蔡焯琴、崇正善堂梁侯臣、惠行善堂田志堂、述善堂明子远、梁崧生，广仁善堂杨绍文、徐树棠，润身社陈瑞庭，商船总公会正副会长谭作舟、翟绍祺，盐商济安公堂陈宝琛，盐务运商研究公会总理邱鉴源、黎国瑞同叩。敬。

（《广东之督军问题又起》，《申报》1919 年 3 月 8 日）

陈炯明致广州军政府、参众两院电

（1919 年 2 月 24 日）

闽陕为北敌须争之地。又当第一战线停战令下，停顿数月，敌人增兵增弹，扩充军备，不遗余力。我则一弹一械，无可设法。现北敌猛攻陕西，意在破坏和议。万一决裂，闽省首当其锋。粤军将士可以血肉报国，然亦须有弹械可以杀贼，庶能固我东藩，免为粤忧。炯明入漳以后，迭请弹子，日前迭电准予饬厂赶制，计阅六个月之久，未见一弹相遗。即不为粤军杀贼计，尚为大局及目前作用计，务请克日指拨多少，以资补充。不能拨多，亦可拨少。并请诸公代为鼎言，是为至盼。炯明。敬。

（《陈竞存君请械备战》，上海《民国日报》1919 年 3 月 13 日）

唐绍仪致军政府政务会议电
（1919 年 2 月 25 日载）

广州军政府政务会议诸公鉴：

南北会议将次开始，事关国家大计，责任綦重，用宜罗致海内贤豪，以资赞助。兹拟聘请张伯烈、彭介石、童杭时、米观玄、吴宗慈、叶夏声、牟琳、居正、汤漪、张浩、孙钟、罗家衡、邹鲁、刘奇瑶、马骧、徐傅霖、韩玉辰、陈策、张瑞萱、徐兰墅、常恒芳、易次乾二十二位为参赞，如邀同意，即请由尊处发表，实纫公谊。绍仪叩。

（《广东军政府讨论两要案》，《申报》1919 年 2 月 25 日）

国会议员寇遐等致军政府总裁函
（1919 年 2 月 25 日载）

总裁诸公钧鉴：

顷闻唐总代表有致军府电，拟聘国会议员二十余人，充和平会议参赞，请军府即日发表云云，遂听之余，深为惊异。

窃以此次和平会议，既有总代表完全负责，又有分代表赞襄会务，是无再设参赞之必要。即云事繁任重，需才孔多，则国会以外之人尽可罗致，特必斤斤以责任最大之国会议员参杂其间，致使宪法不克告成，两院常会不能再开。姑无论和平会议结果如何，而国会本身已先自溃散矣。

自分代表赴沪之后，两院议员有数人亦往，当时参赞、参议之谣言随而蜂起，议员之离粤者亦渐多。影响所及，不惟宪法会议人数不足，即两院常会亦将停滞。两院同人现正思设法催促回粤，冀足制宪人数。今若由谣言而见诸事实，窃恐自此以后，五羊城内议员之足迹日少，此则大可虑者耳。

在唐总代表之意，或谓代表条例案既交复议，不可不有此一举，以表示容纳国会之意思。殊不知国会全体之意思，除开会议决所发表者外，其他意思断非此极少数人之意思所能代表，实不必节外生枝，为此无关轻重之举。若非出于唐总代表之本意，则尤为不可也。

某等为国会法定人数起见，为议员责任起见，特述鄙见，祈总裁诸公以国会为重，勿轻予发表，致使两院有溃散之虞，并请将以上情形，电转唐总代表，不胜盼祷之至。

（《广东军政府讨论两要案》，《申报》1919 年 2 月 25 日）

林森致孙中山函
（1919 年 2 月 25 日）[①]

中山先生大鉴：

敬复者：尊示已悉，已即催促杨仙逸、张惠长克日前往，唯三五日后安家妥当，即可起程。欧洲和会国民代表委托书，已由田梓琴君奔走，业已签名四百数十人。参议院则由邹海滨君担任签名，不日即托古香芹君带往上海，再托觉生君向驻沪两院议员签名。在粤同人深望先生早日出发，能向美洲经过更好。广州外交后援会不日亦可成立，当日开预备会，亦曾表示敦促先生赴欧之意。近日议员渐有返粤者，可望开宪法二读会。更望晓及两院同人，请其先回广州一行，将积案议决之后，再行赴沪，则两方都得兼顾。谨此奉复，并叩大安

　　　　　　　　　　　　林森鞠躬　二月廿五日

再者：上海通讯处已定暂缓裁撤，乞告觉生、人漳诸君。

孙中山批：元冲拟答以予不能受徐世昌委任，当以〔然〕不

---

① 原函未署年份，据内容判断，应在 1919 年。——编者

能向和议发言，盖国际上只认北京政府为民国之代表也。又，上海和议，国会应赞助唐少川，不可为政学利用，图推翻之也。

孙中山批：答以各国体团［团体］结社，当由会员供给支会之费，支会供给总会之费。乃吾国党员往往冠履倒置，文往稍有余力，常勉为应付。惟今后文之生活费，亦将仰给于党员，故不独不能以一人而供各地之求，惟望各地党人有以接济我，否则不日当谋食于海外矣。

（《国父墨迹》，第 336 页）

唐绍仪致政务会议总裁等电

（1919 年 2 月 25 日）

广州政务会议总裁诸公，广东督军、省长鉴：

总密。闻粤省有人以全省电车、电话抵押借款某国，损失权利甚大，且有由某国派兵保护创办人之条件。当兹议和之时，我方阻止北庭借款及发行公债，今粤省亦有此等举动，何以责人？应请严速制止取消。事关大局，切盼裁复。绍仪。有。印。

（《唐绍仪发电稿》，《近代史资料》总 51 号，第 163 页）

唐绍仪致广州军政府等电

（1919 年 2 月 25 日）

急。广州军政府政务会议鉴：总密。并转参众两院、陆巡阅使、各省督军、省长、各督办、指挥、各省议会、商会、团体、报界联合会均鉴：

敬日开第三次会议，关于军事协约，据钱能训来电，不认有附件，仅允抄寄海陆军协定各一件，及解释欧战终了换文一件。又以欧和会未签字为辞，不允裁撤参战军，以声明不作他用为辞，不允停止参战借款。朱允派专员赴京提取关于以上各项案卷及附件并来往公牍，由本会详细讨论议决。关于陕事，朱允再电北庭，严令前方遵照五条办理。关于八年公债，朱亦认为不合法。讨论结果，公债条例及铁路借款合同，推定胡汉民、刘光烈、王克敏、吴鼎昌为审查员，附审查。关于救恤湘灾案，推定章士钊、彭允彝、方枢、徐佛苏为审查员，附审查。绍仪除坚持裁撤参战军，停止参战借款，陕事请朱完全负责外，对于军事协约附件，援用各种证据，证明其确有该项卖国之密约，全部务须宣布于国民，共图补救。绍仪。有。印。

（《唐绍仪发电稿》，《近代史资料》总 51 号，第 163 ~ 164 页）

唐绍仪致广州军政府等电

（1919 年 2 月 25 日）

急。广州军政府政务会议鉴：总密。并转参众两院、陆巡阅使、各省督军、省长、师、旅长、各督办、指挥、各省议会，商会、团体、报界联合会均鉴：

顷据有吉总领事奉其外务省命来告，谓已饬小幡公使日间到外部声明：中国如不用参战借款，尽可不再接收此项余款等语。又据东京二十三日来电，《朝日新闻》称：日政府近发一电与驻北京武官，令劝告段琪［祺］瑞云：欧战已终，西伯利乱事不久将竣，中国南北会议行将开始，统一政府不日即可告成。取销中日军事协约及国防军各事，不独为中国计，并为远东安宁计等语。可见日人鉴于内外舆论趋势，态度一变。除由绍仪及朱总代表分电徐菊人，乘此机势力谋废约止款外，务望诸公一致主张，俾早达目的，免为和议障碍。再，本日开第一次谈话会，绍仪提示于右任十六日来函称北军尚在猛攻事，当即声明：若和议从此破裂，责有专归。嗣以讨论结果复由朱总代表电请北庭严令前方军队切遵十三日令，速行停战，违者严重处分。并闻。绍仪。有。印。

（《唐绍仪发电稿》，《近代史资料》总 51 号，第 164 页）

章士钊致军政府各总裁电
（1919 年 2 月 26 日）

急。广州军政府各总裁均鉴：

总密。南方代表办事处开办伊始，需款孔急。除由士钊手交付三千元作开办费及松年处允陆续支应外，现仍不足。开办费约已用去六千元，每月办公用费，虽办事人员纯系义务，而一切必需之费亦约须六千元。即希按月提前照数汇到，以应急支，盼切祷切。士钊叩。宥。印。

（《唐绍仪发电稿》，《近代史资料》总 51 号，第 164 ~ 165 页）

唐绍仪致广州军政府等电
（1919 年 2 月 26 日）

万急。广州军政府政务会议鉴：总密。并转参众两院、陆巡阅使、各省督军、省长、师、旅长、各督办、指挥、各省议会均鉴：

据于督军十七日自三原函称：覃日起陕西北军尚未停战，前方仍有攻击情事，而盩厔县靖国军于十六日退至郿县，则战斗剧烈可知。当于本日开议时向朱总代表提出质问，并要求撤换陈树藩。朱答以进兵一事系据一方面报告，其确实状况须待划界人员抵陕后实地调查，方能明瞭。又昨日已电北京，痛陈政府必须有强制陕西军事长官遵守命令之能力，如果未停战，应予严重处分等语，俟复电再议办法。若此时持之过激，恐反生变动。绍仪以为此种答复虽亦有相当理由，惟陕西现在尚未停战，则彼方固已默认。苟长此因循，恐于和议横生障碍。且钱干臣前电以覃日起实行停战，北京政府应负责任。经朱总代表一再声明，显与本日所讨论者前后抵触。似此日以虚辞相蒙，是信谊何存？诚意安在？兹特宣告，本日起暂行停议他事，至撤换陈树藩、实行停战后再议，否则惟有以和议决裂昭示中外。曲直之间，是非所托，谅国人与友邦必能为公允之判断也。绍仪叩。宥。印。

（《唐绍仪发电稿》，《近代史资料》总51号，第165页）

叶荃暨陕西靖国军全体官佐致孙中山等电

（1919年2月27日）

百万火急。广州军政府岑、伍、林各总裁，参众两议院，各部部长，莫督军，章太炎先生，汪精卫先生，韶州李督办，漳州陈总司令，潮州方总指挥，南宁陆总裁，桂林陈省长，云南唐总裁、刘师长、由运使，云南、成都、贵阳省议会联合会，泸州赵军长，资州顾军长，成都熊总司令，顺庆石总司令并转吕师长，绥定颜总司令，贵阳刘督军、黔军王总司令，永州谭联军总司令、谭组安总司令，郴州程、马、林各总司令、赵师长，夔州黎、王总司令、何师长，巫山颜师长，施南柏总指挥、唐总司令、蔡总司令，上海孙总裁、唐总裁、吴稚晖、孙伯兰、张溥泉诸先生、西南和议各代表、各报馆均鉴：

自接奉唐联军总司令前月卅一电后，当即分饬前□各部一律划地驻防，一面开具各军将领及所部人数呈请转达，静候解决。讵北军以京奉晋甘援军四出，竟于停战期内京奉敌军乘间占我武功，进攻盩屋，并复纠约管金聚袭取我□□、宝鸡，甘军则整□东前，寇我□□。标榜和议，节节相逼，蔑视公理，毫无诚信，此间各部万不得已勉为正当防卫。万恳严予诘责，用申大信，并祈妥为筹画，免受敌欺，弗胜盼祷。中华民国靖国第八军军长叶荃、陕西靖国军总司令于右任、副司令张钫、陕西靖国军第一路司令郭坚、第二路司令樊钟秀、第三路司令曹世英、第四路司令岳维峻、第五路司令高峻、第六路司令卢占魁、陕西靖国军前敌指挥弓富魁、滇军混成旅长杨锡昌、李永和、张季良、卓严并各部全体官佐全叩。感。印。

　　（《军政府公报》修字第五十四号，1919 年 3 月 12
日，"公电"）

黎天才致广州军政府等电
（1919 年 2 月 27 日）

（衔略）顷奉政务会议咸电开：转唐总代表微电，据路透电称，日使警告干涉我外交主权，谓巴黎和平会议，我国所派专使，须受日本指挥，无容我有所主张，否则参战借款契约须即取消，并索还前已付三百万元等语。奉闻之下，不胜骇异。我国自对德宣战后，本协约国之一，所派和平会议专使，自有完全提议之特权，乃日使横加干涉，其蔑视我国主权，已达极点。凡我国人，惊此亡国先兆，安能容忍此等之凌辱，服从此等之威吓。敬恳我军府及当轴诸公一致主张，向日政府严为交涉，并祈发抒谠论，通告各协约国主持公道，以壮专使声援。事关大局，无任盼切。黎天才。感。

　　（《黎天才声援专使电》，上海《民国日报》1919 年 3
月 4 日）

张瑞玑致军政府各总裁等电
（1919 年 2 月 28 日）

广州军政府各总裁，并转陕代表赵其相先生，上海唐、朱两总代表，并转李龙门先生鉴：

宥日到京，此间纷传陕战未停。本日谒干老，催玑速行，玑要求须得双方停战确据，再行入陕。干老已严电分饬，迄未获复。先派去之余诒，到秦已久，无函电。柏生致玑一电，只表欢迎，已否停战，亦未一字提及。故入陕尚难定期。知注敬闻。瑞玑叩。勘。印。

（《张瑞玑致军府及两总代表电》，上海《民国日报》1919 年 3 月 3 日）

唐绍仪致军政府政务会议等电
（1919 年 2 月 28 日）

万急。广州军政府政务会议鉴：并转参众两院议长、陆巡阅使、各省督军、省长、师、旅长、各督办、指挥、各省议会均鉴：

总密。本日开议，首由朱总代表报告中日军事协约已寄到，共只四件：一、中日协定之文书；二、海军共同防敌条文；三、陆军共同防敌条文；四、解释欧战终了文书。此四件外，并无附件。当由绍仪建议，以此项协约，北京政府在本会议宣布者，除以上四件容再讨论外，既并无附件，应由本会议全体通电中外，声明以后倘发现关于中日军事协约之附件，无论用何种名义与何国政府或何国人民缔结，皆认为绝对不生效力。朱无甚异辞。嗣讨论陕事，据于督军十九日来函报告，前方战事益以猛烈，所有从前进迫西路各北军，悉已集中改向东路施行攻击，相桥、交口、于都村、红崖头、兴市、关山等处均被包围，距三原仅数十里云。绍仪复提出质问，并要求于四十八小时内须确定办法，实行停战，否则双方代表应一致通告外交团，声明北京政府对于陕事违约进兵，毫无诚意，和议应立行停止。朱答谓关于陕事已迭电北京促其答复，而至今复电未到。惟私人方面尚有来电，现张瑞玑在京与政府商定办法后当可复电，再行讨论。绍仪以为此种文饰徒延时日，且北京政府与北方代表前已声明，自十三日起共负停战之责任，何以竟不能履行？遂重申四十八小时限期之议，并宣告云：如逾期仍无圆满解决方法，应停止和议。由南方代表通告外交团，以正北政府破坏和局之罪。以上所有会议情形，相应电达。绍仪叩。勘一。印。

（《唐绍仪发电稿》，《近代史资料》总51号，第165~166页）

唐绍仪致军政府总裁电
（1919年2月28日）

万万急。广州军政府各总裁均鉴：

总密。勘一电计达。和议虽近停顿，然尚未决裂之时，四十八小时后，北庭如无满意之答复，仪当从外交方面着手，迫北庭使负不停战之责任。现时中外盼望甚切，非至万不得已，不可使之破裂。广州各方必多激论，望于未经仪电告代表职责已尽，无可转圜之前，暂持镇静态度。惟暗中准备，仍不可懈，海军尤要。此电希转各督军。绍仪叩。勘二。印。

（《唐绍仪发电稿》，《近代史资料》总51号，第166页）

唐继尧致军政府政务会议电
（1919年2月）

对十万急。广东军政府政务会议鉴：

新成密。军府文电敬悉。北方趁停战期间急进攻陕，此间已严电诘问，并催援陕各路迅速增援。惟因一方战端牵动全局，则兵连祸结，终无已时。拟请仍由军府与北京严重交涉，务令转饬北方部队，即日停止进行；一面速开和平会议，即将陕事提交会议解决，以免三秦义侣独当敌锋，尊见如何？敬乞裁示。

（《一九一九年南北议和资料》，第 329 页）

唐继尧致孙中山等电

（1919 年 2 月）

万急。广东军政府各总裁、各部长、各次长、各代表、莫督军、翟省长、参众两院议长议员诸公、林军长、钮督办，武鸣陆总裁，南宁谭督军，桂林陈省长，漳州陈省长，潮州方会办，惠州刘督办，黄岗吕督办，韶州李督办，成都熊督军、杨省长，贵阳刘督军、王总司令，永州谭组庵先生，郴州程总司令，夔州黎总司令并转唐总司令、柏总指挥，上海孙总裁、唐总裁均鉴：

新成密。自权奸乱法，国本动摇，西南兴师，国会移粤，齐心一志，共济艰危。虽法纪赖以维持，而民力已苦凋敝，言念国事，常为痛心。夫护法而至于用兵，诚出于不得已，苟舍此而可以达法治之希望，亦何必相见于兵戎？迩者全国人心翕然厌乱，欧洲战局已告敉平。北方知西南之不可以力征经营也，亦翻然有调和之议，护法诸省，自不能不赞同，以顺世界之潮流，而稍留国家之元气。惟是赞成和议，所求者在适法永久之和平，并非敷衍目前为苟安之计。使议和而国基可以奠定，吾辈亦复何求？设北方对于法律问题无正当之解决，则即和局破裂，其责亦有攸归，或再至破斧锁斨，西南亦可以告无罪于天下。然欲贯彻主张，非徒泛言高论，必恃有力量有责任之护法团体，以促其成。今代表既经推定，应即由军府力促进行，俾会议速开，早定立国大计。若因微嫌末节而内部互相牵掣，使大局陷杌陧不安之境，西南受拒绝和议之名，想亦非爱国诸君子所忍出。尚冀军府当局，力任其难，国会诸公，亦互相体谅，庶始终一致，相与有成，不至以意气误国家，为天下后世所僇笑，乞共谅之。

（《一九一九年南北议和资料》，第 332～333 页）

国会议员高振霄等致军政府各总裁等电
（1919 年 3 月 1 日）

护法政府各总裁，南宁陆总裁，成都熊督军，贵阳刘督军、贵州省议会，郴州程总司令，夔州黎总司令、唐总司令、柏总指挥，巫山王总司令，广东莫督军，漳州陈总司令均鉴：

顷读诸公对于改组护法政府各电，且感且愧。护法军兴，两年于兹，牺牲无限生命，涂炭数省地方，至今前途尚有亡国之危。所以劳师动众者，国人皆曰国会一大争点也。同人无状，诚无颜以对我全国父老兄弟。今见锦公鱼电，更有所感焉。查军政府改为护法政府，不过仅易名称而已，内容既无丝毫变更。事实上有何障碍，然所以不能不改者，其理由有三，愿为诸公详言之：

一曰对世界表示正大也。欧战告终，公理大昌，立国要义，民族自决。值全球厌兵之日，居和平空气之中，我西南不得已而出于用兵，诸公殚精竭虑于上，将士劳苦奋斗于下者，岂非以国家大法不可破坏，而乱法卖国者不得不讨乎？故护法云者，护国也；护国云者，护民也。以此堂堂正正之旗，若政府之上，冠以军字，不惟护法旗帜不甚鲜明，深恐外人不明我国内情，认为武人互争权利，或讥为一丘之貉。故同人认为切要，而少川总裁亦深表同情。然犹恐各省各军误会，故内容大纲，一仍旧贯。此其所以改称者一也。

二曰对全国表示正大也。我国自辛亥改革，曰都督府，曰临时军政府，均属一时军事便利起见，创此名词。然流弊所及，多不便民。袁氏利用此机，造为军民分治之谬说。夫民以法治，民主精神也，军以治民，帝王不为也。德人号称武力，军国民主义则有之，未闻以军治民也。此次西南师以义起，军称护法，战线虽在西南，而义声则遍于全国。人同此心，心同此理，北方人民，仰望云霓，尤表同情，不过处卖国贼积威之下，忠愤未达耳。独是人民心理，鉴于历年军事，创巨痛深，深恶极惧，故军字窃恐小民怀疑。若欲求全国同情之奋兴，必先使顾名而思义。此其所以改称者二也。

三曰谋法治之实现也。我国号称共和，历年政象，较前清专制为尤厉。盖由人治流毒太深，法治精神缺乏。故袁、段均以法律不便于私，横绝溃泄，酿为国患。譬之牛马，不受箝扼，非箝与扼之罪，牛马之性劣也。世人集矢国会，得毋类此乎？由今忆昔，宪法果在二年宣布，袁、段之徒能遵守乎？今西南欲为全国范模，导入政轨，一方谋军事统一，一方谋法治实现。试问名曰政府，除海陆交通与军事有直接关系外，如内务、外交等事，其上加一个军字，同人不敏，征之世界历史、现行学说，百思而不得其解。此其所以改称者三也。

此次徐氏求和，不曰降服法律，而曰国内和平。法律者，和平之保障也。彼若真欲和平，岂不知祸根一除，片言可了？今乃以和平二字为政策，停战二字为军略，盖欲打消护法旗帜，阴备作战方略，四面攻秦。司马之心，路人皆知。试问若段之日本国防军，夫岂俎豆间所能消灭乎？此等亡国乱世之军阀，世界各国均认为东亚大患，少有常识者，宁能认为诚意乎？唐总代表深鉴于此，一再求国会表示意旨。同人为防微杜渐起见，乃有代表条例。锦公乃曰：无故自扰，因复贻误破坏大局，咎将谁归云云。夫法与非法，是非不并立，况乎阳破法律，阴行卖国。此等万世不赦之罪人，即令苟和，千秋万代后，其归咎而痛心者，当有人秉笔直书而告之也。锦公又曰：国会与军府偶有龃龉，要不妨从容疏通，若出于范围之外，致受见仇者以口实。夫政府与国会龃龉，原属各国政治常情。华盛顿开美洲新纪元，而美国会时有非难之声。要在立法、行政两部，因事实之困难，以求法律之符合。善为政者，于此惕励，理愈争而愈显，否则两相唯阿，何裨于国。锦公又曰：国会召侮之道，近之若张季直与岑总裁及熊希龄两书，忠告两双方，言之深痛。国家贻误至今，克武亦谓不能归咎于国本，不自觉无以图存。所望勿矜客气，争抗小节，当以议定宪法及选举法为第一义。妙哉辞也。国会除制宪外，改造政治，监督政府，乃其职责。宪法为根本大法，国势如此，同人固期其速成，然亦何敢草率将事？选举法不良，名流政客运动袁氏叛国、段氏卖国所借口也，同人无学，不知所谓选举法者。限制说乎？普通说乎？今各民主国，皆急进普通制矣。伪国会之选举，其限制也极矣。贤如锦公，谅已洞若观火。若张季直辈，似是而非，言辩而狡。若欲放言高论，当乘今日之中国，尽情言之。过此世界，虽寿如彭祖，更须转婴儿，改受初级正当教育，然后可与言也。

抑吾又有进者。慨自骄帅称兵，约法破坏，而国家大权，遂操于武人之手，以致法纪荡然，国几不国。我西南各省各军护法诸公，以武人不能守分，干国乱纪，足召灭亡之祸，奋袂而起，仗义讨贼，原以惩戒武人干政者。同人窃幸自此次战争以后，或不致再有此等现象，庶国家政治渐纳于法治之轨。然名不正则言不顺，此同人等改军政府为护法政府之苦衷也。锦公爱国之心，向为吾人所钦佩，但道阻且长，真相难悉。一电非难，恐有群相訾议者，于护法前途关系殊非浅鲜，同人等敢竭愚诚，敬为诸公陈之。仍希教以正谊，则同人等朝闻夕死可也。狂妄之言，幸垂察焉。高振霄、刘景云、陈竣云、孔昭晟、邓献璞、黄策成。东。

（《解释军府改称护法电》，上海《民国日报》1919年3月12日）

唐绍仪致广州军政府电
（1919年3月1日）

万急。广州军政府政务会议鉴：总密。并转参众两院长、陆巡阅使、各省督军、省长、师、旅长、各督办、指挥、各省议会均鉴：

北方代表因陕西问题北廷尚未有解决办法，已于昨日下午四点，全体电京辞职。结果若何，容再电达。谨闻。唐绍仪叩。东。印。

（《唐绍仪发电稿》，《近代史资料》总51号，第167页）

唐绍仪致军政府各总裁、督军电
（1919 年 3 月 1 日）

急。军政府政务会议各总裁、督军鉴：

总密。遣返德侨为国际所注目，请从速发遣，务使协约国满意。如苦于经费，可先筹垫至沪，此间自有机关拨还。唐绍仪叩。东一。印。

（《唐绍仪发电稿》，《近代史资料》总51号，第168页）

唐绍仪致军政府总裁电
（1919 年 3 月 1 日）

急。广州军政府政务会议总裁诸公鉴：

总密。本日晤朱桂莘，言北政府有由伊处转复公等之电，所说离题愈远，彼此辩论，徒生枝节，似属无益云云。自南北会议既开，我方关于陕西停战问题及参战借款问题、军事协约、国防问题，皆向北代表严词责问，并欲其全权负责。对于北政府要求，使无诿卸之余地。粤东情形稍为隔阂，诚不必与辩论是非。如有意见，仍以电示，由本会代达，较无不接笋之弊也。唐绍仪。东二。印。

（《唐绍仪发电稿》，《近代史资料》总51号，第168页）

旅沪陕西同乡会致军政府各总裁等函

（1919 年 3 月 1 日）

广州护法政府总裁诸公并转前敌护法各军司令均鉴：

停战已逾三月，和议开会旬日，乃屡得陕中确报，战事益形剧烈。盩、武、抚、郿相继沦陷，乾、凤围急，泾、原动摇，陈、刘、许、张，合力猛攻，百里为墟，惨无天日。吾民呼吁声嘶，诸公犹复袖手。哀我陕军，血战经年，愤抗北廷，屏障滇川，坚持护法，辅翼西南。对于大局，谅非无补。不谓诸公过爱和平，甘为人欺，竟坠和议缓兵之谋，适中远交近攻之计。北廷积极屠陕，南中竟尔撤援。北庭吾仇，祸陕原无足怪，诸公误陕，使北廷得遂其祸陕之愿。陕人何负于西南，而西南竟忍出此。陕军以百战疲乏之师，当十倍残暴之众，然尤追奔逐北，屡创北虏，惟以敌军日增，遂陷孤危，即使徒手奋呼，争为先登。然诸公果易地而处，试问能久支否耶？均属护法，谊切同仇。陕军为强敌环攻，诸公皆坐观壁上，我虽不杀伯仁，伯仁由我而死，诸公自问，于心安乎？且诸公首义西南，主持正义，试问陕军护法，是否与南中一体？于右任之陕督，张钫之军务会办，是否出于军府之任命？唐冀赓是否滇黔川陕联军总司令？南军离陕之日，是否即北军攻陕之时？祸首未除，国难方殷，诸公即息鼓偃旗，对于当日之宣言，是否自相矛盾？卖友不仁，叛盟不义，诸公清夜扪心，未知何以自解？

在昔辛亥之役，各省停战言和，清军攻陕益急，潼关五失五得，乾、凤糜烂不堪，特以秦军奋斗，遂得最后胜利。向使陕为清有，或无共和可言。然牺牲吾陕数十万生灵，换一共和，陕人犹足自豪。今牺牲吾陕，仅博得诸公之权利虚荣，此陕人所不甘也。且诸公即不言是非，惟图私利，陕若入北军之手，则扼川之吭，拊滇之背，西南宁有生存之道？恐湘、闽问题，亦将完全失败，粤中军府惟有束手待毙而已。迩者攻陕得手，钱能训即电斥熊锦帆，他日屏陆弃唐，宰割西南，又岂意外之事。故坐观陕事之成败，于诸公有百害而无一利也。

目今陕事，间不容发。南代表已致北廷通牒，限四十八点钟答复，北代表已全体辞职，和议既已决裂，战备即难再缓。倘日本式之国防军一旦动员，向闽、赣、川、鄂诸省进攻，未知诸公犹能若此镇静，抑或衔璧迎降否？则必出于战之一途，忍使袍泽之覆亡而不一为援手，必俟强敌压境，足制诸公死命之时，始仓皇筹自卫之策，天下之自杀政策，孰有甚于此者耶！侧闻军府，已与东海勾结，陆、唐亦为北廷软化，均以牺牲吾陕为个人权利之交换。诸公为护法领袖，宁肯甘心降敌，贻羞千古？然以漠视陕局证之，终不能令吾民释然也。

今日徐、段狼狈，奖乱助恶，纯欲以北洋统治全国，间接为东邻充作鹰犬。锦绣河山，行将断送，个人虚荣，究复何益。若不急起直追，势必同归于尽。敢请迅令前敌，奋勇猛攻，速为正当防卫，勿令唇亡齿寒。纵使相隔万里，亦应伐魏救赵，况救陕即所以救国，亦即所以自救，诸公明达，谅能鉴及。若复不然，吾陕民将悬目国门，看诸公之槛车入都也。合词泣陈，诸维谅察。

旅沪陕西同乡会同上

三月一日

（《旅沪陕人致西南书》，上海《民国日报》3月3日）

李烈钧致军政府总裁电

（1919 年 3 月 1 日）

广州军政府总裁诸公鉴：

病体不适，谨辞参谋部长、军事委员长职，俟稍告痊，再当为国家勉效驰驱也。李烈钧叩。东。印。

（《军政府公报》修字第五十四号，1919 年 3 月 12日，"公电"）

旅沪陕籍国会议员致军政府各总裁等电

（1919 年 3 月 2 日载）

护法政府各总裁，并转护法各将帅公鉴：

自诸公与北庭言和，下令停战后，北军以十倍之众，攻我孤立无援之师，迄今三月，愈战愈烈。其在西路，盩、鄠失陷，汧、宝不守，乾、凤十分危急。敌军全胜之余，复转凶锋，向我泾阳、三原施行总攻击，八面包围，距今已二十余日矣。在内者求援函件，日数十起，在外者号呼奔走，无处无之。而诸公援陕之师，退之惟恐不远，试问诸公，苟不认陕西靖国军为护法团体，则当日之任命于右任为督军，张钫为军务会办，岂非多此一举？倘认为护法团体，则今日之坐视不救，其意又安在耶？

推诸公之心，以为吾既以牺牲陕西为与北廷言和之馈贶，则北廷必爱我亲我，当不至再加危害于我。不知北廷究何仇于陕，而何亲于西南也。对于陕西，不惜弃信灭义以施惨无人道之杀戮，吾恐陕西亡后，则受此杀戮者，不在陕西，而在西南，诸公其知之乎。窃闻公等轻援陕，重和议，意在议和席上分配个人权利，故护法其名而权利其实。不知由于最初一念之差，已认陕西为护法团体，陕事不得正当解决，和议且开不成。而个人权利，又从何而说起。

以上种种，吾人今于全军覆没之后，质之诸公，诸公其果何自白耶？夫苟终不欲自白，故无论矣。若其中尚有欲自白者，则惟于今日和议破裂之际，置师疆场，刻日进攻，变口头援陕而为实力援陕，始可释国人之疑惑，而全诸公之信用。如是则陕西靖国军，虽全数灭亡，当无恨于诸公。不然则诸公误陕之罪，恐较重于北庭。盖北庭吾敌也，敌而攻我，固无足怪，西南吾友也，友而卖我，岂其所宜？禽兽且惜羽毛，为人岂有不爱名誉之理。时至今日，实力援陕，诚为诸公顾名誉全信义之最后五分钟。诸公诸公，其果何以自处，且何以对陕西？旅沪陕西议员李述膺、陈毅、杨铭源、焦易堂、马骧。

（《陕议员责西南援陕电》，上海《民国日报》1919
年3月2日）

贵州省议会致孙中山等电^①

（1919 年 3 月 2 日）

北京徐菊人先生，广州军政府各总裁、参众两院，上海孙总裁、唐
总裁并转南北各代表，武鸣陆总裁，云南唐总裁，各省督军、省
长、各省议会并转报馆，衡州吴师长，成都冯旅长公鉴：

军兴经年，民穷财匮，彼苍厌乱，人具悔心，欧战告终，促成
和议。乃日来报载，竖子徐树铮甘心助恶，破坏和局，兵会议裁，
徐则嗾段以增之，参战议撤，徐反为段争存之，甚至利用国防之名
称，割脱军部之羁束。夫陆、海设部，所以统一军事，集权中央
也。今国防军独立，其如约法第四条所规定之统治权何！不第此
也，闻闽陕问题，北军违令进攻，实徐嗾使之；新近借款，利权损
失殆尽，亦徐主动之；又上年复辟祸作，陆建章将军为北方起义之
第一人，前功虽经湮没，其事尚有可考，乃徐以陆之不附己，诱而
杀之。凡此行为，皆天人所不容，豺狼所不食。现值外交异常紧迫
之日，正吾兄弟合力御侮之时，论功言罪，应去南北之成心，锄恶
治奸，宜以法律为归结。诸公均为人望所归，且属战计所系，务乞
伸张公道，严惩凶残，以昭炯戒，天下后世，咸利赖之。黔议会
叩。冬。印。

（《军政府公报》修字第五十八号，1919 年 3 月 26
日，"公电"）

---

①　公报漫漶不清处，据上海《民国日报》（1919 年 3 月 19 日《黔议会请惩小
徐》）所载同电校补。——编者

黎天才致孙中山函
（1919 年 3 月 2 日）

逸仙总裁钧鉴：

　　敬肃者：二月十二日虔修芜词，谅邀垂鉴。比维功高嵩岳，威播寰区，临风遐听，祝露邪殷。天才猥以庸愚，谬领鄂军，救国有心，治军无状，虽转战频年，而建树毫无，既不能格北廷悔祸之心，又未克慰苍生来苏之望。扼守鄂西，谨待后命，抚躬循省，惭悚实深。我公手造民国，拥护约法，劳苦功高，中外共仰，此次沪上议和，有我公主持其间，当能依法解决，使法理事实两得其平也，民国前途，实利赖之。蔡君幼襄为国奔走，不无劳勩，今与川军方纵队长化南同驻利城，因平日小嫌，竟酿成变端，致使蔡君殒命，殊堪悯惜。其中肇衅情节事实，前曾通电西南，谅邀鉴及。现已去电熊督，请其严行核办，以肃军纪，而慰英灵。兹因董用威、张祝南两君赴沪之便，带呈寸禀，伏乞亮察为叩，祗请
崇安

　　　　　　湖北靖国联军总司令黎天才（印）谨呈　三月二日
　　　　　　　　（《革命文献》第四十八辑，第 265 页）

南方议和代表致广州军政府、参众两院等电①
（1919 年 3 月 2 日）

万急。广州军政府政务会议及参众两院公鉴：并转护法各省督军、省长、各军总司令、总指挥，各师、旅长、各督办、省议会、商会、教育会、各团体、各报馆均鉴：

---

　　① 此电同时致各省省议会、商会、教育会、各团体、各报馆。——编者

　　本日向中外宣言停止和议，其文曰：中华民国当世界大战争之际，不幸而自陷于内争者年余，军政府鉴于国民之公论及友邦之劝告，与北京政府开诚言和，特派全权代表，冀将国家一切根本问题彻底解决，以达永久和平之鹄，此物此志谅中外之所周知。不幸自二月二十日开会以来，会凡六次，乃有理宜先决之陕西停战与参战军停募之两大事件，横生梗阻，遂致所谓根本问题讨议未遑。盖所议者和也，和战不能并立，一面言和，一面主战，此非北京政府谋和之无诚意，即其威信之不能行，有一于此，和必无幸。

　　查去年十一月十六日北京政府颁发停战命令，本应陕闽一律，乃藉词剿匪，乘机进取，致陕西人民受停战后之痛苦者三阅月。延至二月十三日，始对于陕、闽、鄂西根据江苏李督军所拟五条办法颁发停战命令，北方代表始至会议席上声言关于十三日以后陕西停战事件当负完全责任。乃自十四日至二十一日，陕西前敌日有快邮报告，皆称北军大举来袭，西、东各路失地有差，三原本部且见摇动。仪等要求与三原通电为停战之初步，至今不见一电来自三原。似此且战且和，仪等负有言和职责，果何以对陕民！何以对天下！遂于廿八日午前九时提出实行停战与撤换陕督陈树藩两条件，限四十八小时答复。届时答复如难满意或竟无答复，则证明北京政府之无诚意，和议势不得不停。今限期以届，复文未至，和议自明日起即无法进行，北方代表已有总辞职之表示。仪等才短识暗，致中外想望之和平骤遭挫折，深用咎心。惟以军政府酷爱和平，甘居退让，及仪等委曲求全之苦衷，苟非万不得已，决不愿有此顿挫。

　　至参战军之应停募，理尤显然。盖和者不战之谓也，当此欧战之终，本会正谋大举裁兵之始，乃利用国防之名，行其增兵之实，苍头特起，其意何居。仪等要求宣布北京政府与日本所结军事协定之正附各件、参战借款之条约全文，今所交到仅协定正文，亦并未暇议及。

　　总之，和平以谋根本与去障碍二义相为表里，脱障碍之不能去，尚何根本之可谋。今举步未终，大波以起，凡中外之所蔽罪于仪等者，俱所乐受，惟于不绝如线之国本与水深火热之人民，公等有何良策足资挽救，俾仪等得所用力，以补时艰。仪等不才，窃愿承教。唐绍仪、章士钊、胡汉民、缪嘉寿、曾彦、郭椿森、刘光烈、王伯群、彭允彝、饶鸣鸾、李述膺叩。冬。印。

(《唐绍仪发电稿》，《近代史资料》总51号，第132~133页)

平和期成会联合会致广州军政府等电
(1919年3月3日)

北京大总统钧鉴：国务院、参谋部，广州军政府，各省督军、省长，上海唐总代表、朱总代表暨各代表，各省议会、教育会、商会鉴：

本会由各地平和期成会代表组织，冬日成立，票选熊希龄为会长，梁士诒、张一麟为副会长，特闻。平和期成会联合会。江。

(周秋光编《熊希龄集》第7册，第110~111页)

陶礼燊、彭堃致孙中山函
(1919年3月3日)

中山先生钧鉴：

敬肃者：天祸中国，权奸乱政，我公不忍以手造之共和，亡于比匪之手，贻世界之羞，屡退屡进，百折不回，我佛慈悲，中外共信。

黔居山国，见闻狭隘，非立强健党基，以图国事，则一方受黑暗之冤，一国缺圆满之憾。同人等不计固陋，爰合全省分子，组织民生社机关。一本我公党章，作人定胜天挽回劫运之举，早经众议表决，先出《勤报》，以鼓吹公理；扩充分部，以连络感情。幸叨庇荫，军政健者均表同情，开办资本已有成议，人员机械均皆齐集，惟经常费用尚待筹备。指日出版，寄呈钧览，以博大同欢忱，藉尽国民责任。惟黔本瘠区，财才两乏，现奉军府电令，改选省会，经本社理事张士仁（省议会副议长）等与执政同意，暂从缓办，俟大局解决，国会改选，同时并行，一舒财力，一谋党势，使选政从容布置，庶收一致之效。

我公共和元勋，虽一乡一邑，必使纳诸大轨，黔虽褊小行省之一，当不致独令向隅，用是公推礼燊与塈为本社代表，赴沪面陈，冀思拯助。惟目下时值过渡，礼燊为议职所拘，塈在粤亦为事所阻，不得亲聆大教，详陈一切，谨将各情据实肃陈。想我公眷念黔局与国事攸关，又值组织报馆，筹备选政二者并行，生财无术之际，必能早施推解之仁，以副云霓之望，其裨益之处，又岂徒黔省而已哉。专肃芜函，恭请

钧安

立候训示施行

黔民生社代表参议员议员陶礼燊（印）

本党党员前军政府副官彭塈（印）谨肃

八年三月三日　自广州城内木排头和合坊八号三楼

再：礼燊于七年六月间间关来粤，备员国会，即受本社同人之托，赴沪面陈，因职所阻，曾托谢持君代陈本社公函一件，不知曾邀钧览否？并祈示知，礼燊再叩。

孙中山批：答函奖其有心，并告以今日欲维持民国，须于地方上开通民智，振起民气，使知民国乃以人民为主人，使各地之人皆知尽主人之义务，则国事乃有可为也。予现时一切时事皆不问，只从事于著书，以开民智。不日当寄书来，请就翻刻，以广流传可也。不必来此矣。

（《革命文献》第四十八辑，第 352～354 页）

旅沪国会议员致广州军政府、参众两院电

（1919 年 3 月 3 日）

广东护法政府、参议院、众议院均鉴：

北廷违约攻陕，迭争无效。经唐总代表提出四十八小时限期答复，北廷竟置之不理。似此藐视西南，毫无诚意，万难容忍。请速定大计，贯彻护法主旨，无任恳祷。鳞等不日返粤，并闻。周震鳞、陈毅、王法勤、黄明新、黄汝鉴、牟琳、彭汉遗、彭介石、彭养光、李燮阳、张敬之、李錡、丁象谦、唐宝锷、张我华、居正、方潜、王试功、郭人漳、茅祖权、杨铭源、焦易堂、张书元、温世霖、王乃昌叩。江。

（《沪议员致军府两院电》，上海《民国日报》1919
年 3 月 4 日）

云南省议会致军政府政务会议、参众两院电

（1919 年 3 月 3 日）

广州军政府政务会议、参众两院均鉴：

议和开始，举国人民额手称庆，永奠邦基，端在此时。以解决时局，贵乎持平，遇事迁就，则和平断难永久。谨就管见所及，为当局陈之：一、国会问题为此次争点之中心，若无适当之处置，则一切纠纷万难解决。此次和议之能否告成，当以国会之处置能否适当为断。我西南无论如何让步，旧国会万无废弃之理，应请极力维持，俾臻妥协。一、共和政府宜取平均主义。民国以来，中央政府之组织，我西南分子太少，统计人数，不过万分之一二。无论权利、义务不均，非国家所宜有，而内外情谊暌隔，易生误会，数年来南北之水火，何常不种因于此。谓宜将各部差缺案省分配，以昭大公。

一、处置军队。护法各军为国宣劳，伤亡官兵固宜拨款优恤，而现在军队均属效忠敢死之士，亦应一律编为国军，分别驻防，以作士气。一、指拨军饷。西南义师一切饷需均系出自人民，兵苦饷乏，民苦财竭，为国忍痛，无可讳言；而北方军饷，恃有外债，士饱马肥，民乐安居。同是国民，苦乐悬殊，极为不平。所有西南战费应由国家指拨专款，如数偿还，以纾民困。此外，如惩办祸首，及国会解散后一切非法条约万难承认，各方面均已详言，兹不赘陈。所有上列各款，均出情理之平，诸公爱国，具有同情，尚祈一致主张，以达永久和平之旨。敢布区区，务祈鉴纳。滇省议会。江。印。

（《军政府公报》修字第五十八号，1919 年 3 月 26 日，"公电"）

鄂籍国会议员致军政府各总裁等电
（1919 年 3 月 4 日载）

万急。广州军政府各总裁，云南唐联帅，贵阳刘督军，成都熊督军、杨省长，夔州黎总司令、柏总指挥、唐总司令钧鉴：

前接唐君牺支江电，得悉鄂西靖国军蔡总司令济民利川遇害，副司令牟鸿勋生死莫卜。真象未详，群相惊疑。旋得唐总司令辖来滇川黔靖国联军援鄂第一路第一纵队参谋长吴清熙等艳电，及鄂西靖国军总参谋苏成章等自夔来电，犹复情词各执。是非曲直，未敢臆断，正拟电询，适接黎总司令通电。据其派往利川编制蔡部开拔来夔之副官冯称东、谘议叶崇明之报告：一则曰方军向蔡部射击，蔡军并未动作；再则曰吴清熙率招安大军入城，不由交涉，迳将蔡军冲散；三则曰招安军将蔡总司令擒至方部，职等跑步向前救护，而群兵不由分说，竟在职等手内将蔡司令夺去枪毙。可见此次祸变之启，曲在方军，而蔡总司令死事之惨，显系方军有意加害。此乃冯副官、叶谘议躬与其难之所经过，归以报告黎公者，方、吴虽有百口，莫可饰辩。

窃念蔡总司令辛亥武昌起义，功在民国。癸丙以还，护国护法，屡蹶屡起。上年武穴之役，几以身殉。此次总师鄂西，保有利川，允为联军声援，敌人未敢正视。彼方、吴何为者，既自号援鄂，即当顾名思义，有爱相助，竟乃包藏祸心，倒戈相残，既攻其军，复夺其地，又戕其生命，是援鄂其名，而犯鄂其实也。纵使蔡有不赦之罪，而方、吴亦无杀人之权，自应申请主帅，依法裁决。何得目无长官，惨无人理至于此极。况据吴清熙艳电，并未加蔡以微词，则蔡之无辜被杀，尤可想见。倘不彻底根究，严加惩治，诚恐各军闻风效尤，弱肉强食，祸变相寻，贻忧大局，良非浅少。

同人同切愤慨，未忍缄默，用特电叩诸公维持人道，力予昭雪，迅即饬委彻查，依法究治。并请军府追念前勋，查核蔡总司令生平事迹，援照阵亡例，明令从优议恤，以慰忠魂，而伸法纪。临电不胜涕泣待命之至。鄂籍国会议员公叩。

（《鄂议员恤蔡惩凶电》，上海《民国日报》1919 年 3月 4 日）

奉吉黑国会议员吴景濂等致孙中山函

（1919 年 3 月 4 日）

中山先生伟鉴：

欧洲和议开始，我国特使提议宣布中日密约，全国人士感奋逾恒。惟查中日各种密约，其涉及东省者为最多，故其着手进行，亦于满、蒙、吉、黑各地为最力。满、蒙铁路借款，吉、黑森林借款，自表面视之，似不如四年二十一条军事协定之危险，其实已攫得军事上、经济上之根据，前后各种密约，均藉此为进行之径，深入之阶。

夫谓日人谋我仅限于满、蒙、吉、黑者，固属自欺欺人，而谓满、蒙、吉、黑之亡不致亡及全国者，恐亦无此理势。先生爱国惟诚，目光如炬，此中利害早已烛照无遗。务恳电达在欧各使，将以上两约相机宣布，设法取销；宣布其它密约，以求国际上之平等；取销满、蒙、吉、黑各约，以恢复军事上及经济上之自由。必同时取销，始足以立国。至日人于奉属各县自由设警，接触益近，冲突时闻，日人反利用之，以为乘隙蹈瑕之计，是诚国际间未有之恶例，亦实中日间战乱之伏机。尤望力主撤除，以平民气，而重国体。巴尔干区区半岛，流毒且遍于全欧，以若〔偌〕大之满蒙吉黑，胡不可亡我国家，扰及世界。

景濂等爱乡爱国爱世界和平，除迳电驻欧各使，请为宣布取消满、蒙、吉、黑各借款密约，并电奉、吉、黑各团体组织外交后援，推举赴欧请愿代表外，特请大力主持，凡以为国，非独满、蒙、吉、黑之幸也。国事忧劳，诸惟珍卫，并颂

时祺

奉吉黑国会议员吴景濂、杨大实、蒋宗周、李有忱、罗永庆、赵中鹄、李秉恕、盖广增、孙启先、周之桢、盖彤诰、董耕云、何晓川、徐清和、李膺恩、范殿栋、阎景诗、邢麟章、秦广礼、邵仲康、杨荣春、田美峰、李国桢、张树霖、叶成玉、韩荣桂、薛珠、王秉谦、李绍白、龚玉昆、孙乃祥、杨福洲、萧文彬、谷嘉荫、娄鸿声、王福缘、杨绳祖、何印川、李希莲、李伯荆、姚翰卿、高家骥、郭相维、战云霁、沈殿三、王宪章、刘正塈、于仲铨、田铭璋

（《革命文献》第四十八辑，第 321～322 页）

林森致孙中山函

（1919 年 3 月 4 日）

中山先生钧鉴：

敬启者：广州近情，田君梓琴抵沪，当能面详一切。至赴欧委

托书，已由田、邹二君分头签字，已达数百余名之多，可知众意钦向之诚。尚有滞留上海两院同人亦托田君，约其补签，以足国会人数已［？］超过法定票举之额，如此表示国民公推之代表手续已觉完满。现外交危迫，国人渴望先生代述我国利害，冀可挽回万一，免失此机缘，终蒙外祸。日前开外交后援会时，广州各界社团均集一堂，亦深愿先生赴欧为外交援手。至出席与否，意不在此，只求有一中外孚望之人，代述我国真情于欧洲和会，各代表即以言论付诸和会新闻机关，则我国内讧，亦借外交趋势为转移。故必有国民素所信仰之人前往，较胜顾、王等万万矣。务望早日成行，以慰众念。谨此沥陈，并请

崇安

三月四日上　林森鞠躬

（《革命文献》第四十八辑，第321页）

张绍曾致军政府各总裁等电

（1919年3月4日）

北京大总统、国务院、各部总长、冯华老、段芝老、王聘老、国会，天津黎宋老，广州军政府各总裁、政务会议各代表、国会，南京李督军，武昌王督军，南昌陈督军，衡阳吴子玉师长，各省督军、省长、省议会、商会、教育会、各报馆均鉴：

平和会议甫经开幕，陕事纠纷遽行停顿，海内贤达深虞战祸重开，或拟诉诸外力之调停，或将主倡分裂之言论，前途瞻顾，益热益深。窃维此次内争，牺牲无量，既开和议，允宜扫除年来祸乱根源，共策今后建设大计，使不再发生内争，庶民国有永久和平之望。谨陈鄙见四端，上备采择：（一）此次和会，南北当局及代表应视为国家共同根本改革之举，不得视为南北权利之解决。所有一切军事行动，应即撤去，对待形势，由双方各自收束。（二）据上理由，南

北当局应征集真正民意，将各项应决问题，拟一具体案，交由总代表作一次提出。此种提案务求适合国家全体，不必涉及局部私争，免生枝节。（三）具体案由南北总代表提出议决，双方当局应声明赋予此会议以解决之全权。（四）会议决定各条件，须于和会中特别规定保障实行之方法。其保障法应由当局宣示国民，负责履行。以上四端，为会议一种前题，若不先经双方当局作同一之声明，则动多牵掣，终恐无法收拾。诸公渴望和平，四民共仰，际此一发千钧之会，转危为安，即在俄顷。谨贡愚虑，乞赐教言。张绍曾叩。支。

（《张绍曾对于和议之意见》，《申报》1919 年 3 月 7 日）

唐绍仪致军政府政务会议电
（1919 年 3 月 4 日）

急。广州军政府政务会议鉴：

总密。前准电转漳州陈省长报告：李厚逆对于闽省划界不允进行，请派林公悦卿与北方所派萨公镇冰会同办理。等因。准此，除俟与朱总代表接洽外，希先征取悦公同意，一面通知陈省长，实纫公谊。绍仪叩。支。印。

（《唐绍仪发电稿》，《近代史资料》总 51 号，第 168 页）

广东中华民国策进永久和平会致孙中山等电
（1919 年 3 月 5 日载）

上海法租界中华国民策进永久和平会刘艮老转孙总裁、章太炎、孙伯兰诸先生，唐少川、朱桂莘两总代表，各分代表，各省督军、省长、省议会、教育会、商会、各团体、各报馆、各通信社均鉴：

顷阅熊君希龄等电，称组织国民大会，对于和议居第三者地位，为之仲裁，并推前总统黎公为会长等语，不胜诧异。

民国成立八年，变乱相寻，护法之战，又经两载。兵连祸结，闾里丘墟。含生之伦，靡不延颈企踵，期望和平。今方幸兄弟释戈，协谋国是，南北双方既已遣派代表，自宜听其为国为民，共立永久和平大计。国人固当监视其成，万不容干涉纷扰，淆乱是非，不图今竟有所谓国民大会名义出现。以法律论，不知该会何自发生？以少数私人，冒称全国国民，一手掩尽天下耳目，其心何居？以政治论，洪宪时代，假托民意，伪造各省劝进团体，此等滑稽故智，久已腾笑中国。一之为甚，宁可再奉之为圭臬，作此印板文章耶？况国民自身，本居第一，何为降居第三？一家争执，应协以自解，何须仲裁？理不可通，事尤乖谬。至推黎公为会长，更属离奇。事实上黎公对于此次国内战争，本不能置身事外，法律上亦有违法酿乱溺职之嫌，焉能再事干涉和议？或为他人假托，窃名号召以误国家者再误黎公。君子爱人以德，尤愿黎公善保令名，勿为宵人所利用。

本会征求真正民意，所特为谋求中华国民永久和平，不忍缄默，敢贡一言，于我邦人君子之前曰：此次南北和平会议，一切法律政治问题，均应听双方代表负有责任者，依法磋商解决之。凡我国民，只可于兹监督地位，促其进行。无论何派，有欲希冀假冒民意阴图破坏国家长治久安基础者，誓与国人共弃之。务祈一致主张，国利民福，实攸赖之。迫切陈词，伫候明教。广东中华民国策进永久和平会会长冯自由、副会长谭民三、张和白暨全体会员同叩。

（《反对第三者仲和裁议》，上海《民国日报》1919 年
3 月 5 日）

谢持致军政府各总裁等电

（1919 年 3 月 5 日）

广州军政府各总裁，外交、财政、海军、陆军、参谋、内政、交通

各部长、次长，参众两院，省议会、督军、省长，高等审检两厅、地方审检各厅，各省督军、省长、省议会、高等审检、地方审检各厅均鉴：

军兴以来，已阅两载，各省人民诉讼有应上告由大理院解决者，徒以军府未设大理院之故，上告无门。此两年中，人民身体之烦冤，财产之损失，可谓极矣。本部成立，即兢兢以筹设大理院为务，迭经提案陈请政务会议议决施行，比即积极筹备，分别办公。现在大理院总检察厅已于三月五日依法受理，自此国家人民两有攸赖。专电奉闻。司法部次长、代理部务谢持。微。印。

（《军政府公报》修字第五十三号，1919 年 3 月 8 日"通告"）

赵士北致军政府总裁等电
（1919 年 3 月 5 日）

军政府各总裁、各部长、次长、参众两院，各省督军、省长、省议会、高审检、地审检各厅鉴：

士北于本年二月二十日奉军政府令：特任赵士北署大理院院长，此令。等因。奉此，遵于三月五日就职，即于是日启用印信，部署开院。除咨陈及通告外，合特电闻。署大理院长赵士北。微。叩。

（《军政府公报》修字第五十六号，1919 年 3 月 19 日，"通告"）

云南省议会致军政府各总裁等电
（1919 年 3 月 5 日）

徐菊人先生，军政府政务会议各总裁、参众两院，和平会议各代表钧鉴：

日本于民国四年，迫我订约二十一条，去岁乘我政争，复利诱北京政府私订中日密约，及山东高徐、顺济胶等路草约、吉黑森林、京会洮南等路暨各种借款，皆以势力侵迫，攫我利权，我国民始终拒绝。应乘此欧洲和平会议之时，提出要求公判，不达取消之目的不止。谅各国维持远东和平，必当协助我国。此为我国生死存亡之关键，务请诸公一致主张，合力进行。临电迫切，务祈鉴纳。滇省议会。歌。

（《（民国）南北议和会议卷宗集成》第七册，第2929～2930 页）

北京政府国务院致孙中山等电
（1919 年 3 月 6 日）

各省经略使、巡阅使、督军、省长、护军使、各区都统、都护使、办事长官、海军总司令，广州岑西林先生、伍秩庸先生、林悦卿先生，南宁陆干卿先生，云南唐蓂赓先生，成都熊锦帆先生，贵州刘如周先生，上海孙中山先生、和平期成会、和平联合会、各报馆均鉴：

南北纷争，于兹两稔。自政府首倡和平之议，于七年十一月十六日颁发明令，罢战退兵，通电各方，敦切商洽。复由江苏李督军疏通意见，函电交驰，积牍盈尺。其始西南一争名称，再争地点，政府皆曲意从之。迨中央代表既经出发，迟之又久，西南代表始克集沪，又以陕、闽问题，延不开议。政府为促进和平计，断不令以一隅之故，牵及全局，遂不惜使陕民忍痛须臾，允准李督军所拟之五条办法。办法维何，大要在停战划界，双方各任剿匪而已。经征得西南同意，于本年二月十三日电令宣布施行。双方代表始于二十日在沪集议，公同推定张瑞玑赴陕监视区分。在政府以为陕事可告一结束矣。

乃唐总代表以迭接于右任连日来函，谓陕省迄未停战，遂于二十八日会议要求撤换陈督树藩，并限四十八小时，如无满足答复，即向外交团声明停议。以国际惯例施之国内，宁非怪事。溯自二月十三日将协定五条办法电陕饬遵，嗣复迭电申告，陈督均先后复电谨办，固未尝抗违命令。至于右任十七日去函，其间相距仅四五日耳，无论十三日以前，当然不受拘束。即该电到省，再由省转递前方各军队，试问四、五日内能否周知？即当日西南通饬停战，该军队何日奉到，何日遵行，中间亦展转多时，事实具在，可复按也。此次唐总代表仅据于右任私函，遂欲强制要求，以停议为挟持之具，致政府各代表不得已而相率辞职。政府已将陕事确况及彼方误会情形，据实宣示。惟念大局为重，不忍听其破裂，一面慰留代表，催促开议，一面明令前方将领，依照五条办法，恪遵办理，期在一律实行，克期竣事。复经切电在陕军队，各守原防，静俟划界，俟实行划界之后，再定后方剿匪办法。剀切申谕，务期共晓。现张瑞玑克期驰往，着手监划。无论唐总代表是否满意，上海会议是否停止，政府惟当抱定五条办法，将陕省划防等事积极推行，以重信谊。

至开议以来，唐总代表所龂龂争持者约有数端：曰取消参战借款，曰取消参战军，曰取消军事协定条件。在中央则认为，欧战尚未终了，取消暂非其时。既不能取消，则参战借款当然支付。俟欧战签字，军队撤退后，所谓军事协定及所谓参战军者，皆应同时消灭。彼时参战军应裁与否，应由陆军部并入裁兵案内统筹办理。此中重要争点，在目前欧战是否认为终了，政府认为尚未终了者，远则有见于和平条件，德国未尽履行，近则有见于俄边激党之尚在肆扰，在华敌侨之尚须驱遣。然默揣欧战情形，和约签字，为期不远，彼时自有正当解决。

且此次会议缘起，乃因护法以启兵争，则议提 [题] 所列，自应以法律为重。即因护法问题牵及事实，亦必有一定之范围。乃迭次开议，于彼方根本关系之法律问题，未尝一语道及，即政府代表所提出裁兵及军民分治各议案，皆有关善后重要计划，亦以开议以后枝节纠纷，束之高阁。徒摭举外交、内政、种种事实以诘难政府，既失集议本旨，且轶权限范围。果一切外交、内政，皆取决于此项会议，则政府固可不设矣。日以促进和平告于中外，而究其所为，乃使和平曙光相去益远，则会议之延滞，中央固不任其咎也。此中经过情形，我国人或未深悉，用特据实摘告，俾释群疑。凡我邦人，其共鉴之。院。麻。印。

（《政府公报》第一千一百十二号，1919 年 3 月 10 日，"公电"）

唐绍仪致军政府政务会议电

（1919 年 3 月 6 日）

急。广州军政府政务会议诸公鉴：

总密。支电悉。江日北廷有饬陕停战命令，惟措词欠紧，对于二月十三以后违令挑战之将领并未诘责，北代表来言，撤陈树藩一节，目前碍难办到。绍仪等以停战并无保障，且前此违令之责不能不问，撤陈为各方面之要求，断难取消答之。张瑞玑来函，亦以停战未得确实办法，尚未启程。外交及舆论俱同情于我，闻英使已向北廷劝告矣。此事我直彼曲，自当力持初议，静以待之。绍仪叩。鱼。印。

（《唐绍仪发电稿》，《近代史资料》总 51 号，第 168 ~ 169 页）

湖南平和期成会致军政府各总裁等电

（1919 年 3 月 6 日）

北京大总统、国务院，广州军政府各总裁，武昌王督军，汉口平和期成会、南京李督军、平和期成会、大仓园京期成会、艺家桥期成会联合会、熊会长、梁、张副会长、各代表、上海平和期成会、湖南善后协会、唐总代表、朱总代表、各代表、王铁珊先生均鉴：

湘民受苦日深，望治尤切，会议停顿，闻者忧惧。诸公为国为民，务祈鼎力挽救，以拯危局。兹推黄君一欧为京沪代表，协助一切，乞赐接洽，毋任感祷。已于东日乘沅江轮赴汉矣。湘期成会。鱼。

（《平和期成会电请挽救和局》，长沙《大公报》1919年3月7日）

湖南省议会致广州军政府等电

（1919年3月6日）

北京徐大总统、钱总理，广州军政府、参众两院，武鸣陆总裁，云南唐总裁，南京李督军，武昌王督军，南昌陈督军，上海唐总代表、朱总代表暨代表诸公、平和期成会、平和联合会、《时报》馆转各报馆均鉴：

顷接唐总代表冬电，以陕西及参战军两大条件横生梗阻，和议无法进行，北方代表已有总辞职之表示等语。噩耗传来，惶骇万状。内乱经年，已予吾民以不堪须臾忍受之痛苦，呼天抢地，惟望和议速成，荡一切阴霾，纳全国于轨物。乃四万万人成全之，而不足一二人破坏之而有余，既伤代表之徒劳，复耻国民之无力。查陕西之应行停战，参战军之应行停募，一听诸和议之解决，实属天经地义，苟可以一意孤行，则何必有此和议？中央对于陕督、参战军是否威令不行，抑或别有用意，由前之说，是失和议之资格，由后之说，是无议和之成心。不幸战祸再开，外祸加迫，国亡种灭必有执其咎者。湘民日在水深火热之中，实已忍无可忍，用特哀恳全国诸公激发天良，共图挽救，凡和平会议所议决条件均应视为神圣不可违反，否则仅兵□□背盟无信，国人弃之，神明殛之。力竭声嘶，伏惟矜纳。湖南省议会叩。鱼。印。

　　（《（民国）南北议和会议卷宗集成》第七册，第3237～3238页）

商业公团联合会致广州军政府等电
（1919年3月7日载）

北京大总统、国务院，广州军政府钧鉴：

　　和议停顿，商民大受影响，近日沿海各埠及长江上下游各商货纷纷止装。设再迁延，大局不堪设想。敝会系真正商民各公团集合，力图和平，冀延全国命脉。伏乞钧座力主和议，勿使停顿，祛除和平障碍，以保商业，而符民意。临电忧悚。

　　（《和议停顿中：商业公团联合会致中央电》，天津《大公报》1919年3月7日）

湖南总商会致军政府各总裁等电
（1919年3月7日）

北京大总统、国务院，广东军政府转各总裁，南京李督军，上海朱总代表、唐总代表、和平联合会、平和期成会，并转各团体、各报馆均鉴：

　　吾湘苦兵燹久矣。和议既开，双方携手，方谓天心厌乱，伫睹升平。乃昨接唐总代表冬电，因陕战未罢，及国防军尚在进行，停止会议。人心惶恐，俱不谓然。当此全国喁喁望治之时，不应陕西一隅独破坏和平，违反民意，即国防问题，亦何尝不可迁就。伏望我大总统当机立断，南北代表委曲求全，俾和议续开，大局早定，否则吾湘三千万垂尽人民，创巨痛深，实不堪再罹战祸。千钧一发，立候公裁，临电涕泣，不知所云。湖南总商会叩。阳。

（《湖南总商会通电》，《申报》1919 年 3 月 13 日"公电"）

世界和平共进会等致军政府各总裁等电
（1919 年 3 月 7 日）

广州军政府各总裁、各部长、参众两院议长、议员转陆武鸣、谭、莫二督、马、沈二总司令公鉴：

刘公人熙枘于本月六日午后长逝，胡天不慭遗一老，此间人士震悼同深。辛亥之役，公联络湘桂，手造共和；丙辰反对帝制，全湘推戴；此次避地海上，殷忧国难，策进和平，乃有陕事障碍和议，极端悲愤，骤殒天年，痛何如之！公德操纯洁，海内同钦，先识过人，学界泰斗，精于易礼，著述等身，三十年前成《春秋公法内传》一书，预烛世界同盟之兆，生平服膺船山，实开湘学之幕，学行兼粹，师表人伦，家无余财，尤征高尚。道德、学问、勋业三者咸备，允□国葬以优耆贤，并应详征行实，以光国史。应如何隆礼优恤，诸乞鉴裁，专电奉闻。世界和平共进会代表徐绍桢、焦易堂、丁象谦、朱镜宙、蒙民伟，广东策进永久和平会代表冯自由、张秋白、周震麟、首绍南、吴灿煌，中华国民策进永久和平会邹维良、陈家莆，唐尧钦、张志纯、方从矩暨全体会员、湖南旅沪同乡谭人凤、彭兆璜、陈炳焕、郭人漳、陈家鼎、李锜、陈九韶、马邻翼、刘永滇、袁家普、曾继梧、石广权、罗上虞、刘毅、萧骧等同叩。虞。

（《刘人熙作古》，《申报》1919 年 3 月 8 日）

云南和平会致广州军政府等电

（1919 年 3 月 7 日）

参众两院、军政府，徐菊人先生，和议会、和平促进会钧鉴：

近日报纸喧传日本干涉我国赴欧代表、北京政府，威吓利诱等情，殊深骇异。日本敢不顾世界公理，不惜列邦情面，悍然横加强暴，应请严加拒绝，并速报告欧洲和会，请诸公评判，以保远东之和平。临电无任悲愤恳切之至。滇和平会叩。阳。

（《（民国）南北议和会议卷宗集成》第七册，第 2935 页）

四川省议会致广州军政府电

（1919 年 3 月 8 日）

南方编制军队问题，曾于阳日通电建议在案，谅达钧鉴。惟军费一层，意尚未尽，谨直陈诉，幸垂鉴焉。辛亥反正，癸丑讨袁，丙辰护法，此次靖国，前后四次，南方所需军费大都集自民间。倾家助饷，竭泽而渔，非不知民穷财尽，筹措维艰。诚以募自闾阎，犹胜于外债，害取其轻，情非获已。乃查北方政府屡次战争，全仗外债，丧权辱国，公然自居。及战局既定，仍取偿于我国人民。是南方诸省战时罗掘民间以给饷糈，战后又间接负担北方债款，有形无形之损失，何幸不幸之悬殊也。此次议和，应请我护法政府极力主张南方军费，一律应由中央担任，自国会解散后非法政府所借之外款，不得分配南方各省分，将条件宣示国人。更祈各督军、省长、议会、各义军将领，一致主张，以为护法政府后援，庶足以昭公允，而恤民艰。临颖请命，谨候主持。四川省议会叩。庚。印。

（《川省会之和议主张》，上海《民国日报》1919 年 3 月 12 日）

熊克武致广州军政府电

（1919 年 3 月 8 日）

政务会议支电敬悉。连日迭接军府及缪、王、章、刘各代表电，均以陕事愈见危急，和议将届决裂，秦蜀唇齿，焦灼万分。

窃此次和议开始，本非段氏所愿，而陕又为地盘问题，且有生死关系，故南北两方必奋力以争陕局者，亦在势所不免也。惟北方于停战之后违令攻击，曲直所在，中外同瞻，西南若不急筹抵制之法，则无异俎上之肉，任人宰割，毒害所及，岂特陕西被其蹂躏而已。克武窃思西南大局非争得陕西无以为发展之地，而秦中同志较多，屡次发难，救援辅助均属为所应为。曩叹川中多故，尚待收拾，及渝中会议后克武锐意规复，援秦之师已扼南郑，乃以后援不至，孤军深入致遭失败，而于、叶各军遂致坐困。泣念斯役，令人叹息。

现既□□□①令切实筹备战事，克武岂敢畏难。惟此次破裂非复寻常，北军已麇集陕中，数倍于我，军实接济源源不绝，欲与争一旦之利，非各方奋力扑灭，抵抗捣虚，无以操必胜之利。拟请粤桂各军进窥□〔湘〕、闽，滇黔各军进窥湘西，鄂西或按一部进援陕西，克武仍当命将前驱，围攻三面。尤望军府对于外土〔国？〕竭力运动，俾英美协助以阻日本暗助段氏之阴谋，而于直皖两系复多倾轧之内讧两相牵制。吾西南内部当愈团结融洽一体，务为不可胜以求复之可胜，庶几可以自立于不败，否则本部动作力量实有不能胜任之处。事势迫切，谨布以闻，伏望诸公裁教。克武叩。齐。

（《西南作战计画之进行》，天津《大公报》1919 年 3月 29 日）

---

① 原文如此。——编者

旅沪湘人致孙中山、李纯、南北总代表函
(1919 年 3 月 9 日载)

敬启者：刘先生人熙，学问道德，迈越等伦，缔造新国，翼护共和，耄而不衰，尤为海内人士所钦仰。

此次国局益梦，湘祸尤剧，先生避居海上，破家不惜，忧国弥勤，主持国民策进永久和平会，一以统筹全局、长奠邦基、永杜乱源、促进法治为宗旨，无激无随，殷殷不倦。方幸有所禀承，共匡国难，不意昊天不吊，殇于本月六日午后五时端坐而逝。属纩之前，犹殷殷以和议中止、国事前途危迫为虑，并询及外交情状，语重心长，不及家事。呜呼！天不慭遗一老，国家元气社会重心宁堪受此斫丧。时艰方亟，老成无多，人之云亡，邦国殄瘁，想我公闻此噩耗，必不禁同声一哭也。同人等共以先生硕德清望，惕厉艰贞，忧国忘身，心血交瘁，平时素无他疾，矍铄逾恒，迄因陕祸破坏和平，燕居饮恨，悲愤异常，遽以此促其天年，哀我同人，宁无震感？特此驰函台端，挥涕以告。

查世界尊重贤哲，如斯宾塞、托尔斯泰诸贤至受国葬典礼，我国自黄、蔡二公外，如宋渔父死于国难，亦受国家优礼。先生学术一本船山，实为民族革命提倡最早之先觉，谭嗣同出其门下，海内咸知。三十年前曾著《春秋公法内传》，于今日国际大同盟之端先有烛及，其他著述不及悉举。辛亥之秋，手揭湖湘，电下桂林，遂定武汉之局。丙辰洪宪之役，先生主张正义，联络湘桂相继独立，遂为全湘父老所推戴，共和建国，推源勋望，不昧先河。台端暨各代表，此次为国宣勤，民国攸赖，对于刘先生应如何一致隆礼逝者，以报贤劳之处，伏候卓裁。至先生平生行实暨著述，匆卒之间未能具征，除另以启闻，用备国史采择外，先此肃告，叩颂
台安

旅沪同乡陈家鼎、周震麟、郭人漳、李锜、陈炳焕、何陶、彭

兆璜、聂其杰、谭人凤、左宗澍、刘永真、罗上霓、谭泽闿、刘毅、陈家鼐、罗良干、石广权、张声焕、胡元倓、吴灿煌、袁家晋、荆嗣佑、曾继梧、覃握、陈强、首绍南、马邻翼、黄一欧、徐佛苏、章士钊、彭允彝、陈九韶谨启

（《旅沪湘人函请优礼刘人熙》，《申报》1919 年 3 月 9 日）

唐绍仪致军政府政务会议电
（1919 年 3 月 9 日）

急。广州军政府政务会议诸公均鉴：

总密。顷据朱总代表函称：据闽省探称：广州方面对于闽省有增加军队消息，嘱为迅电军政府，严查制止，等因。除复朱总代表勿轻信探报外，现在和议停顿，正在相持，准备固不容稍疏，而衅端则万不可自我轻启。诸公成竹在胸，谅无烦鳃鳃过虑。所祈慎重防范，毋贻北廷口实，是所切祷，并盼示复。唐绍仪叩。青。印。

（《唐绍仪发电稿》，《近代史资料》总 51 号，第 169 页）

唐克明致广州军政府、唐总代表电
（1919 年 3 月 9 日）

奉军政府敬电暨李督办根源巧电，在陕北军确于停战议和期内，乘旧历元旦不备，大举进攻，违约背信，破坏和局。谁为主谋，谁实使之，段祺瑞固不能辞其咎。且当此北方国军充满全国，和议开始，正谋收束之日，段氏乃复借款购办军火，增设不伦不类之国防军，其无诚意讲和，仍欲以武力压服西南，情迹显然，毫无疑义。

夫和战为不能相容之名词，西南为不可分离之团体，遣使议

和，是停战以后事，不应同时并举。而一部言和，一部作战，又不宜自破其盟约。故北廷不为陕省新增援军，许兰洲、张锡元等所部完全退出陕境，实行停战，则媾和代表当然不能开议。不然西南以诚意言和，北廷以大兵来袭，出其不意，攻其不备，其不为所灭亡者几希矣。务祈我军政府、唐总代表，一面严诘北廷，求一正当真确之解决，一面扩充实力，以为最后决裂之对付。此以对内而言，宜速定大计者一也。

欧战告终，世界专恃武力之德国，已屈服于公理之下，万国永久和平会行将实现。今日本利用吾国段氏之甘心卖国，假以巨款，给以利器，俾以武力征服西南。覆辙相寻，无异朝鲜。他日中国政府之权，悉操诸日本政府之手。羽毛既丰，骄横益甚，是又东亚之德国也。以地大物博之中国，独为日有，欧美各国权利尽失，岂能甘心？必至龙蛇四起，共逐中原之鹿，则不惟破东亚和平之局，想亦欧美各国所不忍旁视。而吾华亡国灭种之惨祸，更无待智者而知矣。我军政府此时除警告日政府外，并急需发其阴谋，提交万国和平会议，请欧美诸友邦主持正义人道，秉公裁判，惩治步德后尘之日政府，以蕲世界永久之和平。此以外交而论，宜速筹善策者二也。

存亡所关，稍纵即逝，因循敷衍，必误事机。言念及此，忧心如捣，敢竭愚庸，泪随电挥。瞻望海云，伏希裁择。唐克明叩。佳。

（《唐克明之两主张》，上海《民国日报》1919 年 3 月 21 日）

国会议员童杭时等致军政府总裁、
参谋陆军两部长电
（1919 年 3 月 10 日）

阅奉代表述膺迭次来电，惊悉陕西战事近愈迫紧，西路丧师，失地千里，三原被围，危在旦夕，若不速图援救，陕去蜀随，大局

摇动，护法前途，何堪设想。乞迅电饬滇川黔前敌各军，星夜赴援，勿误戎机，无任盼祷。童杭时、项肩、田稔、周学宏、赵舒、萧辉锦、万葆元、李文治、王宗尧、丁超玉同叩。蒸。

（《旧国会议员为陕请援电》，天津《益世报》1919年3月19日）

于右任致孙中山函
（1919年3月11日载）

中山先生钧鉴：

自撤防令下后，陕西战事日益剧烈，前曾肃函，计已达览。今者情急事迫，而北庭阴谋亦尽显露，请更为先生屡陈之。

据最近北京报告：当秀山李督所拟办法六条后，陈氏即电告北庭，声言树藩一日在陕，除痛剿外，别无商量余地。即中央撤退援军，树藩愿以一人之力，灭此朝食，违约之愆，敢自当之，与中央无干涉云。嗣陈氏代表郑坦由京报告，谓陆军次长张志谭，对伊请苏督原拟办法，中央已删去其末条，且于第三条原文首句上，冠以陕南二字，愚弄南方，得其认可，自言改此数字，胜于十万甲兵。并谓即此条文，亦暂不发表，至不得已，亦仅宣布陕南停战而已。张瑞玑亦不令其即日莅陕，尽可以文电延拖三四十日，嘱速告陈督，务于所延期内协同管、许、二刘等，迅速肃清全陕。且告陈督，少来文电，专力剿匪，对于战事，南方纵有诘责，尽可彼方进行进攻云云。其删去第六条全文也，意在夺取苏鄂赣三省宣布之权，以使任意拖延，而陕事可为所欲为矣。其于第三条文首，冠以陕南鄂西闽省六字也，意在缩小区域，俾陕南以外之陕西战事，不在此限。限期肃清，则分区划界不成问题矣。既不由双方将领，直接商定停战区域，即派员监视一节，亦可拖延时日。而特派之调查员、监视大使等，固无所用之调查与监视矣。

夫李督原拟六条草案耳，故不能执此草案，谓北庭不应删改。但吾辈所认为有研究价值者，即在此。何以必删去原案第六条，勿增加陕南二字于原文之上者乎？南方军政府政务会议未于此点，较其同异，究其得失，审其利害，究其用意之所在，而漫然认可，则亦不思之甚矣。今北庭利用此机，遂令陈氏以其全军数师之力，辅以许、管、二刘八旅之众，加以奉甘、晋、鄂三省之援，集合其历年不得逞于南方之全力，加诸吾陕一隅之地。占我兴汉，袭我宝陇，克我盩屋，夺我武功，包围我乾县、岐山，攻据我韩县，迩来郿县又被下矣。于桥、关山、交口、红崖渡诸要隘，亦日日作战，尽力支持，艰苦万状。而绥远蔡成勋部李际春，复率所部，行抵榆绥。新段军宋邦翰旅，又将入关矣。敌焰日张，援军四集，以苦战终年之孤军，当此猖獗之大敌，望援不至，四面被围。

今者和平无望，停战无期，以吾陕一隅，代南方受北庭全力之〔之〕攻。而南中诸公，一误再误，雍容坐南，不定应急之策。诚恐和议告成之日，即西北民党势力净扫之时也。现已函致军政府、国会暨南中各要人，详述一是，俾知阴谋之可畏，和议之难成，陕省之得失，不当仅视为一省之事，护法目的之能否达到，亦全系于此。吾陕之有今，即吾党仅视为一省之事所致耳。先生伟谋硕划，冠绝□伦，伏望毅力主持一切，无任翘企。

精卫、汉民、伯澜诸公均此，恕不另。

（《于总司令致孙先生书》，上海《民国日报》1919年3月11日）

唐继尧致军政府各总裁等电
（1919年3月11日）

千万急。北京徐菊人先生、钱干丞先生，广东军政府各总裁、各部长、参众两院议长、议员，上海和平会议各代表、张季直先生、熊秉三先生，武鸣陆总裁，各省督军、省长、各护军使、镇守使、各省议会、各报馆鉴：

上海会议开始，和平稍放曙光。乃近因陕西问题未能解决，北代表联名全体辞职，和议无从进行，国事前途，复趋黯淡。查陕西停战办法，北京业经赞同，而监视划界人员亦已启行在即，此时自应双方信守，以使和局之成。不意停战迄未实行，而会议遂复停顿，恐和平破裂即在目前。夫当此环海交通，中国非复可闭关自守，国内之治乱，无不与世界各国相关。今欧战告终，方协谋世界和平之策，我国非速弭内争以保持国际地位，则生杀予夺一听他人之处分，而中国必亡。或日寻干戈，惟倚外援为后盾，则自残同类，以为他人驱除，而中国亦必亡。故此时和议，实迫于内外情势使然，凡具自救爱国热忱者，无不望和局之早日成立。倘日以和平号召天下，而一方仍因张武力以破坏和平，不特弃信背盟，失人民之信仰，且将兴兵构怨，陷国家于危亡，稍有人心，宁忍出此？自军兴以来，国内已呈分裂之象，经千回百折，故有此双方接近之机，诚宜协力维持，以促成和局，消弭不祥之兵祸，共循法治之轨途，则中国一家，又何必互争地域。若坚持成见，以求逞于一时，必至战端复开，则国事将何从收拾。外觇大势，内察国情，安危所关，间不容发，惟邦人诸友实图利之。唐继尧。真（十一）。印。

（《唐继尧主张议和之通电》，长沙《大公报》1919年3月17日"要电"）

黎天才致孙中山等电
（1919年3月12日载）

广州护法政府各总裁、参众两院、莫督军、翟省长，武鸣陆总裁，桂林陈省长，云南唐总裁，贵阳刘督军，永州谭组安总司令，郴州程、马、韦、李各总司令，成都熊督军、杨省长，重庆黄总司令、余镇守使，涪州卢副司令，泸州赵军长，资州顾军长，顺庆石总司令，梁山颜总司令，陕西转于督军、张会办、凤翔县叶军长，□□□□□，上海孙总裁、唐总裁、章太炎、孙伯兰、张溥泉诸先生、各同志、各团体、各报馆钧鉴：

冬电谅达，正□派员前往利川彻查间，适天才前于一月漾日所派往利川编制蔡部开拔来夔之副官冯翰［耀］东、谘议叶崇明，由利返部，据该员等回称：职等奉命于一月感日傍晚抵利，适蔡部与方部争执，遍城放哨，异常戒严，蔡部被方部断绝交通。当询情由，无非平日细故，业经劝令撤回步哨。不料次日拂晓，犹闻枪声，蔡军左路司令复请再往交涉，职等见蔡部门首均系方军，开枪向蔡总司令部射击，而蔡军并未动作，并云我愿往夔，决不与战。无如蔡部被围，难以通过，职等即往商方军陈副官长收回步哨，据云仅止射击，如蔡军左路司令之兵退出城外，便可撤回。职等于是复往蔡部劝请让出，蔡允即日开拔出城。正起行间，适方部参谋长吴清熙率招安军入城，不由交涉，迳入蔡军总部，将全军冲散。职等欲入不能，即到方部询问。旋见招安军将蔡总司令在文庙内掳至方部，情甚危急。职等同陈副官长跑步向前救护，而群兵不由分说，竟在职等手内将蔡总司令夺去，抱出大门，中枪殒命，职等无可如何。当时即拟返夔，而吴参谋长再四挽留，职等未允，遂□令列名通电，既以势迫，只得各盖私章，为脱身之计。电文如何，职均未知，故特预文申回等情。二月四日，复得援鄂第一路第一纵队方化南所部参谋长吴清熙由利川所发艳电称：敝军独立第二营□编成立□汪家营，已通告鄂西靖国军在案。乃蔡部孙梯团长锡光驻栲雾山，冀酿祸端，为溃逃计，不守命令，突于勘日拂晓向汪家营敝部独立营攻击，同时蔡部左路司令胡金桥亦向敝司令部攻击。敝军竭力抵御，孙、胡各部力不能支，四散败逃。当孙、胡开衅之初，既不奉蔡总司令停击之命，而溃败之时复置蔡总司令于不顾，以致蔡总司令仓皇出走，为乱军所害等情。又本月七日，接方纵队化南由万县来电，声明前因就医离利，致发生变故，幼香殒命，引咎自责各等语。查报告与电文虽稍有参差，然事实具在，诚恐远道传闻，致失真相，特电奉闻。黎天才。印。

（《军政府公报》修字第五十四号，1919 年 3 月 12日，"公电"）

梅县乐育学校致军政府总裁等电
（1919 年 3 月 12 日载）

广州军政府总裁、督军、省长、参众两院钧鉴：

生等三百余人就学乐育学校，迨任中学各科均德文教授，直接上海同济大学。倘因驱逐敌侨，将德员坟亭全、梅顾道遣送回国，近地难寻替代，生等转学难，废学尤难，除援同济挽留德员之例，请县长代电钧座外，合电乞留。梅县乐育学校陈仲章、徐子熙暨全体学生叩。

（《军政府公报》修字第五十四号，1919 年 3 月 12日，"公电"）

于右任致军政府总裁、国会议长、议员书
（1919 年 3 月 12 日载）

军政府诸总裁，国会议长、议员均鉴：

自撤防令下，已三阅月，陕省问题，迄未解决。不徒军匪之争执，文电往来，拖延时日，为中北庭之阴谋。即李督所拟办法条文之同意划界，停战监视大员之公推，亦罔非其阴谋之所在，因得以求逞于陕西者。

据最近北京报告，主战派对于陕西之秘密图谋，暨陈刘辈在陕之动作，可以知之。当秀山李督所拟六条办法之到京也，陈氏参谋

长瞿湘衡在京，首谓我军郭、樊、曹、卢等，断难承认为靖国军。陈氏得电之后，亦即复电北庭，有树藩一日在陕，除痛剿外，别无商量余地，即令中央承认，彼等撤退援军，树藩愿以一人之力，灭此朝食，违约之惩，敢自当之，与中央无干涉云云。嗣后陈氏代表郑坦由京报告，谓张志谭对伊谓：苏督所拟办法，中央已删去其末条，只与〔于〕第三条原文首句上冠以陕南二字，以限制其区域，愚弄南方，得其认可，自谓改此数字，胜于十万甲兵。并谓即此条文，亦暂不发布，至不得已，亦仅宣布陕南停战而已。张瑞玑虽经推定，中央亦令其不克即日莅陕，尽可以文电拖延三五十日，且嘱其速告陈督，务于此所延期内，协同张、许、管各军肃清全陕，彼时无界可划，则分区划界，不成问题矣。且告陈督少来文电，专力剿匪，届时南方纵有诘责，尽可藉口彼方先行进攻云云。陈氏内受密意，外得厚援，纠合许、管、二刘、甘、晋、鄂三省之众，盘据我兴汉，袭取我宝陇，攻克我盩屋，夺我武功，围我乾县，据我韩部。迄来相桥、兴市、关山、交口、红崖东路各要隘，日日与敌作战。绥远蔡成勋部李际春，既率所部，行抵榆林。而新段军宋邦翰旅，又将入关。夫以饷械两乏之孤军，当援兵四集之巨敌，望救不至，犹欲死力支持，以待划界停战之实行，罔敢有二。今和平无望，敌焰日张，陕军失败将不唯陕西之耻，实与国家前途有莫大之关系也。

　　尚有一事，可以知吾辈失败之因，与北庭之所以愚弄南方无所不用其极。情迫事急，请涕泣缕陈左右。秀山李督所拟办法，原为六条，其第六条全文以上各节，一经双方承认宣布，即由苏鄂赣三省宣布在南京会议，不得再以他事别生异议。致和议停顿后，经北庭删去之第三条原文：双方将领直接商定停战区域办法，签字后各呈报备案。北庭于其全文首句上加以陕南闽省鄂西六字。其删去第六条全文也，意在夺取苏鄂赣三省宣布之权，归之北庭，以便拖延，而陕事可任所欲为矣。其于第三条文，加以陕南闽省鄂西六字也，意在缩小区域，俾陕南以外之陕西战事，不在此限。既不由双方将领直接商定停战区域，则即派员监视一节，又可以拖延时日。

然则所谓特派之调查员，与划界停战监视大使等，彼固无所用其调查与监视矣。不解军政府政务会议，当北庭要求认可之际，何以不即原拟各条，与所删改者一一比较，究其得失，明其用意之所在，漫然认可，是则不思之甚者也。

夫李督原拟之六条，草案耳。今固不能执此草案，谓北庭不应删改，军政府不当认可，但吾辈所以认为有研究之价值者，即在此。何以必删去其原案之第六条，而增加陕南二字于第三条原文之上者乎？且李督通电条文，后尚有双方通令按照实行等语。北庭之拖延，不即宣布，亦固其所，乃军政府亦未以通令行之，则又何也。人方以拖延时日误我，我又以此自误，无惑乎陕事之有今日也。愿诸公知阴谋之可畏，悟和议之难成，谋最后解决之策，慨然下令，拒绝伪和，即日议决，宣布进攻，庶几陕西一隅，不至独当北庭之师，护法目的，有最后达到之日。不然以陕西失败为和议先决问题之解决，则异日和议告成，一一皆民党失败之历史矣。成败得失，唯诸公亟图之，不宣。

（《于总司令上府院书》，上海《民国日报》1919 年 3 月 12 日）

章太炎致孙中山函①

（1919 年 3 月 12 日）

中山先生左右：

子琴、子荫续来，告以勿听传言，勿怀异议。炳麟于先生，本非有反对意也，但和议本有害于西南，而陕事未了，于战争中赓续开议，尤为人所不满。少川无奈，人言何权借先生一言，以为訾谤地步，则先生乃为彼利用也。道路传言，诚难轻信，而报章之所登载，先生亦宜作书更正，以塞群疑。不然，众口交訾，岂一人所能抵制耶？

---

① 此函未署年月，据《章太炎书信集》，当在 1919 年 3 月。——编者

　　炳麟以为此次战争，非驴非马，至于图穷匕见，而当事者亦不获其利，岑、唐、陆信用已堕，无可挽救。然本谋护法者，先生也。岑、唐、陆信用虽堕，而先生之信用犹存。若主张和议，为彼附翼，则信用亦随之以销。炳麟不能为岑、唐、陆恢复信用，而自处民党，尚求信用之保存。盖尝深察此中利病，而后设计发言，反对和议。异日者，西南诸公，感受痛苦，亦当复思吾言。先生之在广州，非无实事可纪，然使军政府不改组，先生不去，必无此鼠窃狗偷之和议。纵使言和，惩办祸首与国会行使职权两件，必当提出。西南权利，亦不至刮削净尽。此先生可以自表于众者也。

　　要之，吾辈不忧无啖饭地，而忧信用之差。自民国元年，赵秉钧、梁士诒辈相率入同盟会，吴景濂、谷钟秀相率入国民党，已使民党受人指摘。至于癸丑革命，有识者已不尽赞成，若复随波逐流，为汉奸所利用，他日虽欲自白，谁能信之？至于五国劝告、四国劝告之说，本由小人运动，非出本怀，即有答复，亦不过两方酬酢，而非成形之契约。事后陕战不停，则咎实归于北，何虑无辞自解耶？

章炳麟白　十二日

（《革命文献》第五十辑，第 418～419 页）

唐继尧致孙中山函

（1919 年 3 月 12 日）

中山先生大鉴：

　　远睽光仪，时殷景慕。昨以舍弟夔赓赴日，曾寄上寸函，并嘱代致拳拳，计达座右。比缪延之代表沪上书来，备述获觐德晖，亟承挚爱。并言先生锐意提倡生产事业，征求敝处意见，远询愚虑，至佩虚怀。窃以我国近年迭更变乱，水旱饥馑，异地皆然，民生困难，已达极点。兼之欧战结束，经济竞争之潮流，折而东趋，吾国又适当其冲，倘不着手生产，解决此最大问题，恐一入漩涡，万劫不复。先生以世界之眼光，鉴国民之痛苦，毅然以振起社会经济自任，如沉阴之下，响发春霆，万汇昭苏，可操左券，发起有日，敬愿附名，办法一切，便乞示知。敬颂

道安。不既

弟期唐继尧敬启（印）

民国八年三月十二日

孙中山批：元冲拟答，来函赞同实业，甚善。如果大局早定，当以贵省列入计划之中也。

（《革命文献》第四十八辑，第 299～300 页）

刘显世致广州军政府电

（1919 年 3 月 13 日）

（衔略）熊督军齐电于援秦拒北准备作战办法极为周到，而此间已饬湘西、鄂西收集军队，切实准备。再观成败，一在内达实力，一在外交关系，时机危迫，我同袍自应惟力是视。至运用英美破日阴谋一节，尤关重要。伏恳军政府及海上诸公竭力设法，企图最后之胜利，为幸为祷。刘显世叩。元。

（《西南作战计画之进行》，天津《大公报》1919 年 3

月 29 日）

旅沪陕籍国会议员致军政府总裁等电

（1919 年 3 月 14 日）

广州李督办鉴：并转军府各总裁、参众两院同人、暨赵代表、陕西议员诸公均鉴：

北廷阳示议和，阴图攻陕。自下令停战，迄今北廷遣派九旅入

陕，围攻民军。已经陷我盩厔、兴平、武功、扶风、郿县、宝鸡、虢县、陇州、汧阳、界坊、荆姚、史家坡等处，而乾县、凤翔、三原、泾阳、富平被围四五十日不等。今虽三令停战，然据于督军三月六日来函，战事益烈，和平绝望。应恳诸公迅令前敌各军，克日进攻，勉救危亡。不胜迫切待命之至。杨铭源、陈毅、马骧等。寒。

（《陕人乞援西南之哀呼》，上海《民国日报》1919年3月15日）

沈鸿英致广州军政府等电
（1919年3月14日）

广州军政府、参众两院、广东策进和平会送上海世界和平共进会、中华国民策进和平会、徐绍桢先生、冯自由先生、陈家鼐先生、谭人凤先生暨诸先生公鉴：

刘公人熙老成硕望，泰斗同钦，天不慭遗，长川悲悼。徐、谭诸公阳电阐发懿行，拟请隆礼优恤，极端赞同。伏望政府、议院诸公一致公裁，特颁典礼，表彰耆贤，俾国人皆有矜式，实于世道人心大有裨益。沈鸿英叩。寒。印。

（《军政府公报》修字第六十五号，1919年4月19日，"公电"）

马君武致孙中山函
（1919年3月15日）

中山先生惠签：

别后忽将半年，到此以来，除作工、读书以外，一切不管。久疏通候，职此之故。

家母诸夫人守节三十年，家父见背之日，家无担石，教养子女以一身任之。弟妹等四人悉死亡，余君武一人。今年家母六十生辰，旧历三月二十五日拟在广东庆祝，甚望先生锡文光宠，借博高堂欢，想先生必不吝惜纸墨也。

尊夫人均此敬候。展堂、执信、仲恺、仁杰诸君均此。

　　　　　　　　　　　　马君武敬上，三月十五日

　　　　　　　　　　　　　广东长堤照霞楼

　　　　　（《马君武集 1900～1919》，第 383 页）

黎天才致孙中山电
（1919 年 3 月 17 日载）

上海孙总裁钧鉴：

新成密。钧座手造民国，功高寰区，只眼异人，万口同声。水源木本，比户兴歌，法公言行，范我驰驱，八载迄今，靡时或释。兹因双方代表齐集沪上，开会在即，鄂事待教之处甚多，用特遴派众议院议员、敝部职员刘英，为湖北靖国联军代表，兼程赴沪，面陈一切。该员精干沉毅，坚忍卓绝，追随钧座兼十有余年，此次仗义兴师，艰险备尝。经年转战，倚畀殊殷，良匠之门无弃材，此言洵不我诬。伏乞赐以容接，进而教之。并恳有以觉世者而觉我，牖民者而牖我为祷。黎天才叩。

　　（《鄂联军代表刘英抵沪》，上海《民国日报》3 月 17 日）

芮恩施致孙中山函
（1919 年 3 月 17 日）

孙先生大鉴：

来函经于二月一号收到。函内手著《国际共同发展中国实业计画》，拜读之余，良深钦佩。先生对于此重要问题，能以宏伟精深之政策运用之，可喜可贺。尊意以为发展中国实业，须联合国际共同办理，凡命为中国朋友者，应当竭力赞助。前者列强每当战争告终，即施其所谓势力范围与割让、租借等手段，是不幸事，人皆知之。尊意以为革除彼向来恶习为必要之图，故提倡用一联合政策，由国际机关与中国共同发展中国之实业，所见甚是。中国应享之权利无不可保矣。

吾甚望中国情形有所变更，一切中国人民将利用其钱财为生利之事业，而共襄助此伟大之经营也。吾甚望中国政府奖励其本国工业，使以其本国无限之资本，用为生产，其日不远。盖因政府有建设之政策，信用自生也。

若先生许吾进言，吾欲将先生之伟大计划，为之介绍，或可使世界原料与资本，生一密切之关系。吾人皆知现残余之欧洲，亟需资以恢复，而他国又以发展伟大计划而求资，如此之发展中国实业计划，必须认定其最急迫最密切之需要。而后共同联合整顿运输，使在如此之计划中，占一永久位置。故为目前计，五万英里之铁路，似可最敷需用。如此，可使中国西北部之丰富无人境域交通利便，移民居住，既可以救济沿海岸一带人居过密之各省，不至受经济之压迫，亦可以使中国西北两部之丰富区域，能与中国各部及世界各国有通商之机会也。

中国对于煤铁矿之发展，尤为要图。煤与铁，近代工业主义之两大原料也。如中国欲发展此两项工业，应设法利用外资，为之援助。但不可不注意者：一面当留存煤矿，为其本国之需；一面当阻止中国之钢铁事业抵押于外人，如此而后不至危及中国此项伟大之事业。币制之改良与内地税率管理之改良，亦对于中国经济与工业之发展有大关系之大问题也。现在最大出产之土地，而又为中国急迫之需要者，是为农业。此无他，农产，一国之所赖以供养也。就现时计之，中国之人口，几百分之八十为农业。中国之大问题在使人民衣食丰足，故改良农业、开辟新地、整顿灌溉与保护工人、奖励畜牧、发展棉业、改良丝茶及改良中国种子等事业，尚须注意者甚多。若从此开始，亦可导中国于繁盛，或可使其国人民投资于各项事业。若舍此不顾，欲保证实业之发达，盖亦难矣。

就现时言之，吾之所切望者，注重于改良输运、币值、税则、煤铁、农工等事业。然在先生大计画中所包括者，亦不外乎上列之各种具体办法也。

试就此发展实业计画言之，吾信以为吾等所应留意者，不在讨论新国家，而在讨论一社会秩序极错综而又为以农工商业立国久有经验之国家。在吾之意，至要者为工业。但工业变用新法不可过急，只可将旧艺术、旧习惯由渐改进。如制造丝与磁等工业之艺术技能，须设法保存，不可以省工廉价求售。如食物进口，若非确知为生产之剩余者，即须禁止。不然，若食物价格之在中国，起而与世界市场之食物价格相等，中国将必大受恐慌，可无疑者。近代机关之组织，中国人有不可不知者，是对于一公司办事员应用何权限，并该公司与股东有何关系是也。若中国人不知适用公司，国债机关之设立亦断无效果。兹更有进者，中国人素以诚实见称，尤不可因改用新法以经营事业，遂弃置其原有性质也。吾上所述之各点，亦不过欲使中国成一更良善之组织，前日之好习惯固当保全，而社会之秩序亦不至因急速改革而受搅扰也。

先生欲整顿中国，因而利用一最适时宜办法，成一国际共同发展实业计画。高言伟论，当为道贺。此亦足见今日为中国人民领袖之心理，已日渐趋重于国家建设之事业。若奋其能力以成此事业，将来中外人民日相亲密，使将来之发展得与世界之发展共同提携，此为最可喜者也。

先生发展实业计画有更详明者，请赐一纸，不胜铭感。

一九一九年三月十七日于北京　芮恩施敬上

（黄彦编《孙文选集》上册，第296～299页）

旅沪国会议员致军政府各总裁等电

（1919 年 3 月 17 日）

广州军政府各总裁、参议院、众议院、莫督军、李参谋长，南宁陆总裁、谭督军，云南唐督军，贵州刘督军、王总司令，四川熊督军、杨省长，永州谭省长、程总司令，漳州陈总司令暨各司令、各师旅团长公鉴：

自段祺瑞毁法倡乱，勾结日本军阀，一意卖国，以遂逆谋。暨欧战终了，五国劝告讲和，犹复假借参战名义，编练国防军十师。军械金钱，取之日本。欧战已息，何战可参？况当和局初开，更无一面讲和，一面增兵之理。唐总代表因有停付参战借款，及取销国防军之抗议。钱能训所复麻电，一味蛮横，竟谓参战借款必须收受，国防军队不能取销；且斥我无权干预，意在藉停战之机会，大增陆军，以为扑灭南力之准备。其无议和诚意，已概可想见。

陕省起兵护法，血战经年。其督军于右任，复经军政府任命，自与滇桂川黔各省同属护法军范围。和则俱和，战则俱战，本无丝毫之疑义。乃北廷假停战之名，阻止南军之进攻，抽调各路重兵，全力图陕。十一月十六日之停战命令，行于全国，而独不行于陕西。军政府虽迭电抗争，而北廷不顾也。及和议开始，唐总代表严电诘责，于是有二月十三日之停战命令。北代表朱启钤复声言完全负责，而北廷之攻陕如故，战事反益加剧烈也。直至三月一日，唐总代表乃以撤换陈树藩反〔返〕还侵地，提出四十八时之通牒，于是有三月三日之停战命令。乃最近于右任来函，民军根本地之三原，且为北军四面围攻，危在旦夕也。然迳知北廷之所谓停战，所谓讲和，不过欺骗我友邦，欺骗我国民耳。彼乘停战之际，大练国防军，已成立者三师四旅，其蓄意并吞西南，已昭然若揭。和议开始而攻陕之举，着着进行，停战三次，皆〔皆〕成谲诈。一面与和议，一面攻我友军，欺蔑南方，莫此为甚！

此刻中外舆论对于北廷之违约背信，一致攻讦。一旦和议破裂，彼既失外交之同情，又失国民之赞助，败亡之期，殆将不远。亟望我护法当局，戮力同心，申讨国贼，绝民国之祸水，竟护法之全功，骑虎之势，有进无退。否则空言诘责，迄无止境，既不甘于降服，又无法以转圜。长此相持，岂特无以对陕人，亦将无以自处矣。谨布意见，不尽拳拳。王法勤、温世霖、黄汝鉴、彭介石、牟琳、曾昭斌、许森、李锜、杨铭源、王乃昌、陈允中、张书元、王试功、张我华、罗家衡、张秋白、唐宝锷、郑衡之、陈九韶、陈家鼐、丁象谦、郭人漳、居正、褚辅成、汪哕鸾、姚桐豫、方潜、茅祖权、陈荣广、彭养光叩。筱。

（《旅沪议员申义讨贼电》，上海《民国日报》1919年3月18日）

熊克武致广州军政府、大理院赵院长电
（1919 年 3 月 17 日）

广州军政府、大理院赵院长鉴：

微电奉悉。我公学术湛深，人伦模标，兹膺简命，出长司明，允持天下之平，□别知风声所树，□云引领，曷罄颂私。熊克武叩。筱。印。

（《军政府公报》修字第五十八号，1919 年 3 月 26 日）

国会议员李执中等致广州军政府等电
（1919 年 3 月 17 日）

（衔略）前闻鄂西靖国军蔡总司令济民被戕之耗，同深愤慨。正期罪人斯得，以慰英灵，适接方化南筱电，不鞫自供，欲盖弥

彰，殆天夺其魄有以促之也。

查该电谓：去年十月，蔡总〈司〉令勾结滇军田旅长钟谷之一部，编为第五梯团，任萧桂荣为梯团长。旋萧率众逃去，反噬蔡军。彼乃命其代参谋长吴清熙出为招抚，一解蔡君之危，一应田公之托。萧桂荣等亦竭诚愿编，当即编为独立第二营云云。夫同一军队也，属于蔡则为勾结，属于彼则为招抚，信口雌黄，自以为妙，其如明眼人不能欺何。使蔡总司令果有勾结田军之事，田氏身为旅长，当时何以默不一言？且彼既称奉黄、卢两司令，转奉唐联帅命令援鄂，人深为田军代抱不平，当时何不禀奉长官命令，加以处置，而乃仇视友军，甘冒不韪，是何居心耶？该电又谓：蔡军攻击该部之际，专部一面竭力防御，一面请黎总司令副官冯耀东、谘议叶崇明两代表前往交涉。该军愤蔡军狡谲，人民恨蔡军入骨，亦起而助战。蔡总司令在乱军中殒命云云。然黎总司令来电，据冯、叶两代表之报告，则谓该军系夺蔡总司令于两代表之手，而加以惨害者。事实具在，岂容狡饰。况既以身在万县，为诿卸之地，复欲以变更事实，为淆惑之计。措词愈巧，真情愈露，未可以一手掩尽天下耳目也。该电又谓：蔡自据利川以来，因被牟鸿勋、苏成章等所误，本地民团久欲驱之出境。又谓蔡、牟、苏破坏友军，不顾大军，初非一日云云。

然蔡总司令惨遭戕害，举国哀悼，是其生平以见重于人可知。读军政府致唐联帅东电，称蔡总司令建造民国，翊赞共和，此次护法军兴，勋劳尤著，足证明蔡总司令之为人，非方化南一人所能诬行者。彼曰久非一日，已不啻自认与蔡为仇，匪伊朝夕矣。嗟乎！害其身命，毁其名誉，牵涉其共事之友，归罪于本地之民，且又诬以勾结唐、黎军队，唐、黎有以庇护之。苟非情虚畏究，何至狂吠若此！

夫西南仗义兴师，为国法也，为人道也。乃方化南之所为，其目无法纪，惨无人道，较诸徐树铮之擅杀陆建章、陈树藩之诱杀井勿幕，罪尤甚焉。务恳诸公主持正义，一致伸讨。并乞护法政府及各主帅，即根据方电之自供，依法严办。非仅为蔡公一人伸奇冤而快人心，国法公道，实利赖之。参众两院议员李执中、覃振、萧辉锦、恩克阿穆尔、凌毅。筱。印。

（《严惩害蔡罪人之要电》，上海《民国日报》1919年3月31日）

四川省议会致军政府各总裁电
（1919 年 3 月 18 日载）

军政府各总裁钧鉴：

权奸乱国，血战经年，元气憔悴，于斯为极。顷闻内阁和议，行将开始，有若阴霾累日，忽睹微阳，下风遥听，喜惧交集。惟是根本大计，立国要图，在求永久之和平，不在偷安于旦夕，在求实际之保障，而不在虚与之委蛇。设不然者，今年搆和，明年复战，纷扰不已，豆剖相乘，元气几何？国将焉立？同人不敏，忧患饱经，远瞻世界潮流，近审内国趋势，盱衡往昔，顾念将来，心所谓危，未敢缄默，谨抒鄙悰，商榷高明。

辛亥首义，全国景从，不数月而清廷逊，大功告成。国人不谋根本之刷新，而惟顾目前之姑息，率至和议计失，种诸祸因。义军首领，连翩下野，奸人败类，盗柄弄权。对外则着着让步，对内则处处争先。北部新军，有加无已，南方劲旅，既灭且裁，利诱威吓，百出其技。迫我义师，流为溃卒，乃指为乱党，目为暴民，芟夷斩伐，如草木焉。强者松鸟尽而弓藏，拼一掷于孤注；弱者怀功高而不赏，避三岛以苟全。袁氏复挟其雷霆万钧之力，狐狸媚人之术，附和者收为己有，反对者极力摧残。阴灭义军实力，明蔽国人耳目，愈酿愈烈，于是有癸丑之师。终以强弱形势，难回噩运。执果推因，未尝非辛亥和议，无确切保障之失计也。自时厥后，正气销沉，收成独裁，演成帝制。滇黔首义，我川军开国以延邵阳，泸纳血战，为共和留一线生机，是用川滇两军皆大有造于民国也。迨袁死黎兴，国人不鉴辛亥失计，反喜大功告成，遑恤厥后。未几段氏当国，帝孽弹冠，虑川滇黔联合西南政策实现，不利于己，于是以裁兵问题，挑罗、刘之恶感，酿成两次巷战，致令全川无一片干净土。彼不费一兵，不折一矢，而我自战自杀，其计亦阴且险矣。假使裁兵问题，早解决于议和期前，罗、刘不生内讧，段氏无所用其技，合三省之力西出秦中，东下武汉，护法之师早已直捣幽燕。何至劳师糜饷，以至今日。然则裁兵问题，实为南北消长之重要关键也。历观南北战争，〈北〉胜则尽力铲除南傅，南胜则北人甘辞言和，以软化南势。和议结果，仍不免北重南轻。政权既归掌握，万事悉由指挥，增彼实力，杀我军势，党羽既成，不公然复辟，则帝制自为。抚今追昔，可为殷鉴。

今和议将开始矣。查南方旧有之军，及起义之卒，皆劳苦功高，手造民国者也。如不早为编制，不特于酬庸报功之道有所未尽，诚恐蹈前两次之覆辙，使后之视今，亦犹今之视昔，岂不大可哀耶。且北报暄〔喧〕传，段氏又新募国防军若干团，其用心亦可知矣。本会同人懔履霜坚冰之戒，为惩前毖后之思，应请我军政府于和议席上，除法律问题外，应巩固南方实力，以为法律最后之保障。凡护法之师，无论旧部新军，应即由护法政府速商西南各督军，统定若干师旅，由中央一律编为国军，不得任意裁汰。北方固有军队，现已成立者外，亦不得任意增加。确定数目，列为条件，布告国人，以示遵守。诚如是，则南北无畸轻畸重之弊，而对外亦可收武装和平之效。时移事迁，纵有大力者，当国亦不能负之而趋也。

或谓军马林立，饷款维艰，民力已尽，罗掘难堪。不知吾国自改革以来，人民负担有加无已，其原因不在军队之增减，而在执政者之挥霍滥费。且历年来政府收买党属，征选声歌，何往而非以数百万计。区区军费，苟能核实，吾民虽困，亦当忍痛负担。况自兹以往，或十年或八年，我国之智识愈增，世界之潮流愈进，彼帝制余孽，腐败官僚，亦死亡无遗，宪政于焉昌明，国基于焉巩固，跻大同之域，献小康之颂，何有于南北之争，更何有于裁兵之不可哉。然非所以论于今之中国也。

希我各总裁、各督军暨各将领、各省议会一致主张，首先编定，和议开始，提为条件，务期双方之承诺。一面整顿军实，以昭信用于国人。勿拥以自雄，蹈弗戢焚身之祸，勿飞扬抗命，贻犯上作乱之讥，则军人神圣，国家干城，民国前途，实利赖之。事关国计，幸垂鉴焉。四川省议会叩。

（《川议会统编义军意见》，上海《民国日报》1919年3月18日）

东三省韩侨致广州军政府电

（1919年3月19日载）

天道灵明，公义焕发，欧战已休，和议乃成。世界大同，民族自治，僵仇斯起，废亡复兴。噫彼日本，并我韩土，中日媾约，日韩宣战，墨痕未干，盟言是渝，戕我国君，凋我民族，恶刑虐政，恣意蹂躏。民有常情，胡宁忍斯，世有公论，应不坐视。今我韩族，乘此机会，在中在韩，侨美侨俄，四方联络，一致呼应，派使赴欧，请愿独立，列国同情，他族共赞。窃维中国，共和维新，联盟达进，际此议和，确有发言权。念其昔耻，愿我旧谊，电饬专使，力赞韩谋。我将感恩，世必欢迎，平等均势，此会精神，济弱扶倾，今日论事，有条有理，何惮何虑。东省侨民，数逾百万，在中行动，受日牵制。乞饬三省，持护我民，凡关行为，遇涉国事，照他法例，拒彼引渡，此惯例在，伏候明断。不胜激切待命之至。东三省韩侨全体代表吕准、濮纯、金佐镇、任谟讦、泽苏昂、孙一民、郑重等叩。

（《东省韩侨致军府电》，上海《民国日报》1919年3月19日）

张绍曾致军政府政务会议电

（1919 年 3 月 19 日）

广州军政府政务会议均鉴：

青电敬悉，支电所陈，荷蒙赞同，忻幸靡既。顷致北京国务院钱干老一电，文曰：青电敬悉。支电所陈四端，蒙认为和平根本计划，而所冀蠲除枝节、促进和平二语，尤属所感于同，忻佩无量。顷接广州政务会议复电，有支电诵悉，列举四端，实为和议前提，匡时名言，莫名钦佩。北方如能赞同，和局自易解决，特电奉复，并乞教言等语。而陈赣督、王鄂督、唐滇督、张湘督等先后复电，词意亦复相同。似此南北当局及中区各督对于和局意见，既不相远，大局转圜，尚非绝无办法。惟究宜如何迅见实施之处，亟应卓裁定夺，俾国基早固，而民困早苏。否则机械相循，外力参错，愈演愈进，中国问题将变而为世界问题，则万劫不复矣。临电彷徨，无任迫切，并盼赐复。张绍曾叩。皓。倘得邀天之幸，确实赞同，则和议前提既决，一切纷纠自当迎刃而解。尚望并力主持，以济时艰，而定国是。先此奉闻，并盼示复。张绍曾叩。皓。

（《军政府公报》修字第六十三号，1919 年 4 月 12 日，"公电"）

广州参众两院致孙中山等电

（1919 年 3 月 19 日）

万急。广州护法政府各总裁、各部长、次长、各省军区代表、莫督军、翟省长、林军长、李镇守使、陈警备司令、海军各舰长、林督军，漳州陈省长、洪镇守使、熊道尹，潮州方会办、伍军长，惠州刘督办，汕头刘镇守使，黄冈吕督办、王副司令并转陈旅长、夏旅长，韶州李督办、李镇守使、朱师长，南雄成司令，琼州临高沈总司令，肇庆古镇守使，武鸣陆总裁，南宁谭督军，桂林陈省长，云南唐总裁、由代省长，重庆余镇守使、黄道尹，成都熊督军、杨省长，保宁陈总司令，贵阳刘督军、王总司令，永州谭组安总司令，郴州程、马、韦、李各总司令、赵师长、林旅长、林处长，夔州黎总司令、唐总司令、柏总指挥，万县行营鄂西吴总司令、牟副司令，巫山王总司令，夔州豫军王总司令，溆浦周总司令，辰州田、张、胡、谢各总司令，三原于督军、张会办、姚宣慰使，上海孙总裁、唐总代表、各代表、章太炎、吴稚晖、孙伯兰、张溥泉诸先生均鉴：

北庭坏法，致启兵争，民国生机，不绝如线。今者，内外战争行将收束，和平会议正在进行，又复不知悔祸，重敛民财，滥发八年短期公债四千万元，以盐税余款作抵，向银行团抵押巨款，以二千万为各省军费，一千万归参战军用，增人民之担负，陷国家于危险，毁约弃法，实堪痛恨。查《临时约法》第十九条：国会有议决公债之募集，及国库有负担契约之权。此项公债未经合法国会通过，法律上当然不生效力。且北庭根本违法，无发行公债之权，全国人民尤绝对不能承认。特此通告，即希一致反对，无任切盼。参议院议长林森、众议院议长吴景濂、副议长褚辅成暨全体议员全叩。皓。印。

（《军政府公报》修字第六十五号，1919 年 4 月 19 日，"公电"）

李书城致军政府政务会议电
（1919 年 3 月 19 日）

广州军政府政务会议钧鉴：

惊闻家父在沪逝世，悲恸曷极，即日奔丧赴沪，请将军事委员暨遣送敌侨事务局兼管理敌侨财产事务局督办等职务即予免去，无任哀恳。李书城叩。皓。印。

（《军政府公报》修字第六十五号，1919 年 4 月 19 日，"公电"）

陈炳堃致军政府总裁电

（1919 年 3 月 20 日）

广州军政府总裁诸公钧鉴：

鄂西靖国军总司令蔡公济民，驻军施利，遇难捐躯。综其平生，毅力鸿才，坚苦卓绝，勋劳素著，誉望咸钦。可怜白发倚门，红颜在室，寒灯聚泣，旅机难归，身后萧条，无从告诉。只得恳乞钧府，俯念有功，从优议恤。柏公文蔚来电，亦极表赞同。倘蒙俯允，俾得首邱，生者衔恩，死者戴德。肃此电呈，不胜切祷。陈炳堃叩。哿。印。

（《军政府公报》修字第六十三号，1919 年 4 月 12 日，"公电"）

上海商业公团联合会致南北政府电

（1919 年 3 月 20 日）

北京大总统、广州军政府钧鉴：

和议停顿，瞬逾半月，风声更恶，恐慌更甚。本会商业五十三公团于啸日集议，佥谓商民纳税以供政府，政府穷兵以害商民。据陕商代表言之沉痛，闽商报告同此惨苦，非但川湘劫后民不聊生而已。日来商货壅滞，上海商店纷悬白旗，书写和平字样，而停止装货停止交易之声喧然以起。默察景象，危险已极。幸而双方代表力顾大局，尚未决裂。伏乞垂念商民无辜，不能再受兵祸，立电息战，各回原防。并电代表于七日内续开和议，免致呼吁无门，诉诸人道。临电惶迫。上海商业公团联合会叩。号。

（《商界力求和平之进行》，上海《民国日报》1919年3月22日）

福建省议会致广州军政府等电
（1919年3月20日）

北京大总统、国务院，广州军政府，上海议和总代表朱桂莘、唐少川两先生暨代表诸先生、和平期成会、和平联合会，南京李督军均鉴：

和议停顿，瞬逾两旬，安危之机，间不容发，一有破裂，外何以维国际地位，内何以安举国生灵。本会一再呼号，声嘶力竭，窃以陕事既叠经明令停战，在陕将领皆有服从中央顾全大局之责，何得事与令违。万恳府院严令进行，勿以一隅误全国，沪上和会仍应早日开议，以奠大计。再者，闽省现状虽尚安谧，而一以南军侵入仁寿及开队惠安为言，一以北军在尤溪、沚县剿作为言，恐两方稍有猜嫌，即生冲突。闽民受祸已剧，岂容再见干戈，本会已商请李督军依五条办法，严守防地，静待大局解决。其粤军方面，应恳军政府令知照办，两方不相侵越，以免启衅，闽民幸甚。福建省议会叩。哿。印。

（《军政府公报》修字第六十三号，1919年4月12日，"公电"）

云南公民大会致广州军政府等电
（1919年3月20日）

军政府、参众两院国会议员，上海唐总代表、朱总代表暨南北各和议代表均鉴：

日本乘我国会解散、欧战纷扰之际，利用我内奸，助长我内乱，威胁北庭，缔结密约，二十一条件与军事协定等相继发生，攫尽我主权，国人莫不痛愤。今次欧洲和会，又复无理干涉我国发言权，并欲履行强暴密约，种种欺凌，直视我国为第二之期［朝］鲜，凡有血气，其孰能忍。除电达欧会各国代表，请主持公道取消密约外，务祈一致要求，坚持到底，以绝外患，而全国命。云南公民大会。哿。

（《（民国）南北议和会议卷宗集成》第七册，第2937页）

旅沪陕西同乡会致军政府总裁函
（1919 年 3 月 21 日载）

广州护法政府总裁诸公钧鉴：

陕局危急，屡经渎陈。乃三原十一日来函，仍称陕事甚烈。则北廷三日之三次停战令，与钱能训之麻电，陈树藩之歌电、庚电，所谓停战及遵令者，均属欺罔，已毫无疑义。其为陈监视之余贻，及为陈奔走之宋联奎等，由西安所发各电，所谓战已停，已与于右任信使往还者，其欺罔正与钱、陈同。且观五日靳云鹏令刘镇华助攻凤翔之电，及七日刘之复电，并日来边防军陆续入陕各消息，则知北廷阴谋，毒计决心，祸陕实归终一贯也。

夫北廷自去年十一月十六日停战，迄今已四阅月。其所用以掩人耳目及迁延陕战之具者，初则为祸陕之五条办法，继则为根据五条办法之划界监视员。五条办法，提倡于苏督李纯，经南北双方认可，迁延至二月十三日，始由北京宣布。吾陕因五条办法之酝酿商榷，遂独受战祸三月之久。天下不公不平之事，孰有甚于此者！然吾民犹茹痛含辛，冀北廷此后悔祸且补前愆也。不意十三迄今，战犹未停，运兵运械，日益增多。则五条办法之一二条件，所谓实行停战与再不增援者，北廷早已极端违犯，而五条办法至此已全无丝毫价值矣。乃一月以来，陕中战报，北廷均以一面之词狡赖之，惟以张瑞玑赴陕搪塞敷衍，而暗中则多方留难，务使迟迟其行。张留北京约两旬，西行时又有奉军要人孙某与之同行以监视之，而各方视线，犹集于张氏一身。若以为张一抵陕，则真相可明，诸事可逐渐解决也者。抑知陕军与西南护法各军，原属一体，自去年十一月十六日迄今，惟有一停战与不停战问题，本不应夹杂任何办法于其间。乃钧府渴望和平，竟误提五条办法，遂令北廷以前种种罪恶，藉以进行。此后种种罪恶，又将藉监视员以掩饰。呜呼！陕人以受空前之惨祸，若是非竟至混淆，则所受之奇耻大辱，将更甚于所受之惨祸也。

夫张瑞玑乃南北共认之公正人，吾人对其人之本身，非敢怀疑。特五条办法北庭既全行破弃，则根据该办法第五条所派之人员，宁能生效？且朱启钤致于右任之电，迄未得复，则三原通电犹为陈氏所阻，已极明瞭。余贻、宋联奎等既为陈之留声器，则张氏抵陕之后，被陈所制，不能自由发表其良心上之言论，使外间愈不能悉陕中真相，亦决非意外之事。况民军防地如兴、武、扶、郿、汧、陇、鳌、宝等县，均先后沦陷，岐山、凤翔据管、许真电亦有失陷之说，是民军所余者仅现在重围中之乾县，与战事仍烈之泾原、富平一带耳。尚有何界之可划？若云监视，则手无寸铁之张氏，惟有被陈监视，又何能监视抗令开衅凶横残暴之陈树藩，及张、管、刘诸人耶？余林软禁，通信困难，殷鉴不远，诸公谅能明察。且关于陕西问题之最低限度办法，即撤惩陈树藩，及撤退在陕各客军，恢复十一月十六日以前民军原防，令于右任自由通电数事，和平会议尚完全不能办到，则其他法律事实，各大问题，尚何望耶？故此后关于陕事五条办法，应使完全取消，亦不能承认张瑞玑由西安所发电报，可为停战确证。惟有迅饬前敌各军，速讨祸国罪魁段祺瑞、徐世昌、徐树铮、陈树藩等，并通告中外，俾知衅由彼开而已。若今日一电诘，明日一宣言，窃恐争执未已，不特陕西全为北方武人所蹂躏，川滇又将告警矣。肃此泣陈，诸祈谅察。

旅沪陕西同乡会谨上

（《陕人泣告护法政府函》，上海《民国日报》1919年3月21日）

唐绍仪致军政府各总裁电

（1919年3月21日）

广州军政府各总裁公鉴：

　　顷接湖北省议会巧日快邮代电开：鄂省兵骚匪乱，满目疮痍。鄂西各属创痛尤巨，近虽和议开始，战端暂息，而驻军骚扰，盗匪猖獗，惨不忍言。恳即电军政府转饬南军将领对于鄂西各属驻军严整纪律，绥辑流亡，痛剿匪徒，收束军队，俾锋镝余民得以暂安故土等语。查军兴以来，凡属战争区域，人民往往蒙意外之惊扰，至堪悯惜。省会为代表一省民意之机关，已据前情自应传达，希为查照办理。绍仪叩。马。印。

（《唐绍仪发电稿》，《近代史资料》总51号，第139页）

林支宇致广州军政府电

（1919年3月21日）

军政府、司法部、大理院、总检察厅均鉴：

　　微、元两电敬悉。院厅成立，三权鼎峙，国家人民咸嘉赖之。谨□贺。湘南民政处处长林支宇叩。马。印。

（《军政府公报》修字第五十八号，1919年3月26日）

林葆怿暨海军全体致孙中山等电

（1919 年 3 月 21 日）

广州军政府岑、伍总裁、各部长、参众两院、莫督军、翟省长、北京徐菊人先生、钱干丞先生、各部院长、天津黎黄陂先生、冯华甫先生，上海孙总裁、唐总代表、朱总代表，武鸣陆总裁，云南唐总裁，漳州陈省长，汕头刘镇守使，诏安方会办，黄冈吕督办、王副司令，韶州李督办，南宁谭督军，桂林陈省长，贵阳刘督军，成都熊督军、杨省长，陕西探送于督军、张会办，夔州黎联军总司令、柏总指挥、唐总司令，永州谭督军，郴州程总司令，辰州田、张、胡、林各总司令，南京李督军，上海高昌庙蓝季北先生、杜慎臣先生，福州海筹林仲孙先生，厦门应瑞蒋印秋先生，各省督军、省长、镇守使、师旅长、省议会、教育会、总商会，承德、归化、张家口各都统，龙华、宁夏护军使，各报馆均鉴：

护法兴师，海军南下，宣言三事，天下共闻。近则欧战告终，鉴世界潮流，谋国家统一，南北各派代表开始议和。果于法律事实统筹兼顾，得达真正永久之和平，固为国人所企望。无如沪滨之和会方开，关中之战祸愈烈，经南北代表迭次电诘，北庭虽下令停战，而陈树藩抗不遵行，依然节节进攻，甘冒不韪，非阴有所恃，议和不本诚心，即令不能行，统率毫无实力，致北方代表无以自解，相率辞职，和议停顿，于今二旬。唐总代表两次宣言既已声嘶力竭，倘北廷仍不觉悟，不幸和议无成，战端再启，反天下人心，失友邦希望，谁尸其咎，自有公评。我海军只知本护法初心，与全国同胞共伸天讨，一息尚存，此志弗懈。临电悲愤，不尽欲言。林葆怿率海军全体全叩。个。印。

（《军政府公报》修字第五十九号，1919 年 3 月 29 日，"通告"）

唐继尧致孙中山、唐绍仪等电

（1919 年 3 月 22 日）

上海孙总裁、唐总代表（以下衔略）鉴：

逆魋鸱张，和议停顿，大局解决，不知何时。西南有必须图团结一致，坚持到底，共济艰危。以诸公之热诚，当必同此怀抱。夫西南同心护法，本由于精神团结而成，即时局如何变迁，则趋向终归一致。但私衷窃有虑者，军府总裁，分处各地，每遇重要事件，未能直接洽商。而政客波弄其中，敌党离间于外，或谓某公已得某项权利，或谓某公拟与某系提携，误言朋兴，不可究诘。我西南当局，志行纯洁，绝无暧昧之行为，而相信素深，亦不致为浮言所摇惑。惟意见或稍有参差之处，即予以蹈瑕抵隙之机，于军府前途，必多窒碍。尚祈诸公齐心一意，以贯彻护法救国主张，则一切猜疑皆无自而入。内部既能巩固，彼敌党虽狡，而西南合全力以应付，必能操最后之胜利也。谨贡愚忱，尚希鉴察。继尧。养。印。

（《云南唐督军通电》，上海《民国日报》1919 年 3 月 27 日）

全国和平期成会联合会致军政府总裁等电

（1919 年 3 月 22 日）

北京大总统、国务院，广州军政府七总裁均鉴：

和会停顿，根诸陕事，停战果有证实，划界并无异辞，自不难续开会议。乃昨、今两日，南北代表处依然沉寂，国务院皓电所指，陕事结束，和议重开，仍属无甚把握，实堪隐痛。

是日此间商业公团联合会开会，以五十三团之决定，电请南北七日内开议，该电当已登鉴。按战祸启后，商人直接间接膺痛最深，兹以和局濒于决裂，益复惶惶，如临汤镬。传单散布，旗帜飘扬，无非速求和平之语。近且风闻有七日不开议，便将停止贸易之耗，商人血本攸关，宁肯忍心为此？大势所迫，或致酿成事实，良非大局之福。大抵民意风潮，其来有渐，动机一发，不可复静。谋国者当防之于未然，以平人民之气，毋因涓滴而成江河，致使火原不可收拾。验之古今中外之兴革历史，往往如此。四川铁路发端，即为前清致亡之兆，尤合引为近鉴也。

本会闻此警耗，深切忧危，谨再陈言，伏维双方政府，详察民意，迅即补救，举凡可以障碍和会者，迅予悉力解除，俾南北代表赓续开议。保全大局，只此须臾。临电毋任迫切之至。全国和平期成会联合会叩。祃。印。

（《军政府公报》修字第六十三号，1919 年 4 月 12日，"公电"）

孙洪伊致西南当局书
（1919 年 3 月 23 日载）

（衔略）自徐世昌僭号总统，假文治之说以炫国人，弟于时即将北方之隐幕、徐世昌之不可昵就，疾呼以告国人。国人或且疑为过激，斥为妄言。今和会开议，情见势绌，相持而不下者，已一月有余矣。徐、段暗密连结辟阓一致之行动，尽行暴露于中外人士之前。若非及今改弦易辙，噬脐之悔，即在目前，此不待智者而知之也。

吾国数年来之乱，皆苟安之一念误之。辛亥之役，南方席十余省之优势，为速求统一计，举政权而奉之袁世凯，于是有癸丑之战争，有丙辰之帝制。逮滇、黔起义，袁伏天诛，南北意欲和平，又举政权而奉之段祺瑞。彼衣钵相承，逮有以北洋派统一全国之宣言，逐总统，散国会，勾结日本军阀，以遂逆谋，致有此次护法之战。一年以来，耗费三万万之金钱，四千万之军械，举军事、警察、银行、铁路、矿山、森林之一切权利，拱手而奉之异族。卒以人心不附，师出无名，北方军人之大部，晓然于西南护法大义，不肯用命。适会欧战结局，列强纾东顾之暇，卖国政策，不能畅所欲为，智穷力尽。乃又奉徐世昌为孤注，变计言和。西南道里辽远，情格势禁，未悉个中诡计，坦怀相就。其一二策士，或竟欲承戴徐氏，偷安目前，而不悟徐与段固一而二、二而一者也。

徐世昌就职后，卖国计划未尝停止。济顺、高徐等五大铁路草约，早经满期，犹复秘密进行。参战借款，继续提用。国防军之设，徐、段实有一种约束，为扑灭南方之准备。故下令停战后，更抽调各路师旅，进攻陕西，彼其目的，岂仅在陕西一省哉！盖其每饭不忘巨鹿之宿心，认陕为入川要道。陕既得手，则藉刘、钟为虎伥，以进窥西南，务使滇、黔束手，桂、粤势孤，而徐、段以北洋派统治全国之计划成矣。夫和与战不并立，焉有一面讲和一面进攻之理？而南方当局，不闻厉兵秣马，大伸讨伐，而惟掩旗息鼓，坐待和议之成。不知陕西为护法团体之一，北庭攻陕，即攻击西南。剑及屦及，被发缨冠而往救之，此西南之大义也。徐、段合谋卖国，国民不共戴天。枕戈泣血，以与之奋斗者，又吾护法军之天职也。

迩来中外舆论，对于北庭之信用，扫地以尽。英美为东亚外交关系，向之误信徐氏者，已一转而表同情于南方。北方将领之持正，为段派所欲甘心者，亦与南方有利害共同之关系。徐、段既失外交之援助，又致内部之分崩，财政绝遏来源，外债横生阻力，涸泽之鲋，必难幸存。稍事坚持，彼将自溃。继续决战，势难中辍。应即速定大计，共策进行。弟虽不敏，亦当勉竭棉力，以从诸公之后也。忍一时之苦痛，谋永久之和平，是在当局之毅力何如耳！否则隐忍迁就，祸水不除，辛亥前车，又蹈覆辙。不惟护法之目的不可卒达，恐西南亦不得高枕而卧也。肃此，即颂

台祺

弟孙洪伊谨启

（《孙洪伊致西南当局书》，上海《民国日报》1919年3月23日）

奉天省议会暨农工商教育会致广州护法政府电
（1919 年 3 月 23 日）

广州护法政府钧鉴：

剧战频年，痛深水火，举国人民靡不倾心引领，甚望和平。今和会开幕，于根本大计未及置议，即因陕战未停，横生枝节，使垂成之局势遽停顿于中途。远道聆闻，曷胜骇异。方今国力内竭，外患频仍，即使亟图挽救，犹有不及之虞，何能徒为鹬蚌之争，坐贻渔人之利。况际兹欧战告终公理昌明之日，巴黎会议吾国幸得列席，凡前此国际间所受痛苦均待申诉，以冀湔除。大好机宜，良不易得，倘因南北争持，战端再启，是已先失中立国资格，不惟和会发言难收折冲樽俎之功，而于中国前途亦将酿瓜分豆剖之祸。如此则皮之不存，毛将焉附，岂尚有南北争持之余地乎？瞻念前途，益觉不□已懔，伏祈两方政府暨代表诸公察舆情之趋势，以国家为前提，捐弃猜嫌，降心让步，务使和议早成，大局底定，以延垂绝之绪，用解倒悬之危。国家幸甚，人民幸甚。临电零涕，不知所云。奉议会、农、工、商、教育会同叩。漾。印。

（《军政府公报》修字第六十三号，1919 年 4 月 12日，"公电"）

张百麟致广州军政府书
（1919 年 3 月 24 日载）

（衔略）自国会解散，总统被逐，北京乱党与人私订军事借款诸约，次第宣布，段祺瑞等乱法卖国之罪证，早已显著。义军之兴，乃为民国声讨卖国乱法之国贼。国贼一日不除，即责任一日未尽，囫囵调和之说，适以误国害民。昔张邦昌亡宋，李完用亡韩，当秘密授受之日，有人摘奸发覆，袒之者且为之曲折辩护，其中立者大抵以为张、李虽劣，何至甘心亡国？及张、李为虎作伥，引盗入室，国命斩绝，国人始哗然曰：邦昌亡宋，完用亡韩。椎心泣血，欲食其肉，势已无及。

今者徐氏以傀儡尸位，大权仍操诸段党。迫于内外形势，阳以和为手段，隐以战为目的，三尺之童，皆知其诈。义军要人，并无见闻，急与议和，宁非异事？夫国内战争，本与对外不同。苟能利国福民，即互相让步，以求和平，未始不可。惟民国一乱再乱，皆由于跋扈武人，屡启乱机。今则武人乱法卖国，为祸愈烈，义军征讨未平，忽敷衍言和，揆诸事理，何异降服？然使罢战息兵，国政改进，则义军屈服强权，尚属情有可原。现今亡国汉奸盘踞政局，其私受强邻约束，已无从摆脱，焉能开诚布公，利我国家？且国贼与义军不并立，与其他日不幸再肇战祸，以重苦吾民，何若今日贯彻初旨，以伸正义。矧以顺讨逆，久已得中外多数人之赞同，固决可卜最后之胜利者也。

当兹存亡危机之秋，正义军发展之会。不谓陕军垂尽，而援师不出，敌兵续进，而和会不撤，百麟庸愚，百思不解。论者谓有人以权位利益，牢笼某某，利用某某，确否本不敢信。窃思义军之能支持至今，渐占优势者，盖由于标揭护法救亡伸讨国贼之帜，故能博国内贤豪直接间接之赞助耳。一旦苟且终局，国贼挟中央之势力以言统一，即借统一之名目以破坏义军原有之根据，试问谁敢以地方个人权位利益问题阻兵造反？即曰有之，又安望国民之同情？他日西南各省，求如今日之进退自如，恐不可得也。若乘兹民气激昂之日，坚持正义，大张挞伐，为民国延一线之正统，即所以立千秋不朽之事功，其间成败利钝之分，诸公谅已计之熟矣。百麟铁血余生，积愤成疾，养疴斗室，久厌政闻，利害当前，难安缄默，垂涕而言，唯诸公实图利之！张百麟谨启。

（《张百麟致军府书》，上海《民国日报》1919 年 3月 24 日）

全国和平联合会致广州军政府电

（1919 年 3 月 24 日载）

广州军政府钧鉴：

陕战未停，和局危迫，本会已电请北京政府处分陈树藩，并将二月十三日以后入陕之军队撤退，以谢邦人。应请军政府保证于右任维持地方治安，担负完全责任，更祈电促和议代表继续开议，俾速达和平目的。全国和平会叩。

（《和平联合会电报一束》，长沙《大公报》1919 年 3月 24 日）

孙洪伊致军政府总裁等电

（1919 年 3 月 24 日）

广州参众两院、军政府总裁，各省督军、省长，护法军及北军诸将帅，各省省议会、教育会、农商学会、各团体、各报馆均鉴：

自北庭怙乱，和议顿挫，国人奔走骇汗，群以继续开会为请。夫会议易事耳，即其条件关系国本者，亦只落落数大端，并力为之，一日可以毕事。然试问议决后，谁为实行者，不此之图，吾民又何需此和议耶？若曰一切皆可不问，而苟求讫事，则西南护法诸公面缚舆榇，自投于三数乱国者之前，听其宰割足矣，又何用开议为耶？当和会之未开始也，吾人即谓徐、段连同乱国，祸首不惩，卖国党人不去，必无和平之可言。闻者或疑为过当，今不幸而言中矣！

今日之事，非南北争持问题，乃国家存亡问题。开战以来，段党勾结外援，举全国之主权、军事权及银行、邮电、森林、路矿等一切之利权，尽以金钱易军械。为时不及两年，借额已达三万万。徐世昌者，段之化身也。参战既已告终，徐犹允段加练参战军，提用参战借款。济顺、高徐五大铁路草约，早经过期，徐犹密许订立正约。军事协定已在欧会宣布，请求公判废除，徐犹于最近三月一日与日本订立附件，必使之变为永久性质，如日韩同盟而后已。盖徐、段之历史性格，及其附丽之党徒，皆如駏蛩、狼狈之不可分离。如曹汝霖、陆宗舆，今之张元、吴昊也。为段之心腹者，亦为徐之股肱。武人如倪嗣冲，在袁世凯时与段本不相能，而深托徐之卵翼。张作霖则徐督东省时之旧部，且以复辟关系，与徐臭味相投，谓为段派，毋宁谓为徐派。所为段之死党者，独靳云鹏、徐树铮耳。然亦能效忠徐氏。或以今日之徐，与辛亥之袁为比。袁氏率北方劲旅，赞成共和，吾国民当其罪恶未著之时，乐进之可也。今徐氏明明与卖国黩武之段党沆瀣一气，此而可托以天下之重，国家宁有幸理？

外国人谓中国人正义心薄弱，但随事势以为从违。数千年来，强盗、乱贼、夷狄，不问何人，但窃得神器，遂能臣妾亿兆而有余。即如满清入关，其初非不抗拒，卒乃胥天下薙发胡服以从之。此吾国民性之最大弱点。今见徐氏据有北京，遂欲因而奉之，犹是数千年投诚归服之劣根性也。且今之迷性徐氏者，有一极浅薄之论据，曰总统非北洋派不可，北洋派非徐世昌不可。夫天下公器，四海之大，岂皆无可为总统者，而必求之北洋派？北洋派亦岂无人，而必属诸顽败腐朽之徐世昌？世非君主，并无族系名分之拘束。不特徐世昌不足为共和总统，亦断无总统非某一人不可之理。彼一人者血肉之躯，设不幸三日不汗而死，吾民将抱弓攀髯以随之耶？尝谓政府之组织，有单独、合议两体。民主国家，本无必奉一人为首长之理由。今后之民国，即远取瑞士成规，近仿军政府先例，组织委员政府，将国内各派人物融于一炉，弭竞争总统之衅端，破一人政治之锢想，计无有善于此者。故吾民今日，第一须去依赖徐世昌之成见，第二须有排除卖国贼之决心。

主屈法求和者曰：国之不存，法于何有？请为进一解曰：国之不存，和于何有？语有之：能战而后能和。战争本以求和平，至和平不可得，计惟有再诉诸战争以求之，此理势之无可逃避者。协约国以排除德国之侵略主义而战，向使德、奥不屈服，欧战虽至今继续可也。今以护法之争，作救亡之战，段党一日不去，卖国根株一日不能斩断。徐氏一日在位，段党亡国政策一日进行靡已，吾国民竟忍与终古哉！幸急起图之。孙洪伊叩。敬。

　　（《孙洪伊对和局之痛论》，上海《民国日报》1919

年3月27日）

重庆红十字分会致军政府各总裁电
（1919年3月25日）

广州军政府各总裁钧鉴：

　　敬肃者：查本分会医长阿思密虽属德籍，驻渝十三载，任本会职务已逾四年，历来辛苦，治人无数，惟洪宪护法之役，救治病伤，动以万计，成绩昭著，各省咸知。按照万国赤十字条约，即此次资送敌侨条文，均应保护免遣。且因常设医院尤赖进行，现在受医者尚有百余人，万难离去。无如本埠外交分司暨警察厅长无主持之者，曾电请四川省长核示去留，迄未奉复，致涉游移。为此电恳大府查照条例，迅电川省长转令地方官厅准事免遣，以重护法，而维慈善，不胜迫切待命之至。并请赐复为盼。重庆红十字分会长魏国平、胡国樑叩。径。印。

　　（《军政府公报》修字第六十三号，1919年4月12

日，"公电"）

林葆怿致军政府政务会议电
（1919年3月25日）

军政府政务会议钧鉴：

　　准秘书厅感电开：奉军政府特加林葆怿上将衔。等因。奉命之下，惭感交并。窃葆怿率舰南来，矢心护法，迭膺崇秩，时惧弗胜。际兹和局肇开，如何结果，尚不敢知，况陕事未解，闽事隐忧，当益坚投鞭断流之志，似非为策勋饮至之时。伏乞准予收回成命，俾遂悃忱。敢贡愚诚，敬祈钧察。林葆怿叩。有。印。

（《军政府公报》修字第六十三号，1919年4月12日"公电"）

黄秉荣、王修致广州军政府等电
（1919年3月25日）

分送广州军政府钧鉴：林悦卿先生转同乡诸君鉴：

闽受兵祸，日望和平，近因和议停顿，民心惶惑。查连日官电，仁寿为粤军所占，惠安境内亦有南军侵越之耗，漳州陈司令右翼迫近五百米，达左翼下天竺山，似此情形，深恐战祸复开。除面恳李督军仍遵行停战命令外，合急电请，飞令在闽粤军勿生战事。闽事究竟如何，诸待和局解决，以全□□。不胜恳祷之至。福建总商会会长黄秉荣、省教育会会长王修叩。径。印。

（《军政府公报》修字第六十四号，1919年4月16日，"公电"）

福建和平期成会致广州军政府电
（1919年3月25日）

广州军政府鉴：

效电计达。兹复闻童、臧两师长报告：漳州粤军右翼已进距前线约五百米，达施作工事，左翼亦近迫，且每夜呐喝射击等情，曷胜惊骇。闽人再三呼吁，实以兵祸之后，疮痍未复，若复破裂，则益深益热，其何以堪？本会叠向李督军剀陈，已经通饬各军严守防线，万恳政府主持于上，救民水火；并恳军政府暨陈竞存先生严令将领，各守各防。份〔仍〕恳朱、唐两总代表、南京李督军、联合会正副会长婉达斡旋，俾闽人兵燹余生稍苏喘息，无任恳祷。除电大总统、国务院、南京李督军、朱、唐两总代表、和平期成会联合会、陈竞存先生外①，福建和平期成会叩。有。印。

（《军政府公报》修字第六十四号，1919 年 4 月 16 日，"公电"）

陈炯明致广州军政府电

（1919 年 3 月 25 日）

（衔略）敝军经战争扩充之后，军饷浩繁，闽南各属，罗掘俱穷。现在和议未定，军饷积欠十余月，朝夕支撑，焦急万分。汕局指拨十三万，系商就二十营饷糈而言，军费、服装费均不在内，若再不给足，何以维持？筹饷局按月分饷，定自刘使办理，本属至公。然征收机关，苟为各军承收，知事弊混，整顿已难，收入不解，居中何得有利可分。潮梅岁收，原属不少，若长此办理，殊误军需。应请镇使道尹一秉至公，从新整顿，并将粤军十三万饷项按月给足，幸勿以十三分之配额，即为了事。炯明以苟非军饷万急，无法可施，万不欲为责难之请。现请先速筹汇数万元，以济前敌。电到希赐复为盼。炯明。有。印。

（《陈总司令请速拨军饷》，上海《民国日报》1919 年 4 月 8 日）

---

① 原文如此，似有遗漏。——编者

章太炎等致军政府总裁等电

（1919 年 3 月 26 日载）

广州军政府各总裁、各部长，云南唐联军总司令，贵阳刘联军副司令、黔军王总司令，成都熊督军、杨省长、省议会，重庆黄总司令、卢副司令，夔州黎总司令、柏总指挥均鉴：

前闻利川蔡总司令被害，蔡部苏成章、方部吴清熙来电，各执一词。嗣得黎总司令天才通电：鄂西靖国军总司令蔡济民被滇川黔靖国联军援鄂第一路第一纵队围攻遇害，衅自彼开，情形确凿。蔡君倡义元勋，非今时要利者可比。当该队攻击蔡部之时，既不听黎总司令冯、叶二代表劝解，继蔡被执，复不允二代表救护，竟夺去枪决，似此戕害元勋，行同盗匪，此端一开，流毒何极。应请诸公就近秉公惩办，以伸军纪，而雪公愤。临电恳切，顺颂公祺。章炳麟、孙洪伊、胡汉民、汪精卫、张继、徐绍桢、蒋作宾、居正、金永炎叩。

（《军政府公报》修字第五十八号，1919 年 3 月 26 日，"公电"）

上海湘事维持会致孙中山等电

（1919 年 3 月 26 日）

广州军政府、国会，广西陆总裁，云南唐总裁，上海唐、朱两总代表、孙中山先生、各报馆，郴州程总司令、林民政处长，辰州张总司令、胡副司令、萧代总司令并转林总司令，洪江周总司令均鉴：

吾湘苦暴力政治与因循政治久矣。然推暴力政治之原因，实皆因循政治之结果。曩者，清祚既倾，焦陈见贼，民党仁厚，举多含容，昧于孔父明微之旨，遂宽赵盾纵贼之诛，因循政治于以萌芽，暴力政治从而代起，辗转相因，以有今日。再安缄默，鲁难滋深。方今美总统威尔逊力持民族自决主义，则吾国西南护法之初意，亦必本于国人共同之目的，决非根诸个人地位之问题明矣。顷读唐总裁元电，有徇旅滇湘人朱树藩之请，赞同以谭延闿督湘列入议和条件之论。敝会同人窃以为危。盖自大体言之，则于国人想望此次和平会议之天职，不免相违；即自局部言之，则于吾湘三千万人民生命财产之所托，深滋惶恐。湘人陷于水火，亦既有年，近更元气凋丧，几于万劫不复。人穷反本，今正其时，急则呼天，良非得已。诸公道里脩阻，传闻异辞，用敢据实直陈，为民请命。回忆民国初元，其于总统制、内阁制，已不无因人立法之恨，矧在谭氏督湘，业经两度，论其成绩，倒行逆施，寇退则来，朝三暮四。诸公以福国利民为职志，伏乞周谘博访，即吾湘历次所受之惨剧，原始要终，一研究之。更对于吾民良心上之自觉，洒一掬同情之泪。微独公理，赖以不没，湘人亦虽死之日，犹生之年矣。上海湘事维持会叩。寝。

（《湘事维持会之通电》，《申报》1919 年 3 月 28 日）

唐绍仪致军政府总裁电
（1919 年 3 月 26 日）

急。广州军政府总裁诸公均鉴：

总密。养电敬悉。提拨关税事，前奉寒电后，即致函英公使朱迩典君，请其力为斡旋，刻尚未得复。俟有端倪，再行奉闻。绍仪。宥一。印。

（《唐绍仪发电稿》，《近代史资料》总 51 号，第 170 页）

唐绍仪致军政府总裁电

（1919 年 3 月 26 日）

急。广州军政府总裁诸公鉴：

总密。个电奉悉。陕西划界专员张瑞玑系由双方代表商同派往，现北方虽已加委，军府似毋庸加委。绍仪。宥二。印。

（《唐绍仪发电稿》，《近代史资料》总 51 号，第 170 页）

唐绍仪致军政府政务会议电

（1919 年 3 月 26 日）

急。广州政务会议鉴：并转莫督军均鉴：

总密。广州电车、电话向某商订约抵借款项事，前接日公复电，嘱勿轻信谣言，鄙怀早已冰释。顷由朱总代表诘问，亦据日公支电所言答复。而近日各处同乡会复来电，纷纷反对此举，务乞坚持，以祛群惑。又此间盛传广州当轴有招商承办之说，此事如果确实，尤乞慎重将事。盖商人措资承办，每有出面者为华商，而间接则系外人资本，一经入毂，遗患无穷。诸公明察，决不为奸商所朦。然谣诼朋兴，又何可不审慎几先，以杜口实。敢贡愚见，务希察纳，并盼赐复。唐绍仪。宥三。印。

（《唐绍仪发电稿》，《近代史资料》总 51 号，第 170 页）

江苏省议会致广州军政府电

（1919 年 3 月 26 日）

广州军政府钧鉴：

和会停顿，外交内政，险象环生，四民呼号，力竭声嘶。议会代表民意，吁请钧座本爱国之心，定解纷之策，双方推诚，力挽危机，不胜迫切待命之至。苏议会叩。寝。印。

（《军政府公报》修字第六十五号，1919 年 4 月 19 日，"公电"）

唐绍仪致军政府总裁电
（1919 年 3 月 27 日）

急。广州军政府总裁诸公均鉴：

据朱总代表函称：闽省划界事已于养日电李厚基，催其会商童葆暄，查照五条办法与陈炯明直接商洽。复电云，已电童葆暄、臧致平先行与陈直接磋商等语，转知前来。除函朱速电北京，严饬李厚基遵照五条切实办理外，应请军府电知陈炯明省长，依照五条与童、臧二人切实商洽，是为至盼。绍仪叩。感。印。

（《军政府公报》修字第六十三号，1919 年 4 月 12 日，"公电"）

詹天佑等致广州军政府电
（1919 年 3 月 27 日）

广州军政府公鉴：

粤省电话、电车，抵押日商，时见各报，骇人听闻。护法者竟违法，保主权先丧权，何以号召天下？望即取销前约，以重主权，全粤幸甚。旅汉粤人詹天佑、吴仲贤、谭祖任叩。沁。印。

（《军政府公报》修字第六十四号，1919 年 4 月 16 日，"公电"）

熊希龄等致军政府总裁电

（1919 年 3 月 27 日）

广东军政府七总裁鉴：

　　顷据福建总商会、教育会电称：闽受战祸，日望和平。近因和议停顿，民心惶惑，连日官电，仁寿被占，惠安境内亦有南军侵越之耗，此间去电质问，迄未见复。又报漳州陈炯明军右翼迫近五百米，达左翼下天竺山，夜间呐喊射击。似此情形，深恐战祸复开。除面恳李督军仍遵停战命令外，合急电请向前方设法阻止，消弭祸机，以解闽民倒悬，实为万幸。福建总商会会长黄秉荣、省教育会会长王修叩。径。又据福建和平期成会电称：效电计达。兹复闻童、臧两师长报告：漳州粤军右翼已进距前线约五百米，达施作工事，左翼亦近迫，且每夜呐喝射击等情，曷胜惊骇。闽人再三呼吁，实以兵祸之后，疮痍未复，若复破裂，则益深益热，其何以堪？本会迭向李督军剀陈，已经通饬各军严守防线，万恳政府主持于上，救民水火；并恳军政府暨陈竞存先生，严令将领各守各防，仍恳朱、唐两总代表、南京李督军、联合会正副会长婉达斡旋，俾闽人兵燹余生稍得喘息，无任恳祷。除电大总统、国务院、军政府、南京李督军、陈竞存先生外①，福建和平期成会叩，有。等因。查南北和平会议停顿已有两旬，商民皇皇不可终日，现幸陕西张瑞玑君梗电报告，双方业经停战，转圜之机或可有望。倘闽省又生枝节，实使大局愈滋纠纷，相应恳请尊处查照该会等所称各节，速电在闽各军切实划界停战，以惜民命，而保大局，无任迫祷之至。和平期成会联合会熊希龄等叩。感。印。

　　（《军政府公报》修字第六十五号，1919 年 4 月 19日，"公电"）

---

　　①　见前注。——编者

田应诏等致军政府总裁等电

（1919 年 3 月 28 日）

广州军政府总裁诸公、各部长、参众两院，武鸣陆总裁，云南唐总裁，北京徐菊人先生，上海和平会议各代表、熊秉三先生、章太炎、孙伯兰、汪精卫诸先生，各省督军、省长、各总、副司令、总指挥、各镇守使、道尹、各法团机关、各报馆均鉴：

兵战频年，苍生水火，亿万灾劫，微命若丝，和议续欲进行，倒悬尚待救解。乃读广州参众两院皓日通电，谓北廷急发八年短期公债四千万元，以盐税解款向银行团抵押巨赘。祸国之行，殊堪骇异。究竟此款用途，是否即为授刃他人，以残同类之策，姑无深言。第念凋敝之余，民力枯竭，休养生息，元气尚恐难苏，良心苟不尽亡，坐观疮痍载道，谁忍于其饥溺之中而再强加以重负，巧取横敛，索解莫由。且募集公债，担负条约，非经合法国会议决而行，无发生效力之理。似此违背法律，专擅自为，以言媾和，诚意安在？同人顾念前车，实深隐忧。致民于死，敢言秦政之兴，借债而亡，窃抱剥肤之惧。特致号呼，乞同否认，大局幸甚，国民幸甚。田应诏、张学济、胡瑛、林德轩、胡学伸叩。俭。印。

（《军政府公报》修字第六十四号，1919 年 4 月 16 日，"公电"）

湖南省议会致广州军政府等电

（1919 年 3 月 28 日）

北京徐大总统、钱总理，上海朱总代表、唐总代表暨代表诸公、平和期成会联合会，南京李督军，江西陈督军，武昌王督军，广

东军政府、参众两院，武鸣陆总裁，云南唐总裁，衡州吴将军均
鉴：

此次平和会议，因各种重大问题不易解决，以至发生障碍，会
议无由进行，举国皇皇，莫知所措。然窃以为因障碍而生停顿，因
停顿而去障碍，此皆事实上应有之阶级，势所不免者也。务望双方
代表各持决心，无论如何波折，如何困难，必抱定一和平结果之
目的，不达到不止。若因事机之停滞，或意存委卸，亟思引退，
又或挟一时之愤慨，致自治、分治之说乘间发生，则险象即在目
前，后患更何堪设想。我国四千年历史，合则治，分则乱，五季
六朝，殷鉴不远。并望南北当轴，极端主持正义，各调人始终协
力维持，冀反厄运而竟全功。临电惶邃，惟乞衿鉴。湖南省议会
叩。勘。印。

（《湘省议会关于促进统一和平之函电》，长沙《大公
报》1919 年 4 月 11 日）

周应时致孙中山函
（1919 年 3 月 29 日）

中山先生钧鉴：

自军府改组后，同人星散。于时南北方亟亟备战，李公协和电
促赴韶，应时以李公为极端主战派，兼有同学之谊，此次护法兴
师，原以打破吾国军阀势力为职志，故凡有持此主义者，应时即牺
牲一切，与之周旋，在义亦所弗恤。旋赴前敌援赣第四军司令部杨
竹君司令处，襄理军务。及南雄克复，新军府各部成立，各方敦请
李公长参谋部务，应时亦备员第二局局长，终日规划作战方略，预
备进行，其时尚无所谓和议也。

正将该案提交政务会议，而和平声浪，已风靡全国。自是南北
两方，各派代表，开和平会议于上海。近日且闻惩办祸首议案，南

代表恐遭拒绝，不敢提出。而两年以来，极力拥护之国会，且有牺牲之说。如此迁就，以求和平，微论此种伪和平不可以永久，则试问南方各省所挂之护法旗帜者，果护何法耶。事势人心至此，尚何可为？差幸近数月来，得有闲暇，从事编述，已将历年所编战时后方勤务全书，厘定篇次付印，一月以后，当可出书。

应时此刻，无所事事，静待解散，一俟手续完竣，仍当遄归上海，听候训示，先此函达，敬请

钧安

　　　　　　　　周应时谨上　黄花纪念日

（《革命文献》第五十辑，第 422 页）

方声涛致军政府政务会议电
（1919 年 3 月 29 日）

广州政务会议钧鉴：

据涛部闽南靖国军司令张贞马电称：近日驻闽南北军盛作战备。厦门方面，运送械弹，调动队伍，不遗余力。兴化方面，突有步兵两营移驻莆、仙交界之花亭，仙游兴秦至之旧县，亦添驻步兵一营。刘安方面，突有步兵一营由马巷进驻诗板、新墟、晋江城内。藉辞兵变，忽以步兵一营突向我占领之洪赖附近前进。和议期中，讵宜有此举动？就中尤以新墟洪、赖两方面，极易与前职部生误会。倘一再前进，则战事发生，祸在眉睫。万一因越界而生冲突，则破裂和局，贞等实不能尸其咎。恳钧府迅电李逆严重诘问，并电唐总代表向北方提出交涉。迫切渎陈，敬维垂察等语。除电饬该司令仍照常严整军备，勿轻启衅外，应请钧府电知上海和会严重诘责制止，用维时局为祷。方声涛叩。艳。印。

（《方声涛揭李厚基罪恶》，上海《民国日报》1919
年 4 月 21 日）

田应诏等致军政府总裁电

（1919 年 3 月 30 日）

广州军政府总裁诸公钧鉴：

　　顷得上海来电云，陆总裁有辞职消息。陕事未了，和议中梗，惟恨段派包藏祸心，陆公虽自有苦衷，他人疑我有间，或将□□□□。当此千钧一发之际，务恳诸公设法敦劝，诏等除□□□□戒备非常外，谨陈愚悃，敬祈鉴察。田应诏、张学济、萧汝霖、林德轩、胡学伸同叩。卅。印。

　　（《军政府公报》修字第六十四号，1919 年 4 月 16日，"公电"）

章士钊致军政府政务会议电

（1919 年 3 月 31 日）

特急。广州军政府政务会议鉴：

　　总密。办事处经费前曾电请增加，未蒙允许，焦灼万分。查本处每月预算，临时、经常两项费用最少六千余元，另欧洲电费约二千元，已万分撙节，减无可减。钧处若不曲原，是直陷办事人于困难之地，万恳俯允增加，俾资办事。军府财政竭蹶，宁有不知。然事实至此，无可如何，务望力任其难，准赐照办。再者，刻届月底，各处账目例须支付，钧处款仍未至，焦急万状。切请迅赐电汇，以济眉急，再迟则束手绝地。不知所言，恳切陈词，希为察照。章士钊。卅一。印。

　　（《唐绍仪发电稿》，《近代史资料》总 51 号，第 173页）

唐绍仪致军政府政务会议电

（1919 年 3 月 31 日）

广州军政府政务会议诸公均鉴：

总密。感电敬悉。张敬尧擅将水口山矿地押借外债，实属包藏祸心，理应反对。除函请朱总代表电京勒令停止外，谨此奉复。绍仪。卅一。印。

（《唐绍仪发电稿》，《近代史资料》总 51 号，第 173 页）

张一鸣致孙中山、许崇智代电①

（1919 年 3 月）

中山先生、汝为军长鉴：

顷得朱得才旅长电快邮，代转漳州张参谋长，转西南军政府、国会、各督军、总司令、师旅团营长，并转上海孙中山、谭石屏先生、许军长均鉴：得才去夏反正护法，血战经年，茹苦含辛，克复七县。旋陈总司令大兵援闽，得才收束所部，听命改编，为驻闽粤军第四混成旅。因公赴漳州，方声涛怂恿愚民军，糜烂永德。得才间关入仙，抚辑旧部，仍造福闽民，毋负陈总司令爱民如伤之至意。不料得才甫经抵仙，方氏率队追踪捣乱，得才多方忍忍，迟至本月十五，方竟唆其匪部杨持平，率众二千余名，无故将才部包围，枪声震天，迫令缴械。得才为地方计，为人民计，为正当自卫计，万不得已，开枪还击，血战两日一夜。幸天佑善人，击匪五百余名，

---

① 原代电未署年月日，根据信封邮戳，为 1919 年 3 月 30 日在福建漳州付邮。——编者

收没匪枪七百余杆，仙境肃清，安谧如常，谨闻。朱得才叩。铣。
代电，张一鸣转。

（《革命文献》第五十辑，第 222～223 页）

唐继尧致孙中山等电
（1919 年 3 月）

北京徐菊人先生、钱干丞先生，上海和平会议各代表、孙总裁、张
季直先生、熊秉三先生，广东军政府各总裁、各部长、国会议长、
议员，武鸣陆总裁，各省督军、省长、各省议会均鉴：

前因上海会议停顿，诚恐和局破裂，战端复开，国事益难收
拾。曾于真日通电各省，协力维持。所冀北京容纳各代表之主张，
速谋解决，以免人民再罹兵燹国家致陷危亡也。乃顷接钱君干丞麻
电，殆欲以和局停顿之故，归咎于南方，而于陕西战事及参战军则
强辞以为之辩护。

查北京自上年十一月十六日已明令罢战退兵，陕西自应一律照
办，何以谓本年二月十三日以前，当然不受拘束？十三日既将协定
办法五条电陕饬遵，乃昨接于右任三月四日由三原来函云：陈树藩
仍联络奉军、刘镇华等举行总攻击。以京、陕通电便利，岂相距廿
余日，而北京电令前方军尚未周知，何以谓陈树藩均先后遵办，未
尝违抗命令？至参战军队，原为欧战发生，今欧战既终，何所用其
参战？如谓休战条约，德国未尽履行，此不过欧洲和会之小有争
持，岂足为欧战未终之证。若俄过激党之扰乱，以东省军队防制之
而有余，驱遣敌侨，尤无需乎兵力。乃自六年十一月督办参战军务
处成立以来，未闻出一兵以赴欧洲之急。今于欧战告终之后，反岌
岌以编练新军，此何为者？参战借款，先取之三百万元，已不识用
途所在，今更欲续取一千七百万元以重吾民之负担，此又何为者？

以上所陈，事实具在，本无庸以口舌争。惟继尧不惮辞繁，以

为国人告者，诚以国事傯扰，皆缘主战派之激迫而成。近因内外大势所趋，始有上海会议之举。唐总代表提出陕西停战及参战军撤废两事为先决问题，盖以铲除扰乱国家之祸根，建立永久和平之基础，此全国人民所希望，而并非唐总代表一人之主张也。北京当局如以忧国爱民为心，诚不必予人以口给，毅然废除此全国侧目之军队，示天下以不复用兵，则国事纠纷，当可迎刃而解。若狃于武力统一之政策，而不惜推翻和平，则年来主战派之力征经营，其效已可立睹，不过大伤国力，重苦民生而已。

继尧身历行间，诚不忍再睹战祸。主战派如仍阻兵，安忍当惟力是视，以相与周旋，拂全国之舆情，以生战乱，解数人之兵柄，以奠国家，何去何从，一惟北京当局之自择。特电布臆，伫候复音。

（《一九一九年南北议和资料》，第 334～335 页）

董天佑致广州军政府等电
（1919 年 3 月）

上海唐总代表、朱总代表、各代表、各报馆、全国和平期成会联合会、护法后援会，广州军政府、参众两院，各省省议会、商会、农会、教育会，京、津各报馆均鉴：

此次西南护法，不得已而诉诸武力，北方钱能训麻电亦承认西南为护法而争，是国内纷扰之原，北方实尸其咎。故凡此次直接间接所受损失于战事之物资、军费，应由毁法祸国者负责赔偿，于理乃当，若广借外债，我国民宁能承认？

昔者袁氏叛国，护国军曾要求抄没其家产以偿损失，不幸未收效果，卒将袁氏叛国所牺牲者加诸国民。吾民方负冤莫释，倘今兹之役再将损失之费借外债以取偿于民，值此民生凋敝之余而一再增重负担，吾民何能堪此。且此次战争已及两年，凡直接消耗于作战，及商民因战事损失与将来办理善后之费，现尚未知其实数而为额必巨，断然为吾民所不能负担。吾民既未尝毁法，而令负担于毁法损失所借之外债，此固吾民所不能承认。况我国外债积重已极，尚须设法清偿，安有更借大宗外债之理。故此次损失应责令毁法祸国者完全赔偿，用昭惩戒而儆将来。国人而赞成此说，乞一致力争，若其不然，则必以为祸首且不得惩，更无从议及祸首赔偿损失之事。果尔，吾民非历于万劫不复之境耶。

彼段祺瑞等毁法祸国，罪有攸归，若不惩办，将见毁法祸国者接踵而起，国事益不可问。且祸国之徒不仅段氏，黎总统解散国会实为非法，既已失政酿变，犹复不顾大局擅弃职权。冯副总统代承大位，对于旧国会不予维护，且组织倒行逆施之参议院与破碎不全之非法国会，而复任意颠倒私授大位于被非法国会所选举者之手，是黎、冯亦皆毁法祸国之徒。乃国人不发一言以声其罪，是诚何心。夫祸首在所必惩，旧国会不可推翻，此为解决时局必要之图。今举国希望永久和平，其道何在？愿国人三思而善为国家谋焉，国家幸甚，国民幸甚。董天佑叩。

（《（民国）南北议和会议卷宗集成》第二册，第849～850页）

赵泰纪致孙中山函
（1919 年 4 月 1 日）①

逸仙总裁先生大鉴：

前月奉呈一函，谅邀洞鉴。共和主义，我先生煞费苦心，迄今改革八年，不惟尚无进步，达到好好目的，且遭袁氏之帝制，段逆专横，破坏统一。血战经年，人民痛苦颠连，何堪言状？虽有和平之议，尚未确实发表。泰纪自己亥岁得先生之牖觉，提倡革命，辛亥随焦、谢

---

① 原函未署年份，据邮戳定为 1919 年。——编者

诸君倡义湖湘，响应武昌。袁氏统一后，置国事不闻，退居商界。近来观此凄象，难负革命初志。欲有心于世道，前途无路。前次函奉鄙意，虽越分冒干，然民国政体，公民有责，想不致触怒也。如大君子爱惜同志，俾老革命退守者仍得展扬素志，附随总裁左右，稍尽一分子义务，扫除段逆，恢复国会，依旧约法，坚持护法宗旨，为四万万同胞造成真正幸福。能否邀予拔用，立候钧命，不胜静待之至。恭叩伟安，统希

垂鉴，不宣

赵泰纪上言　四月一日

（《国父墨迹》，第 338 页）

阿穆尔华侨总会会长宋云桐致广州护法政府等电

（1919 年 4 月 1 日）

北京大总统、国务院，广州护法政府均鉴：

国是堪危，外交重要，南北议和，刻不容缓。外报宣传，不得真相，□念祖国，伫盼好音。阿穆尔华侨总会会长宋云桐自黑河叩。东。印。

（《军政府公报》修字第六十四号，1919 年 4 月 16 日，"公电"）

夏述唐等致孙中山等电

（1919 年 4 月 1 日）

万火急。广州军政府总裁诸公、各部总长、莫督军、翟省长、参众两院吴议长、林议长、方总司令、林总司令、马总司令、沈总司令、陈师长、魏厅长，南宁陆总裁、陈省长、谭联军总司令、各师、旅

长，云南唐总裁转赖、黄、叶、赵、姚、黎各总司令，贵阳刘督军、王总司令，成都熊督军、各师、旅长、各司令，谭组安总司令、程总司令、赵师长、林旅长，韶州李督办、李师长、朱师长、杨旅长，汕头刘镇守使，黄冈吕总司令，漳州陈总司令，上海孙总裁、唐总裁、孙伯兰先生、汪精卫先生、张溥泉先生、议和各代表、各报馆鉴：

奉读林总裁个电，以和议停顿，咎有攸归，愿率海军全体与全国同胞共伸天讨云云。正义严词，全军激涕。伏以段党乱国，罪等丘山，循诸公理，揆之人心，唯有从事讨伐，无所谓和。我军府鉴于世界潮流，循友邦希望，息泄人心，权载讨伐，予以自新，本法律而兼顾事实，衡现在而企图久远，苦心至意，薄海同钦。乃和者自和，战者自战，沪会甫开，陕祸转剧，徐氏虽停战有令，段党仍悔祸无心，以致北方代表迫而辞职。我总代表唐公已两次宣言，力竭声嘶，段党犹怙恶不悛，一意孤行，逆军扩张未已，违法公债又出，长此容忍，不特根本问题必无解决希望，充其逆谋所之，势不至亡国不止。我护法各军转战经年，志在救国，此而可忍，不如偕亡。惟望请我军府速下战令，声罪致讨，并恳诸公一致进行，惩彼群凶，战端重开，衅由彼启，公道所在，即最后胜利所归，某等虽弩，愿率所部，效命前驱，宁为玉碎，毋作瓦全。临电悲愤，倚马待命。夏述唐、高尔登、林知渊、周朝宗、李世胸、杨子明、张贞、杨持平、黎萼、祁光寰、冯金斩、陈光祖、吴树、吴俊英等率全体军官谨叩。东。印。

（《军政府公报》修字第六十五号，1919 年 4 月 19 日，"公电"）

唐绍仪致军政府政务会议电
（1919 年 4 月 1 日）

广州军政府政务会议诸公鉴：

总密。本日接张瑞玑先生来电，其文曰：来电颇有责言，弟不敢辩。弟到原，正与右任密商一切办法，并与陈督交涉各事，困难万状。刻下郭、樊投许，田、岳解体。弟自京至秦，无日不力为维持。前电所云划界一事，兄他日晤右任，便知一切。今右任部下仅一卢占魁，而卢既不承认为于部下，于尤不肯认为己有。然则此界将如何划法耶？□任十分为难，诸公不知，而犹来电责我。刻正与陈督以强硬手段交涉，通电一事，日□右任□到□便知底蕴。兄试回□州一看，便知其惨状何如，且知土匪之不能为于用矣。弟与右任文章道谊，交情至深。弟自问非圆滑者流，少川先生谓我为圆滑，则不知人，亦不知事也。弟不偏南，不袒北，而不能用意气，不为老友右任计，当为陕西人民计也。弟已与右任约，事峻同归谁园读书矣。瑞玑陷又一电，其文曰：陕事内容，几不堪言，郭、樊既投许，反噬岳、田亦与陈携手。叶荃被郭坚逼逐，行至泾阳，又被田截击。张东生往来卢占魁处说项，卢已愿归陈。近□□宣言，乾县及西北数股均其部下，此后当一律归许，与陈已交涉相争矣。刘月溪、卢占魁等皆声言脱离，不愿与匪为伍。此界将如何划法耶？此等事能以明电宣布耶？连日以来，为右任维持局面，诸□周□在原与右任、伯英密商一切，均太息痛恨此辈之不可共谋收束。刻正与□陈督交涉一切，并自由拍电各事。沪上诸公，凡审我与右任之苦，而龙门来电仍有责词，诸公等再派一人来陕查探，便知底细。且右任亦得通电，亦终须晤面，弟自问此心，可告无愧，知我罪我，听之诸公。稍有头绪，即归谁园矣。瑞玑叩。陷。等语。相应转达，即希察照。承赐勘电，敬悉，已转致张瑞玑君矣。并闻。唐绍仪叩。东。印。

（《唐绍仪发电稿》，《近代史资料》总51号，第174～175页）

湘西地方参事会致军政府政务会议等电

（1919年4月2日）

广州军政府政务会议、湘议员，北京大总统、国务院，上海和平会议唐、朱总代表、各代表，湖南善后协会均鉴：

湘事纷如乱丝，大局敉平，自应急筹善后，谭组公督湘五载，军民爱戴，前年无故去位，兵连祸结，咎有攸归。此次南北媾和，既依法律解决，组公当然恢复原职，以资熟手。本会为湘西人民代表，前以通电请愿，为一致之主张，万乞俯顺舆情，顾全湘局，毋任内部再涉纷扰，生民幸甚。湘西地方参事会叩。冬。印。

（《湘西地方参事会来电》，《申报》1919 年 4 月 5 日"公电"）

田应诏等致广州军政府等电

（1919 年 4 月 4 日）

广东军政府、参众两院，云南唐联帅，贵阳刘督军，永州谭督军钧鉴：

沅陵巨匪杨振初，去岁六月受陈复初运动，在沅属洞庭溪、麻衣洑一带聚集匪党，肆行扰乱，经济派队击散，曾于是月虞日，电陈唐、刘两公在案。嗣后杨匪远飏，地方得以安枕。讵北方所委之伪道尹王一德，近在桃源设立伪署，委任该匪杨振初为湘西保卫团督办，潜入沅属，四处张贴伪示。勾诘［结］巨匪张凤山、熊凤五、覃修安、李定堂、熊玉卿、熊德吾等，均各委营长，聚党千余人，盘踞九都地方；又联络去岁在永倡乱，曾经谢前镇重光会同济部向团长泽南击散之姜匪锡科，同时潜入永境滋事。杨匪振初致瑛部唐营长函，有云：本省督军及十七师师长特派前来联络，如肯允诺，即委任为第十七师三十四旅正式营长。又云：湘西保卫团均已联络妥善，王道尹自携六营来辰等语。又据侦探报称：杨匪所委张凤山等，各率党羽，将集合四都坪，进犯辰城等情前来。诏等据报，当于前月支日会电张勋臣，旋接复，亦认杨振初为匪，并准饬前方军队缉拿。诏等一面令向团长泽南，率部往剿，于酸子界、石场溪等处，将杨匪所部大股击散。除夺获枪械等件外，并夺获伪营长张凤山大旗一面，上书第十七师三十四旅四梯团二营营官张字样。其在永境滋事之姜匪锡科，亦经何司令之桢痛剿，现正出兵四处，分捕余党，以便早日肃清。查自南北停战以来，和议将开，该伪道尹王一德，利用杨匪振初聚党为乱，希图扰乱湘西秩序，居心良为叵测。万一酿成战端，牵动大局，咎将谁归？特恳电诘北庭，严饬王一德，并将杨匪振初、姜匪锡科严缉究办，以安地方，而维大局。田应诏、张学济、胡学瑛叩。支。印。

（《关于湘西之要电》，《申报》1919 年 4 月 13 日）

于右任、张钫致军政府各总裁等电

（1919 年 4 月 4 日）

唐、朱总代表并转各代表、平和各会熊秉三诸先生、军政府各总裁、钱干臣先生、李督军、吴师长鉴：

陕局蒙念，忍痛陈辞，本日军探回报，乾县敌军仍行攻击。兹将江日致张衡玉先生一电录呈，其文曰：西安张衡玉先生鉴：冬电敬悉。保持战斗队伍之退围附带条件之通电，我兄对此不加厘正，何耶？适间乾县军探回报：枪声时闻，隧道尚未停工，征发附近数百里间居民犹未已。如此，遂可谓之停战也？我兄在原时谓，和平会议少俟数月，窃思乾县附近居民，早为炮火轰逐而去，仅退五里，无异附郭城内，食薪早已告罄，不出采买，将成饿莩，远出征求，则伯生前电所谓内匪突出，犯彼防线云云，适为将来藉口之资。是退兵等于未退，停战亦犹未停，未来争端，自在意中。弟意既已释戈修好，原议退回醴泉原防，自是正当办法。伯生既爱和平，又晓军事，想必见谅。况攻关山之队，向驻下邦，来电云分驻关道，攻兴市之队向驻同州，来电云退驻荆姚一带红崖渡之队，本由草滩进攻者，来电以红崖为原防，事实不符。况相距隔一泾水，炮火仍相接触，非退至渭水之南，难免不生冲突。以上数事，除乾县红崖渡碍难照办外，兴市、关山等处，弟等当照来电办理。凡此皆临时办法，以为和平之先导。秦民甚苦，早在洞鉴，促进和平，是有责任。临电神驰，无任祷祝。弟于右任、张钫。江。印。等语。敬闻。于右任、张钫叩。支。

（《（民国）南北议和会议卷宗集成》第十二册，第5479~5485页）

赵又新致军政府总裁、部长电

（1919 年 4 月 4 日）

广州护法政府各总裁、各部长钧鉴：

叶军长荃删电谅达。叶军孤军深入，苦战几年，卓越艰辛，长驱直入，几达关中，近逼咸阳。不仅夺北廷之气，即于和议前途，大有关系。近为敌所乘，侵夺防地。似此阳托和平，阴谋侵略，恐碍和局。应请一面严诘北廷，务使遵约退兵，一面分电川陕交界之部队，相机驰援，以昭公理，而救眉急。至为盼祷。赵又新叩。支。印。

（《赵又新关心陕局电》，上海《民国日报》1919 年 4 月 19 日）

章士钊等致军政府政务会议电

（1919 年 4 月 4 日）

万急。广州军政府政务会议鉴：

总密。前准函称，议和办事处经费额定三千元，由尊处按月照拨在案。惟此间机关，为期甚暂，需款甚殷，一切事件关系重要，而对外联络尤不能不稍求周密，虽万分撙节，每月经常费亦需七千元，欧洲电费三千元，各分代表每人每月公费四百元，共一万四千元。所有详细预算，经同人认真核实，军府无论如何困难，务请决定如数电汇，否则办事处实无法维持。章士钊、胡汉民、缪嘉寿、曾彦、郭椿森、刘光烈、王伯群、彭允彝、饶鸣銮、李述膺叩。支。印。

（《唐绍仪发电稿》，《近代史资料》总 51 号，第 176 页）

战胜纪念画事务所致军政府各总裁等电

（1919 年 4 月 5 日载）

北京徐大总统、钱总理、各部总次长，广东各总裁，各省督军、省长钧鉴：各商会、省议会、教育会、各报馆，并转军、政、商、学各界均鉴：

此次协约各国以公理战胜强权，世界和平从兹永奠，洵亘古未有之盛事，亟应留一纪念为永久之观感，吾国既列战团，尤应竭诚表扬，以完天职。兹蒙卢护军使、陈交涉使、王道尹、沈知事、总商会、县商会、省教育会、寰球学生会，并北京梁参院长、王众院长等共同发起，复承冯前总统、陆议和专使、岑总裁、曹经略使、皖倪督军、鄂王督军、熊督办、姚监督、鄂议会暨当代诸巨公等先后慨助巨款，共襄斯举，爰就大战事报印制一种战胜纪念画，上绘中国古时最尚和平之周公圣像，出版后每张售大洋一元，所有售进之款，除提还成本外，概充休战后各地慈善之用，既可使吾国协同作战之精神宣示大众，而慈善事业并得藉资挹注。现值欧洲和会开始，正宜乘时发行，同人等自维棉薄，竭蹶堪虞，拟恳钧座准予提倡，俾兹盛举早观厥成。盖捐款多则印数增，而收入多则义举厚，目下协约国中尚无此项举动，人之乐善，谁不如我，一经出版，定荷欢迎。事关国际善举，可否俯赐赞助，以利进行，除另呈外，敬电奉恳，乞示遵行，临电不胜跂祷待命之至。谨电。战胜纪念画事务所同人叩。

（《战胜纪念画事务所通电》，《申报》1919 年 4 月 5
日"公电"）

湖北省议会致北京府院、广州军政府电
（1919 年 4 月 5 日载）

南北媾和，中外期望，倘任决裂，恐致危亡，栋折榱崩，小民甚惧。伏乞俯体舆情，促成和局，挽回劫运，康济群生。临电呼吁，无任惶悚。

（《湖北省议会密电》，天津《大公报》1919 年 4 月 5日）

许崇智致孙中山函
（1919 年 4 月 5 日）

智自三月三号由漳州出发，进取永春，德化、安溪相随俱下。于三月三十一号直抵安海，不及一月，闽南局势大定，此固属我将士之用命，亦闽南人欲脱离水火而急求我军援拯之效也。现在一切设施，悉本先生主义以为实践，恢复地方自治，即知事亦由民选，故地方人心极表欢迎；至我军诸将领亦无不服从先生之宗旨，而急求实行先生之主张者也。

（《国父年谱》，第 752 页）

唐绍仪致广州军政府电
（1919 年 4 月 5 日）

广州军政府政务会议鉴：并即代转参众两院、各省督军、省长、师旅长、各指挥、各督办均鉴：

总密。据张君衡玉东日由西安来电称各军退离战线，是陕战似

有结束。仅内顺舆论之要求，外应世界之需要，已定于月之七日先开谈话会，讨论和议进行办法。谨先电闻。唐绍仪叩。歌。印。

　　（《唐绍仪发电稿》，《近代史资料》总51号，第176～177页）

方声涛致广州军政府等电
（1919年4月5日）

广州军政府、莫督军、□督军钧鉴：

　　据职部第九旅旅长夏述唐呈称，该部在假排长黄孝臣，于三月三日在潮□属□都莲塘乡骚扰闾阎，肆行强劫，禀请究办前来。当经指令该旅，将该犯即日就地正法，以昭炯戒，合电奉闻。方声涛叩。微。印。

　　（《军政府公报》修字第六十五号，1919年4月19日，"公电"）

颜德基致广州军政府等电
（1919年4月5日）

十万火急。广东军政府、参众两院、各部总长，云南唐联帅，贵州刘督军，成都熊督军，资州顾军长，泸州赵军长，重庆王总司令、黄总司令，夔府王总司令、黎总司令，顺庆石总司令，苏县田旅长、卢副司令钧鉴：

　　叶军长删电，想邀洞鉴。北廷日以和议为饵，于陕西四面增兵，袭夺数十州县，屡次诘责，充耳不闻。陕西靖国各军，危如累卵。推其意，不尽剪灭我军不止。陕西既失，四川何有？战既不停，和于何有？彼既挺戈相向，我乃束手待毙，陕西义军若亡，吾辈宁独生乎？应恳钧府向北廷严责，一面饬援陕各军，大举出发。基愿身为先驱，效命疆场，直捣中原，以救危亡。枕戈以待，伫候明教。滇川黔靖国联军援陕第二路总司令颜德基。歌。印。

（《颜德基对陕事之义愤》，上海《民国日报》1919

年4月19日）

旅沪国会议员彭养光等致军政府各总裁电

（1919年4月6日）

广州军政府各总裁钧鉴：

此次西南倡义，海军、滇、粤迭有宣言，莫不以护法讨叛相提并论。盖毁坏约法之国贼，即称兵造乱之武人，叛贼不诛，国法永无获伸之日也。西南既本此主义而战，即当本此主义而和。查军政府所提之和议条项，本有惩办祸首及国会行使职权两端，实根据西南出兵主旨。唐君少川，既受军政府委任为和议总代表，自当依照钧府委托条件，提出和平会议，坚持到底，务达目的，方为尽职。乃开议两月，对于和议之主要条件，只字不提，用意所在，诚难索解。应请钧府速电唐总代表，如和议续开，应将前列条件首先提出，庶西南护法戡乱之目的，不至堕坏，冥冥为少数争权利者牺牲以尽也。万一唐总代表力持异议，不肯提出，惟有请求钧府撤换代表，以图挽救。西南是否义师，是否造反，争此一着。时机危迫，冒昧陈词，伏维谅鉴。旅沪国会议员彭养光、王试功、陈家鼐、张良弼、方潜、牟琳、张书元、张我华、周震麟、茅祖权、蔡汇东、居正、刘钦谟、李积芳、李锜、温世霖、李燮阳、谭惟洋、王法勤、陈荣广、张秋白、丁象谦、罗上霓、冯振骥、胡祖舜、姚桐豫叩。

（《先提主要条件之请求》，上海《民国日报》1919

年4月7日）

旅沪国会议员温世霖等致西南当局书

（1919 年 4 月 6 日）

（衔略）和会无补时局，徒为北庭愚弄。西南之具此诚，众著之事实，虽百喙无可解免者也。南代表灼知其无效，将欲假停议以促北庭反省，卒之四十八小时之通牒，仅博得伪内阁麻电之训词，南代表至此技穷，辗转蹉跎，遂成今日现象。我商民渴望和平，而又阻于苟且偷安之习，以为和会一开，即大事可了。至开议后如何结果，及条件能否实行，既无详审之观察，精密之判断。故纯取对岸观火之态度，事事皆置不问。北廷利用此心理，因亦以伪令敦促进行。此时和会续开，则一切皆同儿戏，而国事益以败坏。不开则又以阻梗和议，加罪西南。是北廷进退裕如，悉操胜算，遂令南代表益陷穷境。近闻南代表有全体迁入德总会之说，而北代表运动南代表秘密开议，主张议决后悉行公布，不问南北当局意见如何。惟恢复国会、惩办祸首两问题，无论如何，不能提出。南代表之意，亦以为惩办祸首，实际上既不能办到，即毋庸多此一举。即此可以知近日和会之趋势，而将来开议时之真相，以暨议决后之成绩，均可于此预卜之。

窃谓恢复国会，为此次护法主旨。无论南代表情愿牺牲与否，我西南诸省以及军府诸公，决不至揭去目标，俾自身失所依据。倘此项目的不达，是约法终失效力，大乱宁有已时。惟国会贵在行使职权，今祸首不除，即恢复有何用处？故两者直有连带解决之必要。至专言祸首问题，尤今日死生存亡之关键。此层办到，当然一了百了。否则虽开议百次，议决百事，仍一事不能实行。转不如解散和会，犹可别谋补救。盖诸逆坏法叛国，犹不过内乱范围，独一切卖国条件，其罪上通于天，凡在国民，义难共戴。今不能加以显戮，反任其凭藉外力，拥兵坐大。诸逆认贼作父，授人以柄，前以参战军诛锄异己，以致连年战祸，井里为墟，大局已不可收拾。今参战军一变而为国防军，再变而为边防军，美其名曰边防，其实则勾结全蒙，图谋独立，以实行效忠于某国，藉供其鞭策驱除之用。一方面则得陇望蜀，务求贯彻其武力平南政策。其在财政方面，则如参战借款、烟酒借款、凤凰山矿、水口山矿、城门山矿等，卖国举动，方日出而未有已。和会所以成虚设，条件所以难实行，陕战所以不停，统一所以无望，何莫非诸送横梗其间故。然皆祸之浅而易见者。他日满蒙沦胥，浸及内地，某国人反客为主，直将取而代之。正恐张邦昌之祸宋，李完用之亡韩，其流毒决不若是之酷。

　　故今日和会不开则已，若犹继续开会，决当取快刀斩乱麻办法，他条件均置缓议，专以惩办祸首为先决问题。祸首既除，其他自不难迎刃而解。今反对惩办者之说，万无充分理由，不过谓其事势难行，故不欲多生枝节。然试问和会条件，其未提出者勿论，就其已提出者言，果有一二能实行者否？其关于陕事者，实行停战也，恢复原防也，罢免陈树藩也。其关于国事者，取消参战军也，停支参战借款也，废止军事协定也，缓办八厘公债也，宣布一切密约也。是等在和平条件中所谓枝叶中之枝叶，且均经两方代表双方同意，乃不但一事不行，反因而变本加厉，此何以故？以祸首把持一切故。以伪阁曲庇祸首，且欲倚为奥援故。今日自跋扈军阀、腐败官僚外，其欲求永久和平、谋根本解决，殆可谓万目一的。乃对于祸首问题，独期期以为不可，岂真见不及此，毋亦意存避就，雅不欲彻底廓清已耳。北代表如是，南代表亦如是，此不能不令吾人触望者。代表不足恃，此问题遂搁置，惟有请军府诸公当机立断，速将此问题提交政务会议议决，迳电唐总代表提出和会。诸公如不以此说为然，是明知乱源所在，徒事因循敷衍，贻祸国家。他日步武三韩，举全国折入他族，诸公必有尸其咎者。假令军府交议，南代表避不提出，则是代表溺职，当另议撤回改组。假令南代表提出，北代表拒不同意，又或和会通过，伪内阁抗不执行，则是祖庇元凶，即与卖国贼同罪。又况徐氏柄国，其种种卖国罪状（如密约宣布中止，及密令梁启超潜赴巴黎组织中日委员会，谋不利于吾国等），屡〔见〕不一见，尤不当曰罪卖罚耶。应由西南通电中外，宣布和局破裂，一面申命前敌申罪致讨。诚如是则海内观听一新，时局将立生变化，以视泥首求和，其收效不可同年语矣。

今试就祸首问题发生以后，悬拟军事、外交、国民各方面情形如何，以坚诸公之信，而杜反对者之口。其在军事方面，此问题发生，得不能不诉之武力。顾卖国罪人有同恶，北洋派岂尽甘心从逆者，今有人明正其罪，彼中爱国自好之士，必多自拔来归，而逆党将因而解体。至长江三督暨湘省前敌将帅，凤表同情于西南，尔时将同举义旗，誓清畿辅。西南声势既在，逆党益寒，而大局不足定矣。其在外交方面，诸逆托庇某国，其见恶于外交团久矣。徐世昌谬袭文治面具，故不为外交团反对。其实徐既无统治能力，尤欲挟军阀以巩固地位，卒之阴战阳和，图穷匕见，时局遂益形纷扰。外人虽渴望吾国统一，早知祸首不除，即和平不能实现，特不便干涉内政，故仅以提出劝告而止。今由我严惩祸首，而其力又足以副之，其能得外人赞助，有不待再计决者。其在国民方面，南北是非，功罪昭然，久在天壤。而年来民苦兵革，武力派尤所嫉视。至所有生命财产，悉充诸逆贩卖品，率举以赠与雠仇，则尤疾首痛心不甘仆伏，徒以无抵抗实力，斯表面见为易侮耳。和会既开，将以出吾民于水火，而逆党蟠结如故，故尽人灰心绝望。今西南吊民伐罪，俾吾民生死肉骨全在此举，多助寡助，今岂异于古所云，愿诸公幸勿自馁也。是故军事、外交、国民各方面，其对于祸首问题，均可以推行无阻。此外，腐败官僚、跋扈军阀，以利害关系之故，与诸逆互相依倚，而又有外援可恃，与虎谋皮，自不免顽强之抵抗。然以当国民全体之反对，其寿命亦可逆睹也。和会不此之务，而徒取微物细故枝枝节节而为之容，与中流进退失据，已大隳国民之信用，而重来时局之胶扰。一误岂容再误，救正之责，端在我军府诸公。心所谓危，不忍不言，此区区所以不敢缄默也者。诸公其

有意乎，是则国家前途之厚幸矣。肃，此即颂

公祺

温世霖、李燮阳、张秋白同叩。

（《温世霖等声讨卖国贼》，上海《民国日报》1919
年4月7日）

泸县议参两会暨各法团致军政府总裁等电

（1919年4月6日）

政府各总裁，朱、唐两总代表钧鉴：

阅报，日本要求青岛胶湾及其附属权利，并强令我专使遇事先
商，既违公法，又蔑主权，恳请转电顾、王两使，毅力抗议，以维
国体。四川泸县议、参两会暨各法团叩。麻。

（《（民国）南北议和会议卷宗集成》第七册，第
2971页）

王正雅致军政府各总裁等电

（1919年4月7日）

北京大总统、国务总理、各部总长、参众两院，天津前黎大总统、
冯大总统，广东军政府各总裁、各部长、参众两院，各巡阅使、各
省督军、省长、护军使、都统钧鉴：各镇守使、各司令、各师旅长、
各省议会、教育会、商会、农会、各团体、各和平会、各报馆均鉴：

稀瓜抱蔓，国不国矣，节外生枝，愈紊愈烈，我南北当轴、我
代表诸公岂愿有此参商，望治太切，责难遂多。夫国曰共和，人曰
自治，再无有进于此者，英美经几许层累，始获此文明强升，而猝
履其颠，未有不眩且踣者。与其激烈，无宁从容，即如此次和议，

正待蹉议条件，忽因陕战先决问题，停顿瞬逾一月，来日大难，人不我待。此中机括，惟操之者过激，斯应之者愈难。本是同根，煎何太急，似不应过轶范围，单权势利。未食平和之福，已呈分裂之形，幸则为五季割据，不幸则为朝鲜颠覆，揆之改革之初衷，不刺谬乎！正雅国民分子，备位捍牧，自上海始会，日夕雀跃，以为阋墙之衅从此永消，不料阻力横生，浮议四起，自非秦人之视越人瘠肥，谁不戚戚于心？敢殚涕泣之忠，稍尽缨冠之义，我南北当轴、我代表诸公尚勉为其难，用大刀阔斧，以力促进行，布诚心公道，以偕之大同，我中华民国万岁，我代表诸公万岁。常澧镇守使王正雅叩。阳。印。

（《王正雅通电》，《申报》1919 年 4 月 10 日"公电"）

唐绍仪致军政府政务会议等电

（1919 年 4 月 7 日）

万急。广州军政府政务会议诸公鉴：总密。并即代转参众两院、护法各省督军、省长、各军总司令、总指挥、各督办、各师旅长均鉴：

今日谈话会认张瑞玑所来密电已足证明陕西实行停战。至参战借款、国防军、中日协约、八年公债等，从前只表决大体，须开会讨论，方有办法。讨论结果，决定于本月九日继续开议，谨闻。唐绍仪叩。阳。印。

（《唐绍仪发电稿》，《近代史资料》总 51 号，第 177 页）

夏述唐致广州军政府等电

（1919 年 4 月 7 日）

广州分送军政府、莫督军、南园营里方总指挥钧鉴：

报载潮州省议员张星槎等电控职旅警卫队排长黄孝臣挟枪纵

掠，请严命勒交按办等情。查此事发生于上月三十一号，本月一日晚即由职旅派员逮捕，四日即讯明就地枪决，以昭炯戒。除呈报及咨转外，恐省汕远隔，传闻失实，谨先电闻。旅长夏述唐叩。阳。印。

（《军政府公报》修字第六十五号，1919 年 4 月 19 日，"公电"）

杨虎致孙中山等电

（1919 年 4 月 8 日）

广州岑西林、各总裁、各总长、参众两院长、莫督军、翟省长、李参谋总长、□督办、蓝慰问使，上海孙总裁、唐总代表，《民国日报》转章太炎、汪精卫、胡汉民、张溥泉、孙伯兰、徐固卿、居觉生、黄子荫、赵菊椒、李征五、徐季龙、廖仲恺、戴天仇、朱执信、何雪竹、丁景良、邵元冲诸先生，云南唐总裁，南宁陆总裁、陈省长，贵阳刘督军、王总司令、李总司令，漳州陈总司令、阜总指挥、方会办，汕头吕总司令，永州谭督军、林省长、程总司令、唐总司令、谭联军总司令、张司令、马总司令、韦总司令、赵军长，重庆镇守使黄总司令、朱参谋长，万县卢副司令、田旅长、杨司令，宁远郭统领，雅州刘师长钧鉴：

虎一介武夫，罔谙大计。去岁奉命入川，督催援鄂，本讨逆护法之心，勉匹夫应有之责，德薄能鲜，时虞陨越。顷鄂西靖国军副司令牟鸿勋，以该军总司令蔡公被害，亟欲解除军职，亲赴法庭，用求伸雪，特率同将士请虎接任总司令，藉有攸归。正拟峻辞，而柏总指挥复以军府电令该军惊失主将遴员统率之责，及该军将士屡次请求之意，令虎就近接替，俾资维系。勖勉之外，责以大义，自顾何人，敢膺巨寄？惟念大局未宁，牟君去志又决，当此蔡公新丧，余众无依，若听其流离失所，不惟负蔡公经营之心，亦弱我军辅车之势，均难漠视。用是勉徇其请，暂以总司令名义，出予维持。并赓续蔡公在时成议，仍归湖北靖国联军黎公节制，以资划一。此举系为维持义军实力起见，一俟接替有人，即当还我初服。肃电奉达，不尽主臣。权领鄂西靖国军总司令杨虎叩。庚。

（《杨虎权领鄂西靖国军》，上海《民国日报》1919
年4月18日）

莫荣新致军政府各总裁等电
（1919年4月8日）

急。广州军政府各总裁钧鉴：翟省长、陈师长、沈、林、马各总司令、兵工厂马督办、财政杨厅长、警察魏厅长、李运使、江防申司令、海防办事所、高审检厅、电政刘监督、造币厂龚厂长，武鸣陆巡帅钧鉴：黄冈吕总司令、漳州陈总司令、诏安方会办、惠州刘总办，大良送顺德莫督办，虎门潘司令，韶州李督办、李代镇守使、朱师长、李旅长、南雄成司令，并送始兴杨旅长，阳江盛旅长，广东各局，送各镇守使、各关监督、各道尹、各县知事同鉴：

据粤赣湘边防李督办根源呈转，据代理滇军第三师师长兼代南韶连镇守使李天保电称：因操劳致疾，请开去职务，以资休养等情前来。查该代使积劳致疾，自应准如所请，开去代职，俾得安心调养。至南韶连地方，现有李督办驻在，足资镇摄，所有边防保境、整顿军队各事宜，均有李督办完全负责，其南韶连镇守使缺暂不另行委员，一切职务由李督办兼管，以专责成。至滇军第三师师长一职，经电请唐督军拣员接任，未到任以前，即由李督办兼摄，以重职务。希各查照，并希饬属一体知照。荣新呈叩。督军（印）庚。

（《军政府公报》修字第六十四号，1919年4月16日
"公电"）

唐绍仪致军政府政务会议等电
（1919 年 4 月 8 日）

广州军政府政务会议鉴：并即代转参众两院、护法各省督军、省长、各军总司令、总指挥、各督办、各师、旅长均鉴：

今日谈话会决定由青日起上下午开正式会，各项议题作一次提出，并闻。唐绍仪叩。庚。印。

（《唐绍仪发电稿》，《近代史资料》总51号，第141页）

程潜致孙中山函
（1919 年 4 月 9 日）

中山总裁钧鉴：

两电计均达座右。海上春和，伏维兴居纳祜。

此次护法兴师，非公首义南旋，焉得成斯盛举，此功为不朽矣。潜虽武夫，风闻大义，与公以精神相感召，非自今始。道途之言，或有失实，铄金之口，尤足寒心，我公如日月之昭昭，当早能谅察也。

和议仍在停顿，西南主持正义，断无终屈之理，惟望公等坚持初旨，万勿轻易让步。如果樽俎之间不能制胜，即不幸再以兵戎相见，咎有所归，吾党亦当有以谢国人也。此间有众数万，尚能戮力同心，粤中同志趣向略同。请告少川先生毋自馁，而堕奸人之谋，斯诸将士之所望也。

兹特遣敝部李秘书长隆建晋谒，详陈一切，伏乞纳教为幸。匆匆不尽欲陈，敬颂

钧安

程潜谨上　四月九日

孙中山批：元冲答，前电总望向全国公布取消，方免国人观听之迷惑也。

（《革命文献》第五十辑，第 423 页）

旅沪福建善后协会致孙中山等电
（1919 年 4 月 9 日）

北京大总统、钱总理、各部总长、福建同乡会转同乡诸先生，广州岑总裁、伍总裁、林总裁，武鸣陆总裁，云南唐总裁，上海孙总裁、唐总裁，福州经学会转绅商学各界均鉴：

窃自和议开始以来，南北意见已稍接近，顾以陕事，和议中止，一般舆论怒然忧之。考其原因，要在划界问题迁延过久，遂以酿成争端。

迩者，陕事渐有转机，而闽疆又形机捏［阽］。据南方将领迭次电称，划界一节，李督军公然拒绝，致漳、泉及上游一带彼此防线接近之点，冲突之机，在在皆是。粤军陈总司令、许司令，靖国军林、张各参谋既时有报告，李督军方面亦屡以南军进兵为辞，长此相持，冲突难免。万一因此重见干戈，非仅闽省受其惨祸，于和议前途更多窒碍，陕事不远，可为殷鉴。近虽由北军童、臧两司令与南军陈总司令直接接洽，然陕西方面其始何尝不由陈督军与于总司令相约罢兵而终至破裂，转移影响大局者。前敌将领，本同一局中之人，且时有顾虑之处，势非两军以外，南北另派专员监视，无以昭公允而促平和。

本会同人桑梓所关，义难膜视，爰开会议决，吁恳政府速派专员入闽，监视划界事宜。仍以北派萨督办镇冰、南派林总裁葆怿会同办理，最为妥善。萨、林二公，皆不在双方战线之内，迥非前敌当事者比，自能本其至诚，相与感召，使闽省兵祸得以缩短，和议前途得以猛进，则大局实受其赐，我福建三千万同胞尤同深感戴。敢以公意，迳行呼吁，务恳迅予施行，无任迫切待命之至。福建善后协会。佳。

（《旅沪福建善后协会关于闽省划界之通电》，上海
《时报》1919 年 4 月 11 日，"公电"）

年煊致孙中山等电
（1919 年 4 月 9 日）

百万万万万万火急。上海孙前总统、唐总代表、朱总代表及各代
表，通州张季直先生，天津黎前总统、冯前总统、熊秉三先生，广
东岑总裁、伍总裁、林总裁、各部总长、莫督军、省长、李总司
令、李边防督办及总指挥、国会议长、议员、胡汉民先生、汪精
卫、邹海汉［滨］、何士果、白楚香、田梓璧、张伯威、饶芙裳、
刘芷芬诸先生，四川唐总裁、熊督军，武鸣陆总裁，漳州陈总司
令，北京徐总统、钱总理、各部总长、段参战督办、国会议长、议
员、蔡子民先生及各省督军、省长、各总司令、各省议会、各和平
会、各报馆转我五族同胞均鉴：

窃自和会停议，危险至极，主战者则以非战莫能定国，虽至杀
人千万，竟成自杀之祸，有所不惜。主和者则以非和不克保民，免
使分离散四，将陷裂灭之忧，亦以为当如是。举国惶骇，莫知所
措。煊以为如是而战，战也不可；如是而和，和亦非宜。欲求正当
之解决，非如设总统多名不为功。诚以吾国地大人众，居处不同，
见地因之而或异，一有所激，各走极端，战祸从兹始矣。如能本此
主张，政体固然共和，政制实为合议，效美、法之精神，总统权力
不如民会，仿瑞士之制度，总统额定已有七人，集全国之伟杰，以
讨论于一堂，则如孙、如黎、如冯、如岑、如徐、如段、如唐、如
陆、如伍、如林及南北诸代表、诸将帅、诸督军、诸省长、诸名
流，凡有实力之首领，不患无权位以救国，责任同负，能力相维、
战何有哉，和斯得矣。故欲定国家久安长治之计，无以逾此。敢恳

国会改定约法或宪法及选举法，决定总统多名，组织行政议会，并五族同胞造如天之福，国民幸甚，国家〈幸甚〉。恳诸公一致主持，息战祸而救危亡，为幸甚。年煊叩。青（九日）。印。

（《解决时局之怪主张》，长沙《大公报》1919 年 4 月 17 日"公电"）

唐绍仪致军政府总裁电
（1919 年 4 月 9 日）

广州军政府总裁诸公均鉴：

准朱总代表函称：闽省划界事宜，军政府卅一戌电所开各节系李厚基支电以前之事。现在该省划界既由双方将领商定以鼓浪屿为会议地点，并准陈炯明复电照办，当可早日解决，毋庸推员监视等语。除电询陈总司令是否属实并应否推员监视外，谨此电请察酌。唐绍仪叩。佳。印。

（《唐绍仪发电稿》，《近代史资料》总 51 号，第 141 页）

林葆怿致广州军政府等电
（1919 年 4 月 9 日）

广州军政府、漳州陈省长、诏安方会办、黄冈吕督办均鉴：

葆怿兼任闽督以来，关于福建军务细心筹划。经派员前往前线，调查情形，现据布告，各路军情正在着手编制进行之中。怿因海军尚有手续未完，未能克日出发，致与国军诸多隔阂。兹在诏安先设立福建督军行署，特派本署参议任鹤年为行署主任，即日驰赴诏安组织一切。在葆怿未出发以前，俾易与各军就近接洽。其关紧

要事件，仍由该主任径电葆怿核办。并希转饬前线各军查照。特此
奉闻。葆怿。佳。印。

（《林督军设行署于诏安》，上海《民国日报》1919
年5月4日）

上海商业公团联合会五十五公团
致军政府政务会议电
（1919年4月9日）

广州军政府政务会议诸公鉴：

卅一电感悉。阳日和议续开，人心稍定。公团等无所偏倚，对
于陕事，痛陈北京政府，请其息兵保民，以维大局。切恳军政府垂
念战祸已烈，商困日甚，电致于总司令，速与张君瑞玑接洽，收束
军队。唐总代表为人民所信仰，仍请主持和议，以期早日和平。同
声感祷。上海商业公团联合会五十五公团叩。佳。印。

（《军政府公报》修字第六十五号，1919年4月19
日，"公电"）

蒙籍国会议员乐山等致孙中山等电
（1919年4月10日载）

广东护法政府各总裁、李协和先生、参众两院同人，上海孙中山先
生、孙伯兰先生、唐总代表、朱总代表及南北各代表，各省督军、
省长、各军司令、各省议会、各报馆、各团体均鉴：

各报喧传外蒙独立，野心家利用时机，将藉外力所训练之参战
军以平怀真，所谓扬汤止沸，为虎作伥者也。夫专制国家之统一以
威力，共和国家之统一以法律，民国肇造，五族平等，战［载］
在约法，炳若星日。徒以政府不道，暴戾恣睢，于五族人民所共守

之国宪则破坏之，于五族人民所公组之国会计迫散之，刚复［愎］自用，遂起内争，倒行逆施，浸成边患，分崩离析，责有攸归。欲求补救之法，应为根本之谋，诚能罢黜段氏，撤消参战处，使南北和平问题依法解决，成中华民国国家之自由意思，庶可完全实现，于外纵有边境少数不逞之徒，将为国人所共弃。议员等籍隶蒙族，代表民意，法律所在，生死以之，务望邦人君子勿受恫喝，勿堕诡谋，果釜以抽薪，自令出如流水，议员等愿负其责。蒙籍国会议员乐山、谏［谏］们［门］达赖、巴达玛林沁、讷谟图、金鳌昌、石凤岐、白瑞、恩克阿〈穆〉尔全叩。印。

　　（《蒙籍国会议员通电》，长沙《大公报》1919 年 4月 10 日）

熊克武致军政府政务会议电

（1919 年 4 月 10 日）

广州军政府政务会议钧鉴：

　　盐电奉悉。川边为国防重地，尤为蜀西屏障，边地有失，全局惶恐。克武回任以来，夙夜祗惧，无时不以边务为要。溯自民国元年以至今日，内乱迭起，番匪时动，以至边地日蹙，孽气愈张。曩以但为少数军队，今则不能不倾全力于北道，时势使然，非不知边患为重要也。今和议期中，正好乘机整顿，尽力经营。月前曾请军政府任命刘成勋为筹边处督办，将为筹略边宜，用资防守，而期实效。至边地恢复之责，陈使办理饷械□具，亦俟全力接济，并饬刘督办助援。军实既充，收效自易。本日接得该使来电，谓王团进攻理昆已经得手，番匪缴械投诚，获大炮一尊、步枪一百余枝等情。除由此间电复嘉奖，并饬积极进行外，特此电闻，希释廑念。克武叩。蒸。印。

　　（《熊克武报告平番》，上海《民国日报》1919 年 5月 5 日）

林葆怿致广州军政府等电
（1919 年 4 月 10 日）

广州军政府、漳州陈省长、黄冈吕督办、诏安方会办、漳州浙军陈旅长均鉴：

葆怿兼职闽督以来，实于前线民军，亟应收束，当即派员前往调查，兹已据事具报。查陶质彬、朱得才两部，业由陈省长改编驻闽粤军。其张贞、杨持平两部，经由葆怿商请方会办，派林参谋知渊前往改编为福建靖国军尚未据报外，所余护法军宋渊源一部，亟应派员改编。兹查有本署参义［议］孙葆蓉堪以派充，已饬其克日驰赴宋部驻扎地点，会同宋渊源妥筹收束。总期兵不求多，以地方之收入，与军队之生活，略能相抵，俾苏民困。一俟改编就绪，报告前来，再行派员接洽。除分饬孙、宋两员遵照外，合行电闻。葆怿。蒸。印。

（《林总裁改编闽义军电》，上海《民国日报》1919
年 5 月 3 日）

唐绍仪致军政府政务会议电
（1919 年 4 月 10 日）

广州军政府政务会议鉴：

总密。青日开会议，提出续议案六条：一、取消中日军事协约。二、裁撤国防军机关及所属兵士。三、参战借款不得提用。四、和平会议未终了以前，双方不得借入外资及发行公债。五、陕西问题。六、湖南问题。又案十三条：一、国会完全自由行使职权。二、实行军民分治，确定地方制度。三、废督裁兵，划分军区，厘定军制，实行征兵制，开通全国道路及修河道，以安插兵士。四、补充西南各省、各军及海军军费、军实。五、善后借款南北共同办理。六、输入外资，发展各种实业。七、军政府一切命令，认为有效。八、指定的款，实行强迫国民教育及鼓励社会教育。九、整理财政，免除厘金。十、贩卖人口、贩卖马啡、烟土、栽种莺粟及一切赌博严行禁绝。十一、惩办祸首。十二、省治安善后问题。十三、整顿海军问题。

北方提出者，第一条，军事问题：（甲）拟留军队之编制问题。（乙）额外军队之收束问题：子、裁减标准与其方法；丑、安插方法；寅、裁减时期；卯、裁减费用。（丙）军需独立问题。第二条，政治问题：（甲）军民分治。（乙）厘定地方制度：子、省之改革；丑、道之改革；寅、裁汰中央各署冗员，增设地方佐治官吏；卯、扩充全国教育；辰、推行全国警察。（丙）地方自治：子、县自治；丑、省自治；寅、振兴自治事务办法。（丁）发展国民经济：子、兴筑国道；丑、改革币制；寅、废除恶税；卯、革除条约及习惯上之束缚。（戊）善后借款问题：子、借款额数；丑、借款用途。

仪对于北代表所提出议题，均认为有成立之必要。北代表对于仪所提出议题，第一条改为国会问题，第七条认为与各议题有连带关系，俟各议题讨论就绪后随同商决。仪以为亦未尝不可。惟彼方对于第十一条，认为对人问题非本会职权范围，反足引起各方恶感，阻碍和议进行，绝对不容成立，如不撤销，其他议题均不肯议。仪按会议规则第三条：议题须由双方总代表协定。既一方不同意，只可作为一时未经协定，暂未成立，容俟后图。其余十二条，与悬案六条，均经彼方认为成立。结果，将双方协定之议题编为大纲六章：第一章，国会问题。第二章，军事问题。第三章，政治问题。第四章，财政问题。第五章，善后问题。第六章，续议案。所有节目，均分别隶属此六章大纲内。谨闻。至此次议题，系声明各守秘密，未议决之前，对外暂不发表。应否分电护法各省，请由尊处酌定办理。唐绍仪叩。蒸。印。

（《唐绍仪发电稿》，《近代史资料》总51号，第177～179页）

唐绍仪致军政府政务会议电

（1919 年 4 月 11 日）

广州军政府政务会议诸公鉴：

　　蒸日开审查会，讨论军事案，大致系厘定军费，改正军制。俟条文整理完竣，提出正式会讨论。谨闻。唐绍仪叩。真。印。

　　　　（《唐绍仪发电稿》，《近代史资料》总 51 号，第 179页）

林修梅致孙中山、唐绍仪等电

（1919 年 4 月 11 日）

孙总裁、唐总裁及南方各代表均鉴：

　　和会续开，大局解决有望。西南于陕事不加深究，且将各种条件一次提出，凡此可窥见各代表之用意矣：一表示南方让步，二要求从速以解决也。修梅之愚，以为此处条件，他事皆可伸缩迁就，然有三事为南方所必争者。谨陈管见如下：一、裁兵问题。南北双方自应有公允办法，斟酌地积、人口、财政、地势及其他特殊情形，同时裁减，勿徒顾目前。其参战军绝对不可使之存在，盖对内则违法，对外〈则〉贾祸也。二、国会问题。旧国会虽早期满，然法定手续因障碍而延期，毫无违法之嫌。如英国国会，因此次大战，延期至五年之久是也。北之新国会，为少数人违法私造，吾人决不能承认。故旧国会此后延期，非至依法选举之未来国会成立之日，不可解散。因此事一则为护法之最大标的，二则和会所议条件，不得此为监督之机关，无以督促其履行也。三、制宪问题。民国宪法，当使具民主之精神也。如谓旧国会有制宪权，其事庶几所之。民国八年，大乱四见，虽其原因复杂，不可尽举，而约法在事实上不能完备国家根本法之资格，害其最大原因。如经和议确定，旧国会司制宪之任，且限以相当之期间，必有成效可睹。夫如是者，名正言顺，且不予北庭以难堪。又，此等重要条件一经确立，即其他局部问题，皆可为适当之应付。务望两公贯彻初衷，力争此点。即令和议不成，而至于再战，胜负固所不计，而吾人亦有词以谢天下也。谨献愚情，以备采择。林修梅叩。真。

　　（《林修梅以三事告和会》，上海《民国日报》1919
　　年 4 月 21 日）

刘显世致军政府各总裁等电
（1919 年 4 月 12 日载）

广州军政府各总裁、各部长、莫督军，武鸣陆总裁、谭督军，云南唐督军，成都熊督军鉴：

　　干老庚电奉悉。年来国家多故，干老以南天硕望，砥柱中流，凡在军民，同流钦仰。久劳苶虑，枕席未安，惟以安危所系之身，一旦引退，动摇实多。风雨不时，何可杜门静养？凭藉声威，已足拨乱。务望干老顾念国家，力膺艰巨，提携袍泽，贯彻初衷。并乞诸公一致挽留，以安大局为幸。显世。印。

　　（《刘显世慰留陆总裁》，上海《民国日报》1919 年 4
　　月 12 日）

唐绍仪致军政府政务会议电
（1919 年 4 月 12 日）

急。广州军政府政务会议鉴：

　　真日开会，讨论财政案，议决大体三条：一、改革币制，催促进行。二、免除厘金，赶速交涉，实行照约加税，并筹抵补办法。三、商改条约及惯例上之束缚。俟起草完竣，即提交正式会议决。谨闻。唐绍仪叩。文。印。

（《唐绍仪发电稿》，《近代史资料》总 51 号，第 179 页）

唐绍仪致军政府政务会议电
（1919 年 4 月 14 日）

广州军政府政务会议鉴：

总密。刻已开始审查关于补充西南各省各军军费、军实及地方善后问题。军府、国会款项若干，未据列来，无从臆测，请急电复。又如辰州田、张、胡、林、谢各总司令，溆浦周总司令，夔州黎联军总司令、唐总司令、柏总指挥，豫军王总司令，巫山王总司令，漳州陈省长，诏安方会办，黄岗吕督办，韶州李督办，广州李参谋长等，各军均未将详细数目及条件函知，是否并入各省汇报，无从悬揣。希即分别飞电催问，迅即迳复敝处，以凭核办。唐绍仪叩。寒。印。

（《唐绍仪发电稿》，《近代史资料》总 51 号，第 179 页）

蔡济民追悼会事务所致军政府各总裁等电
（1919 年 4 月 16 日载）

广州国会、军政府各总裁、部长，云南唐总裁，贵阳刘督军，成都熊督军、杨省长，重庆黄总司令，夔州黎总司令并转湖北同人均鉴：

鄂西靖国军总司令蔡公济民，辛亥首义武昌，功在民国，护法军兴，间关回鄂，纠集旧部，响应鄂西，艰苦备尝，大功未竟，遽饮贼刃，噩耗传来，薄海同愤。现由旅沪同人于本月二十三日

□□□时，在沪法租界尚贤堂开会追悼，礼成特闻。蔡公追悼会事务所叩。

（《军政府公报》修字第六十四号，1919 年 4 月 16

日，"公电"）

全国和平联合会致广州军政府电

（1919 年 4 月 16 日）

广州军政府钧鉴：

闽、粤毗连，向无畛域，不幸南北构兵，闽江上下游土匪乘机假借名义，大肆掳掠，民穷财尽，无以聊生。闻双方驻闽军队约及八师，而汀漳龙一道及建安道一部约二十余县，挨户分派军饷，至再至三，土匪烟苗，所在皆有，赤地千里，民困日深。闽本瘠区，曷能堪此。日前，上游仁寿分县为匪所劫，亦系假借粤军名义，下游因双方兵士儿戏之争，□［致］启大衅。此均停战后之行动。长此相残，何日得了。今和会既开，一切尽可解决，务恳钧座体念闽困已极，俯准撤回前敌军队。除另电北京政府外，合应吁恳，迅赐施行，闽民幸甚。全国和平联合会叩。铣。

（《和平联合会十九次评议会》，《申报》1919 年 4 月

18 日）

唐绍仪致军政府政务会议电

（1919 年 4 月 16 日）

广州军政府政务会议鉴：

连日会议情形，经已电告。计军事、财政、自治各案，彼此当无大出入，易取一致。惟法律案第一目，提出以国会完全行使自由

职权问题，北方代表即抗议改为国会问题。默察彼方情形，恐不能同意于我之主张。而此案为彼此争持之要点，内外注目，万一正式讨论及此，意见抵触，强硬到底，恐使和议不能进行。而抛弃主张，则重违护法之本旨。究竟应如何对付，关系最大。请由军府确定方针，拟示办法，专候速复，俾有执持。无任盼切。唐绍仪叩。铣。

（《军府坚持议和大纲》，上海《民国日报》1919 年 4 月 29 日）

林修梅致孙中山函

（1919 年 4 月 16 日）

中山先生钧鉴：

前奉钧示，敬悉种切。此次和议再开，固为举国上下所希望。昨读唐总裁电称，会议方式略有变更，即将各项条件一次提出，并于两周间解决宣布等语，恐亦未易办到。修梅以为议决不难，而履行为难。现闻北廷已有不信任朱某风说，夫以朱某素行证之，岂肯真心倾向南方；其表面倾心南方者，未必非北廷诡谋也。或将来议决条件，北廷以不信任朱某为词，不肯一一履行，实不能不有方法以对待之。

至如裁兵问题、国会问题、制宪问题，关系重要，万难迁就。昨已就愚见所及，电恳钧座坚决主持。万一因为和议决裂，则是衅由彼开，此心只求告无罪于国人，胜败所不必计也。

郴地交通梗塞，于大局变迁情形，往往不得其详，尚乞随时指示，俾有遵循，无任企祷。专肃，敬请

钧安，伏惟

垂詧不宣

林修梅谨上　四月十六日

（《革命文献》第五十辑，第 423～424 页）

王正廷、伍朝枢致军政府总裁、国会议长电

（1919 年 4 月 16 日）

政务会议诸总裁并国会议长均鉴：

儒密。我国主张废除廿一条，几经研究，始于日昨提交大会，但非英、美、法、意诸当局之赞助，仍必难达目的。因与某国利害相反，阻碍技俩，不可究极。然求各国赞助，须设法使其不能不表同情。务请诸总裁以个人名义，并国会以国会名义，迅速分电美威总统、英首相阁意佐抃，须用英文，法总理克雷孟索、意首相欧兰度，须用法文，请其主张公道，维持中国主权。盖此种密约，不但为我国生死存亡所关，且为破坏世界和平之滥觞。即一则与威总统十四条之宣言冲突，二则与国际联合会之宗旨违反。时机迫切，稍纵即逝，特急电闻。该电请直接寄巴黎和会。廷、枢叩。铣卅二。

（《北洋军阀史料·吴景濂卷（三）》，第 322～323 页）

上海商业公团联合会致军政府总裁电

（1919 年 4 月 17 日）

广东军政府总裁诸公鉴：

报载北方张奉督又有在津集会之说，适值和会赓续开议，恐其横生枝节，元日专电北京政府，痛陈武人干政之害，不宜再任违法横行。正拟录电奉达钧览，藉资借鉴，乃昨阅各报林、莫、吕、李、方、李、程诸公致唐总代表佳电，有令人不可思议者，今特表而出之。其首述干戈相寻，饥馑荐臻，民不聊生，椎心泣血。读之怅触。次述武人干政，政变动兵，负固割据，成为风

气。诚哉是言，深佩名论。末述对于将来尤当确立军事中坚，共图改善，凡此问题除军人自身解决外，绝无救济之方。读竟不胜诧异。

窃思军人以服从命令，捍卫国防，为唯一之天职，世界一律，当为国人所深悉。佳电末述所云，似异日拥兵自卫，已意在言外。反复前后，实多矛盾，公团等窃以为非是。溯自改革以来，变乱相寻，政治果属不良，要皆军人跋扈，动辄干政，可无讳言。国人饱经世变，谈兵色变，和会续开，望治正殷。今读佳电，措词闪烁，群起注目，外人訾议，更不待言。

公团完全商业，不偏不倚，但期息兵安民，早奠国是。应请转达佳电诸公，捐除成见，勿作拥兵自卫计划，即是共维和局。且西南护法以来，悉索殆尽，粤虽富饶，今亦财殚力竭，滇桂瘠苦，久持非宜。并恳诸公一德一心，促进和议，速谋全国统一，俾可一致对外。迫切陈词，伏希采纳。上海商业公团联合会五十五公团叩。筱。

　　（《商业公团致军政府电》，上海《民国日报》1919
年4月18日）

唐绍仪致军政府政务会议电
（1919年4月17日）

广州军政府政务会议鉴：

今日东方通信社广州来电称，南方代表报告军政府协议变更所提出之条件，征求意见：（一）参战军拟改名而存置。（二）取消排斥段祺瑞事。（三）解散新国会，在南京开旧国会，制定宪法。依据旧选举法另行召集国会，选举总统。（四）内阁中加入南方派之总长三人。（五）确保滇黔方面重要人物之地位，补给军费若干。开列为五种，离奇怪诞，殊非事实。并云军政府于十四日开政

务会议讨论此事，不审此种消息从何而来。请切实查究。唐绍仪
叩。筱。

（《唐总代表辟谣要电》，上海《民国日报》1919 年 4
月 18 日）

唐绍仪致军政府政务会议电
（1919 年 4 月 18 日）

广州军政府政务会议鉴：

　　总密。军事草案已由审查会决定。兹将全文电达：军事案：军
兴以来，南北扩张兵备，数逾百万。所需军饷几及全国岁入三分之
二，以国家财力而论，实无力担负如此巨额之军费。现在南北妥协，
自应力谋收束整顿，以纾民困。兹定办法如左（下）：（一）收束限
度及时期：第一期，以民国六年六月全国之兵额为标准。第二期，
全国之兵额以五十师为标准，警备队在内。第一期自裁兵实行之日
起，限六个月内裁竣。第二期自第一期裁竣后限一年内裁竣。其裁
减方法以同一之比例行之。（二）收束费用：第一期所需费用，合
恩饷、欠饷等项计算，约计五千万元。第二期所需费用约计二千一
百五十万元。第一期内按照现在实支军费不敷之数，约计三千五百
万元。第二期内除第一期已裁之军队外，其余实支军费不敷之数，
约计二千万元。统计裁减费及不敷之数共约一万二千六百五十万
元。（三）军事委员会：由和平会议双方总代表各推四人组织，自
推定之日起，于若干日在北京成立。所有收束军队、厘定军制各
事，均由该会筹办。至该会详密组织，由各委员自行商订，俟军队
收束完竣即行撤消。（四）裁减军官、士兵。安插方法分为左
（下）列五项，统由军事委员会妥筹办理：甲、此次收束军队退职
之军官之优待。乙、改编工程队，设立全国土木工程局，修筑国
道。丙、浚疏河道。丁、屯垦〔垦〕。（五）前此由军事征调之各

处军队自应退回原防，俟军事委员会成立后，妥筹收束，分别办理。（六）军队收束后，厘定军制关系重要，由军事委员会妥为筹画，期于必行。兹将要目列左（下）：甲、实行征兵制。乙、划分征兵区域。丙、厘定统一军制。凡军令及军事行政统归参谋部、陆军部主办，各师、旅长官仅有统率、训束之职权。丁、规划军队驻扎地点。戊、军需独立。（七）征兵制实行后，另行规定全国之常备兵额，以财政案所定之军费为标准。

军事案收束费用说明书：第一期约计裁减七十师，约计官长三万员，每员给以三百元，合计九百万元；约计士兵七十万名，每名月饷平均八元，欠饷、恩饷各以三个月计算，每名共约五十元，合计三千五百万元；预备费六百万元。以上三项，共计五千万元。第二期约计裁减三十师，约计官长一万三千员，每员平均给以三百元，合计三百九十万元；约计士兵三十万名，每名月饷平均八元，欠饷、恩饷各以三个月计算，每名共约五十元，合计一千五百万元；预备费二百六十万元。以上三项，共计二千一百五十万元。查最近预算，全国全年岁入共计三万七千万元，国债、政费二项共需二万五千万元，所余以充军费之数，仅一万二千万元。现在全国实支军费约需二万六千万元，比较不敷之数约计一万四千万元。第一期约计裁减七十师，需时六个月，即于该期内分月递裁。其不敷军费，平均以三个月计算，尚须补充之费三千五百万元。至第二期，除第一期已裁之七十师外，所余军队八十师，限一年内裁减三十师，即于该期内分月递裁。其不敷军费平均以六个月计算，尚须补充之费二千万元。

　　附：本案所列全国军额一百五十万人，系假定之数，俟军事委员会成立后，派员检查各军确数，或不足假定之数，亦未可定。一师之中人数不足，亦未可定。其有自报成军，有兵无械，甚至无兵者，均不能按照本案所定裁减之数发给。以上三端，应由军事委员会特别注意。本案所列收束军事费用内，发给裁减士兵欠饷、恩饷二项，系就全国军队平均约计。至各处军队入伍年月，各有等差．欠饷多寡亦有不同，应由军事委员会确切调查实数，分别发给。设本案所定收束经费不敷支付，亦应统计各军欠饷、恩饷平均支配。惟此案未付正式大会，双方绝对互守秘密，万勿对外发表。至应否电知护法各省，请尊处酌核办理。唐绍仪叩。巧。印。

（《唐绍仪发电稿》，《近代史资料》总51号，第180～182页）

蔡大愚致孙中山函

（1919年4月18日）

中山总裁阁下：

敬肃者：日前邮上一函，谅达钧鉴。今当欲和未决，欲战未能之际，前途如何，尚难逆睹。然愚以为真共和能实现与否，固不在此和议之成与不成也。夫民德不厚，无真共和。政家斯言，至今益信。而养成一国民德者，即政治上之教育、实业、保卫三作用，此三作用得，则国强富，三作用失，则国乱亡，岂有他道哉。嗟乎！我国今日政治经一番变动，道德则深一层堕落，国家多有一机关，社会则多增一纷扰，谁问政治作用，惟逞个人野心，无论南北，恶劣均等。而善良分子既不多有，再加以洁身自好之念，更益以凌轹倾轧之风，存者晨星。即使就官，正不胜邪，一筹莫展，亦终等于无而已。今人多责北方无诚意而言和，虑和议之难成。愚请退一步言，即使北方出于诚意，而议决条件又万分美满，试问能保证其切实执行者究有谁耶。故吾人欲国不亡，宜另筹所以能实现真共和者，此次和议之成与不成，固无重要关系也。兹以管窥之余，特上数行，愿我公垂察主持，岂仅国家之幸已耶。临颖仓卒，不尽欲陈，倘不恳弃，时赐明训，无任翘企。敬颂

伟祉，诸希

垂照

　　如得赐复，即拟来沪一行。又及。

　　　　　　　　　　　　蔡大愚谨肃　　八年四月十八日

　　孙中山批：不答。俟书出版，可寄一本去。

　　　　　　　（《革命文献》第四十八辑，第 309～310 页）

海康、徐闻两县商民致广州军政府电
（1919 年 4 月 18 日）

军政府、督军、省长、报界公会鉴：

　　海、徐盗匪现更猖獗，海属东海仔等处于三月十五日被焚，十三乡毙五十二命，掳男女数十人。四月四日徐属迈陈墟一带被焚三千余家，毙四百余命，掳男女百余人。各匪均用振武军旗帜，现有匪船多只常往来海、徐两邑港口，惟大股匪踪探在琼属澄迈之东水等港，集处民居周围约四十里。该处绅民非特不据情上闻，且有通匪窝赃包揽买卖情事。恳饬崖属镇道迅剿，并饬广利军舰速来缉捕，吁切。海康县保卫局长何□、海康南会长梁禹畴、劝学所长曾兆桐、徐闻商会长杨挺桂、劝学所长苏步濂暨两邑绅民叩。啸。印。

　　　　　　　（《粤闻纪要》，《申报》1919 年 4 月 28 日）

唐绍仪致军政府政务会议电
（1919 年 4 月 19 日）

广州军政府政务会议鉴：

　　总密。善后借款草案，已由审查会决定，兹将全文电达。善后借款案：民国以还，时事多故，外债递增，识者痛之，军兴之后，兵费浩繁，各省因军事，损失亦极重巨，自应力谋收束军队，兼筹安插善后之法。惟欲实行前项之计划，须先筹备经费。兵燹之余，疮痍满目，断难募集内债，拟照民国初年商借善后借款，分别用途，以资挹注。一面裁减军费，力求收支适合，庶几源流既清，财政可免破产之虞，国事自有转旋之望。兹拟借款条件如左（下）：（一）总额：借款总额以实收本国银元二万万元为准。收束军队费约须一万二千六百五十万元，建筑国道费约须四千六百二十六万余元，所余之二千七百二十三万余元，即拨充西南各省善后经费。再，前项总额，系实收银元之数，须先将外国货币折成本国银元，并将应扣之虚数除去，合成二万万元实收之数。（二）用途：借款用途分为三种：甲、收束军队经费（附表）。乙、建筑国道经费（附表，另有计划书）。丙、补充西南各省善后经费（附表）。上列甲项系为裁减一百师之用。乙项建筑国道，于安插退伍兵士之中寓扩张交通实业之意。丙项系为用兵各省善办筹后之需。（三）利息及期限：借款利息年息四厘五。至期限一层，按照民国二年善后借款分偿期限，参酌办理。（四）担保品：借款以盐余作抵。查盐务余款，每年约有四千余万元，足敷担保之用，自毋庸再以他税作抵。（五）稽核权限：稽核办法亦分三种：甲种用途；当提用借款，须将领款凭单经军事委员会及会计员签字后，将发款命令随同支票送交银行代表核对，再行提款。将来各军裁遣时，并由军事委员会监察员前往监视，以昭核实。乙种用途：当提用借款时，须将领款凭单经土木工程局长官及工程师、会计员签字后，将发款命令随同支票送交银行代表核对，再行提款。丙种用途：当提用借款时，由各省将领款凭单经财政部签字后，将发款命令随同支票送交银行代表核对，再行提款。军事委员会之会计员、监察员，土木工程局之工程师、会计员等，依事务之分配，应聘用外人时，俟借款时商定。（六）本案所开借款额数，均经确定用途，不得挪作他用。

所有近年来之各项垫款，如政府或银行团认为应即须借款偿还者，皆须另列一单，不在本案所开总数之内。本案所开借款用途，皆系分期提用，为时甚长。将来借款时亦应妥筹分期募集之法，以免募集之款存而不用，虚耗利息。民国二年大借款，汇兑亏耗，为数至巨。此次商借之始，即应妥筹补救之法。军事早一日收束，财政早一日舒展。如借款手续繁多，一时未能成集，应照第一次善后借款办法，先与银行团筹办垫款，以期拟办各事早为结束。

收束军队经费表：第一期裁减七十师，各费计洋五千万元；第二期裁减三十师，各费计洋二千一百五十万元。第一期实支军费不敷之数，计洋三千五百万元；第二期实支军费不敷之数，计洋二千万元。总计一万二千六百五十万元。

建筑国道经费表未定草：第一年修路一万六千〇三十八里，需费九千二百五十三万三千四百八十元；第二年修路一万五千七百十五里，需费六千七百四十七万四千四百五十元；第三年修路一万五千二百二十里，需费六千五百三十八万〇六百元；第四年修路一万二千四百九十里，需费五千三百八十三万二千七百元；第五年修路一万二千六百六十里，需费五千四百五十五万一千八百元。统上五年共修路七万二千一百二十三里，需费三万三千三百七十七万三千〇三十元。路工规模，至为宏大，所需经费亦极浩繁，虽拟分期举办，绝非一蹴可几［及？］。查此次借款总额不过二万万元，所有收束军队及各省善后经费，亦皆取足于此。故建筑国道一项，只能就第一年内所需之款，预筹半年路工经费四千六百二十六万余元。其余不敷之数，应俟路工兴筑之后，设法筹集，次第扩充，或募内债，或继续借款，届时再行酌定。惟各案经双方议定，绝对互守秘密，以后关于此等案，万勿对外发表。至应否电知护法各省，请尊处酌核办理。唐绍仪叩。皓。印。

（《唐绍仪发电稿》，《近代史资料》总51号，第182～184页）

许崇智致孙中山函

（1919 年 4 月 20 日）

先生钧座：

前奉教言，久思裁答，徒以军务倥偬，遂致阙然，枨触何似。仲元兄抵沪，报告一切，谅尘钧听。刻闽省亦经开议划界事宜，我军分左右翼：自泉州至江东桥一带为右翼，由竞存兄派员至鼓浪屿主持其事；自仙游至泰宁一带为左翼，由崇智来永安主持之。而总其成于竞兄。此后彼疆此界，毋相侵越。如天之福，斯民或得以休养生息，不再罹兵燹之灾乎。

惟就左翼崇智现在所部言，营号不下四十，除兵饷尚未清发外，每月只支火食费已达十万元以上，地方所入，不敷所出，困难万分，不堪言状。幸各官兵，深明大义，曲谅苦衷，第来日方长，必须设法以善其后，始为两全之道。闽属多山，交通不便，民生艰苦，已达极点。军事既藏，即要讲求民事，如何整饬吏治，如何安插游民，此则划界以后，所当亟亟者也。

此次西南护法，名义上滋多，实际上綦少，虽则武力终不胜法律，惟我国现在国民法律之思想薄弱，仍须恃武力为后盾。观北方某派之专横如故，夫己氏懵懂如故，西南各系，又复争权夺利，互相倾轧，名为护法，实则唯之与阿耳。

昔人谓读书真种子，不可令之绝，崇智则谓革命真种子，不可令之绝。崇智服从先生主义，始终如一，惟环顾西南真正护法之师，则我军几等于硕果之仅存，无论如何，亦必须设法维持。敢请先生就近商之少川先生，促其注意为祷。兹并托吴总指挥礼卿兄亲来，详陈一切，请垂询焉，谨此奉闻。敬叩
训安

许崇智再拜　中华民国八年四月二十日

孙中山批：元冲拟答以此后吾人之生存成功皆靠冒险，能之则

生，不能则死。

（《革命文献》第五十辑，第 223～224 页）

广东护法后援分会致孙中山等电
（1919 年 4 月 21 日）

上海唐总代表暨各代表、孙中山、孙伯兰、章太炎、徐固卿诸先生：

国会解散，中原扰攘，人民受痛，三载于兹。究其总因，在乎大法沦丧，以致政治出轨。今欲拯民水火，必先正本清源。法者国之纲，国纲不张，国必灭亡。乞公等遵守护法宣言，坚持到底，恢复国会，使得完全依法行使职权；惩办祸首，使即解职，受法律之裁判。国纲既举，其余问题，迎刃自解。若舍本逐末，枝枝节节而为之，不但无以解今日之倒悬，势必至纠纷益甚。况西南护法出师，掷头颅靡膏血，所争者法耳。务乞公等万勿畏难屈势，违背宣言，断送此几年护法仅亏一篑之前功。正义所在，后援必多，坏法营私，天人共殛。愿公等亟图之。广东护法后援分会叩。马。

（《护法后援会贯彻主张》，上海《民国日报》1919
年 4 月 30 日）

李述膺致军政府各总裁电
（1919 年 4 月 21 日）

广州军政府各总裁钧鉴：

顷接三原于总司令、张副司令电，文曰：军政府诸总裁钧鉴：陕西军兴，血战经年，赖各将士奋不顾身，始得支持至今，亟宜特颁荣典，以励士心。查陕西军三、四路司令曹世英、岳维峻拟请授为陆军少将，并加中将衔；六路司令卢占魁拟请为陆军少将；五路司令高峻拟请授为上校，并加少将衔；三路支队长王崇奉、杨忠，四路副司令田珏李，四路支队长冯毓东、邓宝珊、蒋世俊、康振邦，五路支队长赵树勋、日尚绵，六路支队长张威、武得功，及守乾县之支队长郭俊杰、王珏，均拟请授为陆军上校。如蒙俯允，请即日明令发布。其他出力各员，俟后续陈。乾县围尚未解，红星渡、关山、兴市敌仍增兵，特闻。于右任、张钫叩。等语。谨转奉闻。此次北方乘和屠陕，而我军犹未全覆者，皆惟诸将之力是赖。乾县守将郭、王二君，尤堪嘉赏。昨日得于总司令电称：接二将帛书，谓即令败至无一人一卒，亦必将靖国军旗树到底。如郭方刚有投降之事，则当即日与彼脱离关系云云。外报虽喧传乾县已归许、陈，实则千创百孔之乾城，二将迄今日尚为我死守。以此守义不屈，今世有几？窃为郭、王二将尤宜特褒，以励士卒。特贡数语，伏乞卓裁。李述膺叩。马。印。

（《李代表请奖陕将电》，上海《民国日报》1919 年 5 月 3 日）

王廷桢致广州军政府等电
（1919 年 4 月 21 日）

国务总理、各部总长、参众院，军政府、参众院，经略使、各巡阅使、督军、省长、各都统、各护军使、各镇守使、驻地各司令、各师旅长、各省议会、教育会、和平各会、商会及各报社公鉴：

林莫七公佳电、张靳两公皓电慨然于国困民病起于内争，内争之因肇于军人干政，是促息内争必使军政分轨而趋，各谋改革，尤以破除偏视先求统一为急务。既经同开和会，自有正当解决。合观两电，深切著明，瞭如观火。廷桢月前奉调来沪照料，正值和会停顿之时，奔走各方，唇焦舌敝，廷桢尤有不能已于言，而今日大势所趋，内困外忧迫于眉睫，允宜各从事实方面剖切分明。

盖议之云者，原为磋商之简文，并含互让之美德，既云互让，便当不走极端，既称磋商，无不可留余地。总之，以力所能到，情得其平，俾无损失于民，乃有利于国，在今日能提议，要思来日可执行，来日不能执行，何烦今日之提议？抱此宗旨，不惮聒耳。所幸诸公各具热心，观念皆一，和议亦已续开，内容如何本非军人所及知，自非廷桢所敢预，而日内所闻知有已付审查而尚待融洽者，是合龙之功指日可下。至于军政分轨，此义已如日月经天江河行地，及时改善，以固吾圉。

佳兵自是不祥，止戈正所为武，但得庶政毕举，外侮不乘，协力刷新，和衷共济，咸登乐利，安事纷争，确定中坚，速自反省。此则往复佳、皓两电，内外相维表示一致，推诚相见，实获我心。临电跃跃，伫闻明教。王廷桢。马。印。

（《浦口王廷桢通电》，《申报》1919 年 4 月 23 日"公电"）

曹锟、张作霖致军政府各总裁等电

（1919 年 4 月 22 日）

大总统、国务院、段督办钧鉴：各部院长、参众两院、步军统领、警察总监、京兆尹，各巡阅使，各省督军、省长、各总司令、各镇守使、各师旅长，承德、张家口、归化都统，上海卢会办，海军总司令并转各司令，浦口王巡阅副使，宁夏马护军使，库伦陈都护使，广东军政府各总裁、各部长、各督办，汉口、汕头、郑州各总司令、各总指挥，上海唐总代表、朱总代表并转各代表均鉴：

接读林、莫、吕、李、方、李、程诸公佳电，悚论危言，至为深切。忧内争之不已，致兵祸之侵寻，驯至途穷，国将不国。谓宜蠲除成见，促进和平，对于将来，更宜确立军事中坚，共谋改善。旨哉斯言！自国内交哄以来，固尝鉴于国势之危岌，人民之痛苦，辄欲有所宣言，而今叩以尽言者也。

军事、政治本不相蒙，权责各异，乃自改革以还，国基未固，政变相寻，始则政争，继以兵阸，遂致全国军人亦随政潮漩转而〈不〉能自已。厚集兵力，旷日相持，民力弹〔殚〕而财源竭矣。甚或各怀私见，罔顾公安，内乱亟而外患将乘矣。军人职守责重在国防，军政苟不统一，国家先承其敝。倘仍挟意气以干争，必各恃武装为后盾，长此扰攘，诚如来电所言，国将破产，民不乐生，瓦解土崩，危亡踵至。夫兵犹火也，不戢自焚，先哲有言，可以借鉴。诚能各思挽救，亟谋军政统一，则军事与政治自不至牵缀而混淆，庶可分轨而趋，徐图改善。今幸人心厌乱，国是协谋，速息内争，自有正当之解决，共御外侮，何有意见之分歧。凡我军界，自守天职，至与政治问题，截然两事，本无所谓政见，抑何能干及政权。当此和议期间，但有国家观念，亟宜开诚相见，消弭衅端，为目前救济之方，即为将来收束之地，而军事可独立于政治之外，各趋正轨，确定范围也。

锟、霖等庸愚无似，比年迭遭世变，忧患余生，所勉自惕励者，惟恪守军人服从之义务，更无成见之可言。但惕然外界潮流之激刺，知内争不已，实足以召亡，意气相乘，非所以谋共和之福，为国家服捍卫之务，亟须促息争端，速收统一，凡我袍泽，当表同情。幸闻谠论，实获我心，惩后惩前，共谋挽救。今特敬掬悃忱，尚祈一察，祗候明教。曹锟、张作霖。养。叩。

（《北方军人之表示》，天津《大公报》1919 年 4 月25 日）

柏文蔚致孙中山等电

（1919 年 4 月 22 日）

广州军政府岑总裁、伍总裁、林总裁、莫督军、翟省长、各部总次长、参众两院，上海孙总裁、唐总代表、各代表、章太炎、孙伯兰、张溥泉先生，云南唐总裁，武鸣陆总裁，韶关李印泉督办，南宁谭督军，漳州陈省长，诏安方总指挥，黄岗吕督办，琼州沈总司令，贵阳刘督军，郴州程总司令、林省长，辰州田、张、胡、林各总司令，溆浦周总司令，成都熊督军、杨省长、但师长、刘禹九师长、舒司令、各师长、各旅长，绥定马总司令，保宁陈副司令，顺庆石总司令，泸州赵军长，资州顾军长，重庆黔军王总司令、余镇守使、朱副司令、黄总司令、卢副司令，万县田梯团长，夔州黎联军总司令，豫军王总司令，施南唐总司令，西安转三原于督军、张会办、叶军长均鉴：

顷据汉口来人确报，彰德会议之吴光新于齐日回荆州整饬军旅，汰旧增新，由汉阳兵工厂运输枪支子弹甚多，开军事会议宣布宜昌以上不负责任，其重兵亦调集于宜都、枝江等处，盖有窥伺施、鹤，进据湘西，以达湘督之目的。窃查此次议和，本非段派所愿，则将来故意捣乱，自在意中。诸公高瞻远览，务祈思患预防，特此电闻，诸希鉴察。柏文蔚叩。养。印。

（《军政府公报》修字第七十三号，1919 年 5 月 18日，"公电"）

胡瑛致军政府政务会议函

（1919 年 4 月 23 日载）

敬启者：近闻广州某某等报载，敝军解除刘焕黎军事代表职务一节，有冒充代表云云。于事实真象似有未明，即于刘君人格名誉，不无有碍，未便默然。用特撮述大要，以明公是而免误会。

刘君湖南岳阳人，奔走国事有年。丙辰之役，树义岳州，曾任司令职，历任患难，备尝艰苦。凡属党人，共所审知。去岁由常返辰，由覃理明先生介见于瑛，晤言投洽，遂留共事。嗣以敝军僻在边远，于军府及各省交通既多阻碍，闻听深虞隔阂，谋派员赴粤治传达交际之事。刘君锐身自任，遂属以赴粤。未几奉军府电令各军遴派驻粤军事代表，复改派刘君为本军驻粤军事代表。各报竟云冒充，失事实矣。前者由广东寄到油印电文，系刘君署名，所言皆指摘谭前督事。旋又得粤友函称：刘君所发布印刷晶〔品〕，虽用个人名义，但既属贵军代表，易滋各方误会，似宜设法制止。当时瑛对于此事，以为无论刘君所言，是否无误，系另一问题，言论自由，未便率意干涉。

惟刘君身任职责，事前并未以所欲言者征瑛意见，取商进止，不能免逾越职任范围之嫌。刘君若以湘人资格而为此，固有正当之理由，但以方任军事代表而为此，则不能无阋墙致衅之惧。时值和议之始，大局所关，细端宜慎，不得已向军府解除刘君任务，亦深知刘君磊落光明，必能委曲相谅。且于刘君人格名誉，初不以此微有贬损也。乃各报以冒充代表加之，则关系于刘君名誉人格者至巨。况刘君夙著贤声，勇于任事，不虞之毁，固无所容心，而求全之责，瑛又岂能从而缄口哉。公谊私情，不能自已，谨胪始末，伏维鉴察，藉息浮言，用昭事实。

湘西靖国军第三军总司令胡瑛启

（《胡瑛致政务会议函》，上海《民国日报》1919 年 4 月 23 日）

旅沪国会议员彭养光等致军政府各总裁等电

（1919 年 4 月 23 日载）

广东军政府各总裁、莫督军，云南唐督军，广西陆巡阅使、谭督军，贵阳刘督军，四川熊督军，各省护法各军总司令，上海唐总代表、各分代表均鉴：

　　窃维陕西者，护法团体之一也。北廷攻陕，即系攻击西南，岂能诿为局部之战斗，与西南大局无关乎？易地而观，西南若于下令停战后，任攻北军占有之一区域，北廷必加我以破坏和议之罪，衣裳之会，立化兵戎，岂尚有调和商量之余地？乃我不敢施之于彼者，彼乃悍然行之。军政府不于和议未闻之前，阻止北军之入陕，仅以陕事列为和议先决问题。陕省战祸，军政府已不能辞其责矣。

　　方谓和议开始，藉代表诸公之力，或可挽救桑榆。乃二月十三之停战命令，朱启钤之负责宣言，皆成诈骗。陕战剧烈，反甚于前。于是有四十八时之通牒，北廷竟置不答复，攻陕之举，着着进行。停顿月余，又复开议，陕省事件，早已置之脑后，□同仗马寒蝉，先决问题，归于不决。最近又有乾县陷落之耗，陕战至今未停，既已千真万确。乃坐视北廷之屠戮剥割，以为义所当然，不识我军政府总裁、总分代表及西南当局诸公，将何辞以谢陕人，更何颜以见天下人也。违约攻陕，本应科徐世昌之责任，代表诸公不敢指斥徐氏，所要求者不过撤换陈树藩，至今则并撤换而不敢言也；要求退还侵地，至今则并退还而不敢言也。朱启钤所负之责任安在？四十八时之效力何存？诸公乃装哑装聋，一听北廷处置，是陕人不负西南，而西南竟弃陕西如敝屣也。曾亦知陕省为西南之屏蔽，陕省不保，祸必及于四川，次及于滇黔两粤，北方军人苟鉴于西南之牺牲陕西，视同秦越，向义之士，谁不寒心？万一北廷怙恶，再有乱国行为，谁肯附和南方，自取覆败？合北方十数省之力以临西南，恐西南亦不得高枕而卧也。

　　养光等自始至终认定，陕西为大局全部之关系，更认定攻陕之举，为徐世昌之主谋。此次讲和，苟承认北军之攻陕，不谋一正当之解决，则是卖陕西以结欢徐氏，虽博取一时权利，其能逃天下后世之讥乎？心所谓危，难安缄默，不自知其辞之戆也。旅沪国会议员彭养光、牟琳、李燮阳、陈荣广、岳秀夫、张秋白、唐玠、黄汝鉴、袁彭臣、彭介石、王法勤、何陶、高旭、李锜、王试功、李积

芳、陈九韶、温世霖、茅祖权、丁象谦、姚桐豫、杨肇基、裴廷
藩、杨铭源、刘成禺叩。

（《旧国会议员对陕事之愤慨》,《申报》1919 年 4 月
23 日）

张作霖致军政府各总裁等电
（1919 年 4 月 23 日）

大总统、国务总理、段督办钧鉴：各部院长、众参两院、各省督
军、省长、各巡阅使、经略使、各都统、各总司令、各师旅长、各
护军使、各镇守使、海军各总司令、军政府各总裁、各部长,各督
办、黄州、汕头、潮州各总司令、各总指挥,上海朱、唐两总代
表、各代表均鉴：

接读林、莫诸公佳日通电,展诵之余,不禁拍案叫绝。民国成
立,八载于兹,四民痛苦,万姓疮痍,蒿目时艰,我心如捣。推原
其故,实由法治未立,内乱相寻,号令纷歧,事权莫属。军人不知
治体,乃挟武力以侵权,政界虽有完人,群慑兵威而不出。相沿既
久,权责混淆,政治不能进行,民生永无乐利,国本未立,奚以能
存,瞻念前途,不亡何待。作霖以为军政之轨不分,天下永无宁
日,此中症结,早彻隐微,口每欲言,迄不能达。今幸诸公通电宣
示,剀切著明,崇论宏词,洞见肺腑。作霖不敏,取诹所见略同,
愿以片言与诸公证袍泽之亲,即为国家谋太平之策。从此内争永
息,和局促成,军事修明,政治稳进,权不相扰而义益相亲,力戒
相持而事图相济,南北自成一家,天下皆吾袍与,自经此次之宣
誓,复何成见之可言。区区此衷,统希垂察。除养日已由曹经略使
主稿,作霖附名,另电奉达外,不尽之义,用再布闻。张作霖。
漾。印。

（《一九一九南北议和资料》, 第 313 页）

旅沪国会议员彭养光等致军政府诸总裁函

（1919 年 4 月 24 日载）

护法政府诸总裁均鉴：

前者政府报告国会所定议和条件，最重要者有国会完全行使职权，及惩办祸首二款。南方代表受任莅盟，折冲樽俎，自应服从护法本旨，将此二者首先提出，据理力争，不能高下在心，起灭任意。乃唐总代表自和会开幕以来，始以参战军等六事而停议，继以徐世昌之一令而继开，停议三十余日，未闻有一正当言动。续开以后于前之六者不加救正，坐令陕西益形糜烂，参战军日事扩充。而于国会及祸首二案，祸首仅提卖国一端。日所与北代表秘议者，始为裁兵，继为财政，今且议及交通，是以将对等会议变为善后会议，更由善后会议变为各部员司会议矣。

以护法之总裁，受议和之大任，而抛弃本旨，于国会不闻坚持，隐以北方意旨为意旨。于祸首仅提卖国，羌无主名。而于肇乱僭立之罪，不置一辞。卖国一端，亦仅有是标题，以涂饰西南观听，并未列入议案。今日东方通信社，电传南代表报告于军政府之变更条件，有参战军改名存实，取消排斥段祺瑞，国会仅于南京制宪，及以南方派三人加入北京阁员等项。唐总代表认为离奇怪诞，发电辩明。彼通信社者有闻必录，所传虚实，吾人无须深考。而按诸事实，参战军名实俱存，段祺瑞盘踞未去，唐总代表未有一语纠弹，是排斥一事，实际业已取消。至国会南京制宪，制宪后即行取消，及南方对国会让步，北方以三总长相酬等说，此间曾盛传一时。胡代表汉民且谓买空卖空者，实有其人。近据唐总代表答中美通信社语，谓有人主张国会在南京制宪，北方亦不乐从云云。夫言有人者，非南方代表而何？可知南方代表团中，已有俯从南京制宪之意，不过北方尚未领受盛意耳。是则唐总代表之所谓离奇怪诞，不啻自述供招，和议之效，盖可逆睹。奸凶恣行，至于此极，真令人发指矣。

窃思西南用兵数载，牺牲无数财产生命，既宣言为护法讨逆之主义而战，当然本护法讨逆之主义而和。盖同一国法之下，法统一乱，不可复正。假使合法国会不能行使职权，则此后无论产生何项法律，组织何项机关，皆与僭伪同一统系，何以为治？至若祸首，本累犯肇乱、僭立、卖国三罪。政府诸总裁，既同心合力宣言戡乱于前，复拟议一致提出惩办于后，祸首不惩，诸总裁何颜与同中国？况肇乱僭立，害中国家，媚外卖国，祸且灭种。苟非丧心病狂，冀藉和议博取金钱贿赂，而备为犹太富人者，孰能睹亡国灭种之祸迫于眉睫而不知挽救哉。诸总裁宜执行职权，重申大义，严督唐总代表等，于国会及祸首二案，责其坚持，无丝毫让步余地，以贯彻之初旨，而挽救危亡。就使和议破裂，曲直自有分辨。如诸代表苟且诿缩，以交换个人权利为重，以贯彻护法大义为轻，自非通款敌人，即属有负委任。琴瑟不调，改弦而更张之可也。通敌卖国，执法以严惩之可也。自非然者，诸总裁远在粤中，不加纠察，以为付托有人，听其颠倒，则进行所届，必无良果。此和议者，即悬挂白旗，投诚缴械之代名耳。诸总裁以护法讨逆始，而以毁法附逆终，土匪之诬，且将百口莫辩，俘虏之辱，亦将身自受之。

诸总裁果忠于国家，忠于约法，兼为自身名誉计者，当念大法不可倾废，国会不可夭殇，祸国罪魁在所必除，护法宣言无从反污，始终一致，坚持到底。否则出尔反尔，始强终懈，诸总裁他即不计，其如自身人格何！

旅沪国会议员彭养光、牟琳、李燮阳、陈荣广、岳秀夫、张秋白、唐玠、黄汝鉴、袁弼臣、彭介石、王法勤、何陶、高旭、李锜、王试功、李积芳、陈九韶、温世霖、茅祖权、丁象谦、姚桐豫、杨肇基、裴廷藩、杨铭源、刘成禺全启。

（《国会议员致军政府函》，上海《民国日报》1919
年4月24日）

汪精卫致军政府政务会议函

（1919 年 4 月 24 日）

政务会议列位先生钧鉴：

　　三月初八日自上海出发，有会书报告，想已达览。兆铭于四月初二日抵美洲三藩市，登陆候船，至二十三日始得趁船赴法，大约九日之后可抵巴黎也。

　　在美洲前后二旬，谬承华侨全体非常欢迎，兆铭与之祥〔详〕述政府护法始末及外交情势，皆激昂慷慨，愿为祖国效力，为政府后援。美国舆论对于中国甚表同情，而于中国在欧洲和会之要求，尤愿加以援助。二十二日，美国泰晤士报登载欧洲和会消息，谓前年英、法、意曾劝日本导引中国参入战团，日本以各国承认其在山东胶州湾之要求为条件，各国已一致承认，惟美国始终未尝与闻，因此美国大总统威尔逊极不谓然云云。此消息传播，美国舆论甚为激愤。有中美协进会者，为中美有名人士所发起（前中国财政顾问精琦氏，亦在其内），某夕邀兆铭演说，陈明真相，即以中美协进会名义发电巴黎和会，为中国声援，亦可见美国感情之一斑矣。由此可知中国前年加入协商，实为图存之要着，所憾者北京政府不知顾名思义，不于此时并力对外以争自存，反假参战之名行内乱之实，自取危害，诚可哀也。中国前年加入协商出于独断，非有待于日本之怂恿。日本不惟不怂恿，且加以阻挠。乃于中国参战以后，犹复因以为利，攘以为功，情实具在，难逃公论，必不至如中国中立时代，日本得监制中国亲德为名，以遂二十一条之要求，而各国亦受其欺也。

　　此间中外人士咸盼中国和议早就，护法之目的早达，庶几内治外交同时刷新，应于世界之大势，以谋进步。遥想左右忧劳国事，盱衡世变，必有以副薄海云霓之望矣。谨此陈述，即请

道安

惟照不宣

汪兆铭谨启　四月二十四日大西洋舟中

（《汪精卫函述外交状况》，上海《民国日报》1919
年7月8日）

旅沪湘籍国会议员陈九韶等致
广州军政府、参众两院电
（1919年4月24日）

广州军政府、参众两院诸公鉴：

张敬尧既向美商订购大宗军械，复将长沙商埠抵借日债四百万
元，闻北政府业议决准行，且与张分用。议和期间而有此举，实属
有意破坏。又张于其统辖不及各县，委员权驻他县代办省议会选
举，藉图制造民意，尤属藐法横行，湘人纷电阻止，彼竟悍然进
行。恳迅电和会转诘北政府，务饬张立将购械借款及非法选举根本
取消，以纾湘祸，而保和平，至为祷盼。旅沪湘籍国会议员陈九
韶、罗上霓、李锜、何陶、李积芳等，省会议长彭兆璜、副议长廖
燮、省议员萧翼鲲、陶懋颐、杨道馨、谭炳鉴、罗良干，湖南善后
协会会长聂其杰等叩。敬。

（《湘人抗议张敬尧办选举电》，《申报》1919年4月
25日）

王安澜致孙中山等电
（1919年4月24日）

万万火急。广州军政府各总裁、各部长、参众两院，武鸣陆总

裁，云南唐总裁，上海唐总代表、孙总裁、章太炎、汪精卫、孙伯兰、熊秉三先生，南京李督军，武昌王督军，南昌陈督军，广州莫督军、李印泉总司令、吕督办、方会办，漳州陈省长，南宁谭督军、陈省长，贵州刘督军，成都熊督军、杨省长、萧总指挥、但、刘、吕各师长，泸州赵军长、顾军长，重庆王总司令、黄总司令，顺庆石总司令，绥定颜总司令，永州谭督军、程总司令，辰州田、胡、林、周各总司令，夔州黎总司令、王总司令，施南柏总指挥、唐总司令，巫山颜师长，各省议会、各商会、各报馆均鉴：

敝军前奉唐联帅停战议和电令，着本军严守原防，静待后令。遵即严饬所属，如命办理，未敢稍有逾越。讵料陈逆树藩、刘逆存厚心存狡诈，利用停战期间迭次向我攻击，当即电呈联帅。继又接熊督军转奉军政府电令，按照江苏李督军所拟停战办法五条，陕南、鄂西查照第三条办理，由双方将领直接交涉，划分区域。安澜迭次派员与彼交涉，玩延月余，抗不答复。迭据探报：段氏以奉豫晋陕甘数省之军，围攻于、叶各军，至今数月，未曾息战；而陈逆复□出陕省张仲人之一旅，及其督署卫队二营□赴陕南；刘逆存厚已得段氏枪械子弹补充甚巨。陈、刘等竟于本月□日三路由汉阴向我紫阳、砖坪□□，一路由兴安向我平利攻击，并派一部分由竹溪向我平利后方兜逼，数面猛攻，激战甚烈。虽彼等□□弹足，胜算固为难操，而师直为壮，后效自有所归。似此假和议以备战，用心破坏和局，凭借暴力，压迫本军，我军为正当防御，万不能再为迁就忍让。但衅自彼开，咎将奚辞，务恳我联帅唐暨军政府迅赐方略，以便遵循，并盼国内外明达巨公，从良心上一判别其是非曲直也。阵中倥偬，语无伦次，□电驰达，伫候明教。住［驻］城口由巫山电局发。王安澜叩。敬。印。

（《军政府公报》修字第七十五号，1919 年 5 月 24日，"公电"）

石青阳致孙中山等电

（1919 年 4 月 25 日）

广州军政府岑总裁、伍总裁、林总裁、各部长、参众两议院、护法
各省各军代表、莫督军、翟省长、钮督办、李督办，武鸣陆总裁，
云南唐总裁，上海孙中山先生、唐总代表、朱总代表并转南北各代
表、和平期成联合会熊秉三、张季直、孙伯兰诸先生、各报馆，北
京徐菊人先生、钱干臣先生，保定曹督军，南京李督军并转王巡阅
使、张敬舆先生，南昌陈督军，武昌王督军，贵阳刘督军、王总司
令，南宁谭督军、陈省长，永州谭督军，郴州程总司令，衡州吴师
长，常德冯旅长，辰州田、张、胡、林各总司令，溆浦周总司令，
漳州陈省长，西安探送划界代表张衡玉先生，三原于督军、张会
办，凤翔叶军长，成都熊督军、杨省长、但师长、向旅长，夔州黎
总司令、柏总指挥，豫军王总司令，施南唐总司令，巫山王梓材总
司令，资州顾军长，泸州赵军长，重庆朱参谋长、余镇守使、黄总
司令，漳州卢副司令，绵阳吕师长，新津刘师长，绵州邓旅长，嘉
定陈旅长，绥定颜总司令均鉴：

顷得各方缄电，知陕战确停，和会续开，两年来仁人志士所奔
走呼号之救国诸大问题，或将藉此解决，诚为吾国大幸。

然端居自念，隐然若有深忧，未敢谓今之和，遽略于昔之战
也。何则？师出有名，中外通义。今之战争，名为护法，兵交两
年，祸延数省，双方所坚持而不顾者，亦各徇其主张耳。其力尚
足相持，主张互不相下，各蓄一不可不再战之心，而皆迫以不得
不议和之势。此一和也，其机会宁为易得，诸公而果痛念战祸也，
则其所以为和者，必力防其所以战，庶几化南北为一家，消兵气
于坛坫，诸公免于后祸，国人拜其大赐。若徒牵就事实，绥言法
律，则战之根株尚在，而前之尽力枉费，厝薪之势，贾谊所为痛
哭也。

夫国于天地，必有与立，民国之所以立者，约法也，所以破坏此约法者，势力也。今之事实，非违法叛□为势力所造成者乎？力与力抗，屈法律而伸事实，异日大力者出，又改造事实，而又将承认之，内乱宁有终极耶！青阳愚昧，曾不敢以不肖之心妄度君子，然其事则不可掩。陕战以何故而为之迁延？国防军以何故而必欲存在？一地盘主义、实力问题耳。彼以此防，我以此御，莽莽神洲［州］，不待列强之分划，而均势之局已定，我之所自待其国者，无异列强以待我，以此求利，譬筑室而支弹为之基也。欧战之发生，即原于此。今巴黎和会既有所觉悟者，□□南北当局宁不思有所变计乎？种祸于地，待时而生，即今芟锄，犹尚可为，望诸公力主根本解决，勿贻他日之忧，则阳所馨香祷祝者也。石青阳叩。有。印。

（《军政府公报》修字第七十三号，1919 年 5 月 18 日，"公电"）

于右任、张钫致军政府各总裁电
（1919 年 4 月 26 日）

广州军政府各总裁钧鉴：

慨自督团构乱，靖国兴师，陕西民军奄有一隅之地，独当七省之兵，苦战经年，夷伤接踵。猿鹤沙虫，竞沐玄黄之血，旃常钟鼎，应铭将帅之勋。

查前靖国军总指挥井勿幕，名家龙虎，关中凤鸾，奔走南北者十数年，经营蜀秦者百余战。慨虎口之久居，已鸟头之早白。淮阴入汉，旋登上将之坛，士会渡河，胥慰吾人之望。讵意武侯之指挥未定，君叔之身志俱殁，七年十一月被刺于兴平之南仁村。莫归先轸之元，空洒平陵之泪，拟请照陆军中将阵亡例给恤。

前警备队司令步兵上校耿直，心愤逆乱，首建义旗，城市鏖兵，街衢喋血，虽以援队失□，伤全功之尽堕。然犹壮志再厉，誓陕乱之必清，整师岐、凤，转战蒲、同，七年一月阵殒于蒲城城下。谁纳卫懿之肝，未收王琳之首。拟请照陆军中将阵亡例给恤。

前靖国军第四路先锋司令张义安，起义泾、原，会师盩、鄠，困逆贼于长安，壶浆载道，惊将军自天下，草木皆兵。卒以群帅异谋，全师退守，潜犯贼星，竟倾大树，七年二月一日阵殒于鄠县城北堡南门外。乘盾未归，舆尸有痛。嗟嗟！昔则流离万户，争迎少保之军，今则痛哭千村，私设武阳之祭。立功于世，遗爱在人，不其烈乎，斯为至矣。拟请照陆军中将阵亡例给恤。

前靖国军第四路支队长董振五，扶风豪士，冯翊将才，敦礼说诗，卻縠是真儒将，冲锋陷阵，李广善用偏师，亦武亦文，能战能守。伤同志之先死，痛苦关张，慨鲁难之未平，誓去庆父。孰谓出师未捷，竟坏长城，陕难方殷，复折大将，八年一月阵殒武功之大王村。九京难起乎国殇，百赎何裨于逝者。拟请照陆军少将例给恤。

呜呼！青山憔悴，谁偿精卫之魂，碧草凄凉，莫辨苌宏之血。况夫丁年冠剑，军中犹苦忆来岑，遍地豺狼，父老争追思韩范。不有殊荣懋典，奚以安死慰生？为此哀恳，祈于追恤。所有以上四员详细事迹，当再另案汇呈。无任祷企待命之至。于右任、张钫叩。宥。

（《于总司令请追恤井耿张董诸烈士电》，上海《民国日报》1919 年 5 月 4 日）

湘西临时参事会致军政府各总裁等电
（1919 年 4 月 26 日）

急。广州军政府政务会议各总裁、参众两院，云南唐联帅，贵阳刘督军，永州谭督军，郴州程总司令、林民政处长，辰州田军政长、张民政长、卢总指挥、萧总司令、林总司令、胡副司令，溆浦周总司令均鉴：

本月廿三日，绥靖镇总兵宋祚永与靖国联军湖南第二军左翼司令方汉儒，于保靖县南门外发生战事，糜烂地方，遗害人民，殊深骇异。本会有代表民意呼吁之责，查宋原驻永绥，方原驻保靖，应请先行电饬宋、方各部立予停战，各守原防，至开衅缘由，是非曲直，仍乞详查曲直，严加惩办，以恤民命，而维治安，湘西幸甚。临时参议会全体同叩。宥。印。

（《军政府公报》修字第七十五号，1919 年 5 月 24 日，"公电"）

邓慕韩致孙中山函

（1919 年 4 月 26 日）

先生大鉴：

十四日寄呈一函，谅登记室。

联络报馆一事，现又得《七十二行商报》、《羊城报》二家赞成，共计已得八家。尚有别报亦可联络者，因未得仲元确实回复，故暂未进行耳。但以现在不论，广州方面，于言论界中算为一最坚强之团体矣。慕韩现查悉杨永泰收买报馆，除自办三家不计外，每月津贴五十元者约十家，百金者亦三数家；另以个人名义而领谘议薪水者亦数人。统计一年支出万金以外，而所得不过对于杨氏厅长地位不为攻击而已。至杨氏所办市政公所，仍有报馆攻击也，望其有所尽力不能也（现如政学会与交通系因争议长问题，求各报不攻击，均许各报每月四、五十金）。此次慕韩出而联络各报，竟得各报为其尽力鼓吹，曾不费一钱之津贴。与杨氏较，真所谓张空拳而冒白刃。

　　然慕韩联络报界共凡四次：第一、当梁启超初入北京时，破天荒联络报界十余家，发电攻击，不过费二三时之力；第二、联络同盟会记者二、三十人，设一俱乐部；第三、联络报馆七家，呈请帅府保护。至此而回，曾无与一钱于报馆，均以公理信义相号召。此次不过约给二、三十元与一访员及书记，因其所入甚少，不可只其有损也。各人亦深信慕韩为人忠直，故不疑有他也。所可虑者，竞存以此为无足轻重，置之不理。如此则不特慕韩以后信用全失，即吾党将来办事亦无人肯助；竞存个人前途不特无益，而有害耳。

　　目下广东政学会因议长失败，欲倾倒省长，而翟汪亦欲排除杨氏。此正有事之秋，吾人不可不注意。谭民三、简琴石、马礼兴均为政学会效力，疾风知劲草，信然。专此，敬颂
筹安

弟慕韩谨上　中华民国八年四月廿六日

（《革命文献》第四十八辑，第292页）

余际唐致孙中山等电

（1919 年 4 月 26 日）

广州军政府岑总裁、伍总裁、林总裁，上海孙总裁、唐总裁，武鸣陆总裁，云南唐总裁钧鉴：

　　际唐驽骀下驷，樗栎庸材，只缘渴想真正共和，故频年勉从诸巨公之后，所有希冀者，国是早定，长揖归田，而时局纠纷，不遑解甲。七年春，四川靖国各军总司令熊督帅晋省，所有重庆镇守使署事务，令际唐以参谋长代拆代行，一年以来，托钧府威福，军民相安，地方无事。顷者，熊总司令奉令就督军职，所遗重庆镇守使署缺即委际唐代理，并电请钧府正式加给委状，际唐奉令惶惶，如履春水〔冰？〕，屡经面辞，终不获允，兹于宥日在重庆宣布就职。

自顾平庸，曷胜艰巨，务恳时颁训谕，俾有遵循。翘首云天，莫名盼祷。代理重庆镇守使余际唐叩。宥。印。

（《军政府公报》修字第七十六号，1919 年 5 月 28 日，"公电"）

湖南公民大会致军政府各总裁等电
（1919 年 4 月 27 日载）

北京大总统钧鉴：国务总理、段督办、各部总长、参众两院，上海南北和会唐、朱两总代表暨各代表，广州军政府各总裁、参众两院，南宁陆武鸣，云南唐督军，各省督军、省长、议会，各特别区域都统、护军使、镇守使、总司令、各师旅长，各法团，各报馆均鉴：

顷因报载旅滇一二湘人，请以谭延闿督湘加入议和条件，经唐督赞成等语。乡父老阅之，辗转传闻，莫不疾首蹙额，奔走号呼，俨若大祸之将复临者。岂鳃鳃过虑耶！

良以民国改造，谭氏督湘两次，计三四载，苟实心为民造福，自应稍留遗爱。乃迹其所为，非但无遗爱之可言，且以大奸似忠、大诈似信之手段，残害英烈，争夺督位，滥用公款，植党营私。纵悍将骄兵蹂躏良懦，任贪官污吏朘削群黎，元气已斫丧无余；又募债勒捐，不惜重增民困，纸币既任意滥发，复抵押矿产，不惜丧失国权；甚至以盗名欺世之伪行，为风俗人心之隐患。此皆其祸湘之事实，合省周知。然尤不足尽其罪也，所最令湘人痛心切齿者，尤在癸丑、丁巳两年。当去留未定之时，一切作为皆首鼠两端，流毒桑梓。其第一次无论已，只论此次。当战衅未启之先，明迎周傅莅湘，暗遣刘独林立，殉个人权利之阴谋，竟忍以三千万同胞之生命财产作孤注一掷，而不计祸福成败。盖事成则得冒护法之功首，事败则不至为叛国罪魁，进退裕如。为个人谋，莫巧于此，其如三湘之糜烂何！使当日雍容坐镇，守境保民，或淡泊自甘，挂冠去位，固皆不至祸吾湘而并祸全国；即磊落光明，毅然决然，以护法靖国之名义首倡独立，悉心筹备，则吾湘受祸亦不至如是之惨。纵受惨祸而为国牺牲，在社会舆论、历史清议上尤有荣誉，足为牺牲之代价。乃其计均不出此，徒以鬼蜮伎俩陷湘人于名实俱败惨不忍言之地。

故湘中受害之家，追原祸始，莫不太息痛恨于谭氏，谓其祸湘，甚于闽、献。骤闻此语，似觉过当，然而一般人心可想见矣。苟谭氏稍知羞恶，定当龁舌自杀，以谢湘人。乃犹时沪、时粤、时桂、时永，多方运动，欲以个人位置加入议和条件，似此贪私谬妄，非但公论不容，且之约法。用人行政中央自有特权，岂他人所能干□按，倘因此无理之要求，致酿为和局之障碍，是谭氏一再疮民蝗国犹不足，而复益之以三也。凡我国民，谁能堪此？况湘省年来几费经营，始将谭氏流毒铲除殆尽，如水口山矿业经废约，新旧纸币逐渐收回，各县土匪将近肃清，其余改良各政皆蒸蒸日上。子遗之民，方庆复苏，若令彼冯妇攘臂下车，是不啻导河而投以巨石，救焚而覆以积薪也。

唐冀督公忠体国，岂肯助桀为虐，谅以军务倥偬，未暇查吾湘黑白混淆之真相。即旅滇诸君远客异乡，亦未能洞悉底蕴，无怪受谭氏一人之朦蔽，假使身亲目睹，必不忍出此。故程潜及民党稳健者，皆素与谭氏声应气求之旧友，犹主张公道，不肯任其重来祸湘。况广钧等俱是公民，素无党派，身居乡里，亲闻父老之呼吁，目击情形，确悉将来之利害，岂忍为寒蝉仗马不发一言，坐视封豕长蛇仍来荐食，用是齐伸义愤，共策安全。幽谷乔木，不难区别，斧钺华衮，应有公评。谨布区区，伏维鉴察。湖南公民大会正会长曾广钧，副会长李藩西、副会长彭佛同、李祖□、曹斌达、李韵寿、陈堃、左钦庸、袁家元、曾广銮、辜天保、武绍程、刘作民、周晋、杨树煌、黄中、陈荣荫、刘德□、唐士进、向宝桢、萧贤遇、袁锐金、陈鹄裕、郭道伊、胡正浏、罗正模、欧阳友焱、段浚、陈云□、陈启汉、雷澄、陈锦云、冯士修等，暨会员一万五千三百三十七人同签印。叩。

（《湖南公民大会之通电》，上海《时报》1919 年 4 月 27 日）

于右任呈广州军政府文
（1919 年 4 月 27 日载）

呈为据情转呈事：

窃据本军外交处处长王玉堂呈称：为呈请以陕烟问题加入万国和平会议事。窃思陕西自陈树藩违约种烟以来，凡属该逆势力所辖，几至鸦片遍地，我军无从查禁，禁烟条例不得施行，曾经敝处呈请总司令，分呈政府、国会、唐总代表各在案。伏维此案关系条约，世界公认，无论世潮如何变迁，决无再任种烟解除该约效力之理。昨阅报载，万国改良会长丁义华君，主张以禁烟问题加入万国和平会议，以为人道保障之说，慈祥恺恻，溢于言表。但陈树藩横暴贪残，违禁苛敛，公理国法，俱不能行，事实显著，莫可隐饰。处长详审熟思，我既不能压抑强暴，肃清毒物，与其坐待赔款，贻祸国家，似不如及今声告万国和会，自明不得已之苦衷，使世界共谅而援助之。或者陕烟可除，赔款可免，而陈树藩背约弛禁横征暴敛之罪，得以暴白于天下。一旦欧会告终，执约责问，则前案可稽，责有攸归。较之隐忍不言，办法似觉妥善。理合将陕烟问题加入万国和平会各缘由，呈请转呈。是否有当，伏维钧裁。等情。据此本部复查无异，除一面极力严禁外，理合据情转请鉴核施行，实为德便。谨呈护法政府。陕西靖国军总司令于右任印。

（《于总司令呈军府文》，上海《民国日报》1919 年 4 月 27 日）

张瑞玑致广州军政府等电

（1919 年 4 月 28 日）

大总统、国务院参陆处，广东军政府、参众两院、上海唐、朱两总代表、各代表、各报馆，南京李督军鉴：

顷唐总代表、李督军两宥电均分别奉到，电称三原于总司令电称：陈督于马日以全力攻击乾县，许兰洲电三原亦称，闻乾县方面有大炮声云云。

查许兰洲前者亦有致瑞玑号电，词与致三原电同，瑞玑当即请许派员，就近赴乾调查有无战事。越二日，奉军杨参谋长持许函来见，函称派员赴乾查看，回称确无战事。今函电俱在，历历可证。马日距今八日矣，果有战事，果有炮声，岂仅兴平闻之？瑞玑亦有耳有目，安能坐视陈督之如此无理也。乾县一部敢保无虞，下令攻击之说，纯系谣言挑拨，请勿轻信。至于电称，据同官县知事孙维栋函称：陈督营长田维勤派队攻宜君，焚烧寨门，知事不知下落等语，当即据电面询陈督。陈督云：省城并未接有此项报告，宜君王知事系省长所委，该县亦未具报，刻已飞饬查办矣。总之陆战虽停，匪焰愈张，剿与抚两无所施，杀戮淫掠遂成为天经地义，无人过问。

近日外县函电请命者，络绎不绝。前次陕北镇守使井岳秀急电三次，称曹老九等藉名靖国，残戮横掠，唐、朱两总代表亦曾来电，令转询于总司令是匪是军应抚应剿，迄今未获电复。瑞玑以为今日和议将竣，陕西军事当有结束，但愿双方顾念地方人民，谋永久之治安，勿以意气党派，快一时之纷争。靖国军如岳维峻、田玉洁，如胡景翼旧部，维持泾原治安，保靖国军名誉，二君之力也。曹世英旧有骑兵，各营纪律亦尚可观。弓富魁于停战时即将其军队解散，旧部所留无多，其磊落光明自不可及。其余则自郐以下矣。至于陕北一带之假名靖国军，瑞玑敢质言之曰：皆土匪也。三原一部之稳健干净分子，于总司令不能统制之，况土匪乎？若和议告成，仍认贼为子，则陕乱终古矣。瑞玑明知此言一发，唾骂必来，然此非瑞玑一人之私言，盖陕西人人心之言而不敢言不肯言，瑞玑毅然代言之。大局所关，民命所系，非二三人之私感私交，所可牵涉而颠倒之也。

自入关以来，陈恨我，许怨我，于致函登报责我，郭坚派员持函诘我，陕西旅沪同乡骂我，张钫通函陈督以谋险我，举各方之罪恶，推而集瑞玑一人之身，此函彼电，纷与为难，是病者神昏，指医生为鬼斗者，理屈牵干证为仇也，均不足怪，笑而置之。聊布区区，为留心陕事者备考察焉。瑞玑叩。俭。印。

> （《西安张瑞玑通电》，《申报》1919 年 5 月 2 日 "公电"）

湖南省议会致军政府总裁等电
（1919 年 4 月 28 日）

北京徐大总统、国务院、参众两院，广州军政府总裁、各部长、参众两院，上海朱、唐总代表、各代表、平和期成会、和平联合会、《时报》馆转各报馆，各省督军、省长、省议会，永州谭督军，郴州程总司令、林处长，衡州吴师长均鉴：

报载国会问题，两方各走极端，和议又有停顿之象。本会既爱国会，尤爱国家，窃以为一国不能有两国会。今则俨然对峙，去一不可，两存不能，则惟有两去之，而以旧选举法召集新国会为不二法门。否则，谋和不成，势必再战，而国亡矣。国之不存，会将焉附？再，和议代表为解决时局之惟一机关，所有法律问题、事实问题当然有议决之全权，不受他力之摇动。愿中央与军政府推诚尊重，以使和议进行无阻，此尤为当务之急。临电毋任迫切之至。湘省议会叩。俭。印。

> （《湘省议会公电》，上海《时报》1919 年 5 月 5 日 "公电"）

杨虎致孙中山等电

（1919 年 4 月 28 日）

急。广州军政府岑、伍、林各总裁、参众两院，上海孙总裁、唐总代表、云南唐联军总司令钧鉴：

巧电谅达。虎前以鄂西余众流离无依，勉循诸将士之请，权领其师，不独慰死全生，作局部之维持，亦以彼时敌人正犯陕疆，和议势将决裂也。今和议重开，大局将定，凡我义军，正待收束，所有集合鄂西之众，即拟令其迳受黎联军总司令节制，以归统一。谨将虎权领鄂西靖国军总司令名义，呈请辞退，伏乞核准示遵。杨虎叩。俭。印。

（《军政府公报》修字第七十三号，1919 年 5 月 18日，"公电"）

留日学生救国团致广州军政府等电

（1919 年 4 月 29 日载）

北京政府，广州军政府、国会，各省督军、省长、省议会、教育会、商会、农会、各报馆、各团体钧鉴：

欧洲和会瞬将告竣，我国应提各件，如欧战中一切被迫所结之约，及奸人私结未经国会承认应行取消者，多未提出，或已提出而未能彻底解决。今则日人恃强背盟，横争青岛，且强索中东护路华兵指挥权。夫中东路失则北满危，东三省将非我有矣。青岛失则山东亡，日人更可长驱中原矣。行见我中华民国一任日人之脔割以去也，而国人中除鲁人奋死力争外，非痴想和平以瓜分政权，即昧于外情而不知死期将至，甚至甘心卖国媚外，箝制专使。讵知覆巢之下，焉有完卵，舐糠及米，亡可立待，韩鉴非远，能不痛心？务望群策群力，亟挽狂澜，对于巴黎专使，尤宜电请坚持以维国命。一失足便成千古恨，黄帝子孙将沦于万劫不磨之境矣。挥泪电陈，幸速图之。留日学生救国团叩。

（《救国团协力对外通电》，上海《民国日报》1919年4月29日）

广东中华国民策进永久和平会致
军政府各总裁等电

（1919 年 4 月 29 日）

广州参众两院议长、议员、军政府各大总裁、马、沈两总司令、世界和平共进会诸公，天津黎宋卿、熊秉三两先生，南京李督军，武昌王督军，南昌陈督军，永州谭督军，郴州林民政长，衡州吴师长，常德冯旅长，上海唐、朱两总代表、孙伯兰、谭石屏、章太炎、王铁珊、汪精卫、胡展堂、徐固卿、张溥泉、徐季龙、曾其衡、周道腴、冯自由、谭民三、简琴石、焦易堂、丁六阶、唐尧卿、曾凤光、石苍石、陈寿元、刘伯远、张秋白、刘仲迈、首权堂诸先生，暨各团体、各报馆均鉴：

此次和议，关系国本，依法解决，则可望永久和平，违法敷衍，则徒增吾民苦痛。迩者，祸首未议惩办，国会未议恢复，陕战至今未停，参战借款、军械借款暨段氏托名之边防军冥行未已。顷复闻有善后借款，确定四万万元，以地丁作抵，由北方向日银行团商借，交南北和议会代表签字承认之说。果尔，是直卖我全国土地、人民，使永供外国银行团之抵借品，而以和会代表为经手过付人也。丧心病狂，莫过于是。无论此次护法之役，当和议未终、是非曲直未判以前，断不容非法政府之滥借外债。即令和平有绪，亦决不容罄国家根本之收入，为暂时饮鸩止渴之计，举所有而授柄于外人。诸公不愿国家之速亡，对此竭泽而渔之非法借款想同声拒绝，不甘仳仳伲伲坐视宰割也。广东中华国民策进永久和平会代表吴灿煌叩。艳。

（《（民国）南北议和会议卷宗集成》第二册，第687~688页）

林德轩致军政府各总裁等电
（1919年4月29日）

贵阳刘联帅，云南唐联帅，广州军政府各总裁、各部总次长、参众两议院、上海唐总代表及各代表、湖南善后协会，永州谭督军，郴州程总司令、林民政处长，溆浦周总司令均鉴：

德轩自收复桑植，即极力整顿，肃清妖匪，半载以还，地方尚称静谧。不图近来永顺县中立团刘家寨之股匪，勾结桑植土家湾匪首士治、李□□盘踞桑属注湖□一带。据桑植知事王子申呈报：该匪等日习妖术，图谋不轨，诚恐妖匪复燃死灰，坚请派兵驻防该地，以资镇摄，而妨不虞。德轩以治安攸关，乃派兵一营驰赴弹压，以期消弭隐患于无形，并饬安支队长万龙前去督率。兹据报称：该股匪竟敢啸聚徒众千余名，各持枪械，于本月二十六日黎明突来围攻，经我军极力抵御，毙匪数名，夺获快枪及刀矛多件，余匪始向中立团刘家寨方□退却等语。查该刘家寨地处永、庸、桑三县边界，每恃地形险要，藉团防之名，行匪类之实，肆行横暴，抗官虐民，久为正绅循吏所痛恨，因国家多故，欲惩办而未能者也。即去秋我军赴防官坝，该匪等于中途邀击，四面围攻，损失甚巨，且经此迟顿，其影响于大局良非浅鲜，此节曾经转电在案。旋又私通敌人，力谋侵犯，幸经查觉，函知永顺知事，严行防范，始消祸于未然。讵该匪等冥不畏法，当此全国共图和平之际，胆敢啸聚徒众，任意作乱，危害地方，实属猖狂已极。虽经击退，顷据报告，又集众数千名，声称由永顺联合大股匪队，希图大肆扰乱，其中恐不无主使者。

事关大局，未敢忽视，业已咨报湘西军民两政长及黔军卢总指挥官，请派兵协力肃清永顺刘家寨一带匪患，其桑植境内即由本军担任肃剿，划区分任，或不难治理。犹恐远道传闻失实，谨此电闻。林德轩叩。艳。印。

（《军政府公报》修字第七十七号，1919 年 5 月 31 日，"公电"）

唐绍仪致军政府各总裁等电
（1919 年 4 月 29 日）

急。广州军政府各总裁、云南唐总裁、成都熊督军、贵阳刘督军均鉴：

新成密。如公巧电敬悉。查和议虽已续开，各案尚未能解决，将来能否成功，殊难预料。处此时期，全赖西南一致团结，共维大局，尤以滇、黔军驻川一事，最宜注重。西南团体能否团结，即于此征其大概。无论为大局计，为西南计，为三省本身计，皆宜取联合主义，方足以促成和局。倘因内部之争，必召外来之侮，不特于各种关系多所障碍，即和局亦将大受影响矣。应请顾念国家前途，西南大局。川、黔唇齿相关，遇有困难，务希互相体谅。精神一固，魔障自消，当务之急，无逾于此。并望坚持定见，即和局告成，国家统一以后，仍作永久之团结，方足以资维系也。敢布区区，即希亮察。唐绍仪叩。艳。印。

（《唐绍仪发电稿》，《近代史资料》总 51 号，第 186～187 页）

曹世英、王烈致孙中山函
（1919 年 4 月 30 日）

中山先生钧鉴：

比以政躬违和，驰笺修候，谅登记室。先生西南太斗，当世灵光，一身系天下安危，此行关江左兴废。天佑民国，自当日就康复，以忻以祷。和议开幕多日，此间电信阻隔，如行五里雾中，茫无闻知。陕事自张专员到后，将就盖喧，衔胡了事，解衣包火，终虑焚身，引虎入群，时虞反噬，三辅风云，愈演愈奇。英等处此漩涡中，自愧智力窳薄，只能硁硁自守，静待大局解决。先生眷怀西域，智珠在握，千祈及时臂划，示我周行，使茅塞之顿开，即遵循之有据。翘首申江，曷胜盼祷。

再恳者：英部款项异常支绌，无米为炊，将钱作董，为日已久。现时秦中雨泽愆期，万端停滞，各营饷糈无着，哗溃时闻，瞻望前途，令人不寒而栗。前以函致徐朗西，嘱其禀商执事，急图补救。敢请先生会商军政府，速筹协济方略，或即于沪上筹集十余万元，刻日汇陕，以济要需。饥来驱我，忙时抱佛，实在情事迫切，非敢故为危辞，以耸听闻也。肃泐，虔颂

钧安

临颖不胜激切待命之至

曹世英、王烈谨启　四月卅日

孙中山批：元冲拟答以爱莫能助。

（《革命文献》第四十八辑，第 277 页）

张瑞玑致广东军政府等电

（1919 年 4 月 30 日）

北京大总统、国务院参陆处，广东军政府、参众两院，上海唐、朱总代表、各代表、各报馆，南京李督军鉴：

乾县停战事，前电已略言之。顷接李龙门兄电称：于右任漾电，陈督又以全力攻击乾县，恐兄入陕后谓陕战全停之言，被陈督完全破坏，再不得以此欺人矣等语。词意怏怏，苦相诘责，一若乾县确有战事，而瑞玑故为隐饰者。

　　夫停战与否，必有确证确据，非一人一言所能伪造也。一月以来，右任自三原函电致沪，总以乾县未停战为词，一则曰袭击，再则曰合围，三则曰全力攻击。如右任所言，则一月内之乾县，无日不在炮轰枪击中也。即以漾日之电，为开始攻击之日，距今已十日矣，请陕西旅沪诸君电右任探问，此十日中陈督攻击情形如何，乾军守御方略如何，城垣有无损坏，双方有无伤亡，陈督共分几路，距城里数若干，驻扎何地，攻击何方。右任既为总司令，军事上之报告当必较他人明白详晰也。若乾县方面果有全力攻击之举，陕西八百万父老子弟当共闻共见，瑞玑负监视之责而不闻不见，或闻之见之而隐而不言，则瑞玑罪当万死矣。

　　夫此次陕西停战，亦时势所迫使然，非瑞玑之功。陕战既停，不待右任之电而和会即开，亦时势所迫使然，非瑞玑之力。和会之不可停顿，全国人之心理也；和会之开，非特中国之利，亦陕西之利，亦靖国军之利也。瑞玑向劝右任速整理内部，俟和会告成以便编制，右任不暇计此，乃如报馆访员有闻必录，日书一纸以告沪，每一纸到沪，沪上诸君即据函电哗然，与和会争，与瑞玑争，试平心静气一研究之，陕西未停战以前情状何如，今何如也？乾县未停战以前情状何如，今何如也？乾县战事右任日日言之，诸君日日信之，而乾县今日日无恙也，掩纸思之，当憬然悟矣。

　　总而言之，瑞玑此次入关，一言一举不曲求人谅，人亦不谅，故谣诼横生，不惜破坏大局，使乾县之战祸再生，沪上之和会再闭，箝瑞玑之口而唾骂之，而其心始快。殊不知停战与否，此何等事，岂能以一手掩尽天下人耳目。瑞玑虽愚，亦当自谋立足地，乾县果有战事，瑞玑职司何事，早当布告天下矣，又何至陈督日日攻击，右任日日告急，诸君日日诘责，而瑞玑尚日日推诿掩饰耶。此不待辩而可决者。今和议行将告成，陕西问题随大局而解决有望矣，请诸君勿轻信谣言，横生枝节，和会幸甚，中国幸甚，陕西幸甚，靖国军幸甚。瑞玑叩。卅。印。

　　（《西安张瑞玑通电》，《申报》1919 年 5 月 3 日 "公电"）

四川宜宾县参议事会致广东护法政府等电

（1919 年 3～4 月）

成都熊督军、杨省长、省议会，云南唐联帅，广东参众两院、护法政府，北京总统府、国务院，上海南北总代表诸公，各省督军、省长、各省议会、各师旅长、各道尹、各报馆均鉴：

欧战告终，强权势绌，不意公理昌明之日，乃有逆世界潮流悍然不顾如日本者。据路透电载，日政府因我顾、王两使抗议力争，横加干涉，并欲利用瓜分德奥属地问题强占胶湾、青岛，侵我主权，强暴已极。是而可忍，孰不可忍，宜邑全体人民异常愤激，特恳诸公主持正论，转电顾、王两使力争主权，坚持到底，宜邑虽小，誓策群力，作诸公后盾。临电无任涕泣待命之至。四川宜宾县参议事会叩。

（《（民国）南北议和会议卷宗集成》第七册，第3014～3015 页）

林森致孙中山函[①]

（1919 年 4 月）

中山先生钧鉴：

和议续开，关于地方问题，想将议及。粤闽接壤，此中互相关系，全仗此次和会有完全之解决，俾收圆满之效果。幸当局有展堂辅助少川先生，当能发挥先生之意旨，切实进行，自无庸渎。

惟关于闽事，苟无吾派中人在沪留意，恐不肖者利用投机，藉

---

① 原函未署年月日，据其内容，当在 1919 年 4 月间。信封上记有"已复，四月二十九日"等字。——编者

谋私利，捏造民意，淆惑当途，闽省前途，不堪设想。用特再由同乡多数同人公推陈塈、郑忾辰、唐哲夫、林鸿超诸先生赴沪，向和会陈述意见。此数君为吾党中坚分子，久邀尊鉴，但与少川先生及各方面素少接洽。除另函致少川、展堂先生外，所有关于法律事实及地方问题，务求鼎力主持，并训示其一切进行，是所至盼。专此，虔请

钧安

林森（印）鞠躬

（《革命文献》第五十辑，第424页）

苏成章等致孙中山等电[①]

（1919年5月2日）

蔡总司令济民被害案，罪魁铁证早分呈，奉令查复会审亦非一日，静待至今，迄无后命，辗转瞻顾，不胜凄惶。窃念我西南起兵年余，原号护法，北政府之不法也，则临之以兵，犹且不惜，唐、方身为护法军官，谋杀护法元勋，以便私图，其不法之罪，又为西南所共愤，乃求传案审讯而不可得，岂不法仅所以禁北政府欤？蔡公宁死不战，曰求符护法之本义，成等当时不敢以武力复仇，亦忍痛以扬死者之志，盖深信国法犹在，必无如此重件久延不办之理。乃时逾数月，杀人者不惟拥兵自若，且反加罪于成等，在利之家属妇孺何辜，非深匿山野即被捕辱，法律之效用如此，则蔡公之死毋乃太冤，而成等坐受亡家之惨，更为大愚。倘蒙即予传案，一判曲直，成等虽受痛苦于前，犹作生全之望于后。如横行者终归无事，

---

① 此电致电对象包括护法政府、参众两院，上海孙总裁、唐总代表，云南唐联军总司令，四川熊督军，夔府黎联军总司令、柏总指挥等。署名为鄂西靖国军职员苏成章、陈家瑞、胡金桥、张祝南、董用威、黄孝霖、姚汝婴、严开勋、陈铮、蔡惠民等。——编者

则成等一息尚存，断不能听死者长此含冤于九泉，家小竟因守法而俱尽也。临电悲怆，罔知忌讳，冒罪待死，凛候斧钺。

（《万县苏成章等通电》，《申报》1919 年 5 月 13 日
"公电"）

周则范致军政府政务会议等电
（1919 年 5 月 2 日）

广州军政府政务会议、参众两院，南宁谭联帅、刘督军，永州谭督军均鉴：

顷据绥靖镇总兵宋祚永电称：方、冯等乘葛参将回防，伏兵截击各情，前已电呈。日前该县数百代表环路泣求，恳请剿办，以安闾阎。查方、冯等破坏我绥营，涂毒我人民，迭次奉调，违抗不遵，究其用心，实欲与结川匪，以达其盘踞绥保数县之目的。祚永受命三边，任重责大，敢稍疏忽，致误地方？当据情备文，分别呈咨，请示剿办。前经驻里耶姚团长自娄，于敬日将方、冯飞赶川匪刘焕贩失下函件盘获，该等知诡谋已露，于径、宥两日继续上犯，均被击退。艳日复来，经葛参将等击毙甚众，追至保城，鏖战一日夜，忽有清乡司令李达五率队上驶，直向我军奋攻。夫方、冯挑衅，葛参将之对付有方，我军非匪，清乡军之攻击何由？谨电奉闻，伏乞示遵。等语。除派员往查，并与辰州接商办理外，谨此电闻。周则范叩。冬。印。

（《军政府公报》修字第七十四号，1919 年 5 月 21 日
"公电"）

宋祚永等致军政府各总裁等电
（1919 年 5 月 2 日）

广州军政府各总裁、各部部长、参众两院、护法各省各军代表、莫

督军，南宁陆总裁、谭督军，云南唐联帅，贵阳刘督军、王总司令，重庆熊督军，夔州黎总司令、唐总司令、柏总指挥，永州谭督军、萧代镇守使，郴州程总司令、赵师长、林旅长、林民政长，西安于总司令，溆浦周总司令、参事会，武冈周司令，辰州卢旅长、田军政长、胡副司令并送林总司令，辰谿萧总司令钧鉴：

　　永等领军极怀爱国爱民，虽战事逾年，而攘外安内，民不知苦。乃方汉儒勾结曾经川黔通缉之川匪艾晖午、冯绍霖等，藉假道盘踞祚永辖地保靖县，烧杀掠抢，数县□□①。祚永忝镇边陲，边防安危系于一身，一夫不获，皆永之咎，因大局未定，勉事包容。而艾、冯等占我城池，窃我枪枝，掳我民财，杀我良民，使全县流离，十室九空，尤复包藏祸心，暗□川匪□□子下窜，希图占据地盘。迭请该县司令张学济调防，置若罔闻，无论是军是匪，责任所在，当然以相当处置。张司令以平日小嫌，饰词通电，派队上扰，未免有伤大体。总之，川匪不去，边防难安，破坏之□，维持功罪，自有公论。谨电颠末，伏乞垂鉴。湘西护国军绥靖镇总兵宋祚永率永绥协副将李弁富、保靖营参将葛海清暨各团营官佐同叩。冬。印。

　　（《军政府公报》修字第七十五号，1919 年 5 月 24 日"公电"）

王正廷致军政府诸总裁电

（1919 年 5 月 3 日）

政务会议诸总裁鉴：

　　胶州问题，三国决议仍如陷电所陈（即交由日本还中国），即我拥政治虚名，人握经济实利。和会竟重战力而轻公理，殊甚［堪?］

---

　　①　原文如此。——编者

痛恨！现已提出抗议，并设法向各方接洽，以图补救。廷自维奉职数月，徒竭笔舌之劳，未获桑榆之效，负民辱命，咎实难辞。惟有电请开去全权，并付惩戒，以重责任而谢国人。惶悚待命。此电及陷电均请转达国会。廷。江。

（《王专使报告失败电》，上海《民国日报》1919 年 5 月 17 日）

于右任致广州军政府等电
（1919 年 5 月 3 日）

军政府、国会，唐、朱总代表，李督军，京、沪、粤、山、陕同乡，各报馆鉴：

报载张瑞玑文电，仍否认乾县被攻被围，反斥右任之哀恳解围为支蔓纠缠。今请一言以哀告国人曰：乾县我军，今仍在包围中。张君筱日北上，右任特恳其亲往观察，而乾县战祸中之人民，竟不能得其回头一顾，贵耳贱目，有如是者！不特此也，张君身为划界监视员，竟不明敌、我军防地之所在。文电中举世间所有之罪恶，悉纳诸右任范围之中。如同州一带，靖国军自来未曾占领，今犹陈军陈世珑防地也。学堂之学生被缚票，而曰右任纵匪为之。北山一带，靖国军未起事前，离乱已经数载，今之属我者不过山口数县，其中数百里路无人烟，而亦曰右任纵匪为之。界不属于我，而罪则划于我，代人受过，当如是耶。岐山阖城仅千余户，去年大战争被焚房屋，最多不过数十处，何军所为，有待调查。谓无房屋欤，现奉军尚借民房，驻军一旅，而曰焚烧三千数百家，不知监视员何所据耶。至西路淫掠之惨，衡玉果指何人何军。其地驻军，半年来星罗棋布，有十五旅，有镇嵩军，有奉军而郭、樊属之，又有陈军两三旅。右任数月来应负之责，所争而不得者，仅乾县城内耳，此外皆陈军也。近省城某西人投函《大陆报》，指北军残暴，谓老幼妇女常受酷虐，富室男妇尝被缚吊如猪，置火其下炙之。五月八日，海上各华字报遍译登之。真凭实据，衡玉见否？今欲尽举而诬我，是何心耶？总之，陕西烟多匪多，祸重不特西路，即东大路当张旅未驻以前，亦因种烟招匪，民不堪命，衡玉何不探源一论也耶。

近数月来，陕民之望划界复业，有如望岁，而衡玉对外则曰靖国军仅存右任一人，无界可划；对内则谓陕西者陕西督军之陕西，划界与谁？更有甚者，对我之援军，则函请其认陈为地主，对将官之脱离我者，则通电奖其不屑与匪为伍；及后悟拆台主义之不行，乃进而以匪为我注册，留为他日藉口剿匪之根据。陈、刘天人，于、张匪魁，我知之矣。今专使出关矣，宴乐省垣者数十日，长安之古董字画，价为飞涨，敬以一言送之曰：筐中累累之物，其罪较之所谓快票、慢票、水票、火票、血票、肉票，更有甚焉者耳。右任无知，右任书生耳，愿故人之自爱也。于右任。江。印。

（《于总司令诛张瑞玑电》，上海《民国日报》1919
年5月29日）

黎天才致广州军政府电
（1919年5月3日）

广州军政府钧鉴：

鄂西各防停战条约，职与鄂督所派施宜警备总司令王懋赍妥为商榷，订定条约十二条，职部分为一、二两军单行交换。现第一军□□团长戴鸿炳、北军代表团长刘宗仪已于上月晢日在广福里各持条约，签字交换矣。第二军代表职部上校参谋胡年域、北军代表团长穆恩棠于上月俭日在楠木园各持条约，已签字交换矣。所有交换条约除已电呈唐联帅外，特此奉闻。职黎天才叩。江。印。

（《军政府公报》修字第七十六号，1919年5月28
日，"公电"）

孙洪伊致军政府各总裁等电

（1919 年 5 月 4 日）

广州参众两院、军政府总裁，各省督军、省长，护法军及北军诸将帅，各省省议会、教育会、农商学会、各团体、各报馆均鉴：

自南北和会议决善后大借款四万万，以一万万为裁兵费，二千七百万为西南收束费，遂有周自齐、徐世章等来沪，要求代表将议定借款一项先行签字，拟以田赋作抵，急图成立，为解决时局之手段。事之诡奇，未有过于此者。

我国自前清迄衰，国债已二十余万万。此次卖国党又增三万万有奇，合之殆有三十万万之多。当权者无一日不言借债，无一次借债不归滥用，无一次滥用之后不图再借，借款无止期，滥用亦无止期。兹后不思立国则已，如仍思立国，亟应痛自刻苦，图生产，杜浮冒，为救死之不二法门。今官僚有一奇癖，以为随举一事，皆非外债不办。即以裁兵一事言之，闻和会据北庭报告，全国兵数一百三十师，拟留五十师，裁兵费定为一万七千万。现有兵之实额，全国至多不逾八十师，留五十师，则裁者只三十师。南北兵饷，平均每师一月十二万元，依裁兵向例，给饷三个月，每师需三十六万元，三十师亦只一千八十万元。即照北庭浮报数目，应裁八十师，亦只需二千八百八十万元，安用一万七千万之巨也。全国预算总额，现为四万万余，除备外债本息几占半数外，兵费略当一万六七千万。是平时养兵，固有一定额支，所裁之兵其现发之三个月饷，实在定额以内，并非额外开支。犹可腾出九个月饷款，裁兵既在半数以上，即可省去一万万以上。是不特不必因裁兵而特别借款，并可因裁兵而获财政上之充裕。且所裁之兵，固不须尽行遣散，或使筑路开矿，则可为路矿借款以消纳之；或使殖边，则可为农林等借款以消纳之。乃言裁兵必连及于借款，真大惑不解者也。

和会为解决国事纠纷而设。代表最大之权责，一在除去卖国党，一在使国会得自由行使职权。国本既定，法律有效，自有合法之政府，有监督政府之国会。按照约法，增加国民负担之契约，须经国会同意。以和议暂时机关，乃侵越将来政府与国会之权，如为福国利民之事，犹可言也。借款为官僚之惯行，卖国党所优为，何待更有人焉与之相助为理。北代表吾无问矣，我护法代表所直接受于军政府，间接受于国会之付界者，何事不务于护法救亡之大义有所尽力，乃节外生枝，学步卖国党之所为，以益时局之纠纷，而增重国民之负累，岂国人所望于和会之意耶！袁得大借款而癸丑之战祸兴，段得日本接济而西南之兵端启。今乱国者于穷蹙无聊之余，得此大宗款项，正如枯鱼得水，立可增修战备，为所欲为。是和会承认借款，直不啻怙恶武人增加武器，又何有和平之可言！

前清末叶，我国民以一路一矿之利权，奔走呼号，抵死抗争。独至民国，反视借款为天经地义，卖国者罪恶千百倍于曩时，国民无有过而问者。今国权、国产抵卖殆尽，所余只此民命所托之田赋，以此为四万万借款抵品，置之外人管理之下，即不啻以四万万人生命作抵，而置之死地也。总之，中国今后万不可轻言借款，和会无议定借款之权，南北统一以前，更不得妄图借款，以助长国内之祸乱。我邦人父老兄弟，应从根本反对此举，责和会代表取消大借款之决议，严斥北方之要求。时机迫切，稍纵即逝，勿视借款卖国为司空见惯之事也。惟爱国者速起图之。孙洪伊叩。支。

（《孙洪伊反对大借款电》，上海《民国日报》1919年5月7日）

程潜等致广州军政府电
（1919年5月4日）

（衔略）张敬尧祸湘年余，人民怨蠚。北军不撤，张氏不去，潜等无以对父老，即不幸再有牺牲，亦所不惜。伏恳钧府迅予并案正式提出条件，交由代表会议，务必办到此层，湘事始有了局之望。合并陈明，毋任惶悚。程潜、林支宇、赵恒惕、林修梅、杨源浚、宋鹤庚、廖家栋、鲁涤平、吴剑学、谢国光、罗先闿、刘梦龙、李仲麟、张辉瓒、周伟叩。支。

（《请撤张敬尧之电文》，上海《民国日报》1919 年 5 月 14 日）

广东省议会议员岑涛等致
军政府各总裁等电
（1919 年 5 月 4 日）

分送广州军政府各总裁，北京徐菊人先生、钱干臣先生、广东会馆同乡先生，上海和平会议唐、朱两总代表、各分代表、广东善后协会、徐固卿先生、广肇公所、粤侨联合会鉴：

　　吾粤频年兵燹，元气斫丧，非得声望昭著深悉粤情之行政长官，则粤局更难收拾。粤人治粤，为三千万人心理所同，和议成后，吁恳顾念南疆，俯顺舆情，用我粤人，长我粤土，全粤幸甚。广东省议会议员岑涛、罗朝荣、陈家桂、陈巨理、冯葆熙、朱文格、潘治庵、麦瑛徽、罗赓铺、何绍宗、欧阳祥、关强伯、张思严叩。支。

（《粤议员主张粤人治粤》，上海《民国日报》1919 年 5 月 11 日）

赵藩致广州军政府电
（1919 年 5 月 5 日）

广州军政府钧鉴：

　　顷见江门粤路股东黄春山、李树荣等电呈钧府各情，对于本部办理选举之事，不惟意存破坏，且敢词涉诬罔，谬妄已极，深堪叹诧。查本部此次办理改选总协理、董事，纯为整顿粤路起见，毫无私意。兹选举手续初完，被选诸人尚未经选举筹备处造册呈部，则本部虽有去取职权，而此时则尚不敢臆定某人当选总协理，某人当选董事，必须册报到部，细加遴选，务得干才□□路事方始□定，以重选政。乃该黄春山等竟敢横加本部以垄断粤路之恶名，预定总协理之拟议，甚而谓董事各员大半为云南人，公司内部职员二十元薪水以上皆已预定，种种谰言，果何所据？公然电呈钧府，似此毁损本部名誉，蔑视军府威严，肆意诋谤，目无法纪，应请严令申饬，并行知省长转令地方官查传该黄春山等到案，予以相当惩处，庶足以挽漓风而昭儆戒。不胜盼祷之至。交通部长赵藩叩。歌。印。

（《军政府公报》修字第七十五号，1919 年 5 月 24
日，"公电"）

黎天才致广州军政府电

（1919 年 5 月 5 日）

广州军政府钧鉴：

窃查陆军少将、职部少将参军吕丹书前当辛亥改革，热心毅力，迭充鄂省重要军职，多所建树。嗣因政治乖□，国基阽危，该参军又复力予挽救，卒遭嫌忌，业于癸丑之役被褫职通缉。而该员矢志共和，再接再厉，复于丙辰之役又被通缉。迨至靖国军兴，该参军由海外间道归鄂，历充第一军先锋司令及梯团长、第四路司令等职，转战荆宜，扼守施建，为国宣勤，初志不渝。值此和议开幕，政治维新，而该员通缉之案犹未取消，原官亦未开复，似此国家有用之材，诚不忍令其废弃，用特电恳钧府，援照四月二日通令赦免殷如骥之例，颁发明令，免予通缉，并开复陆军少将原官，以昭激劝，实为恩便。黎天才叩。微。印。

（《军政府公报》修字第七十八号，1919 年 6 月 4 日，"公电"）

护法后援会致军政府各总裁等电
（1919 年 5 月 6 日）

广州参众两院、军政府各总裁、李参谋总长兼转护法各军督军、省长、总司令鉴：

宛平大学学生三千人，捶死章宗祥，烧曹汝霖宅。此次卖国事状，主之者徐世昌、段祺瑞也，章、曹受人命令，盖无足道。学生年少，未识主使，然亦足以自豪。诸君老矣，望视学生更进一筹，毋贻原壤之诮。护法后援会叩。鱼。

（《护法后援会更进一筹》，上海《民国日报》1919年 5 月 7 日）

李述膺致军政府各总裁等电
（1919 年 5 月 6 日）

广州军政府各总裁、参众两院、李督办、赵代表、陕议员，南宁陆总裁，云南唐联帅，四川熊督军，永州谭总司令，郴州程司令，衡州吴师长，北京钱干臣先生，南京李督军，南昌陈督军，武昌王督军，西安张衡玉先生，三原于总司令、张副司令、第四路岳司令、第三路曹司令，耀县叶军长、六路卢司令、五路高司令钧鉴：

接赴陕划界员张瑞玑君俭、陷两电，称乾县确无战事，于右任漾电陈树藩下令攻乾之说纯系谣言挑拨，请勿轻信；并称果有战事，瑞玑负监视之责，安能坐视陈督之如此无理；若不闻不言，闻之言之，或隐而不详，则瑞玑罪当万死矣云云。词意怏怏，若甚公正，几若一月以来，陈树藩并未下令攻乾者；几若彼入陕以来，其能尽监视之责者。

讵知自于总司令漾电称：陈氏复于个日下令饬以全力攻乾后，迄今并未停攻。昨得三原东电：乾县日在攻击中。顷接江电，猛攻如前，其文曰：唐、朱两总代表及各代表均鉴：自张瑞玑入陕，放弃职权，对我乾县守军，主张以人归许，以地归陈。我军守将郭英父、王珏虽困守孤城，义不反顾。前者求援帛书到后，前已电呈。乃陈氏竟向许军公然宣言，谓乾县守将敢与三原通讯，渠即下令攻击，请勿干涉云云。据日来确报：陈军猛攻如前，四月二十九日晚陈部将张鸿远扑城数次，均彼［被］击退。郭、王矢死固守，与城存亡，不遑寐处者已百余日。城中粮储不多，居民千余户，将与守兵同有易子析骸之惨象。今和议行将告终，而乾县一隅犹复战祸可怖，古今中外，有不顾人道如斯者乎。事急情切，特此电达。右任等所求者无他，只停战解围而已。倘再无切实办法，破坏和平之责，则在陈、张，右任等义不容坐视与城俱殉之将士、人民于不顾也。至于今日，忍无可忍，雪涕陈词，鹄候赐复。于右任、张钫叩。江。等语。据此则张瑞玑所言确无战事云云，实与彼入陕时梗、有两电，谓刻俱停战者同一欺人。

查张入陕后即与陈通，始则隐战事以赚和会，继则诬民军为土匪，声言无界可划，忠心为陈到处运动折台，公然仇于，敢骂土匪，不敢骂陈、刘，岂堪自豪？以人归许而以地归陈，有何公道？长安久住，三原不留，尊陈为督，呼于以名，放弃监视之责，入陕何为？坐令战祸重开，良心安在？种种荒谬，殊难缕指。此次陈氏下令攻乾，实由张氏之妄为主张所致。盖乾县为我军血战数月死守未失之地，王、郭二守将迭致帛书于于总司令，誓与城尽。并发明乾县绝对为靖国军占有地，所部绝对为靖国军军队，岂能轻轻让人？张氏职在划界，以北京第一次停战令论，则西路全部殆应划归我军；以第二次停战令论，则至少乾、凤、岐、盩、郿等县亦应划归我军。今即全置此不论，亦乌有举血战数月死守末［未］失之地，而令双方公推之划界员拱手让诸敌人者。即曰王、郭为郭坚部下，现郭既降许，则乾县将已非靖国军地。然乾县守将为王、郭二君，总司令为于右任，无论何人，万无不得总司令与守将之同意，而可以私授受之理。乃张氏始则谓乾县已成许、陈之争，使靖国军不得容喙，继则假私人资格之名为陈、许平分乾县，竟主张让兵于许，让城于陈。王、郭不肯退出，陈氏不肯放手，始生纷纠。是陈氏此次下令攻乾，实张瑞玑祖陈摈于有以酿成之也。

夫陕至不幸，有一陈氏已使陕人不堪其祸。今复有张氏以济其恶。天乎！真不知陕祸之所届矣。敢祈诸公勿为张氏之言所惑，而急求所以救乾救陕之道，则幸甚。李述膺叩。鱼。

（《李代表通告乾县战事》，上海《民国日报》1919年5月7日）

李根源致广州军政府等电
（1919 年 5 月 6 日）

广州军政府、莫督军、翟省长鉴：

曲江县属大塘、枫湾等处，股匪肆扰，经饬洪团长锡龄、蔡统领炳宝派兵兜剿，业经电陈在案。兹据报称：支日拂晓，包营长顺健、李营长孟蒸、蔡统领炳宝率队分由白石坑、云溪、黄泥坑、马岭、牛占岭方面进攻，至十一时，匪势不支，向青化方面逃窜，追击数十里，因林深树密，时已傍晚，不便前进。是役烧毁匪巢草厂五十余座，起出妇女五口，生擒著匪二名，格毙二十二名等情。除电始兴杨旅长派队向青化方面堵截，勿使窜扰，并饬洪、蔡两部认真搜捕外，谨陈。根源叩。鱼。印。

（《军政府公报》修字第七十三号，1919 年 5 月 18日，"公电"）

旅沪国会议员胡祖舜等致广州军政府等电

（1919 年 5 月 8 日）

广东军政府、参众两院，各省督军、省长、省议会、商会、教育会、各师旅团长、各报馆公鉴：

北京政府，代表日本之机关也。两年以来，卖国党徒段祺瑞、徐树铮、曹汝霖、陆宗舆、靳云鹏等，盘踞中枢，把持政柄，惟日本人之命令是从。苟有利于日本者，虽国民如何愤慨，权利如何损失，皆所弗愿〔顾〕。如民国七年之军事协约，土地许日本驻扎，军队归日军指挥，地图许日军公用，甚至兵工厂亦与日本合办，吾国殆失其独立之资格，降为日本附庸。国民曾一致抗争，留东学生且全体罢学归国，亦可见民心之愤愤矣。若辈竟压抑民气，大胆订约，勇于卖国，殆无逾此。未几而有五大铁路条约之成立，南以福州为起点，经福建、江苏两省之腹地以接南浔，此由南部而扩充其势力于长江流域也；北以朝鲜会宁为起点，贯穿吉林、黑龙江、奉天三省，经热河以达于北京，此由东北而伸其势力于黄河流域也；其最奇者曰吉会线，无限延长，则由吉林西向，可以纵贯内蒙全部，直抵伊犁，而燕、晋、秦、陇、新疆皆在其瞰制之下。卖国贼以一纸条约，遂举北方八省之腹心，任日人之宰制，已足令闻者咋舌矣。而若辈卖国之心犹未已也，山东一省据南北之咽喉，为京师之屏障，暴德失败，收回之机会已来，北廷乃于去岁九月与日人有胶济铁路之换文，立济顺、高徐之路约，其无收回山东权利之心已可概见。今年一月，济顺、高徐路约期满，本应作废，北廷又于三月一日与日本订立附件，使应废之约仍复有效。是日本所不能必得者，北廷必欲玉成之。使南北两部之势力，得山东之衔接，可以包举无遗，斯真日本之大忠臣也。

及欧洲和会开始，王、顾两使提议收回青岛，废弃各种不正当之条约，大得英美各国之同情。驻京日使小幡，因向外部恫吓，北廷遂电饬陆征祥密令让步。陆氏遨游瑞士，趑趄不前，殆即为此。古语曰：未有奸臣在内，而大将能立功于外者。山东交涉之必归失败，尚何疑哉。顷巴黎和会已承认日本要求，青岛直接收回已归无望，其惟一之补救，惟有代表不签字而已。乃唐总代表少川近接王正廷来电，谓拟以不签字抵制日本，旋得北政府电饬，如不签字，将另派专使行之（王正廷之电具在，可索阅）。北廷对国民则表示抗争，对专使则迭令退让，其处心积虑效忠异族，虽有苏张之舌不能为之辨也。

据以上种种之证实，则勾结日本一意卖国者，确为北京政府。吾国民方以取回青岛奔走呼号，要求北廷之挽救，而不知其暗通敌国，贡献殷勤，其馈送之分量，且什百倍于青岛，而此后之竭诚馈送更无所底止。争者自争，卖者自卖，卖者无已时，争者亦无已时，而国家遂长此终古矣。实行卖国者为段祺瑞、徐树铮、曹汝霖、陆宗舆、章宗祥、靳云鹏，而狼狈为奸宠用国贼以遂私图者，徐世昌也。北京为卖国之巢穴，徐、段为卖国之罪魁，拥护北京政府，即系拥护日本。吾国民乃一面反对日本，一面拥护徐、段，此真大惑不解也。

北京学生处卖国党势力之下，而殴章焚曹，一往不顾，虽高丽之徒手革命，何以加哉。我四万万同胞，苟能继北京学生而起者，民国前途，其有豸乎。旅沪国会议员胡祖舜、温世霖、尚镇圭、覃寿公、茅祖权、杨时杰、居正、田桐、丁象谦、陈家鼐、李积芳、牟琳、彭介石、王法勤、陈荣广、陈九韶、杨铭源、张我华、周维屏、王銮声、岳秀夫、潘廷藩、李锜、张书元、王试功、刘成禺叩。

（《旅沪议员声讨卖国贼》，上海《民国日报》1919年5月9日）

国会议员田铭璋等致孙中山等电

（1919年5月8日）

上海和会唐、朱总代表、各分代表，孙中山、章太炎、孙伯兰诸先生，各省省议会、商、工、农、教育各会，中行各股东，各报馆均鉴：

中国银行为国库根基，国家命脉所系。前被袁逆破败不堪，又经卖国贼魁段祺瑞搜刮殆尽。今犹以为不足，复唆令逆党王揖唐率其丑类，用非法机关修改条例，携其卖国厚资，加入股东地位，冀其盘据该行把持国库，作卖国收支处、猪仔兑换所之计。闻之痛难缄默。查段贼等罪大恶极，人民已饱受其赐。如复据中行为己有，倘稍容忍，则为所欲为，国将不国，生命何存？万恳一致极力抗拒，以免陆沉，则幸甚。国会议员田铭璋、董耕云、王福缘、何晓川、何印川、徐清和、李希莲。庚。同叩。

（《国会议员田铭璋等斥段党破坏中行电》，上海《民国日报》1919 年 5 月 17 日 "公电"）

九江总商会致广州军政府、参众两院电
（1919 年 5 月 8 日）

广州军政府、参众院钧鉴：

报载青岛交涉失败，山东形势日危，生死关头，间不容发。乞速电欧会代表抗争，为国家图生存，为人民免奴隶。临电陨涕，迫切待命。九江总商会叩。庚。印。

（《军政府公报》修字第七十四号，1919 年 5 月 21 日，"公电"）

李汉丞、萧度致军政府各总裁等电
（1919 年 5 月 8 日）

广州军政府各总裁、司法部长、大理院、总检察厅钧鉴：

遵于本日启印视事，谨闻。湖南高审厅长李汉丞、高检厅检察

长萧度叩。庚。印。

（《军政府公报》修字第七十五号，1919 年 5 月 24
日，"公电"）

陈汉明致孙中山函
（1919 年 5 月 8 日）

中山先生钧鉴：

敬启者：外交日迫，内争不已，瞻望前途，实深恐骇。

今者青岛问题，日臻危境，我国民不于此时奋起力争，后悔何
及。是以同人等特于六日晚开全体大会，筹备挽救方法。维时群情
汹汹，誓挽回国权。当由全体表决：一电广州政府，请求坚持争还青
岛，取消密约，并严惩祖日诸宵小，用警将来。一电巴黎我国专使，
请其力争，毋稍退让。一电北京政府，要求开释四日所拘之学生，并
力争以上各项。此外欧和会诸要人，亦拟电恳其赞助，并此奉闻。

先生共和元勋，国家栋梁，一言一行，关系全国不鲜。同人等亦
聊尽国民一分子而已。尚乞函军政府及各要人，请其协力坚持，一致对
外，以挽危局，而拯垂沦，不胜盼祷之至。专此上闻，诸维亮照，即颂
大安

南京华侨学生代表陈汉明谨上　五月八日

孙中山批：代答奖励，云此间有一分之力，当尽一分之力也。

（《革命文献》第四十八辑，第 354 页）

湖南省议会致广州军政府等电
（1919 年 5 月 8 日）

北京大总统、国务院、外交部、参众两院、段芝泉先生、国民外交

协会，上海唐、朱总代表、各代表、各报馆、商务总会，广州军政府、参众两院，山东省议会、张督军、沈省长、省商会，各省督军、省长、省议会转各团体均鉴：

闻山东问题我国将归失败，不胜愤慨。我即不加入协约，青岛亦无任日本占据之理，既加入协约，而其结果乃战败国之不如，尚得谓之有公理耶？公理既亡，则我国何必尚列席于和会，忾忾伈伈为诸国羞？应请政府训令全权委员，以理力争，如无效即脱退和会。我但不署名于断送国权之条约，各国无强我履行断送之能力，从此发愤图强，必可雪耻于异日；若其屈服承认，则国家之资格丧失净尽。如有倡让步之说者，直人头畜鸣耳，非中国人也。际此千钧一发之际，政府宜有处置之决心，日本虎视眈眈，岂至今日方鄙我辱我，一九一五年之中日协约，国内未曾统一，现时并不得藉口于南北和议未成，即不负外交失败之责任也。湖南省议会叩。齐。印。

（《（民国）南北议和会议卷宗集成》第七册，第3072页）

唐绍仪致军政府政务会议电
（1919 年 5 月 8 日）

广州军政府政务会议诸公鉴：

总密。前奉个电，比即函请朱总代表电京查明禁止。顷接朱复函称：昨准台函，以接政务会议个电，谓张敬尧以长沙商埠抵借日债，进行甚力。属即电京饬令停止等因。当经转电饬查，兹接北京复电，内开：前接东电，当即电湘查复。兹准张督电称：长沙虽有开埠动议，苦无的款。值此时势，中央尚难借债，何论分省？其为谣诼，不辩自明等语。特此电闻，并希转达。能训。微。等因。相应函复，即祈查照。云云。相应据情电复，即祈察存为盼。绍仪叩。庚。印。

（《唐绍仪发电稿》，《近代史资料》总51号，第187页）

林森等致孙中山等电
（1919年5月8日）

广州岑总裁、伍总裁、林总裁、莫督军、李参谋部长，韶州李督办，南宁陆总裁、谭督军、陈省长，云南唐总裁，贵阳刘督军，上海孙总裁、唐总代表暨各代表均鉴：

新成密。顷致锦帆督军一电，文曰：如公巧电诵悉，和议重开，时局可望解决。关于国防问题，兵额之多寡，屯驻之区域，自应通盘筹画，确定方针。丁此时期，我西南各省尤宜力图团结，悉泯彼疆此界之□，庶不予人以可乘之隙。滇黔军之在川省，夙昔齐心御侮，袍泽同歌。今虽和平可望，而大憝未除，和局之结果如何，将于西南团结力之厚薄分之。况川黔唇齿相依，利害与共，即使偶有困难之点，仍望勿生阂隔之端。有□求教，应之精神，方足以收永久和平之良果。大局所系，敢布区区，伫候明教云云。谨录奉闻。林、吴、褚叩。庚。

（《北洋军阀史料·吴景濂卷（五）》，第389～391页）

方井东致孙中山函
（1919年5月9日）

中山先生伟鉴：

音问久疏，时深感慕。敬陈者：曹、章等卖国，全国欲食其肉而刮其骨，幸刻下北京学生发愤图强，热诚救国，正合国人心意。但此次外交棘手，全由若辈野心媚之于外，巩固自己权利，盗贼之心，路人共见。务乞先生振臂一呼，通电全国，定将若辈卖国贼等严惩，以国法从事，国人可稍舒愤激。今日南京学堂亦全体游行街市，见军民两长大呼力诛卖国贼。军民两长允电北政府，极力维持，倘因此事全国暴动，更难收拾。是以特此不揣冒昧，敬希先生名望，通电全国，以伸国势。存亡在此一举，伏乞施行，全国幸甚，大局幸甚。转此谨上，即请

钧安

方井东三鞠躬谨陈

林业明、胡汉民先生均安。

五月九日下午

（《革命文献》第四十八辑，第 354～355 页）

武昌总商会致广州军政府电

（1919 年 5 月 9 日）

广州军政府钧鉴：

日人不还青岛，是有鉴我南北争权夺利各不退让，致起瓜分之兆。若我南北预先退让，中国统一，日人早还我青岛矣。今南北仍不觉悟，恐不止失此一胶州湾而已。临电愤激，急不择言，务请诸公速弭内患，而外患自息矣。武昌总商会徐荣廷、张则先暨全体仝叩。佳。

（《军政府公报》修字第七十七号，1919 年 5 月 31
日，"公电"）

唐继尧致军政府政务会议电

（1919 年 5 月 9 日）

广州军政府政务会议鉴：

查靖国联军湖南第四军总司令兼绥靖总兵一职，前因谢总司

令重光辞职，此□迭兴，如周电商，以朱慰使树藩才识兼优，物望素孚，当即电令委任在案。兹据各方面电称，周则范迭电请□〈钧〉府委宋祚永等语。查宋祚永前围攻长官，犯上作乱，若竟膺此重任，则湘事纠纷将无已极。绥靖地方，据湘西下游，为川黔锁钥，若非资望素著之员，不足以资镇摄，拟请收回成命，仍以朱树藩充任，以维信用，而重地方，是所切祷。唐继尧。佳。印。

（《军政府公报》修字第七十八号，1919 年 6 月 4 日，"公电"）

颜德基致孙中山函
（1919 年 5 月 10 日）

中山先生钧鉴：

河山惨淡，风雨飘摇，每当起舞中宵，未尝不神驰座右也。西南义旅，原以护法，而护法之结果，乃以拥护利权。名为靖国，而靖国之结果，乃以摧锄同志。转战经年，去题益远。于此言和，何殊屈服。

先生为首创共和之人，登高一呼，众山皆应，然犹艰难备历，志不能伸，如基更无论矣。自维材力棉薄，时惧弗胜。然而一息尚存，此志不懈，区区之心，可誓天日。迩来陈师陕境，坐待时机，瞻望前途，危险万状。北虏既假和备战，我岂不能以战为和。只以事事不克自由，行事动多掣肘，千钧一发，关系匪轻。兹特派代表卢汉卿君，晋谒崇阶，陈述一切，已于五月十号起行往沪，到时尚希赐教，俾基有所遵循，是所切祷。肃此，即颂

勋安

颜德基（印）再拜　八年五月十日

（《革命文献》第五十辑，第 425 页）

孙洪伊致军政府总裁等电

（1919 年 5 月 10 日）

广州参众两院、军政府总裁、各省护法诸将帅均鉴：

昨日路透消息：欧会和议草约，关于山东问题，悉如日本主张，只少我专使之一签字耳。夫我国此次容纳五国劝告，开始南北和议，原冀欧战期内，日本威胁表［北?］政府及与段、徐勾结订立之种种不正条约，可得欧会助力公判取消，今已完全失望矣。阅今日报载巴黎中国使馆致各报冬电，谓胶事失败，以去年自愿断送胶济、济顺、高徐等七路为要因云云。观此，则交涉之失败，不在巴黎而在北京，非各友邦不肯相助，实由北政府之甘心断送。

自两年以来，所有兵权、财权及森林、路矿一切利权，捧赠于日本者，已不可枚举。即以铁路一项言之，除胶济由北庭与日本换文承认外，第一为济顺、高徐二路：一自济南西至顺德，与京汉接轨，斜断山东、直隶间，冀达山西；一以高密为起点，南至徐州，与津浦接轨，压迫南京，横控陇海，西通伊黎［犁］、新疆。第二为满蒙西路：一热洮线，自热河北至洮南；一长洮线，洮自南西至长春；一吉开线，以奉天开原为起点，直抵吉林省城；更一线名某某路线者，谓自热洮铁路之一地点，达某海港云云，将来我国沿海港湾，皆可随意指定。以上乃就北庭已发表者而言。此外尚有南浔线之延长：以福州为起点，横亘福建、江西两省，至南浔本线，进于长江上游。综观各线，其规模之宏大，直将南北两京，并中部及东南沿海十数省、西北各省、满蒙全部，皆囊括席卷以尽。盖日本经营中国之根据地，预定为三：一满洲，一山东，一福建。今皆次第入其掌握。是中国三分有二以上之领土，已作强邻外府，所余者，独有西南五省耳。

昔永嘉之乱，中原沦于戎羯。西凉张氏保有河湟，为中国守者七十余年。而河东薛氏结族自保，不仕秦赵，亦三十余年之久。彼区区者，尚能收拾余烬，力自图存，不肯同归于尽。今西南坐拥重兵，地大于西凉，力加于薛氏者，不啻倍蓰，乃不能急国家之难，而甘与偕亡耶。应请我国会及军府速决大计，将沪上南北和议停止，保存西南一片干净土，为讨贼救亡之本，据竟收拾全局之弘功。大好神州，陆沉非远，相胥及溺，智者不为。迫切陈词，伏维鉴察。孙洪伊叩。蒸。

（《孙洪伊请定救亡大计》，上海《民国日报》1919年5月11日）

陈炯明致军政府政务会议等电
（1919年5月10日）

万急。广州政务会议、林督军，诏安方会办鉴：

漳浦云霄一带现有人招募白□会匪，经派员查其委任状、襟章，奈均书有靖国军文字。方会办并未有向该处招兵知会，亦断不以匪为兵，必系会匪假冒无疑，殊于地方治安有碍。应即派员严缉匪首，解散胁从，是为至要。炯明。灰。印。

（《军政府公报》修字第七十六号，1919年5月28日，"公电"）

柏文蔚致广州军政府电
（1919年5月10日）

广州军政府钧鉴：

三月宥日谨上呈文一件，系为已褫陆军少将吕丹书恳请开复原官，并取销通缉一案。顷黎总司令天才亦曾代为电请，兹谨特电续请，乞鉴核照准，以电令行知为叩。柏文蔚叩。蒸。印。

（《军政府公报》第七十八号，1919年6月4日，"公电"）

于右任致广州军政府等电

（1919 年 5 月 11 日）

上海唐、朱总代表、各分代表、各报馆，广州军政府，南京李督军，南昌陈督军，武昌王督军暨吴师长均鉴：

乾县被围百余日矣，右任屡电哀恳者，为守军为阖城百姓耳。阅报载张瑞玑专使俭日通电，斥告急为造谣污蔑，詈右任为见鬼，并谓其有耳有目，安能坐视云云。夫人有目而不善用，闭聪塞明，甘处一方之势力范围中，不自省悟，反诬及右任之人格，右任即不自爱，何至甘居下流如是。当张使入关时，即通电不划界，三原不知也；到原时促其速行职务，则以未停战对；入省后遂武断处分乾县，以人归许，以地归陈，不意守乾王、郭二将誓死勿去。右任复函询其许、陈之界何劳君划，张使乃老羞成怒，通电作伪，而我守乾将士不死于攻击者炮火之前，而死于划界员伪笔之下矣。近日乾县告急书仍屡至，谓陈军不时攻击。据来人言：居民淡食已久，竟有食树蔬者。欲居无粮，欲去无路，出耘采买，附郭则无人烟，行二三里则遇敌军。加以地道四挖，袭击不时，城上地下时刻戒备，明公经历战事多矣，世有如是而可谓之停战乎？况杀人以梃与刃，有何分别？即协约仇德，尚接济粮食，中华民国之陕西又何事灭绝人道如此？右任效秦庭之哭，便撄专使之怒，设张使居此百余日断绝交通之围城中，而我曰保无他虑，世人能不笑我之骏稚乎。明公爱和平而重人道，务恳严电陈氏遵令停战，退兵醴泉原防，庶几乾城四民，不为饿莩，得以复业，守军亦可以休息。右任报告倘有虚辞，愿苍苍老天绝于氏血统可耳。哀恳陈辞，诸希原鉴。于右任。真。

（《乾县战事之呼吁》，上海《民国日报》1919 年 5月 15 日）

河源县绅潘乾亨等致广州军政府等电

（1919 年 5 月 11 日）

广州军政府、督军、省长、报界公会钧鉴：

河源县知事杜瑶光到任后，怠荒淫逸，值此米荒，饥民号呼，置之弗恤。各界迭次进署筹商救济，不获一见。真日复招歌妓十余名在署内宴乐，沉溺声色，不堪牧民。吁请摘印严办，以儆官邪，而恤民命。禀续。河源县绅学潘乾亨、邱为岳、黄沛董暨合邑公民。真。叩。

（《军政府公报》修字第七十六号，1919 年 5 月 28 日，"公电"）

阿尔滨华侨总商会会长宋鹤桐致广州军政府电

（1919 年 5 月 11 日）

广州军政府鉴：

对外事迫，隐患堪忧。南北和局宜速解决，以奠危基而利民福。公等洞察世势，应机转移。心念祖国，翘盼好音。阿尔滨华侨总商会会长宋鹤桐叩。真。

（《军政府公报》修字第七十七号，1919 年 5 月 31 日，"公电"）

上海全国报界联合会致南北政府等电

（1919 年 5 月 11 日）

广州报界公会、北京报〈界〉联合会转各报馆、南北政府暨各团体均鉴：

曹汝霖、章宗祥、陆宗舆、徐树铮等丧心卖国，人民积愤，匪伊朝夕，北京学界奋起锄奸，应和之声，溢于海内。若复屈法养祸，以遂私恩，则人民绝望之余，必成举国瓦解之局。此次外交已濒绝境，举国激怒，誓与存亡，民气可用而不可遏，国权一去则不复还，诸公宜一致主张，联请专使，据理力争，要求北京严惩四凶，以保国权，以彰公道。挥泪陈辞，乞即鉴纳。全国报界联合会。真。

（《上海全国报界联合会请惩四凶电》，长沙《大公报》1919 年 5 月 19 日，"要电"）

唐绍仪致军政府政务会议电
（1919 年 5 月 11 日）

广州军政府政务会议诸公鉴：总密。并转林、吴、褚三议长鉴：

蒸日开会，对于外交祸首、法律等问题，要求北代表八项，大旨如下：（一）对于欧洲和会所拟山东问题条件，宣告不承认。（二）中日一切密约，宣告无效，并严惩订约关系之人。（三）立即裁撤参战军、国防军、边防军。（四）恶迹昭著，不洽舆情之督军、省长，即予撤换。（五）由和会宣告前总统黎元洪六年六月十二日命令无效。（六）设政务会议，由平和会议组织之。议和条件之履行，由其监督，统一内阁之组织，由其同意。（七）议决各案，及已付审查提议各案分别整理决定。（八）由和会承认徐世昌为临时大总统，至国会举出正式总统之日止。谨闻。唐绍仪叩。真。印。

（《唐绍仪发电稿》，《近代史资料》总 51 号，第 188 页）

留日学生李培天等致南北政府电

（1919 年 5 月 12 日载）

《民国日报》、《中华新报》、《救国日报》、《时事新报》、《申报》、《新闻报》转北京政府、广东军政府公鉴：曹汝霖、陆宗舆、章宗祥三贼，国人皆曰可杀，请立正典刑，以谢天下。李培天、何飞雄、胡希□、李复、李增让、□强、陈理中、欧阳刚中、赵福琳、汤鹤翼、胡守正、程俊、胡己任、邹卫农、桂庭、吕傅崎、李邦藩、潘培敏等同叩。

（《留日学生请诛卖国贼》，上海《民国日报》1919年5月12日）

美国商务总长刘飞尔致孙中山函

（1919 年 5 月 12 日）

孙逸仙大人阁下：

得奉三月十七日赐函，内附《国际共同发展中国计画》，批阅之下，兴味不穷。而阁下之所谓中国之经济发展将为人类全体最大利益，不特中国人食赐，尤所赞成也。

以阁下所提计画如此复杂，如此溥遍，即令将其备细之点规画完竣，亦须数年。阁下亦明知书案中一小部分尚须数十万万金元，而其中多数在初期若干年间，不能偿其所投之利息与经费。是故，其必要之债所需利息如何清付，实为第一须决之问题。以中华民国收入，负担现在国债利息太重，难保新增之息必能清付。则今日似必要将此发展计划限制，以期显有利益足引至私人资本者为度。

合众国政府一致努力以表示无私之友谊于中国人民，并愿由各种正当之途径，以参与增进华人最上利益之计画也。

远承赐教，感谢无已。敬颂

勋祺

商务总长刘飞尔谨启

一九一九年五月十二日于华盛顿

（《孙文选集》上册，第 299～300 页）

全国平和期成会联合会致军政府诸总裁电

（1919 年 5 月 12 日）

广东军政府诸总裁先生钧鉴：

国内和会原期泯内争而御外侮，今则外交濒于失败，揆厥原因，和会不能不任其责。开议已逾三月，果能顺利解决，则此时一致对外，国际上必较有实力，乃计不出此。现欧和已届签字，闻所提议案仍各趋极端，毫无解决希望，前途险恶，莫知所届。窃维此次和会，以双方所处之势，不能再出于战之一途，故出于和，言和矣，既非城下之盟，应取折衷之义，若稍涉虚骄，求逞意气于一时，必重酿战争，即陷国家于万劫。况民穷财尽，全国骚然，再不绥辑，劳徕一发，谁能收拾？引民气以一致对外，胜于利用之残杀同胞，得失之机，□于著察。务恳立促和会即日告成，为根本之觉悟，共南北以提携，国之存亡，合上下而负责，民之向背，觇曲直为转移。竭虑陈词，统维鉴纳。全国平和期成会联合会叩。文。

　　（《平和期成联合会致南北电》，《申报》1919 年 5 月 14 日）

国会议员田铭璋等致孙中山等电

（1919 年 5 月 12 日）

护法政府，上海和会唐、朱总代表、各分代表、孙中山、章太炎、孙伯兰诸先生，各省省议会、各团体、各报馆均鉴：

合法国会完全自由行使职权，不独我护法各省军坚决之主张，亦世界舆论所公认，全国人民所切望。惟和会因有非法国会及其他障碍，今始议及，似为困难问题。报载李督军有解散伪会条陈，伪廷虽迫于正谊，奈徐世昌产自伪会，以伪令解散之，子抛其母，殊觉难堪。为大局计，倘相持太久，和议恐因之中梗，不免贻外交以口实，以故举国惶惧，尚无正当之解决。与其坐失机缘，曷若以护法政府命令通电全国，述该会根本违背约法，共和国家绝不容其存在，凡我国民均有驱逐之责。想伪会份子机警者多，当能醒悟。苟痛悔前〔前〕非，再勿为卖国贼所利用，尚可为自好之人，则国家亦受其赐矣。际此外交迫切，一发千钧，万勿谬全伪面，贻害国家。燕赵本多豪杰，切莫蹈曹、章之覆辙。星火燎原，事前曲突之，固胜于焦头受赏也。区区愚见，望速采纳，则国家幸甚。国会议员田铭章〔璋〕、王福缘、何印川、何晓川、徐清和、李希莲同叩。文。

（《尊重国会问题之两电》，上海《民国日报》1919年 5 月 21 日）

方声涛致军政府各总裁等电
（1919 年 5 月 12 日）

万万急。广州军政府各总裁、参议院众议院诸公、莫督军、林督军、李参谋部长、各报馆均鉴：

读林、吴、褚各议长等十日通电，京津学生激于忠愤焚毁曹宅痛击章、陆一事，举动虽非正轨，然激于爱国，愤于除贼，其事可悯，其心可嘉。况曹、章、陆等卖国罪状业已彰著，若任其摧残，增长凶焰，则世间之可痛，未有逾于此矣。敬望军府迅速援救，并希诸公一致主张。临电慨愤，无任神驰。方声涛叩。侵。印。

（《军政府公报》修字第七十五号，1919年5月24
日，"公电"）

张瑞玑致军政府各总裁等电
（1919年5月12日）

特急。北京大总统、国务总理、参陆处、各报馆，广东军政府各总
裁、参众两院，南宁陆总裁，云南唐联帅，各省巡阅使、各省督
军、省长、各都统、各护军使、各镇守使、各师旅长、各司令，衡
州吴师长，上海唐、朱两总代表并转各代表、各报馆均鉴：

陕西停战，及乾县并无攻击情形，前已历电言之。顷接李述膺
君电，仍据于右任电，谓乾县并无停攻，支蔓纠缠，只此一语。瑞
玑然一言以告之曰：陈军果有攻击，瑞玑自当布闻，此时不必浪费
笔墨日日争辨也。

惟来电谓，瑞玑诬民军为土匪，此罪万不敢承。夫民军、土匪
有何标准？护民则为民军，殃民则为土匪，右任与述膺自认土匪为
民军耳，非瑞玑诬民军为土匪也。民军如岳维峻，如田玉洁，如叶
荃，瑞玑皆历电表扬之，初不敢稍贬一词。右任书生耳，欲利用土
匪，而反为土匪所利用，靖国其名，而土匪其实。自有土匪以来，
未有如今日陕匪之甚者，自有陕匪以来，未有如今日屠戮之惨者。
北山一带，行二三百里不见人烟；同州一带，学堂学生俱被缚票，
他无论矣；岐山一县，焚烧房屋三千三百余家；乾县、凤翔一带，
求一十二三岁之处女不可得。其缚票之名称不一，有快票、慢票、
火票、水票、肉票、血票之别，皆以死刑之迟速轻重分之。其用刑
则枪击、刀毙外，有水煮，有火烤，妇人割乳，小儿蒸笼，奇惨异
酷，中外骇闻。有用煤炭烤人，因火重速死者，匪首怒之曰：咄！
汝胡不看火色，人死汝安得钱？呜呼！陕民亦人也，何辜何辜，乃

至如猪如鸭，燻之烤之，尚研究火色，不令其速死耶！闻此言而不动心不下泪者，必非人也。近来三原城乡，除岳维峻一部纪律严整，余军亦无人约束。刘子康之子被缚票，勒赎二千五百元；叶荃前派兵护送伤兵过三原，被夺去枪枝，并将护兵击伤；三原商贾争逃之泾阳省城，泾阳房价为之大涨。以上所述种种，皆土匪之略史也。而右任、述膺曰皆民军也，是真诬我民军矣。意者此等事，右任未之知，述膺未之闻也，何不闻右任一言以禁之，述膺一言以责之耶？靖国军之明大义知自爱者，皆痛心疾首，羞与为伍，人心之愤，已见一班。

自瑞玑梗、有电发表后，述膺来电大不满意，今更急不择言，至谓瑞玑祸陕。夫陈督祸陕，有陈督在，土匪祸陕，有土匪在，右任纵土匪祸陕，有右任在，何与瑞玑事？虽然生命者，陕人之生命，名节者，陕人之名节，陕人杀之辱之，而不知怜不知惨，被杀被辱者不敢哭不敢言，而瑞玑怜之怆之，复从而代哭之代言之，是多事也，瑞玑知罪矣，此电发后即摒挡出关。敬此布闻，乞恕愚戆。瑞玑叩。文。印。

（《张瑞玑最近之通电》，天津《大公报》1919 年 5 月 15 日）

天津直隶铁血公民团致军政府各总裁等电
（1919 年 5 月 13 日载）

天津《益世报》转各报馆，广东军政府各总裁、非常国会，上海和会，各省督军、省长、各师旅长、团长、各学校、各团体均鉴：

外交失败，国破家亡，亡国奴之痛苦，虽未曾经过，然近邻高丽历年惨状，当我同胞所闻知或目见者也。呜呼！同胞，今时何时，非千钧一发之时乎？非合群力群策，誓死力争，方可救亡之时乎？天下兴亡，匹夫有责。苟非倭奴之种与兽类，当无不投袂而起，共救危亡。况民国制度，尤以民意为重。惟恨我有名无实之民国，凡事皆为三五宵小独断独行，专制威严，殆有甚于暴虐之帝王者。实可令人言之心痛。

虽然苟无关于国之存亡者，吾人尚可不过问而忍受焉。今者，某派国贼明明卖国，而北京政府犹饰词欺人，竟袒护之，对于爱国之学生，竟压制而虐待之，对于国民之正气竟摧残之。倒行逆施，叛国媚外，吾不知吾民要此政府何为者。盖此叛国之政府，实无异于家仆窃盗，反憎其主人也。世安有主人，既知其仆役为盗，而犹用之之理，愿同胞速醒。且诸公皆吾国之人杰，国人渴望诸公各本良心，以救国者久矣。敝团今集合同志三百十四人，誓捐身报国，凡国中之贼，誓杀之尽净而后已。惟念大厦非一木所能支，孤掌难鸣，众擎易举，敝团所为者，不过先除去阻碍救国行为之障害物耳。若夫积极进行之大端，诸公当责无旁贷也。今愿有所贡献于诸公者：（一）一致电请政府惩办徐树铮、曹汝霖、章宗祥、陆宗舆诸国贼。苟北京政府不允，则可宣布政府罪状，竟可推翻之改组可也。因彼等既不保卫吾民，反欲杀害吾民，吾民何辜，而必须自就死地耶。并一面宣布诸贼之罪状，凡国人有能拿获而诛之者，则有功无罪。因其媚日卖国，即为国家之仇敌，故国民皆有护国诛贼之义务，实缘内奸不去，外患难除。诸公聪明，当不河汉斯言也。（二）一致电请巴黎和会公判，电请专使力争，苟不达到目的，即应下旗回国。 （三）上海和会速谋统一，以筹一致对外。四亿〔万〕万大借款，万不可成，以免助长内争。（四）全国速开国民大会，各省开省公民会，各县开县公民会，共筹救国之方，藉联声息。（五）由公民团宣布永久抵制日货，但与敌国未绝邦交以前，切勿伤害倭奴。对于地方秩序，尤须维持勿乱，总以文明举动为上，勿为暴动，致受〔授〕人以口实也。（六）鼓吹民气，以作外交后盾（曾记袁前总统当外交紧急之秋，曾暗中鼓动民气而利用之，表面上则作维持秩序之语。袁氏此点尚可作后世总统之标榜）。（七）劝募国民捐，储蓄巨资，以备对日宣战之军费。如外交获胜利，则此款归办各种实业。

以上数端，业由敝团公众表决，是否有当，愿与诸公一商榷而力行之，国家幸甚。敝团因电报局受曹贼所使，拒绝通电，故不得已用函代电。呜呼！曹贼，食其肉寝其皮，不足解民怨而蔽其辜，愿国中同胞共起而杀之。天津直隶铁血公民团本部三百一十四人同泣叩。

（《天津铁血公民团通电》，天津《益世报》1919 年 5 月 13 日，"公电录要"）

邓慕韩致孙中山函

（1919 年 5 月 13 日）

先生大鉴：

昨接焕庭兄函，称先生嘱慕韩以后如有要闻，随时报告，慕韩自当如命办理。此次与粤军联络报界，叠经呈报，现竟兄亦有函复，如慕韩所陈办理。目下广州报界共有二十六家，计粤军已联络者八家，同宗旨者二家，合共已得十家。政学会四家，李耀汉二家，保皇党一家，有二家专载花事，无足关系。此外七家，尚无党派，中有《新报》、《快报》二家，销纸颇多，尚可联络。然以资格老而销纸多者，已为粤军得过半矣。

目下广东大局，前者桂人欲将政学会尽行驱逐，现在寂然无闻，政学会暂时稳固。李耀汉对于省长极力运动，只广东方面，如国会议员则组织一芩庐俱乐部以联络，所有费用极为浩繁，均由李氏供给。省议会方面，黄嵩龄议长之产出，除黄氏自费二百元外，李氏七万元，翟汪三万元。现运动议员，足法定人数出席及选举副议长，又费数万元。省长公署月中所支顾问、参议、谘议等项薪水，每月二万余元。运动报馆，如香港《大光报》、《晨报》、广州《人权报》、《南越报》等，一次过总在千金以上，每月亦津贴数百元。又极力联络民党，如夏重民、李思辕、叶夏声、周之贞、罗晓峰等，其运动金钱之利害亦可惊也。

　　然金钱魔力有时亦穷，最后者惟公理胜。慕韩近与热心社会者谈论广东大局，无不痛心疾首。客军之祸粤，咸望粤军归来治粤，此种心理，谅众口一词。然人心如是，若无人出而联络，亦一盘散沙而已。慕韩在粤日久，交友颇广，本欲担任，然此种联络与报界不同，盖团体既繁，散处又非一方，交际之费必繁。现广东运动实为千古未闻，如刘焕为运动粤汉铁路，费七八百元，仅得协理。故每办一事，非费巨款不成。目下人情奢侈，一席之费动以数十，庆吊捐助无日无之。慕韩自二次革命失败以后，家产几破，归来又不肯干求当道，所有督军省长七八人，未尝投刺求升斗以失节也。故慕韩虽有欲为吾人联络社会以相助，然因无余款而止耳。

　　照现势而论，即以军队势力，桂人亦推粤军在广东为最善战者。人心虽趋向于粤军，而李氏以金钱如此运动，若不早为之所，恐将来亦失败而已。先生如为吾党、为粤军在广东占势力计，宜早派人与社会平日相信者联络，以免临渴掘井，徒劳而无功。若一时难得其人，慕韩亦敢自任，但交际费月中颇繁，须二三百金方可着手耳。慕韩为党事奔走十余年，是否着实，想在洞鉴之中。慕韩亦欲吾党再在广东再握政权，以雪年前之耻耳。又近来陆兰清运动到琼崖镇守使任甚力，阖并奉闻。肃此，敬请
筹安

邓慕韩谨上　五月十三日

　　再者，与粤军所联络各报，务请时时商议谈话，如此乃感情亲密。但报界公会、茶楼、酒馆，非会议之处，现得晋昌公司同人借出该处为会议地方。该公司乃由一部分同志所组织，以为消乐娱乐之所，所有租项薪工费用，不用粤军补助。前者师府成立，各同志多有在该公司密中办事，以免外间注意。慕韩合特陈明，以免谣言乱造耳。又启。

　　孙中山批：要件，存查。

（《革命文献》第四十八辑，第 293～294 页）

唐绍仪等致军政府各总裁等电

（1919 年 5 月 13 日）

广州军政府各总裁、政务会议诸公鉴：

自和议续开，即将军政府所交条件完全提出。除惩办祸首，北方代表不肯列入议题，我方仍认为悬案，其余以次讨论。计军事、财政、善后案，俱已大致决定。政治案则因地方制度主张尚未一致，再三审查。以上情形，俱经报告。

近鉴于外交失败之剧急，民意求和之迫切，复参照会内经过情形，斟酌双方所能办到之限度，遂于蒸日以书面提出八条：一、对于欧洲和会所拟山东问题条件，表示不承认。二、中日一切密约宣布无效，并严惩当日订立密约关系之人，以谢国民。三、立即裁撤参战军、国防军、边防军。四、恶迹昭著不洽民情之督军、省长，即予撤换。五、由和会宣布，前总统黎元洪六年六月十三日命令无效。六、设政务会议，由和平会议推出全国负重望者组织之。议和条件之履行，由其监督，统一内阁之组织，由其同意。七、其它已经议定及付审查，或另行提议各案，分别整理决定。

以上七条，如北方同意履行，则第八条由和会承认徐世昌为临时大总统，执行职权，至国会选举正式总统之日止。本日即开正式会议，将八件详细说明，并表示此为最后之让步。朱总代表声明，第五条由和会宣布黎令无效，北方万难照办。此项不易，他项终无可议。并言南方如此主张，北方惟有请西南五省补选议员，加入新国会云云。法律问题，两方意见相去太远。其它政治改革诸条，证以会中状况及北京政情，厘定与实行，终无希望。陕西乾县，至今尚未停战，四月初间，尚有大批军火输入。如张敬尧、陈树藩，且几于撤换无方。

仪等智尽能索，愧恨交并，自以才力不胜此任，谨即申述愚情，恳将仪等总代表及分代表各职，一律开去。其如何继续和会，并更换代表之处，兼恳迅赐施行，以重和议。仪等解职，纯为个人负责问题，与和会本身不相牵涉。临电无任惶悚之至。唐绍仪、章士钊、胡汉民、曾彦、缪嘉寿、王伯群、郭椿森、刘光烈、彭允彝、饶鸣銮、李述膺叩。元。

> （《南代表致军政府总辞职电》，上海《民国日报》
> 1919 年 5 月 15 日）

钱能训致孙中山等电
（1919 年 5 月 13 日）

广州岑西林先生、伍秩庸先生、林悦卿先生、武鸣陆干卿先生、云南唐蓂赓先生、贵阳刘如周先生、成都熊锦帆先生、上海唐少川先生、孙中山先生同鉴：

华密。青岛问题，国人极为注重。迭经电饬专使，坚持直接归还，并于欧美方面多方设法。嗣因日人一再抗议，协商方面极力调停，先决议由五国暂收，又改为由日本以完全主权归还中国，但得继续一部分之经济权及特别居留地。政府以本旨未达，尚在踌躇审慎。近得专使来电，谓美总统以日人抗争，英、法瞻顾，恐和会因之破裂，更非中国之利，劝我审酌。又得来电，谓要求加入交还中国一语，亦未见允。但和约正文，我专使尚未阅及，乃俟续电。此事群情迫切，举国所同。现未达最初目的，乃并无交还中国之规定，吾国断难承认。盖未经签字，尚可谋最后之补救，否则勒为定案，即前此交还宣言，亦不可恃。但若竟予拒绝，则于协商方面及国际联盟关系，亦不无影响。此间征集各方意见，佥谓权衡利害，于签字一层，必宜审慎。事关外交重要问题，自应一致对外。务希平情衡度，不吝赐教，并晓导各界，共维大局，勿涉偏激，实深跂祷。能。元。印。

> （《五四爱国运动档案资料》，第 321～322 页）

陈炯明致军政府总裁等电

（1919 年 5 月 14 日）

总裁诸公、政务会议、林督军、林议长、粤议员诸公、粤军邹代表鉴：

□□①密。现查漳浦、云霄、诏安、平和一带，确系靖国军所委人员到处煽惑路民，谓粤军在闽，将来一鸡一犬，亦须抽税，非驱逐不可，附和者给以红边帽及徽章。经炯明查起委任□□多件，电询方会办。据称承公奉告，敢不奋勉，已严令夏旅长查明拿办，藉息匪风等语。方会办果不知情，而其部下如此妄为，殊骇听闻。粤军在闽，只为护法，现大局将定而□□忘□□，又急不知择。炯明作□，不徇其意，急图离闽。诸公俯念粤军苦战经年，〈勿〉蹈于罪，迅赐明令，回粤遣散。所有防务，责成方会办接管，画疆□守，亦无他辖，粤军拜赐多矣。惟靖国军所委人员，呼惑路民，所行不法，应请钧座迅将此等人员撤查，分别惩办，以伸国法而彰公道，是为切祷。炯明。寒。

（《关于闽南军事之要电》，上海《民国日报》1919
年 5 月 27 日）

上海商业联合会致军政府总裁等电

（1919 年 5 月 15 日载）

北京大总统、国务院，广州军政府总裁诸公钧鉴：

外交失败，国内和会又全体辞职，商等希望垂绝，同声愤叹。窃思南北本系一家，当此忧患纷乘，惟有互相让步，先谋统一，方

---

① 　原文如此，本篇后同。——编者

可全力对外。伏乞钧座始终主持，以维人心，而定大局，不胜迫切待命之至。上海商业联合会五十六公团叩。

（《和会再停后之第一日》，《申报》1919 年 5 月 15 日）

唐绍仪等致广州军政府等电①
（1919 年 5 月 15 日）

广州军政府政务会议诸公鉴，并即代转参众两院及护法各省督军、省长、各军总司令，总指挥、各督办、各师旅长均鉴：

仪等猥以菲材，谬承军府负托之重，以议和责任相委。受事以来，数月于兹。当开议之初，所提陕西停战、参战军裁撤各案，原为先决问题，而北方竟悍然不顾，遂至停顿逾月。仪等曾将停顿理由一再通告中外，在理应俟停顿之原因尽行解除，乃有续议之余地，徒以舆情属望之殷，国际变迁之急，不惜委曲迁就，续行开议。一月以来，北方一面言和，一面对于乾县犹未停止攻击，且于四月初旬尚运大宗军火入陕，其是否有谋和诚意，至今仍末由证明。

迩者外交险恶，民意求和益急，仪等乃本诸全国人民之公意，参照会议经过之情形，斟酌双方所能办到之限度，遂于蒸日以书面提出八条：

（一）对于欧洲和会所拟山东问题条件表示不承认。此其理由，系因外交问题，国家宜以一种或宣言、或明令、或公文的方式，向世界各国为坚决正当之表示。此时如无此等不承认之表示，以后即无办法。

（二）中日一切密约宣布无效，并严惩当日订立密约关系之人，以谢国民。此因一切密约丧权辱国，引入特殊势力，贻祸无

---

① 此电同时致各省省议会、教育会、商会、各报馆。——编者

穷。非取消密约，严惩订约有关系者不足以谢国民。

（三）立即裁撤参战军、国防军，边防军。此因各军皆由中日军事协约发生，须即一律裁撤，所以免除由外引入之特殊势力害国残民。

（四）恶劣昭著不洽民情之督军、省长即予撤换。盖此等害民长官，北方政府应不待和会呼吁，早行罢斥。

（五）由和会宣布黎总统六年六月十三日解散国会命令无效。此因约法无解散国会明文，不依据法律之命令为违法命令，当然无效。况黎之解散系被迫所致。当时黎已通电自承违法。至以步军统领代理总理副署命令之江朝宗，亦通电全国自认违法，违法命令当然取消。且年来中国外交失败，皆由国会解散而来。如民国二年袁世凯解散国会后，而中日密约以成，二十一条款以定。六年黎元洪解散国会，而中日密约陆续缔结，可知恢复国会为救亡最急要之图。且今后所恃以取消一切不平等契约之一线希望，只有以未经正式国会通过为理由，则正式国会恢复匪为对内，即对外亦为必要。前此所以迟迟未讨论，盖因欧洲和会将次签字，万一国内和会以讨论此问题之故，两不相容，以致和议停顿，则欧洲和会将以我国不统一为口实，国家前途将蒙不利而已矣。外交失败无可讳言，推厥外交失败之由来，国会恢复愈不容缓。

（六）设政务会议。由和会推出全国负重望者组织之，议和条件之履行由其监督，统一内阁之组织由其同意。此因国会尚未开会之前，正式内阁无由发生，设此为临时机关，至正式内阁成立时撤消。

（七）其他议定及付审查或另行提议各案，分别整理决定。盖此乃结束各案当然之结果也。

以上七条，北方如一一同意履行，南方本互让精神，为承认统一，表示订第八条，为由和平会议承认徐世昌为临时大总统，至国会选举正式总统为止。此因亟谋统一起见，乃有此最大牺牲。但须郑重声明，如第一至第七各条不能办到，则第八条无效。并表明此次提出八条，为南方最后之意思。

以上八条经于十三日开正式会议，向北方代表详细说明，而北方代表除对于第一条认为当讨论办法外，余均未表示同意。且对于第五条绝对不加容纳，声称此条若不易，其余均无庸置议。并提言将令西南五省补选议员加入新国会云云，无非示其极端相抗之意。

夫时局艰危至此，人望和平，我西南亦既委曲迁就，至再至三，宁不自知屈辱！即此次提出八条，最后为极大之让步，亦见我军政府及西南各省但愿真正和平之实现，绝无权利争夺之私，此意当为天下所共谅。乃北方自开议以来，参战借款急速使用，不容置喙，参战军、国防军、边防军并日进行，其倚借外力武力以压迫西南也如故，其纵容少数军阀以蹂躏人民也如故。至今北方代表犹对我所提政治之救济，护法之主张不肯容纳。似此情形，和议更何由进行？仪等智尽能索，忧愧交并，已知才力不胜，当于元日联同向军府辞职，请另简贤能续任。惟仪等辞职，纯系个人负责问题，与和会本身不相牵涉，此后应如何继续和议之处，一听军府主持。谨此奉闻，统希垂察。唐绍仪等同叩。删。印。

（《唐绍仪发电稿》，《近代史资料》总51号，第146～148页）

陈炯明致孙中山电
（1919年5月15日）

上海孙总裁鉴：

真日致政务会议电，文曰：宋子靖前在永搜捐款十余万元，焚屋杀人，惨不忍闻。商民不堪其扰，再以巨款劝之去。讵宋甫去，乘陶解严，即着王荣光来攻永春，同时张贞、杨持平袭陷安溪。复以杨汉烈潜渡枫洋，断绝漳安交通之路。事前则方会办迭电军府，一则曰粤军追胁，忍无可忍；再则曰龚振鹏带兵入安溪。查邓司令在安溪，安民始出水火，有口皆碑。所不利者，土匪不得掳掠耳，有何迫胁？韵松近在咫尺，何以并无一函一电一使相交涉？龚则前月因病回沪就医，所部仍驻原防。凡此捏造之言，预为发难地步，昭然若揭。炯明此次护法，艰苦百战，始定半闽。自分虽不敢言功，而于大局极力支撑，地方殚心抚辑。军府畀以省长之职，亦坚定闽人治闽之义，辞不拜嘉，此心可大白于天下矣。顾乃群邪环伺，日肆阴谋，必欲消灭粤军而后已。感怀国事，早已灰心。所幸沪议垂成，烽烟既息，划疆而守，粤军亦无驻防之必要。久居此地，益增谣诼，一朝爆裂，重苦闽民，腾笑友邦，此炯明所极不忍闻者也。用恳军府立饬粤军，回粤分别遣散，并饬方会办派兵填防。炯明解甲归农，不问国事。忌者得以高枕而卧，爱者亦可林泉话旧，天下大解脱，莫逾于此。伏赐殊准，并候明教，陈炯明叩。真。等语。谨以奉闻。炯明叩。咸。

（《陈总司令请遣散粤军》，上海《民国日报》1919
年5月24日）

衡永郴桂各团体致孙中山等电

（1919年5月15日）

军政府各总裁、和会唐、朱两总代表、各分代表、孙中山先生、章太炎先生、孙伯兰先生、张溥泉先生、熊秉三先生、张季直先生、徐菊人先生、钱干臣先生、各督军、各省长、各省议会、各教育会、各农、工、商会、各团体、各报馆均鉴：

曹汝霖、章宗祥、陆宗舆等甘心卖国，为虎作伥，国人久欲食其肉寝其皮，此次青岛失败，北京学生激于义愤，殴伤章氏，焚毁曹宅，实为国人心理所共愤。奸党怙恶，欲杀学生，解散大学，坑儒浊流之惨祸竟现于共和国家。凡有血气，谁不痛心！诸公热忱爱国，薄海钦仰，伏乞主持公道，使被捕学子既得释放，并置卖国贼曹、章、陆等于法以谢天下，事机紧迫，立盼进行。衡、永、郴、桂各教育会暨各校学生、各农、工、商会同叩。删。

（《衡永郴桂各团体讨卖国贼之公电》，上海《民国日报》1919年6月4日）

策进和平会汕头支会陈白致军政府总裁等电
（1919年5月15日）

广州国会诸公转军政府总裁钧鉴：

顷敝会电沪，文曰：《民国日报》转南北议和代表钧鉴：专制之世，以皇帝为正统，共和时代，以国会为正统，今国会集会广州，犹皇帝蒙尘在外也。勤王之师不谋恢复，是为不臣，统一和平有所广狭，岂非跋扈，不拥旧国会，无异长篡逆之门，后继实难，幸垂意焉。策进和平汕头支会陈白、蔡忠祖、陈荫珊、罗汉、华国权叩。等语。陈白。删。印。

（《军政府公报》修字第七十五号，1919年5月24日，"公电"）

福建省立第二师范学生致广州护法政府等电
（1919年5月15日）

广州分送参众两院、护法政府，上海分送唐、朱总代表、各学校、各报馆、各社团钧鉴：

报载京津学生，因山东问题交涉失败，同深愤激，出而质问，本国民天职，为正当行为。政府不知觉悟，横肆拘囚，民气摧残，于斯为极。生等身为学生，敢干大政，惟是城狐社鼠，盘据京畿，虎伥鬼谋，恣睢禹甸，苟任其操纵把持，势必至沦胥以尽。天下兴亡，匹夫有责，生等爱国，宁后于人，所望护法诸公维持正义，外之亟电知会专使，据理力争，青岛不归，苛约不废，吾国民毋宁死；内之亟电南方代表，据法力争，国贼不诛，学生不释，吾国民毋宁死。本此必死之心，内清国贼，外报国难，诸公勉为前军，生等甘为后盾，幸人心之不死，或大局之可回。临电悚惶，伫立以待。漳州福建省立第二师范学校学生全体同叩。删。

（《军政府公报》修字第七十七号，1919 年 5 月 31 日"公电"）

钱能训致孙中山等电
（1919 年 5 月 16 日）

广州岑云阶先生、伍秩庸先生、林悦卿先生，武鸣陆干卿先生，毕即［节］唐蓂赓先生，上海孙中山先生鉴：

致元首佳电诵悉。此次学生摭拾浮言，举动逾轨，构成纵火伤人之举，甚为慌惜。当场逮捕各生，翌日既经保释，听候法庭办理。外间所传，处为首学生以极刑，解散大学，并无其事等语。至青岛问题，现仍严电各使坚持。刻下谣诼繁兴，意图煽惑，幸勿轻听，致滋误会，是所企祷。能训。铣。印。

（《钱总理致各总裁电》，天津《大公报》1919 年 5 月 19 日）

全国和平联合会致军政府各总裁电
（1919 年 5 月 16 日）

广州军政府各总裁钧鉴：

前日和会，南代表提出八条，未得北代表同意，当席宣告辞职。噩耗传来，群情忧骇。窃媾和以双方交让为先，代表以完成责务为重，如谓理由正当，遂必绝对坚持，何以副宁人息事之初心？如因意见隅〔偶〕乖，遂即拂衣竟去，何以慰拯溺救毙之舆望？况外交万急，国运垂危，战祸连年，生机将绝，吾民之盼和平，甚于倒悬之盼解救；国际地位之能否挽回，全视国内局势之能否统一。生死存亡，间不容发，用特集合全国公意，吁恳军府，一面以最腔挚之词慰留代表，一面商定最后办法，令各代表遵照进行，矢锐让之决心，促和平之实在。焚香顶礼，无任祷瞻。全国和平联合会叩。

（《和平联合会致南北当局电》，天津《大公报》1919年5月19日）

陈炳堃致军政府总裁电
（1919 年 5 月 16 日）

广州军政府政务会议总裁诸公钧鉴：

奉云南唐总裁东电，令开：造炳堃履历，由联帅汇转外，更饬汇造部下将士履历，送呈军府补官叙勋。窃念川省为血战最久之地，堃部为川中十路辟地较广之军，东锁夔门，北扼①恢复二十余县，转战几二千里，除绥定总部各队团、营、连军官佐应由炳堃及颜总司令德基会衔列保外，其副司令行营地方防战异常出力，各员均有助堃独力攻克嘉陵道沿城及各属县，并会逼刘、钟，夺取贼巢勋劳。由炳堃遵东电尽先据文特保团长喻文光为上校，营长段伟、韩拓、魏均为□校一等参谋，现任剧部县知事王耘薪、秘书长、军事高等顾问官、前川北盐税总监王震东均以道尹记名简用。所有履历仍候汇同，将各员□案邮呈。先此奉闻，藉〈免〉迟误，并望

电示祗遵。滇川黔靖国联军援陕第二路司令陈炳堃叩。铣。印。

（《军政府公报》修字第七十八号，1919 年 6 月 4 日，
"公电"）

意大利陆军大臣嘉域利亚致孙中山函

（1919 年 5 月 17 日）

敬启者：蒙惠赐以关于如何以国际共同组织使用战时所产洋溢之制造能力，而开发中国最大宝藏之［有］兴味之计画，不胜感谢。虽在此计画亦有与相附丽之实际困难，稍须顾虑，而以其所造之深与其带有现代精神之活气，使我不禁为最高之〈评〉价也。

为人道之利益，为贵国之进步，吾愿阁下此计画之完全成功。专此布达悃诚。

嘉域利亚　一九一九年五月十七日于罗马

（《孙文选集》上册，第 300 页）

旅沪各省公民致军政府各总裁、北京大总统电

（1919 年 5 月 17 日）

广州军政府各总裁、北京大总统钧鉴：

政争两载，涂炭民生，我各总裁及大总统俯念人民受祸之苦，始停战议和，而和会成立数月，迁延时日，迄无结果，推其故，实因双方各持极端，而各代表又无能力制裁，是以断难收效。今闻双方代表辞职，和会又陷破裂，遽听之下，不寒而栗。然外交日趋危迫，岂容再事内争，当此存亡危急之秋，正是竭力御外之日，否则一发千钧，稍纵即逝。至大势已去，无计挽回，诸公虽

自觉悟，亦归无及。公民等不忍坐视大好中华沦为异域，特哀乞我各总裁、大总统维持和会，挽留代表，并请双方退让，委曲求全，是为切要。谅我各总裁、大总统为国为民，当不惜牺牲一方之私利，苟能畀代表以全权，勿掣其肘，顺从民意，虚衷退让，则和议不难早告厥成。届时同心协力，一致对外，庶几国家前途，尚可延一线之生机也。临电迫切，曷胜待命之至。旅沪京兆公民刘影臣、何绶岩、戴洪刚、萧得印、克尔多泰、丰桂，直省公民施桂林、万仲篯、叶光度、周光福，蜀省公民杨年、戴华、刘真余、邓三思，苏省公民徐苑臣、郑林泉、陈天份、陈忆华、夏伟、严隽、张振平、张润泉，浙省公民邵礼赓、周慈辉、任俊、张天助，皖省公民洪承彝、汪声涛、徐石生、王昌言、蔡鸿均、欧阳生同叩。筱。

（《旅沪各省公民挽回和局电》，《申报》1919 年 5 月18 日）

汪精卫、伍朝枢致军政府政务会议电

（1919 年 5 月 17 日）

□①密。政务会议诸公钧鉴：

此次我国关于山东及胶州湾之主张，其动机在由意国退出，日本乘势以去就相要挟，美、英、法虑和会解散，曲从其意。而最大原因，则别有在。盖四年五月之条约由于日本以哀的美敦书强迫对待，犹可谓非我国本愿。七年三月二十四日之换文，北京当局竟以欣然同意四字载之文书，使日本在山东之地位益以巩固。各国执此，反唇相稽，谓既已自愿，何又反悔？此为主张失败之最大原因。直将此事真相揭示国民，庶知所儆惕，使彼对于国事，不至模

---

① 原文如此。——编者

棱两可，陷国家于不可自拔之境也。兆铭、朝枢。筱。

　　（《汪伍报告外交失败原因电》，上海《民国日报》
　1919 年 6 月 3 日）

粤籍国会议员龚玉崑等致孙中山等电
（1919 年 5 月 18 日载）

参众两院、护法政府，上海唐、朱总代表、各代表、孙中山先生、
章太炎先生、孙伯兰先生、张溥泉先生，北京徐菊人先生、钱干臣
先生，各省督军、省长、省议会、教育会、农、工、商会、各团
体、各报馆均鉴：

　　北京学生以各种条约宣布之结成，曹汝霖、章宗祥等卖国之罪
业已昭著，遂焚烧曹汝霖家宅，并殴伤章宗祥，为警厅逮捕三十余
人。查曹、章卖国，人尽可诛，该学生等激于热诚，为国讨贼，致
被逮捕，凡有人心，均应爱护，请即一致主张，从速释放，是为至
祷。国会议员龚玉崑、李有忱、王秉谦、蒋宗周、李绍白、王福
缘、周襄桢、孙启先、刘正堃、姚翰卿、杨大实。印。

　　（《广东国会议员通电》，长沙《大公报》1919 年 5
　月 18 日）

全国平和期成会联合会致军政府总裁电
（1919 年 5 月 18 日）

广州军政府诸总裁先生均鉴：

　　国民望和心理切于救死，唐代表等提出八条议案后，立即辞职，
致和会决裂，几绝生机，幸得公等复电慰留，委以全权，共同负责，
明断公衷，良所钦佩。窃更有进者，国势万危，民生日蹙，非急速息

争，一致对外，亡且立至，文电所陈各情应已邀鉴。务恳对于和会，本爱国拯民之怀抱，合事实、法律为权衡，勿再持之过当，俾获相与有成。耿耿愚诚，统希亮察。全国平和期成会联合会叩。巧。

（《和平期成会联合会之昨电》，《申报》1919 年 5 月 19 日）

钱能训致孙中山等电

（1919 年 5 月 18 日）

广东岑云阶先生、伍秩庸先生、林悦卿先生，云南唐蓂赓先生，贵阳刘如周先生，上海孙中山先生，成都熊锦帆先生均鉴：

此次西南各代表提出八项条件，持论趋于极端，事实上万难办到，当经申电驳拒，并布愚诚，想邀鉴察。所有上海会议对内对外关系极重，值此外交艰棘，亟宜促成统一，共图匡济，不但中央望和若渴，即诸公函电披示，亦期共赴和平。乃数月以来，艰难擘画之会议，因此不可能之条件致成梗阻，群情失望，现在中央此等条件，揆诸群公重爱和平之本旨，当亦相背而驰者。双方代表经已相继辞职，中央开诚，不渝始终，决不愿一线曙光由兹断绝，际兹沪会中辍，中外集目，转旋之望，迫于倒悬，或另派代表促开会议，或共商办法迳图解决，诸公热诚爱国，必有良筹。敢布腹心，伫候明教。能训。印。

（《代表撤回中之北方态度》，《申报》1919 年 5 月 23 日）

湖南四团体致广州军政府等电

（1919 年 5 月 18 日）

北京大总统、国务院，广东军政府，上海南北和会朱、唐总代表、各代表、和平联合会，南京李督军均鉴：

顷闻代表辞职，和议复停，湘省人民不胜惶骇。现在山东问题风潮险恶，南北两方均应以国家为前题，消弭内讧，一致对外。议题即有捍格，亦宜彼此平心静气，以谋解决之方。无论如何为难，务须委曲求全，互相让步，万不可挟持成见，各走极端，致滋决裂。和议早成一日，国事、人心早定一日。时机危迫，间不容发，仍乞双方就职，继续开议，以息争端，而安危局，是所祷祝。湖南省议会、教育会、省农会、总商会同叩。巧。

（《和议中断间之重要函电》，天津《大公报》1919年5月27日）

陈炯明致军政府总裁等电
（1919 年 5 月 18 日）

万急。广州总裁诸公、粤军邹代表鉴：

和议决裂，双方代表均总辞职，平和中断，战端易启。闽省当前线之冲，防务尤为吃紧，钧府对于决裂及辞职问题，究竟如何处理，请速示方针，以便作战。炯明。巧。印。

（《军政府公报》修字第七十七号，1919 年 5 月 31日，"公电"）

杨鹤龄致孙中山函[①]
（1919 年 5 月 18 日）

中山仁兄大鉴：

自我不见忽又一年。近晤冯君自由沪上归来，询公起居，藉悉

---

① 原函仅署 5 月 18 日，据邮戳定为 1919 年。——编者

政躬康健，至以为慰。

弟自我公乙未举事以来，此身思为公用，望之数十年矣。此数十年中，因孙党二字，几于无人敢近，忍辱受谤，不知几极。弟又平素不善治生，上下无交，竟成废弃，深为自惜。

今者国家多事之秋，如弟之宗旨不变，诚实可靠，若用作奔走，用作心膂，赵充国所谓无如老臣者，弟亦云然矣。公其故旧不遗，器使我乎？不胜待召之至。茂之奴才，缺以贿得，弟终岁不迁，月得四十金，可慨也乎。

专此奉达，伫闻明教。上帝祝福。

弟杨鹤龄谨启　五月十八日

孙中山批：代答函悉，此间现尚无事可办，先生故闭户著书。倘他日时局转机，有用人之地，必不忘故人也。

（《国父墨迹》，第 344 页）

王安澜致孙中山等电
（1919 年 5 月 19 日）

千万万火急。广州军政府各总裁、各部长、参众两院，武鸣陆总裁，云南唐总裁，上海唐总代表、孙总裁、章太炎、汪精卫、孙伯兰、熊秉三先生，南京李督军，武昌王督军，南宁［昌］陈督军、广州莫督军、李印泉总司令、吕督办、方会办，漳州陈省长，南宁谭督军、陈省长，贵阳刘督军，成都熊督军、杨省长、萧总指挥、但、刘、吕各师长，泸州冯军长、赵军长，重庆王总司令、黄总司令，顺庆石总司令，自流井颜总司令，永州谭督军、陈［程］总司令，辰州田、胡、林、周各总司令，夔州黎总司令，施南柏总指挥，巫山颜师长，各省议会、各商会、各报馆均鉴：

敝军防御陕南，本部驻扎四川城口一带，该处地方闭塞，电报不通，所有来往电报暂借由巫山颜师长防御区内，以后转来电文，请发巫山电局转交城口敝部，以清责任而免误会为盼。驻城口由巫山电局发。王安澜叩。皓。印。

（《军政府公报》修字第七十五号，1919 年 5 月 24 日，"公电"）

唐绍仪致军政府政务会议电
（1919 年 5 月 19 日）

广州军政府政务会议鉴：

总密。铣电敬悉。探得北方代表全体辞职，经已照准。北政府对我所提八条，完全否认，有电致沪，按条斥驳。据可靠之消息，言北京政潮酝酿甚恶，证以对沪和会之态度，恐有急剧之变化，望筹所以对付。现在和议既末由进行，仪等去留更无甚关系，尚乞鉴谅一切。绍仪等叩。皓。印。

（《唐绍仪发电稿》，《近代史资料》总 51 号，第 188 页）

南昌总商会致广州军政府等电
（1919 年 5 月 19 日）

北京大总统、国务院、总商会，广州军政府、总商会，上海朱、唐总代表、各代表、总商会，南京李督军，武昌王督军、总商会均鉴：

报纸宣传，和议停顿，外交失败，同在斯时，下民恐惶，吾商益惧。若非双方让步，委曲求全，外无以救国，良□□亡国惨祸，言念及此，痛何如之。伏望促成和议，积极进行，降心以息内争，□一以御外侮。存亡所系，不尽欲言，无任悚惶待命之至。南昌总商会叩。皓。印。

（《军政府公报》修字第七十八号，1919年6月4日，
"公电"）

琼崖绅商学界致军政府各总裁等电
（1919年5月20日）

广州军政府各总裁、督军、省长、报界公会鉴：

十六日驻扎澄迈、金江李永昌所部之第六十二营，全体叛变，
知事林桐生死莫卜，县市被劫，业经电陈在案。十九日驻防临高李
永昌所部之第六十三全营，暨第六十一营一队，相率叛变，知事钟
祖良暨李营长均被捉掳，乡市又被抢掠一空。现与客土各匪啸聚。
澄临滨海一带，综叛兵盗匪约有三千以上，声势披猖，居民惶恐，
影响所及，到处震动。并有日间即行进攻海口之说，商民益形危
惧，市面顿呈险象。查黄道尹所部三营，尚属可靠，身兼监司长
官，呼应尤应，平日与地方感情亦甚融洽。职责所在，情势所趋，
应请明令责成黄道尹专心办理，以资镇慑。并请迅派巡舰数艘，赴
琼会同在地军队协剿，以杜窜逸而免蔓延。商民幸甚，西南大局幸
甚。琼崖绅商学界翁鼎新、徐镍泉、王平戎、徐树茂、蔡纯选、王
绪祺、王文思、陈继美、林有鹤、冯官尧、曾圣传、吴泰三、陈继
福、龙永贞、陈范同叩。号。

（《琼崖兵匪叛变之警电》，上海《民国日报》1919
年6月3日）

湖南省议会致孙中山等电
（1919年5月20日）

北京徐大总统、国务院、参众两院、段芝泉先生、总商会、国民外

交协会、各报馆，广州军政府总裁、参众两院，武鸣陆总裁，云南唐总裁，上海孙前大总统，天津黎前大总统、冯前大总统，上海朱总代表、唐总代表、卢护军使、章太炎、孙伯兰、张溥泉先生、平和期成会、和平联合会、商业公团联合会、总商会、各报馆，南通张季直先生，南京李督军，南昌陈督军，武昌王督军，衡州吴将军，各省督军、省长、省议会、商会、农会、教育会、各团体、各报馆钧鉴：

本会上月俭电，请将新旧两会同时解散，另有旧选举法召集新国会，各处复电，均以为持平之论。不谓噩耗传来，竟以国会问题，演成代表总辞职之举。此诚视国事为儿戏，以国家为孤注，本会所百思不得其解者也。

夫两方代表虽政府所委任，实国民所付托，固宜本良心之主张，将所谓法律问题、事实问题，一一议决宣布之。其能执行与否，一听诸国民之公断。西南对于旧国会问题，果毫无磋商之余地，则当于开议之初首先提议，或尚有解决之法。乃迁延至今，犹之医者治病，待其垂毙，不设法调护，猝投以猛烈之剂，谓非促之至死，其谁信之！一事无成，徒以辞职陷国事于绝地，此代表之不能辞咎于国人者也。中央与军政府既舍战言和，自必早已成竹在胸，推诚相见，何至今日犹尔诈我虞？怵武人之威，眩策士之辩，使代表无法进行，犹复倒行逆施，不效禹汤之罪己，徒效桀纣之罪人，此政府之不能辞咎于国人者也。两会无两全之方，非并去之，不能得统一之国会，况新会组织不完，旧会任期已满，依法均应解散。且旧会议员，已有百数十人加入新会，再嫁之妇，势无归宗之理。而旧会原有之议员与新补之议员，因地盘之主张又复同床异梦，此亦一法律，彼亦一法律，护之者亦苦无所适从。今以两不相下之故，甚至倡为和会代表无解决法律权之说，试问国会本身，能一在北京，一在广州，各自开会解决之否耶？徒供军人之傀儡，苦吾民为牺牲，在国人视之，直为蛮触之争，在外人视之，直为鹬蚌之持耳。此国会之不能辞咎于国人者也。呜呼哀哉！山东已失，蒙古将亡，盗贼满天下，此时尚不激发天良，共图挽救，更待何时。而诸公乃咬嚼文字，驰骋意气，必欲使国家为高丽之续。诸公纵有词以自解，恐国人不能为诸公谅也。

　　务望当轴诸公本爱国初衷，捐弃成见，严责代表继续开议，限期闭会。其所议之内容如何，系代表之全权，凡与两方政府、国会诸公本身私权私利有关系者，宜避嫌疑，毋庸干预。并望各调人、各团体一致主张，加电督促，从此统一告成，发愤图强，以御外侮，岂不懿欤？泣涕陈词，罔知忌讳，伏惟矜纳。湖南省议会叩。哿。印。

　　（《湘省会对于和局之通电》，天津《大公报》1919
年 5 月 29 日）

方声涛致军政府政务会议电

（1919 年 5 月 20 日）

广州军政府政务会议钧鉴：

　　巧电谨悉。靖国军并无委派人员在漳浦、云霄、平和、诏安招兵，及到处煽惑希图驱逐粤军之事。即前闻预备队陈司令有派员在津浦招兵之举，尚且立行禁止，案电俱在，可为证明。声涛固材识谫陋，而尚知大体，请释廑怀。至地方匪徒或有冒名靖国军者，亦所难免，制止之法，惟有一面随时查禁，一面如钧电所谕恪守军纪而已。谨复。方声涛叩。号。印。

　　（《军政府公报》修字第七十七号，1919 年 5 月 31
日，"公电"）

湖南常德县劝学所等致广州军政府等电

（1919 年 5 月 21 日载）

北京大总统、国民外交协会，广州军政府，上海和会钧鉴：

巴黎和会关于山东问题消息吃紧，辱国丧权，薄海同愤。查四年、七年七约，一出胁迫，一为草订，并非正式订定，日人夺理要求，我国民誓不承认。巴黎和会原谋世界和平，迅恳训令专使，坚持力争，勿稍迁就，存亡所关，不达目的不止。临电毋任翘企。湖南常德县劝学所、教育会、通俗教育讲演所暨学界全体同叩。

（《军政府公报》修字第七十四号，1919 年 5 月 21日，"公电"）

湖南保靖县各界致军政府总裁等电
（1919 年 5 月 21 日载）

广州军政府总裁诸公、国会议员诸公、莫督军，广西陆巡阅使、谭联帅，云南谭联帅，贵阳刘督军，永州谭督军，郴州卢总指挥、田军政长、张总司令并转胡、林、周各总司令、湘西参议会诸公并转各报馆钧鉴：

窃绥靖镇总兵宋祚永自逼走谢镇重光以来，恃其兵威，恣睢暴戾，横征暴敛，招纳匪徒，侵越法权，干涉行政，种种不法，人民久已蹂躏不堪。而保邑不法匪徒黄子谦、彭廷僚等既被收容，虎伥自任，妄思取得保靖，扩张地盘。宋祚永因之野心益炽，日夜企图。且靖国联军湖南第二军左翼军队奉调驻保以来，纪律严明，与人民感情甚好，宋祚永务欲驱逐，于本月二十三日，遣其梯团长黄子谦、彭廷僚、葛海清等，并诱煽乾城军队，乘左翼支队长冯绍麟奉调赴永顺剿办叛兵，分道攻扑保城，由城外荣潼关等处凭高发枪，城中危急。方左翼司令汉儒率兵抵御，正在不支，幸冯支队长闻报驰回，从后袭击，对垒甚久，将敌击退，县城始获暂安，而人民惊慌，已至不堪言状。方冀稍存恻隐，息事宁人，乃竟怙恶不悛，于二十九日黎明又来攻击，军队更众，攻击益猛，城中仅有左翼军队，兵力单微，幸方、冯二君率众竭力奋斗，约有十小时之久，始将敌军击退。当战争时，敌军沿城猛扑，枪弹如雨，向各处乱击，其意似在屠城，人民号呼极为悲惨。及闻敌军稍退，均香花炮竹迎道欢呼，谢左翼军之再造，而艾君晖午以左翼军参谋长兼摄□□，一力维持秩序，匕鬯不惊，人民尤为感戴。此宋祚永于南北停战议和期间，不顾地方破坏大局迭次围攻保靖之实在情形也。敌军现虽已退出城周，仍在相距八九里之地驻扎，布置益密，自在意中。

伏思宋祚永蔑弃人民已达极点，如果宋军侵入保靖，势必全城生命财产尽付劫灰。左翼军力单薄，岂能支持，人民何辜，岂堪蹂躏。所冀诸公护法救民，主持公道，恳迅即严电阻止宋祚永进兵，一面就近派兵至保靖弹压，并一面取消宋祚永总镇之职，严议惩办，庶国法可伸，人民可保。左翼军节制之师亦请暂勿调开，使人民有所依赖。不胜感激之至。桐阳等对于宋、方均有乡谊，并无偏袒，只以宋祚永无端开衅，贻祸乡邦，势不能不力竭声嘶，尽情呼吁。临电流泣，不知所云。保靖县绅学商警各界公民徐桐阳等（名略）暨阖邑人民公叩。

（《军政府公报》修字第七十四号，1919 年 5 月 21日，"公电"）

湖南永绥保杰绅民致广州军政府等电
（1919 年 5 月 21 日载）

广州军政府，云南唐联帅，贵阳刘副帅，南宁陆总裁、谭联帅，永州谭督军，郴州程总司令、赵师长、林旅长、林民政处长，溆浦周总司令，辰州卢总指挥，田、张、萧、林各总司令，胡副司令钧鉴：

前茶□协宋祚永自湘西自主后，乘谢镇台重光出征，暗通北方，勾结巨匪胡雪琴、吴绍南、黄子谦等，任为团营长，扰害地方，搜刮民财，意图绥靖总兵位置。迨谢镇返任，恐被查觉，当即叛变，击谢出走。复刻各机关关防、钤记，捏名勾通呈递，请任总兵。现各处凭卷尚存，请查即知。幸田、张两总司令烛知其奸，不为所惑。该镇又运动周总司令代为呈请。近获任命，淫威更张，加征租税，勒派户捐，嗾使苗匪，仇杀人民。近复勾苗扑攻保靖，胜则城里为墟，败则乡民遭劫，人民何辜，受此荼毒。且苗汉安居已久，感情一坏，而前清黔省苗乱之祸，势必复演于湘西。公民等为大局起见，不避个人生命财产之危险，集资电呈各长官，务恳俯念人民，严予惩处，以维大局，泣祷无已。永绥保杰峒一柄、冉大曹、宋星如、谢电春、彭勇想、余树梧、方传姻、周士安、贾鸿昌、彭凤齐、胡经世、贾泽浦、唐锦文等三百四十人暨全县士绅全叩。

（《军政府公报》修字第七十四号，1919 年 5 月 21日，"公电"）

福建大学生致军政府各总裁电
（1919 年 5 月 21 日载）

广州各总裁钧鉴：

　　章宗祥、曹汝霖，国贼也。此次北京学生所为，实出公意，乞电北政府宽容该生等为盼。福建大学生同叩。

（《军政府公报》修字第七十四号，1919 年 5 月 21日，"公电"）

湖南学生联合会致军政府各总裁等电
（1919 年 5 月 21 日载）

北京徐大总统、钱内阁，广州军政府各总裁，上海和会唐、朱总代表转各代表均鉴：

□□①横占胶青，欧会徇强削弱，生等誓死争回。恳诸公速电专使，抗议无效，即令脱会，最后对付，誓为后盾。至甘心卖国者，当与国人共诛之。外交失败，内争所致，万望速成和议，共御外侮。又，北京警厅逮捕学生，当立释解众怒。湖南学生联合会叩。

（《湘学生力争青岛要电》，上海《民国日报》1919年5月21日）

湖南涵德女子职业学校致广州军政府等电
（1919 年 5 月 21 日载）

北京大总统、国务院、外交部、参众两院、国民外交协会，广东军政府，上海救国团、朱唐两总代表、各代表，各省督军、省长、省议会、教育会、农工商会、各团体、各报馆、各学校均鉴：

报载山东青岛问题将归失败，吾国人应誓死力争，至最后之一日而后已。乞电专使等严拒签字，宁玉碎不瓦全。生等虽属女流，誓死为国人后盾。特此电恳力争以救危亡，国家幸甚。湖南涵德女子职业学校全体学生九十六人同叩。

（《湘学生力争青岛要电》，上海《民国日报》1919年5月21日）

唐继尧致军政府各总裁等电
（1919 年 5 月 21 日）

军政府各总裁、各部长、参众两院、徐菊人先生、督军、省长、唐

---

① 报载时将"日本"二字隐去。——编者

总代表、各报馆钧鉴：

顷据电传：欧洲会议议决将青岛电付日本，由日本自愿担任将青岛主权交还中国，但得保留前许德国之经济特权，并于青岛设居留地；铁道得谓特别警队，华人充之，教习日本人，由中国政府委任；日本军队于最短期内，腾出山东等语。查我国自对德宣战，凡属敌人租借之地方以及一切债权、物权，当然由中国直接收回。我国代表在欧洲和会，要求退还青岛，实为正当不易之举。如谓胶洲〔州〕之役，日本以兵力驱逐德人，即应继承德人一部分之权利，则美国军队于法之亚尔萨斯、罗伦两省，英国军队于比之法兰特尔斯地方，均协助驱逐德人，其牺牲尤为重大，未闻藉口有一二权利之要求。兹乃以青岛交付日本，本能直接退还，而日本复保留种种特权，是无异以暴易暴，既背吾国人民之公意，亦失协约国际之平衡。此不独山东问题，实国家存亡之关系。现唐总代表已通电巴黎张〔？〕专使等，请其力争勿予签字。尤冀我国上下一致坚持，为议和专使之后盾，并电请协约各国主张公理，保我主权。不胜迫望之至。唐继尧叩。个。

（《唐总裁主张直接交还》，上海《民国日报》1919年5月27日）

李奎元致军政府各总裁等电

（1919 年 5 月 21 日）

大总统、各部总次长，军政府各总裁，议和南北各代表，各报馆钧鉴：

民国肇造，危象环生，外侮频来，内讧不息。今更值和议停顿之秋，忽有青岛问题之发生，推原祸根，总属自侮。试思连年争斗，涂炭生灵，战祸蔓延，谁生厉阶？杀敌杀贼，均系为中国之人民；争地争城，尽系中国之领土。本属兄弟，视若仇雠，痛痒相关，何分南北？姑无论其胜负强弱，姑无论其是非曲直，试执一方面而问之曰：为有杀敌斩将之功，执锐披坚之力，究竟所争者何事？对敌者何人？抚躬自思，能无愧乎！吾知其噤若寒蝉，必不能作一字之答复也。煮豆燃箕［其］，自残同种，丧心病狂，莫此为甚！

今大总统本仁爱之怀，作和平之倡，宣布诚意，开会和议。无如意见不一，迄未成就。人民有水火之苦，国家有累卵之危，是伟人志士志在谋国者转为病国，志在利民者反成害民矣。人贵反本，文贵诛心，倘以内争之不息，变成亡国之惨祸，能为中国万代之罪人乎。至愿双方请巨公互相让步，各本天良，息事宁人，共谋对外。值危急存亡之秋，正共策进行之日。成败之机，间不容发，毫厘千里，窃为疚心。

奎元一个武夫，未尝学问，惟以国事为前提，早置死生于度外。如和议成就，致力外交，则厉兵秣马，效命疆场，奎元之素志也。本非敌国之定监，有何疑难之条件，自伤其类，何论曲直。兄弟阋墙，无关荣辱，抛弃无为之竞争，速作天良之解决。不辞猥□，敢贡罪言，泣涕上陈，愿各鉴察。陆军第十一师师长李奎元叩。马。

（《李奎元请和会让步解决电》，上海《民国日报》1919 年 5 月 25 日）

唐绍仪致军政府政务会议电
（1919 年 5 月 21 日）

广州军政府政务会议诸公鉴：

总密。昨与各代表复尊处铣电，述北代表辞职已准，政局变动，个人去留更无关系等情，想蒙鉴察。在仪个人，对于此次和议主旨，政治与法律并重，冀收永久和平之功效。然开议以后，种种经过，外交内患，又相逼而来。以现在北方政府之状态言之，无论法律问题为彼方所严拒，就令国会完全恢复，而政治状态苟无变更，即和议幸成，亦不过维持最短小时间之局面。仪内审个人志愿，外察大势所趋，自惟总代表一职，万不宜继续担任。和平会议虽自仪始之，断难自仪成之也。区区徽［微］忱，万乞鉴纳，切祷。唐绍仪叩。马。印。

　　（《唐绍仪发电稿》，《近代史资料》总51号，第189页）

朱和中致孙中山函
（1919 年 5 月 22 日）

中山先生大鉴：

　　弟顷已抵汉口，拟明日渡江见省长，以后通信，恐不能自由，故上一函。北京自学界风潮骤起，极呈杌陧之象。安福派方趾高气扬［扬］，以为破坏和议之目的已达到，主战派亦喜其回复势力，惟徐世昌则孤立无援，束手待毙，已上冯国璋之轨道，不出两月，将有破裂之状发生。破裂之根本，则在财政。自学生风潮猝发以来，借款已无希望，各部薪金，今已三月不能发给，若再延长两三月，则军饷亦无着落，群起而哗变矣。哗变以后，则为自然之遣散，各叛督之势力，自然燔消矣。故今日和议决裂以后，惟一之方法，即在责骂北京政府卖国借款参战军，为外人练中国兵以灭中国，并与日本浪人，图订立密约，恿愿蒙古独立，以为存国防参战军之地步。不速与言和，则其势自消，其力自懈，其党自携贰矣。匆匆草此，顺颂
大安

　　　　　　　　　　　　　　　　　　　　知名上言

　　大势既如以上所述，兹有鄂省局部之事，将来沪求见先生与唐

总代表。昨晚已见汉口商会副会长王襄丕，俱恐鄂省长与督军，因唐克明等招纳沔阳、武汉土匪，麇集施鹤，于今三年，百端骚扰，人民殆将绝迹。现举定弟为省长代表，王为商会代表，某者为督军代表，与唐克明等交涉，认定有械者为兵，无械者为匪，一律遣散，以轻地方之责。王襄丕以此事不能办到，今未允前去，只答以俟弟来鄂再商办法。弟以此须与沪、与粤磋商，由沪粤与川滇两省电商就绪，然后能解决鄂西。

惟弟当来与二代表请求先生与少川，因大局之关系，届时请与少川提出条件如左（下）：（一）鄂省确守中立，此后若有战事发生，不得侵犯川湘陕黔各界。（二）此后若有战争，鄂省不得通过败兵。（三）此后若有战争，鄂省不得接济一方面。（四）此后若有战争，鄂省即应宣布中立，与北廷断绝关系。（五）以上四项，由沪粤川滇派员监视。（六）以鄂西还鄂，有械南军认为正式南军，归鄂归川滇任其自择，惟必须离开鄂西境界。（七）川滇黔承认，不自巫陕鄂西攻取宜昌等处，尊重鄂省中立主权。以上（六）、（七）亦由双方派员监视。以上七条乃弟所自拟，将来由先生与少川提出者。弟尔时居于省长代表地位，不便为南方争论，故先告先生，请即与少川商妥，以待弟等前来。

总之因鄂西以确定长江三督中立之地位，并约束其中立之行动，监视其中立之态度。鄂西事解决，则赣南将继之，长江中立，则北庭势乃益孤，只有山东、直隶、河南、东三省而已。山西阎之自治已成，陕西则骚乱未已，甘肃则僻在西陲，再加之以借债无方，则甘心屈服矣。弟即刻过江，此后恐不便来函。特此，顺颂

大安

知名又上言

五月二十二日

孙中山批：看过。

（《革命文献》第四十八辑，第 267～269 页）

陈炯明致军政府政务会议等电
（1919 年 5 月 22 日）

政务会议、林督、邹代表鉴：

　　政议号电奉悉。子靖（即宋渊源）艳日攻永春，杨持平江日攻安溪，皆无故侵害粤军。陈师长肇英奉命查办，均据实相陈在案。现杨率匪进迫泰边境，粤军防守华封一带，至今并无进剿。所以然者，何也？上为大局，次为地方，又次望钧府之有相当处理也。乃至今二十余日，炯明静候钧命，而宋、杨占据如故，未闻钧府下一严令，勒限退回原防，听候查办。惟日据一面之词，谆谆电劝。训诲固是，然察理处事，不无失当之憾，且令告者笑君子之可侮也。粤军果有进攻，应据事实或陈师长之言为准，陈无此言，其他均不足信。钧府为执法机关，非调人地位，处此问题，早应严令退回原防为正当办法。否则不啻许宋、杨以占据安永也，且予土匪活动之机，而制止粤军正当防卫。言虽过当，弊恐至此，希察之勿罪。粤军护法，前死于敌，后死于友，事实昭彰。世无公道，已陷入天地晦荒极苦之境。炯明意冷心灰，虽犯不较，惟求摆脱，不与鬼蜮同其漩涡，以求自拔。而诸君爱我，伏祈准予解甲，毋蹈罪戾。言出至诚，语非负气，惟亮察是幸。炯明叩。养。

　　（《陈总司令责备军府电》，上海《民国日报》1919 年 6 月 11 日）

陈炯明致军政府政务会议等电
（1919 年 5 月 22 日）

万急。分送广州政务会议、司法部、粤军邹代表鉴：

　　前月有电请核示福建护法区设立高等审检厅事宜，计达尊鉴。至今日久未奉复示，究竟该电有无达览，抑应如何办理，请即克日核复为盼。炯明。祃。印。

（《军政府公报》修字第七十八号，1919 年 6 月 4 日，"公电"）

四川犍为县各机关、各法团致南北政府电
（1919 年 5 月 24 日载）

广州军政府、北京国务院钧鉴：

巴黎会议，国际弭战，日本何心，敢违公法，挟我代表，侵我主权，警电传来，普天同愤。务恳毅力坚持，凡我国民，誓为后盾，存亡所关，迫切电陈。四川犍为县各机关、各法团叩。

（《军政府公报》修字第七十五号，1919 年 5 月 24 日，"公电"）

喇妈侨民等致广州军政府电
（1919 年 5 月 24 日载）

军政府鉴：

乞饬巴黎代表极力坚持，和会秘约切勿签押。飞饬顾、王两专使在场势必抵抗，不可放弃职守返国。我国存亡，在此关键，危急万分，务乞主持到成，不胜迫切。中国属地人民等叩。

（《军政府公报》修字第七十五号，1919 年 5 月 24 日，"公电"）

云南省议会致广州军政府等电
（1919 年 5 月 24 日）

广州参众两院、军政府，北京徐菊人先生，上海和议会钧鉴：

顷闻欧洲和会议决，关于处置山东，我国完全失败，举国人士义愤填膺，并激成北京学界焚曹殴章之举，足见人心不死，尚可为恃。请一面电令赴欧各使严拒签字，并提出正当理由，再向和会力争，一面开释被拘学生，将段祺瑞、徐树铮、曹汝霖、章宗祥、陆宗舆等卖国巨奸严加惩处，以慰人心，而救国危。即使事终决裂，而扰乱东亚罪在日本，我国人宁为玉碎不为瓦全。危亡在即，急不择言，万祈鉴纳。滇省议会。敬。

（《云南省议会电》，《申报》1919 年 5 月 29 日"公电"）

熊克武致广州军政府电

（1919 年 5 月 24 日）

顷奉政务会议删电，敬悉唐总代表暨各代表因八项条件北方未肯同意，电达政府声明辞职。捧读之下，莫名□感。我代表诸公卓见宏识，苦心疏诣，昭然揭于天壤，克武其何敢以繁琐之词重渎清听。唯是和会为国家托命之机关，历千回百折方始成立，当兹外祸危迫人心恐怖之时，一经破裂，则全局骚动，国本民命，将何所依，前途险状，殆有不堪涉想者。应请代表诸公，眷顾大局，共济艰难，万勿稍萌退志，军政府各总裁暨护法各省、各军一致竭力挽留。虽各代表个人，与和会本身不相牵涉，然全国属望，和会正赖有代表诸公之毅力主持。而会议续开以来，成绩已得大半，万一更迭频繁，荏苒愆期，致令大局中变，一篑功亏，不啻和会之根本推翻，是岂诸公始终维护之本意耶？务恳终始维持，以救大局。仍望诸公剀切赐教，不胜盼切待命之至。熊克武。敬。

（《关于国内外议和之要电》，天津《大公报》1919 年 5 月 31 日"紧要纪事"）

钱能训致孙中山等电

（1919 年 5 月 26 日）

广东岑西林先生并转伍秩庸、林悦卿、陆干卿，唐蓂赓、孙中山诸先生同鉴：

沪议不幸停顿，时局迫于倒悬，中央于和平统一计划，仍当积极进行，不渝初旨。闻尊处已挽留唐总代表，昨朱总代表回京，筹商办法，此间亦已坚留继任。惟此次停顿原因，系由唐君提出之八项条件，不特中央以及各界咸认为不可能之事，实即南中多数稳健分子亦均表示失望。此项八款条件，本非西南当局促进和平之初旨，若仍根据立言，是会议无望续开，大局伊于胡底？以曲徇代表等少数人之论调，而失国内多数人之同情，殊为公等惜之。双方代表既已挽留，和平曙光系此一线。务望诸公以夙昔爱护国家尊重和平之义，速将此八项条件全案撤回，或于八项条件表示切实让步之意，俾可续开会议，迅图解决。中央自必开诚商榷，共策进行。前电已将此旨略陈左右，翘跂德音，已非一日。时会益艰，及时斡济，是在群公，临颖迫切，伫候惠教。能训。宥。

（《钱总揆致七总裁宥电》，天津《益世报》1919 年 6 月 3 日）

熊克武致军政府各总裁等电

（1919 年 5 月 26 日）

广东军政府各总裁、各部长，北京徐菊人先生、钱干臣先生，上海和平会各代表，各省督军、省长均鉴：

顷奉军政府军务会议删电并干臣先生巧电，敬悉和平会议双方代表，以和议不协通电辞职，不胜骇诧。窃以和会为全国人民托命之机关，两年血战以来，国民所为忍痛茹苦、尚未绝其一线之希望者，徒以有和会在耳。况山东问题，祸延眉睫矣。国家危急存亡之秋，正亿兆同心御侮之日。戮力匡济，犹惧后时，乃外难方张，内忧反剧，万一各代表稍有动摇，和会为之久顿，将何以解决时局而共图挽国家之危亡于万一耳。危机四伏，险象环生，绕室旁皇，不寒而栗。诸公护国之忠，夙所深佩，务祈一致挽留各代表，万勿听其辞职。南北意见无论相去若何，务请代表诸公始终以一贯之诚，相磋相切，调协之点，终有可寻。内系人心，外摄急难，凡我国民，实利赖之。熊克武叩。宥。印。

（《一九一九年南北议和资料》，第 273 页）

旅沪国会议员杨铭源等致广州军政府等电

（1919 年 5 月 26 日）

广东军政府、参议院、众议院，各省督军、省长、省议会、商会、教育会、各报馆、各团体均鉴：

今日之中国，非一部分之青岛问题，乃全国生死存亡之问题也。日本数年来勾结北廷，缔结种种卖国条约，在在皆足制我死命。就中山东问题，不过卖国之一部分，而青岛问题，又山东问题之一部分而已。日本见我民气之盛，抵制之烈，乃以归还青岛之说骗我国民。北京卖国政府与日本狼狈为奸，以国民之抵制日货声讨国贼为不便于己也，亦以日人承认归还青岛之说骗我国民。呜呼！吾民之所争者，岂止一青岛而已哉。

自欧战发生，列强无力东顾，日本于民国四年五月七日，以二十一条迫我承认，已将山东、内蒙古、东三省划入日本势力范围。民国七年，段祺瑞与日本订立军事密约，军队归日本指挥，地图许日军公用，要塞许日军建筑，国军由日人教练，兵工厂亦与日人合办。不啻自捧降表，献地称藩。大好河山，已为奸人断送，固非区区青岛问题之关系也。犹不止此也。去岁九月，北京政府与日本立胶济合办之条约，许日人继承德人权利，铁路由日本管理，警察由日本教练指挥，铁路旁三十里（直六十里）之矿产由日本开掘。徐世昌就职，又以山东济顺铁路、高徐铁路、满蒙四大铁路送给日本。此七路条约成立，日本得一极大之保证。巴黎和会，我国专使主张收回山东主权，废弃不正当之条约，皆因此条约之束缚，无术挽回。美总统虽与我极表同情，亦爱莫能助也。日本得此七路，则由大江以北，满蒙以南，皆为此数大铁路纵横贯穿，铁路所到之处，即日本势力所到之处。入我堂奥，据我腹心，则我北部、中部十数省，已被其囊括席卷以去。而南浔铁路延长线，则由九江以达于福建之海滨。举中国三分有二之土地，置之日本瞰制之下。此外，电话、森林、银行之各种借款，权利损失，更不可胜计。非将各种密约完全废弃，各种借款完全取消，欲吾国之不亡，胡可得乎？

今日本已将吾国之主权、利权，攘夺殆尽，而以归还青岛之说售其奸诈。北廷更欲借此威压吾民，将巴黎和约签字，以达其媚日之目的。危机一发，我国民尤当拼命抵抗也。即以青岛定之，依巴黎和会所定，以青岛为日本之居留地，凡德人所有之动产、不动产，皆为日本继承，则归还青岛，不过得一空名而已。所异者，日本不设胶州总督，仅施行领事裁判制度，如上海租界之比。收回与否，何关轻重？日本外相乃以假仁假义之语，愿将青岛及中国主权交还中国，朝三暮四，吾国民诚不敢拜此佳贶也。日外相又郑重声明，谓中日两国间之一切协定，皆须诚实遵行。所谓一切协定者，即指袁世凯之二十一条、段祺瑞之军事协定、徐世昌之七路密约，并一切借款条约是也。此种条约，一一实行，吾民已为朝鲜之续，徒得一归还青岛之空名，究何用焉！

我国民急宜放大眼光，洞明利害，各种条约、各种借款一日未能废弃，即抵抗日本声讨国贼之运动，一日不能中止。幸勿为日本及卖国政府所愚弄也。杨铭源、丁象谦、刘盥训、茅祖权、尚镇圭、覃寿公、牟琳、李积芳、李燮阳、居正、田桐、陈荣广、陈九韶、焦易堂、彭介石、王法勤、王法歧、侯海涛、姚守先、李锜、温世霖、张书元、王试功、胡祖舜、周维屏、张瑞萱叩。宥。

（《国会议员对外交通电》，上海《民国日报》1919年5月30日）

陕西公民张智等致广州军政府等电

（1919年5月27日载）

上海唐、朱总代表及各分代表，广东军政府、国会，北京国务院，各省督军、省长均鉴：

前者南北停战，陕西独罹兵火之苦者四五阅月。幸我代表诸公及各方要人，关切陕祸，不忍秦民独死于炮火之下，遂约双方停战，派张衡玉为停战划界监视员，至是关中垂毙之人民，始有再生之转机。谚云：救人如救火。关中人民闻张使之来，如大旱之望云霓，甚盼其早到陕一日，早将一日安宁也。不意喧传至两月之久，始见使节西来。似视水火中之秦民，毫无动于中者。及入关之初，即有不划界之声明。智等猝闻之下，如堕五里雾中，闷葫芦不知卖何药，意者陕事果从此绝望耶。

夫张使唯一职责，划界也，非调查军队也。抵陕时即宜履行职权，不当涉及他事。乃竟出人意料，视弃划界而不为，反越出范围，指某某军队也，某某土匪也，枝节横生，殊非所以救陕西而弭乱源之道。至今他处战虽停，而乾县以未划界之故，围犹未解，纷纠日甚，祸机以伏，此张君之功也。且乾县既明明认为靖国军矣，而张使必曰以人归许，以地归陈，夺之一方，与之一方。岂靖国军之地与人，靖国军不能处分之，须劳他人代为之处分乎？不然，岂划界员所宜出。又据道路传闻，张使在渭北犹有运动军队之嫌疑，虽其不可尽信，要亦绝非无因。夫所贵能排难解纷者，在消患于无形，非添薪以救火。苟若袒护一方，必引起他方之反感，是不止乱适以助乱，智者绝不为也。

智等秦人也，秦省之治乱安危，有切肤之利害关系。昔望之殷，不觉责之深。谨将经过情形约略陈之，即知张使入关以来，所谓划界与停战者，固如是也。陕西公民张智、倪宝初、李成安、王一、刘伦、黄浩然、席厚安、孟子余、黄越等一千二百余人同启。

（《陕民斥张瑞玑溺职电》，上海《民国日报》1919年5月27日）

绥远总商会致广州军政府电

（1919年5月27日）

广州军政府钧鉴：

近阅报章，上海和会复经停顿，众商闻信，震骇异常。况外交失败，正宜南北和衷一致，对外以保国土而救危亡。乃适于此际宣告停议，不啻自召瓜分之惨祸，言念前途，不寒而栗。除电中央政府外，理合电恳一面迅令驻法专使拒绝签字，以图补救，一面令上海总分代表即行赓续会议，开诚布公，互相让步，克日解决，而维国脉。临电不胜迫切待命之至。绥远总商会。沁。

（《军政府公报》修字第八十二号，1919年6月18日，"公电"）

旧金山侨商林宝源等致广州军政府电

（1919年5月28日载）

广州军政府鉴：

和会议决，所有山东胶州特主权完全让归日本管辖，我侨民誓不能承认，宁死不辱，乞鼎力设法抵抗，是为叩祷。中国侨商六公司林宝源等叩。

（《军政府公报》修字第七十六号，1919 年 5 月 28日，"公电"）

全国和平联合会致军政府各总裁等电
（1919 年 5 月 28 日载）

北京大总统、国务院，广州军政府各总裁钧鉴：

自南代表提出八条，北代表完全拒绝，遂至双方辞职，和局破裂。举国人士，不胜惊骇。本会为民意机关组织而成，所抱主张，罔非公道。所以不轻于发表者，原冀南北代表念国势阽危，互相让步，俾和议早告成功，本会正不必过事请求，反致和局之迟滞。乃数月以来，一再停顿，揆情度势，有不能不恳切呼吁者。此次南代表所提各条，法律问题本有斡旋余地，其余各条未始不关根本，果能见诸事实，国民畴不满意。第恐积重难返，一时未克实行。预计将来，倘不幸再生波折，既非邦家之福，亦岂诸公爱国之初心。至北代表对此八条，不事具体磋商，概行拒绝，当此时局紧迫之际，更非所宜。应请速令代表赓续开议，详细筹商。倘彼此均处困难地位无法解决时，我国民当本良心上之主张，以为公理之后盾也。临电不胜悚惶待命之至。全国和平联合会叩。

（《和平联合会促开和议》，上海《民国日报》1919年 5 月 28 日）

汉口总商会致广州军政府等电
（1919 年 5 月 28 日载）

北京大总统、国务院、外交协会，上海南北代表、和平联合会，广东军政府钧鉴：

前因青岛问题，后电请外交协会转请饬使力争，迄今旬余，风传愈恶。报载三国会议，关于中国胶州及山东问题办法，于法律公道及中国人之安宁均成失望。虽代表正式抗议，既仍未听纳，并列国签字日期，恐依然未远。当此人心激烈奋不能忍之时，佥谓中国对于列强，输送华工，不能谓不尽力，供给原料，不能谓不有功，乃于和平会议之场，竟无平等待遇之事，则此后受人鱼肉，更何待言。兼之山东为畿辅之屏藩，与徐淮相衔接，关系大局，一动百摇，人人自危，莫知所措，酿成意外之变，亦未可知。

窃谓此时对于前项问题，别无斟酌，能抗议修正，固计之善者也。次则惟有退出会外，不预签约之场，列强彼时，或鉴吾国之心坚，为事后之理处，犹云幸矣。否则，同一生不如死之心，与其奴隶而苟存，不如横决之同尽。吾固失矣，人亦未必得也。又况列强之在中国，以订约论，已将及百年，以通商论，更不止一埠。不惟缔交有素，并复休戚相关，出而维持，亦势所必至乎。若谓仍可签字，惟提出山东一部声明另商。又谓设不签字，恐其他同等利益，作为无效，不知其时尚难改正，更无再张公道之时。要地既已诿人，何贵他种轻微之利，两害相形，则取其轻，不得谓不肯签约之徒为自误也。

自念杂居阓阓，民隐易娴，既有所知，不敢不告。所愿钧座，从此本大局相关之谊，申一致对外之心，内讧全消，斯外侮可御，转祸为福，或尚有其时耶。急不择言，伏乞垂鉴。汉口总商会全体同叩。

（《各方面请拒绝签字电》，上海《民国日报》1919年5月28日）

湖南零陵各学校致南北政府电

（1919 年 5 月 28 日载）

军政府，总统府、国务院钧鉴：

此次青岛问题，北京学生直起质问，满心为当道对于外交，过于失败，深恐中国大好河山，从此沦亡，天良激发，非有权势迫之使然。诸公爱国热度，当过于学生百倍，务望息内争，一致对外，誓不取消此亡国条约不止，则吾民亦惟有尽力为诸公后盾而已。零陵劝学所长邓树人、零陵县立中学校长刘光前、第一高等小学校长曹昌昉、第二高等小学校长朱正修、第三高等小学校长邓济人、第四高等小学校长蒋琛、第五高等小学校长唐翼曳、第六高等小学校长李邦英、女职业学校长唐卓及全体学生公叩。

（《各方面请拒绝签字电》，上海《民国日报》1919年5月28日）

全国平和期成会联合会致军政府诸总裁电

（1919年5月28日）

广州军政府诸总裁均鉴：

漾电祗悉。息争对外，辱表同情，互让谋和，尤称伟论。惟会议决裂代表辞职后，斷斷于以八条为聚讼，尊处谓北方为完全拒绝，北政府亦有电商撤回条件续开会议之宣示，是始为两方代表之各持极端，今则两方政府亦似执此为先决。对代表无论慰留与撤回，要皆不能开议，殊辜民望。窃按唐总代表所提八条，虽未经北代表同意协定，其中各条，亦有已经协商列入议提［题］者，有几经审查正待决定者，是足证北方并无统行拒绝之事。即第五条所列国会问题，北代表以要求补选新国会议员为词，南代表亦不予同意，更属事同一律。要之，如系诚意谋和，必求权衡正当，将来会议续开，自应由双方代表协定的当议题，悉心解决。尊电所云，极端相抗，更何和议可云，诚为切中窾窍。请本此用意推其交让精神，不再固执条件，电复北政府催促开议，一面慰安唐总代表勿萌退志。现停议逾旬，国内外险象环生，沦胥是惧，除电吁北政府，迅令总分代表南下赓续开议外，竭此愚诚，幸为鉴纳。全国平和期成会联合会叩。勘。

    (《和平期成联合会斡旋和局》,《申报》1919 年 5 月
   31 日)

杨庶堪致孙中山等电

(1919 年 5 月 28 日)

广州军政府各总裁,云南唐总裁,上海孙总裁、唐总代表及和议各
代表,各省督军、省长、各军总司令、各报馆均鉴:

    南北和议,开会兼月,南方条件乃提出,北方代表于我委曲求
全之主张,视为无可置议之余地,致代表辞职,和议再顿。刻当外
交失败,群情惶惧,警电交驰,率主互让,处覆巢之中,凛折栋之
惧,和平期望,宁独异人。惟念治贵图本,事当分观,内忧外患,
得其相权,而不得相蒙。年来奸人盗国,丧失权利,皆由无国会为
之监督。唐总代表通电和议第五条,所言理由极为透切,今欲贯彻
护法之初衷,杜绝卖国之秘计,自当以恢复国会,使得自由行使其
职权为第一要义,此种根本问题,当然不能以外界逼迫有所迁就。
诸公远谟硕画,谅具同心,望坚持此旨,一致主张,纲领既得,余
纷自解。临电无任祷切。杨庶堪叩。勘。印。

    (《军政府公报》修字第八十三号,1919 年 6 月 21
   日,"公电")

邓慕韩致孙中山函

(1919 年 5 月 28 日)

先生大鉴:

    二十四日,由慕韩邀请粤军在省同人,及已联络各报宴叙,各报

均到。是日除将粤军在闽被方军滋扰宣布外，并拟在粤发起一广东善后协会。各人均极赞成，先由国会议员发起，报界和之。又报馆加入与粤军联络者，有《民权》、《天民》、《民报》，前后计共十家。慕韩所发出之稿数次，各报均登载。今日各报登陆荣廷带兵数千西来，此说未必尽虚。果尔，广东局面不久便有大变更也。谨此奉告，敬颂。

慕韩谨上　五月廿八日

孙中山批：代答，望积极进行。

（《革命文献》第五十辑，第 225 页）

旧金山中国国际同盟研究会致广东军政府等电
（1919 年 5 月 29 日载）

广东军政府、上海全国报界联合会转各报公鉴：

请全国一致反对日本山东问题之要求，并除卖国贼。旧金山中国国际同盟研究会叩。五月二十八号午后三时到。

（《旧金山中国国际同盟研究会来电》，上海《民国日报》1919 年 5 月 29 日 "公电"）

杨庶堪致军政府各总裁等电
（1919 年 5 月 29 日）

急。广州军政府各总裁、各部长，云南唐总裁，武鸣陆总裁，北京徐菊人先生、钱干丞先生，上海和会各代表，南京李督军，武昌王督军，南昌陈督军，贵阳刘督军均鉴：

血战频年，生民涂炭，外交失败，国势阽危，薄海人民莫不延颈企踵以望和平。沪会续开，方且引手加额，以为护法者幸有依法解决之一日，忽奉军府删电及干丞先生巧电，乃知和议不协，双方代表相率辞职，捧读之余，不胜怅望。当此内忧外患千钧一发之时，惟有坚留各代表，应人民之请求，作正当之解决，勿凭意气，勿存畛域，据公理之所在，求心理之所安，诵阅墙御侮之诗，惩煮豆燃萁之祸，坚心毅力，竟此全功，内固根本，外弭急难，则社稷人民不胜大幸。杨庶堪叩。艳。印。

（《军政府公报》修字第八十三号，1919 年 6 月 21 日，"公电"）

陆荣廷等致军政府各总裁等电
（1919 年 5 月 29 日）

北京徐大总统、国务院，广东军政府各总裁，上海和平会议南北总、分各代表，各省督军、省长、各巡阅使、护军使、各都统、各师长、镇守使均鉴：

比因政争，两载以来，民穷财尽，举国骚然。天诱其衷，幸成和议，海内喁喁，相望宁息，如大旱之望云，长夜之待曙。军士枕戈而候命，商贾辍乘以俟时，以为庶几宁处，复安生业。乃和会开始，数月于兹，结束之期，遥遥难卜。初因陕事小有波折，现复因提议条件意见不同，全体代表辞职，闻之不胜慨憯。方今欧洲和会将此告竣，我国际发言地位亟宜全力保持，内讧不息，外交失力，国权一失，万劫不复，存亡攸系，咎将谁尸？四民失业，怨咨在途，一闻和局中辍，莫不汹惧，以为分裂在即，大乱将至。当此千钧一发之际，国民渴望和平之趋向，既如此其殷，国际交涉危急之情形，又如此其亟。嗟我和会，岂尚容一再停顿，重酿祸端。应请双方政府，迅速力予维持；尤望各代表屏除私意，重开会议，各凭良心上之主张，两方极端让步，折衷办理，限以最速期间回复统一，俾得同心御侮，挽救危亡。倘复成见胶持，迁延不决，虫沙将化，鹬蚌犹争，小民何辜，大局坐误，国事前途，其有不堪设想者。廷等负有护国之责，不能无最后之表示，事机危迫，竭诚相告，幸鉴愚忱，实力图之，国家幸甚，大局幸甚。陆荣廷、陈炳焜、谭浩明、莫荣新。艳。印。

（《陆陈谭莫维持和局电》，天津《大公报》1919 年 6 月 5 日）

唐绍仪致军政府政务会议电
（1919 年 5 月 29 日）

广州军政府政务会议钧鉴：

　　总密。前山东新编陆军第二旅旅长薄子明，被北廷控以抢劫罪名，在护军使署拘审。和平期间，竟以此等手段对付党人。仪以和会停顿，在辞职中，未便径电北廷质问。应请尊处加急电北京，与彼严重交涉。薄君命悬顷刻，万望速办，至祷。唐绍仪叩。艳。印。

（《唐绍仪发电稿》，《近代史资料》总 51 号，第 189 页）

唐克明致孙中山等电
（1919 年 5 月 30 日）

广州军政府总裁诸公、各部总次长、政务会议各省代表、参众两院各议员、张代表伯烈、莫督军、翟省长、魏厅长、林军长、李镇守使、陈总司令、钮督办、海军各舰长、汪精卫先生、云南唐联军总司令、刘代督军、由代省长转各师、旅长，武鸣陆总裁，桂林谭督军、陈省长暨各师长、旅长，上海孙总裁、唐、朱两总代表暨各代表、张溥泉、孙伯兰、章太炎、蒋作宾、高固群、黄大伟、居觉生、杨舒武诸先生，北京黎黄陂、冯河间、徐东海、钱干臣诸先生，贵阳刘督军，成都熊督军、杨省长、但师长，资州顾军长，泸州赵军长、夏司令，重庆黄总司令、王总司令，万县卢副司令、田梯团长，绥定颜总司令，顺庆石总司令，广源吕师长，保定陈副司令，新津刘督办，三原于督军、张会办，凤翔叶军长，漳州陈省长，黄冈吕督办、王副司令，诏安方会办，韶州李督办、各师、旅长，永州谭督军并探转程、韦、夏各总司令，赵、林、贲各师、旅长，辰州分转卢总指挥，田、周、张、胡、林各总司令，衡州吴师长，夔州黎联军总司令、柏总指挥、豫军王总司令，巫山颜师长转城口王总司令暨各省督军、省长、各总副司令、各师旅长、各省议会、各教育会、各商会、各法团，上海、天津、广州、汉口、成都、重庆各报馆均鉴：

　　青岛卖国问题，曹、章实为罪魁，北京学生界本良心之裁判，树攻击之先声，义愤热忱，薄海同钦。克明业经通电各处，谓一致为其后援，以作民气。乃刻闻北京政府对于此举，不知藉民气以为要求，反强事遏抑，力加摧残，一任日人之毫无忌惮求所大欲，而欧洲和会近亦有完全承认日人要求之消息，倘果成为事实，则利益均沾，早开先例，群狼环啸，瓜分立至，至吾辈护法靖国为多事矣。务祈诸公共伸义愤，□唐、朱两总代表电请巴黎和会我国诸代表抵死力争，不稍退让，宁为玉碎，勿为瓦全，宁使速发而祸小，勿使迟发而祸大。至曹、章诸卖国贼，甘为奴隶，非我族类，亦望同心协力，赞助京学界锄兹异种，以除祸根。恨迫气哽，言尽于斯，瞻望旌麾，伏候大教。唐克明叩。卅。印。

　　（《军政府公报》修字第八十五号，1919 年 6 月 28 日，"公电"）

金永炎致孙中山函
（1919 年 5 月 30 日）

中山先生钧鉴：

　　前在沪数月，诸承指导一切，迄今为感。别后极为系念，敬维近来贵体康健，凡百迪吉，不胜颂祷。炎于前日由龙州来粤，拟不久即来沪上，敬候大教。

　　前炎驻沪时，每见我公手不释卷，终日以著述为事，即此一端，亦为我国人所难能之事。近来一般士人，不独不看外国书，并不读中国书。所以每闻我公议论，均以为太高尚，否则以为奇怪。其实近年以来，何一事非由我公首先发起，其初人皆反对，最后终不能脱此范围。炎最佩我公遇事皆有先见之明，初以为全凭个人理想，自近年亲炙道范以后，始识皆由读世界各书得来，自非寻常流俗人所能知。炎前与湖南谭组庵先生谈及，渠亦与炎同一感想。现在谭公颇研究外国文字，刻在永州终日读书，盖亦由我公所感染也。

　　时局之事，前东海曾派人钧〔勾〕结武鸣两次，武鸣因情不可却，曾派人答谢，亦实有其事。此亦不过从前联冯倒段主义，外间疑其单独议和，殊为误会。至对于老段，则绝对反对。无论如何，非令其解兵下野，决不罢休。好在刻下为段派卖国之事，到处激昂万分，此地各界尤为愤慨。中国年来民气，亦是尚有生机，究未始不可有为。如能除去旧来之障碍，自能制造一新国家，仍望我公有以提倡之。近来如利用此种民气，先将段推倒，其他问题自易解决。未识钧意如何？炎此次系由武鸣派与长江三督接洽，拟即藉此旋鄂，为先慈办理丧事。特此先为奉闻，余俟面馨。此请

箸安

　　　　　　　　　　　　　　　金永炎敬呈　五月卅日

　　孙中山批：送书一本。

　　　　　　（《革命文献》第五十辑，第 425～426 页）

熊克武致孙中山等电

（1919 年 5 月 31 日）

广州军政府各总裁、各部长，武鸣陆总裁，云南唐总裁，北京徐菊

人先生、钱干丞先生，上海孙总裁、唐总代表，各省督军、省长、省议会、各镇守使、各护军使、各都统、各报馆均鉴：

自日人以强硬态度要胁欧洲和会，攫夺我山东之各种特权，消息传播，全国震惊。此间舆论，尤为愤激。本月二十五日，成都绅学商各界特开大会，到者万人。当经本署派员临视，秩序甚为整严。据该会议决，争还青岛，取消中日密约，电请欧洲和平会议中国代表拒绝签字各条，随即特派代表来署哀恳。根据本日议决二项，通电全国，并称青岛虽租借于德人，而领土主权本属于我，初无待日人之交还。且我既对德宣战，则两国所订条约，应归无效，凡属敌人在我国内之租借地，及一切债权特权，应由我国直接收回，更无待留某部交由日人继承之理等语。武意我国为协约国之一，乃反受最不平等之处分，后此将何以立国？此事关系全国存亡，非寻常外交可比，务望主张我国专使对于此等处分，严词拒绝，并一面设法挽救。临电无任迫切。熊克武叩。卅一。印。

（《军政府公报》修字第八十六号，1919 年 7 月 2 日，"公电"）

朱和中致孙中山函
（1919 年 5 月 31 日）

中山先生大鉴：

前接邵函，敬悉先生对于政局，现持冷静态度，异常钦佩。惟沪会虽已停顿，局部之接洽已畅行，无人携手，政局将益增纷扰耳。但细审京中状况，实已无言和之资格，纵所提条件，逐一双方承认，亦不过一纸空文而已。故今日静待国民之自觉，亦应时势之需要，不得不然者。惟弟对于家乡（即鄂西），以唐克明、方化南、林鹏飞等各贼首之蹂躏，下应人民之请求，上承军民两署之付托，不日将前赴该地，与黎天才、柏文蔚当面接洽，疏通一切，妥筹善后事宜。只以沪会无重开之望，故拟暂不来沪。至该处困状，太炎所深悉。以后若南军头目，或有因劣迹昭彰，藉词挑衅之函电，请勿误会。特此先行陈明。顺颂

伟安

朱和中躬　五月三十一

孙中山批：代答以此间已着该地同志讨唐克明、方化南，以报蔡济民之仇，望协力成之。

（《革命文献》第四十八辑，第 269 页）

臧善达致孙中山函[①]
（1919 年 5 月）

叩求元帅大人钧鉴：

敬启者：前奉上三函，谅达尊阅矣。晚因去岁在粤被勒令解散后，抢劫一空，承蒙大人恩派杨参军赏赐川资，不甚［胜］感激之至。

身受抢伤后已愈，行赴数省，经过各处，晤谒柏总指挥，面劝回沪复办皖南机关。同来数人，到此困难达于极点，现值衣尽囊空，服不能遮体。晚历年以来，自备经费于公家效劳，实因丁巳年五月九日取消国会，国贼在天津会议，发动种种违法之事，晚由天津小站辞职来沪，同向君海潜会办皖南，于浙江泗安、湖州一带，七月被获，将家产一概充公。现来此处，进退两难，恳乞我公无法中设法维持，以免晚自尽黄浦江而去。想元帅决不忍使晚身填沟渠，见死不救。

晚实因无法可想，万难之际，叩恳台前，效秦庭之哭。务祈慈悲，济危扶困，只此一次，绝不作无厌之求。倘有大开格外恩典，赏赐盘费，使晚即日起程到粤，〔出〕好比重生父母，再造洪恩。

---

① 　原函未署年月日，根据信封邮戳，为 1919 年 5 月 23 日在上海付邮。——编者

倘若不救，晚只得亲身叩谒，面跪大人座前。晚实因无法，不得已再三恳求，并祈即速赐示福音，不甚［胜］叩祷之至。肃此不恭，敬请

崇安

诸同志先生请安。回示请寄法界郑家木桥大街林记长兴栈便是。晚名正肃。

孙中山批：着景良调查，酌量对付。

（《革命文献》第四十八辑，第358~359页）

唐继尧致军政府政务会议电

（1919年5月）

广东军政府政务会议鉴：

新成密。支一、支二各电均悉。陕西战事未停，和议恐难成立，军事方面自应迅筹准备。昨已飞电熊督督励援军赴救，惟默察情势，此时不宜轻启战端。少川谓非至万不得已时不可使和议破裂，及从外交方面着手，使北庭负不停战之责任办法，极所赞同。继尧前已通电各省，将北方破坏和平情形宣布中外，万一和议决裂，其责亦有攸归，彼时我军自当重整旗鼓，积极进行也。特布区区，统希澄察。

（《一九一九年南北议和资料》，第336页）

唐继尧致军政府各总裁等电

（1919年5月）

北京徐菊人先生，广东军政府各总裁、各部长、参众两院，各省督军、省长、护军使、镇守使、各师长，各省议会、教育会、商会、各报馆均鉴：

自权奸柄政，日以大借外债为生活，国家权利断送靡遗。综计两年以来，借款至三万万以上，而国家之矿产、森林、电信，几无不拱手以奉之他人。其尤可痛心疾首者，莫如断送胶济、济顺、高徐及满蒙之热洮、长洮、吉开等线路。此外尚有南浔线之延长，其区域绵亘山东、直隶、河南、安徽、江苏、陕西、甘肃、山西、福建、浙江以及满洲、蒙古，举中国三分有二以上之领土，几尽入某国势力范围，而使我锦绣河山，竟亡于外人铁道政策、经济政策之下。我国人痛念国家危亡，欲剚刃于卖国诸贼之腹者，全国上下，人同此心。此次北京学生，因外交失败，有此激烈举动，特公愤之见端耳。

查青岛问题，欧美原有意援助中国，乃中国为七年九月廿四日之新条约所缚束，遂至于无可挽回。在当日换约诸人，不过以此博某国之欢心，冀假借外力，诛锄异己，而独揽国内无上之威权，乃不惜使国家堕于万劫不复之域。今海内汹汹，以巴黎和会签字为亡国之绝命书，不知中国垂危，不在此时之签字与否，而在上年换约直承认四年五月之亡国条文。故使卖国诸人未能摈弃，则此后卖国之事，将续出而无穷，而国内之和平，亦终无由恢复。当此国势岌岌，应请北京当局惩前毖后，将卖国诸人严行惩办，以谢天下。国贼一去，众愤胥平，庶可内外同心，共图救国。否则庆父不去，鲁难未已，即无外患，宁能图存。忧危之言，敬希察纳。

　　　　　（《一九一九年南北议和资料》，第 336～337 页）

唐继尧致军政府各总裁等电
（1919 年 5 月）

万万急。广东军政府各总裁、各部长、莫督军、翟省长、李督办，武鸣陆总裁，南宁谭督军，陈省长，贵阳刘督军，成都熊督军、杨省长鉴：

　　新成密。南方代表提出条件，实因舆论责望，迫而出此。乃北方竟逐条驳拒，并悍然撤回代表，南代表亦相继辞职，和局又复中断。鄙意此时应付大局之方，惟有三策：（一）宣布卖国贼把持政柄，断送国家之罪状，联合南北要人，在南京组织政府会议，另辟一新局面，以图根本解决。（二）提出分治，要求外交承认，声明北方既不愿和，而国内又不宜再生战事，惟有南北画疆分治。惟一项，须得中部及北方要人多数之赞同。二项画疆，难免不生激烈之争执，至内部之团结，外交之同情，尤关重要。如一、二两项，猝难办到，势不能不出于维持和议之一途。近接钱能训巧电，有另派代表，促开会议，或共商办法，逐图解决等语。鄙意另派代表，则有不信任旧代表及抛弃主张之嫌；逐图解决，又有单独媾和，破坏全局之虑。究竟应否挽留代表，继续开议，或另派代表，或逐图解决，总须协商妥洽，一致主张，绝不宜分道扬镳，致堕北方诱胁。如何？敬乞公决进行，是所切祷。

（《一九一九年南北议和资料》，第 339 页）

唐继尧致军政府各总裁等电
（1919 年 5 月）

急。广东军政府各总裁、各部长、李督办，武鸣陆总裁，南宁谭督军，贵阳刘督军，成都熊督军鉴：

亲译。新成密。国事纠纷，久难解决。近日筹国是者，急谋统一，遂有联段、联徐之两说发生。鄙意西南各省，如果一志同心，始终不渝，则时局无论如何变迁，西南终当合全力以与支撑，而徐、段实无联络之必要。惟现既有此两说，亦无妨互相商榷，以征集各方之意见，而定最后之方针。

主张联徐之说者，谓徐氏既昌言和平，颇有收拾时局之意，且在北方夙负声望，亦可笼罩直、皖两系之人，故为贯彻和平计，宜联徐制段，以济时艰。主张联段之说者，谓段氏实力猝难扑灭，且近日亦颇觉悟，有与西南携手之决心，如能与释嫌修好，则国内争端，立可解决。以上两说，固皆各有理由。惟徐赋性柔滑，而实力毫无，前谋操纵两方，近则惟有仰段氏之鼻息，其所承认，必难见诸实行，若倚以制段，则尤为无望。至段氏刚愎自用，宁能骤变其强横之主张？其左右诸人，类皆违法卖国，与西南宗旨亦绝对不能相容。

故目前联徐、联段云云，或出于一时救济之策，然稍不审慎，必至堕其计中。彼以离间西南，本以分头接洽为得策，使西南互相疑忌，或单独进行，则内部从此分裂，而大事去矣。西南各省有相关之利害，有共同之祈向，故对于时局，无论如何应付，终必统筹全局，一致进行。诸公卓见如何，尚乞筹示为祷。

（《一九一九年南北议和资料》，第 339 ~ 340 页）

唐继尧致军政府各总裁等电
（1919 年 5 月）

万火急。广东军政府各总裁、各部长、莫督军，龙州陆总裁，南宁谭督军，永州谭督军，贵阳刘督军，成都熊督军，郴州程总司令鉴：

新成密。前闻和议复停，知必为段派所破坏。惟南方仍宜表示维持和局，以博中外之同情。故于漾日通电，主张挽留代表，继续会议，并将应付方法，另电奉商，计均登鉴。

兹接政务会议筱电，西林先生巧、效、马等电，所示各节，用意大略相同。承询此后应付方针。鄙意如果段复登台，极端主战，则西南亦惟有速筹战备，协力御侮之一途。若北京政局不生变化，和议可望复开，则此时所应研究者，只在代表是否仍旧，与代表所提条件是否继续主张而已。窃意另派代表一层，诸多窒碍，继尧前于漾电已具言之，且军府已去电挽留，此时亦无庸商榷。惟唐总代表此次提出八项条件，始因内外情况所激而成，如果完全继续主张，恐双方无从接近。查条件内如一、二、三等项关系国家甚大，自应坚持到底，以期贯彻主张，至五、八两项，亦为重要问题，但国会能自由行使职权，则两项似不必另议。其四、六、七等项，亦尚可略为变通，拟请由军府先与唐总代表密商，酌加修正，另行提议，以表示西南维持大局之意。若北方仍未能容纳，则和平破裂，责有攸归也。是否？仍祈公决。

（《一九一九年南北议和资料》，第 340～341 页）

唐继尧致军政府各总裁等电
（1919 年 5 月）

急。广东军政府各总裁、各部长，北京徐菊人先生，上海和会各代表，各省督军、省长鉴：

前因上海会议停顿，继尧以和议破裂，国事益难收拾，曾于真日电请维持，既而和会复开，大局渐有转圜之望。乃顷接军政府删电，暨钱君干丞巧电，得悉南方代表所提条件，北方未能容纳，和议无从进行，双方代表遂复相继辞职，闻之不禁抚膺太息。窃念我国数载以来，因内部之纷争，而日受外界凌逼，国家权利，殆将断送无余。今山东问题又复吃紧，正全国芟除意见，共扶国难之时，若不能少忍须臾，而坐任和平之决裂，则国事永难宁息，惟有一听强有力者之处分而已。使国家从此沦胥，则当局者宁能辞责？尚冀南北一致分电代表诸君，开诚布公，继续开议，以维和局，而济艰危，不胜跂望。

（《一九一九年南北议和资料》，第 342 页）

贵州国民大会致广州军政府等电
（1919 年 6 月 1 日）

军政府、非常国会，督军、省长、议会、教育会、商会、农会、各团体、各报馆均鉴：

此间闻对日外交失败，及北京学生被拘噩耗，群情愤激，莫不欲得卖国贼段祺瑞、曹汝霖、徐树铮、章宗祥、陆宗舆、靳云鹏等而甘心。爰于六月一号开全体国民大会，当即决议：一面通电赴欧和会中国专使，力争青岛，并请取消中日二十一条密约，及其他不平等条约，不达目的，即勿签字；一面通电北廷，电饬专使照办，并请诛上列卖国贼六人，以谢天下，保全北京大学，释放被拘学生。吾国存亡，在此一举。务祈举国一致，誓死力争，国家幸甚，国民幸甚。贵州国民大会。东。

（《贵阳国民大会通电》，《申报》1919 年 6 月 5 日"公电"）

广西梧州总商会、商团公所致广州军政府等电
（1919 年 6 月 1 日）

广州军政府、督军、省长、总商会、商团、各报馆，南宁巡阅使、督军、省长、总商会、各报馆，北京国务院、总商会、各报馆，上海总商会、全国商会联合会、商团、各报馆均鉴：

外交失败，国势垂亡，稍一迁就，永沉万劫。乞迅电和会代表，坚勿签押。敝埠商民异常愤激，本日集会，誓用国货，众志成城，共救危亡。谨电。梧州总商会、商团公所叩。东。印。

（《军政府公报》修字第八十三号，1919 年 6 月 21日，"公电"）

陕西渭北中学等致广东护法政府等电
（1919 年 6 月 2 日载）

上海《民国日报》、《中华新报》转广东护法政府、参众院，北京政府，国民外交协会、学校联合会、各报馆、各团体均鉴：

青岛交涉，存亡攸关，一有蹉跌，国将不国。请电致巴黎议和代表，务期达到直接收回目的，万勿让步，致误全局。至卖国贼曹汝霖、章宗祥、陆宗舆等，尤请依法惩办，以儆效尤。陕西渭北中学校校董于鹤九等、陕西渭北中学校教职员田蕴如及学生等、陕西甲种工业学校教职员范卓甫及学生等、三原县学务局姚仲玉等、三原教育会田灵仙等、三原县高等小学校教职员徐宪庭及学生等、三原县城乡国民学校教职员及学生全体同叩。

（《陕西学界力争青岛电》，上海《民国日报》1919年6月2日）

四川第二届省议员致广州军政府电^①

（1919 年 6 月 2 日）

广州军政府鉴：

窃查川省自军兴以来，财政之敝〈甚〉。昔者收入计一千三百万有奇，近以四民失业，骤减十分之四、三，而支出纷如。预算案已三年未办。即军费一项，超过前案三倍，加以政费协解各款，全年非三千万不足支持。政府日求核减，又以客、义各军必待军事敉平始能收束，而租税之难于符额，亦坐此原因。故历长财政者，左右支绌，罗掘俱穷，避鲜债台，涸如枯鲋。军民两系，日盼大经济家出而维持。前奉军府简任廖公仲恺来长财厅，吾人深庆得人，以为川财从此可理。乃近日报载：廖公携有二百万公债票来川，军民阅闻，同起骇异。盖川省财政紊乱之原，纸币即为原动。前者中行前发行之票，计七百余万。陈宦入川又携来六百万，交行发行之票为三百万。后又加印四、五百万，前伪政府伪卖者又计四百余万，遂

---

①　此电公报刊载时未署日期，据《四川军阀史料》第二辑（四川人民出版社，1983），确定为是年 6 月 2 日。——编者

至币制大坏，市井几墟。票价之堕落，中券值铜元六百，交券值铜元五百。前川军政府所印之票至于每票值钱二十，人民对票，等于废纸。幸我川府，设出种种方法收回，目前微昭信用，而公债票之重累吾民，害尤胡底。其他姑不必言，以人民颗粒脂膏，为国家负此公债，而偿本无期，支息不得，只得以贱价售出。外人遂用此机会，以三、四成价元收存，公债票直为外人敛财法也，言之痛在切肤。素闻廖公优长计学，此事想属虚传，不然则首政先失人心，计学已可想见。恳我军府，查讯有无；并恳饬廖君先将川中财政，从长计划，先求把握，庶不至辜负委任。如果人票俱来，川民实实不敢觊望。临电不胜待命之至。第二届省议员熊峄、程璈权、罗攀琦、曾缄、万致远、李献、文桥□、余贤、李同觉、任□等九十二人同叩。

（《军政府公报》修字第八十六号，1919 年 7 月 2 日，"公电"）

福建和平期成会等致广州军政府电
（1919 年 6 月 3 日）

广州军政府钧鉴：

卅电敬悉。外交急迫，沪议速成尚恐不及，况长此停顿，前途何堪设想。共和时代自以民意为先，举国涂炭已极，切盼和平，而双方必各持意见，旋议旋梗，小民何辜，益深益热。尚望以互让之精神，谋大局之解决，急速续议，务底于成，此固四万万之人所同声泣吁也。除电北京外①，福建和平期成会会长吴征□、福州总商会会长黄秉荣、省教育会会长王修叩。江。

（《军政府公报》修字第八十五号，1919 年 6 月 28 日，"公电"）

---

① 　下疑有脱漏。——编者

朝鲜华商总商会致军政府各总裁电
（1919 年 6 月 4 日载）

广州军政府各总裁钧鉴：

　　和议因国会相持不下，商等痛切存亡，拟折中办法，合新旧国会为统一国会，以救国民，伏祈刚断施行。朝鲜华商总商会总协理张时英、谭杰生暨全体华侨叩。

　　（《军政府公报》修字第七十八号，1919 年 6 月 4 日，"公电"）

山东烟台国民外交后援会致军政府总裁电
（1919 年 6 月 4 日）

广州军政府诸总裁钧鉴：

　　内忧不戢，外患斯乘，和议停滞，大局岌岌。祈捐除意见，迅令唐总代表赓续和议。烟台国民外交后援会叩。纸。

　　（《军政府公报》修字第八十五号，1919 年 6 月 28 日，"公电"）

林葆怿等致广州军政府等电①
（1919 年 6 月 4 日）

广州军政府、参众两院、各部长，北京徐菊人先生、钱干臣先生、各部院长，各巡阅使、各省督军、省长、各师长、各总司令、各镇

---

　　①　报纸刊载时衔略，现据《李烈钧集》下册（中华书局，1996）所载同电补齐。——编者

守使、各报馆钧鉴:

和会开始,数月于兹,人民延颈企踵,渴望和平。不图一再波折,至今尚梗,言之痛心。日前军府通电,南北代表本各界以全权,勿论提出何案,双方当局只可于会议后加以裁定,断不能为会议前遽为干涉。平情之论,委曲之衷,当为国人所共见。又复一再挽留代表,言出至诚。今则北代表纷纷返京,南代表未离跬步,和会再停,孰尸其咎,海内当有公评。如北方垂念民困已深,不便再罹水火,则南方代表群集沪滨,赓续会议,旦夕可行。葆怿等分属军人,只知服从军府命令,本亦无庸置喙。且既组织会议,一切解决之事,均当信记〔托?〕以行。记〔但〕企望和平心理,不后于国人,所耿耿者,长此迁延时日,徘徊不断耳。北方果甘心破坏和局,悍然不顾,则亦一言而决,何必徒苦吾民。愿我军府速定大计,征求舆论,以为从违。既经军府一致裁决,则进退左右,葆怿等当惟命是听也。区区愚忱,诸希亮察。林葆怿、莫荣新、李烈钧、吕公望、方声涛、李根源、程潜。支。

(《林葆怿等听命军府电》,《申报》1919 年 6 月 13 日)

南宁总商会暨商民全体致南北政府电
(1919 年 6 月 4 日)

广东军政府、北京国务院钧鉴:

南北代表辞职,和议解决难期。内争未已,外侮频仍,国势甚危,商民疾首。设仍决裂,互战不休,来日之痛苦,更何堪设想。务乞双方让步,挽留代表,复开和议,期底于成。统全国全力以对外,保存国本为要义,国家幸甚,商民幸甚。谨电上陈,不胜遑悚待命之至。南宁总商会暨商民全体叩。支。

(《军政府公报》修字第八十四号,1919 年 6 月 25 日,"公电")

马逢伯致孙中山函[①]
（1919 年 6 月 5 日）

中山先生座右：

　　前在羊城，获聆伟论，敬佩私衷，固无已也。顾此次外交失败，凡有血气者，莫不奋起。乃我公嘿不一语，以开国之伟人，效刘胜之寒蝉，真令人百思不解其故。蜚语传来，谓我公与徐、段一鼻孔出气，然耶？否耶？我公而不欲解此嘲，则亦已耳，否则盍一言以慰国人之望乎？敬请
道安

　　　　　　　　　　　　　马逢伯上言　六月五号

　　孙中山批：代答以先生近日闭户著书，不问外事，如国民果欲闻先生之言，则书出版时，望为传布可也。

　　　　　　　　　　　　　　　　（《国父墨迹》第 346 页）

莫荣新、翟汪致广州军政府等电
（1919 年 6 月 5 日）

广州送军政府鉴：汕头刘镇守使、李道尹览：

　　刘、李东电悉。查国内各界因青岛问题倡议劝销国货，不仅粤省为然。但贸易与购用各有自由之权，对于某货买卖与否，须出个人热心，均不能横加强制。据称汕埠渐有迫勒商民越轨情事，实为法律所不许，应由该镇、道饬属严防。如有奸徒藉端滋事，图扰治安，即行分别查禁拿办，并将侨居外人加意保护，勿稍疏虞，至酿交涉。至友邦兵舰，照约可到通商港口巡查贸易，并无一定停留期

---

　　① 原函未署年份，内容当言巴黎和会外交失败事，故确定为 1919 年。——编者

限。今该日舰驶至汕头，既无特殊举动，可暂无庸提议交涉，应即知会汕头交涉员，而告日领嘱其船员水兵不得携械登岸，以免误会生事。仍候军政府核示遵办。荣新、汪叩。歌。印。

（《军政府公报》修字第八十二号，1919 年 6 月 18 日，"公电"）

江阴南菁学校致广州军政府等电
（1919 年 6 月 5 日）

各报馆，北京政府、广州军政府各机关均鉴：

京外学生，感国风潮，因政府庇护权奸，抑制舆论，致群情愈演愈激，不惜抛弃国家命脉之学业，相率停课，以促政府觉悟。若仍逆民意，一意迳行，恐偕亡，大乱即在目前。望速决挽救之法，以舒众怒，而拯国危。南菁学校全体。歌。

（《江阴南菁学校电》，《申报》1919 年 6 月 6 日"公电"）

武汉学生致广州军政府等电
（1919 年 6 月 6 日载）

上海《申报》馆转北京大总统、国务院暨南方军政府，新、旧国会，各省督军、省长、各报馆钧鉴：

外交失败，举国寒心，生等游行演讲，本诸爱国之忱，乃鄂政府不谅苦衷，横加干涉，竟于六月一日饬警包围各校，刺伤学生数人。生等以救国为心，死生固所不计，惟念民气不张，国乃灭亡，鄂政府如斯行动，实生等之所深痛。泣血陈词，惟希亮察。武汉学生叩。

（《武汉学生通电》，《申报》1919 年 6 月 6 日"公电"）

罗端侯致孙中山函①

（1919 年 6 月 6 日）

中山先生大鉴：

敬肃者：此次南北构衅，将近两稔，元气之凋残，人民之痛苦，莫可言喻。种种经过之事实，咸在洞鉴之中，毋庸赘述。端之不敢与闻者，良以良莠不齐，意见杂遝，而西南黑幕，揭之不穷。操权持柄之流，无非寡廉鲜耻，徒为个人地步。询以合群策群力以谋良心之改革、促社会系之上流，则非也。

自和议停顿以来，南方单和之声，愈唱愈高，非鉴于时，迫于势，诱以利也。利之所至，即祸机所伏，将来事实，容可问乎？质言之，西南局部降服于无法政府也。既能降服于无法政府，即可附和无法政府以卖国。自青岛问题发生，全国鼎沸，溯厥渊源，皆由曹、章、徐、陆诸贼甘启隙端，引狼入室，大好河山，授人以柄，是朝鲜之祸将不远矣。

国家兴亡，匹夫有责，此非在野名流先达坐视官僚政客之擅卖国民国土而不问，亦非吾辈国民知之而不言，抑空言之而不实行之也。所幸者民气未尽沉沦，尚有一线国光，可以自图挽救。学生罢课，商人罢市，岂得已哉？不过激于爱国血忱，以冀恶劣政府万一之觉悟，而彼等淫威所逼，摧残如故。加以北方伪主及其强有力者犹是卖国原动人物，非可以法律绳束者，虽民气可恃，恐终不能伸张，则中国外交徒有唯唯而已。似此将奈何？惟有除少数官僚甘心卖国外，是在大多数国民之自决，以凝结民气，作外交之后援，不必迫于官僚之强横而不为，不必惧于强横之武力而放任之也。夫武力之原质，犹是国民也。地无分南北，人无论贤愚，个人身家性命皆在所顾惜，即此谕以利害，晓以大义，当此生死关头，自可化对内之强横，而为一致

对外之敌忾矣。前鲁省军卒虽奉长官严命，强制学生之行动，而良心上已与学生表示同情，此其实证。观此足为铲除官僚一大机会，亦属国民自觉前途一线曙光。舍此不谋，不独国民永堕黑暗地狱，即国家忧患，终无消弭之时，对于此次学商之愤慨有隐痛焉。

端羁留海上，本冀和议早成，作一太平平民，于愿已足。无如大难未已，外交更迫，瞻望前途，责任有在，未忍作壁上观也。窃思湘黔鄂蜀各属接壤之区，旧属四在，本有可图，如能召集，足称坚劲。更有良善政府为之主持，无论对于何方，皆足制胜，端知之甚谂，非托空谈。前曾有嘱端前往动作者，以鉴于四五年间之故事，誓非其人，不屑与言，此若得先生指示一切，虽汤火赴蹈所不辞也。在先生未必许端为知己，而端综览今世奇杰言行不背，终始一辙者，惟先生一人在也。倘蒙推爱，乞赐教益，区区此心，不尽欲言。专肃，敬叩

崇安，统希

霁照

罗端侯谨启　六月六日

孙中山批：代答以先生闭户著书，不问外事，所说之件，未遑及也。

（《国父墨迹》，第 348 页）

全国和平联合会致军政府各总裁等电

（1919 年 6 月 6 日）

各省督军、省长、各都统、护军使，广州军政府各总裁，衡州吴佩孚师长，永州谭组庵先生，天津黎宋卿先生、冯华甫先生，南通张季直先生，各报馆均鉴：外交失败，举国惊惶，学界激昂，尤难遏抑。北京倡于前，津、沪继于后，其动纯由爱国热忱迫促而成。有舍生取义之心，无结党营私之意，全国共见，天日可表。政府不知

利用，为转圜大局之计，乃令军警横加压制，竟逮捕学生至千百人之多，违民好恶，致激成沪上全体罢市之举。风声所播，瓦解立呈。窃共和国家，民为主体，安有国人目为良善，而政府可以刑诛，国人目为奸邪，而政府偏加奖护之理？本会为各省法团所组成，负有代表民意之重责。青年士气，实为国魂所寄，岂容任意摧残。业经迭电政府呼号挽救，未见采纳。诸公为国柱石，务恳协电政府，立改方针，俯鉴全国之奔呼，容纳学商之意见，庶可恢复原状，俾免全国离心。雪涕陈词，无任哀迫。全国和平联合会叩。麻。

（《各团体唤起正论》，上海《民国日报》1919 年 6
月 8 日）

陈炯明致军政府各总裁等电

（1919 年 6 月 6 日）

广州军政府各总裁、参众两院议长，上海唐总代表均鉴：

顷据福建宁化县知事周应云、长汀县知事刘俊复、连城知事佥师扬、上杭知事黄伟、慢平知事金维继、清流知事区戊圻、归化知事杨绥荣、永安知事袁荫詹、建宁知事吴海清、将乐知事朱忝漠、泰宁知事张文樛等据所属各团体公民电称：青岛问题，关系至重，倘若屈服，则中国几无独立国资格。当公理正义伸张之时，犹有此辱国丧权之事，而今而后国奚以存？伏望诸公坚决主持，勿稍挠屈，闽中民气，愤慨甚深，一息尚存，断难隐忍，谨代电祷，不暇择词。等语。正拟核转间，又据各县教育会、商会、农会暨各校学生联电，略同前情。查青岛问题为国家存亡所关，如果实行签字，万劫不复，该各知事及地方团体所陈各节，纯出爱国热诚，亟应转达，尚乞一致力争，以挽危局。临电无任迫切之至。陈炯明。鱼。印。

（《军政府公报》修字第八十二号，1919 年 6 月 18
日，"公电"）

福建省议会副议长郑奉稔等致军政府总裁等电

（1919 年 6 月 6 日）

广州分送军政府总裁诸公暨各报馆，上海分送和会总代表唐、朱两先生暨各报馆钧鉴：

闽省不幸，匪祸频仍，下游各府属自前清末季以迄民国十余年中，道路梗塞，商业凋残，溃眚成风，赴诉无所。何幸粤军总司令陈竞存先生，提军入漳，西南奠定，筹款悉依正轨，治军不扰秋毫。当军务倥偬之秋，而整顿教育、庶政不遗余力。以下游交通之不便也，则赶办漳码马路，以发其□。以漳人卫生之不讲也，则开辟公园南□，以作其气。事实具在，成效昭然，稍有人心，当知感激。乃近阅厦、沪各报，闻有失实之纪载，明知子产治郑国，孰杀兴歌，乐羊守中山，谤书盈箧。道高一尺，魔高一丈，自昔已然，无足深辩。惟三代直道，自在斯民，公是公非，岂容混乱，谨申正论，以辟浮词，倘涉阿私，有如河水。福建省议会副议长郑奉稔、闽南国民大会主任吴拜□、龙溪商务会会长孙宗蔡、龙溪农会会长吴煌、省立第二师范校长黄恩培、省立第八中学校长陈启基，龙溪劝学所长陈辛槃、龙溪教育会长戴国桢仝叩。麻。

（《军政府公报》修字第八十五号，1919 年 6 月 28 日，"公电"）

谭延闿致广州军政府等电

（1919 年 6 月 6 日）

急。分送广州参众两院、军政府、莫督军、李督办，龙州陆总裁，南宁谭联帅，毕节唐总裁，贵阳刘督军，成都熊督军，漳州陈省长，上海唐总代表均鉴：

林、吴、褚三公陷电敬悉，救国匡时，良言扼要，至深钦佩。护法兴师，本无和理，惟以体国民之心理，顺世界之潮流，委曲求全，勉谋宁息。和会成立，中外具瞻，若有变更，必多纠葛。此次停顿，曲在北方，曲直是非，已有公论。唐总代表膺国人慰望之殷，经军府维挚之切，诸公挽留之诚，延闿亦曾勉贡刍议，请顺舆情。林、吴、褚三公主张和议重开，仍由唐公主席，极所赞同。至解决时局，不过数端，军府屡次宣言，诸公亦有表示，自当为主张一致，戮力同心。西南苦战经年，牺牲至大，天下后世所共瞻仰，必当贯彻宗旨，不负初心。若是约法之效力回复，国会得行使职权，永久和平庶几有望。否则治丝益棼，欲以求安，恐益长乱。因承谠论，辄布愚忱，伏乞鉴教。延闿。鱼。印。

（《军政府公报》修字第八十五号，1919 年 6 月 28日，"公电"）

留日学生总会代表致广州军政府等电

（1919 年 6 月 7 日载）

大总统、国务院，广东军政府，各省督军、省长、新旧国会、各省议会、全国各商会、各学校联合〈会〉、各团体均鉴：

慨自对德宣战，酿启兵争，三载于兹，迄无宁日。国纪沦亡，民生凋敝，感时抚事，疾昔痛心。当此宣战收效之时，正宜共筹御外之策。乃者谋和沪上，时日虚糜，西南提出八条之要求，北方谋作战之计划，各走极端，未肯苟让。际此外交吃紧之秋，重睹和议破裂之变，瞻望前途，无涕可挥。

代表等痛外侮之日亟，冀内乱之消弭，遄返祖邦，上书廷阙。爰思有责之义，敢避出位之嫌，只图利国，靡知其他。今谨诚语相告于诸公之前曰：窃维此次外交失败，与内争有密切之关系。当宣战之初，南北兴兵，未遑外顾，宣而不战，腾笑邻邦。叙战论功，自不能跻于群强之列，日人且得振振有词。其一。欧战告终，和议肇启，选派代表，南北分歧，既挟成见，难免私争。故在法专使意见丛生，辞职徇私，精神靡贯。此其二。至巴黎败讯传来，方以衮衮诸公定知觉悟，因外侮而促进内和，由内和以协御外侮，私心自颂，国难将除。合全国之力量，挽垂败之外交，群起急争，较自易易。乃置外交于不顾，甘和议之重停，迁延至今，犹未猛醒。此其三。有此三端，陷国家于危难，致外侮之侵陵，南北名公能无羞愧？此当我全国父老所共见者也。

虽然既往不咎，来日大难，兄弟阋墙，外御其侮，古有明训，今乃其时。尚冀速开和议，共拯危亡，蠲弃前嫌，一致御外，则国事尚可为也。至对外方针，取舍从违，应将何定。外观大势，内察民情，惟有拒绝签字，图救将来，此同人素所主持，亦即国人同所哀吁者也。盖山东乃我国咽喉，德人图谋已久，既经宣战，租约解除，一切权利当然回复。法理事实，皆属可通。日人无理，强占不归，倘认其继承德权，无异束茧自缚，前门拒虎，后门进狼，危险孰甚？故不得不拒绝签字，仍作悬案，俟诸异日国际联盟之裁判。倘列邦不谅，助日为虐，则是强权尚在，公理何存？我四万万同胞当有最后之自处。夫中华民国之国家纵可亡，而我四万万之神灵民族不可灭。以我四万万神灵民族之资格，主张正义公道于天下，而天下之真好正义公道之其他民族，自当予我以同情。彼挟持侵掠主张之国家，尚能见情于大地者，我不信也。有志竟成，公理当有战胜之一日。是所仰望于我全国父老有最后之决心，为一致之划策，内消国乱，外御强邻。代表等敢代表我留东五千学生，随诸大君子之后，勉竭绵薄，共济艰危。急不择言，幸希谅察。临电无任涕泪痛切之至。留日学生总会代表王俊、陈定远、庄善善［？］、张景铭、卢复、彭国伟、罗正玉、荆巨佛等同叩。

（《留日学界主张拒约电》，上海《民国日报》1919
年6月7日）

李齐民致军政府七总裁电

（1919 年 6 月 8 日）

广州军政府七总裁钧鉴：

　　段氏祸国，天地不容。诸公开府广州，标名护法，伐罪吊民，执言仗义，举国钦仰。但党派重复，饷械艰巨，既与北廷争持顺逆，利在速战，不利缓图。稍知南北形势者，类皆如是云云。前者北廷以战不利，伪示言和。旋恐和议速成，故藉地点问题，延展时期。继而地点定矣，和议开矣，而又迟之又久，不将陕事解决，足为阳示和议阴行袭取之铁证。待和议开重〔重开〕，苟出之诚心，应从法律问题解决。乃竟以交换私人权利，研究需时，置法律问题于不顾。堂堂议场，等若市井。护法之突竟固如是耶。嗣因各方督促，始有八大条件之提出，于是双方代表有辞职之举。而北廷因撤回朱等，以谋局部之和平。意在隋〔绥〕南之军心，间南之派系，损南之威信，绝南之饷糈，使其不能一鼓作气，致意见相生，骨肉相残。故漳州陈、方之交讧，利川方、蔡之残杀，其余争督军、争地盘，又何可胜数。诸公竟不觉悟，犹与言和，且与之局部谋和，诚恐五国一灭，齐将不保。虽然前事失策，悔之何追，际兹全国讨贼声浪再接再厉，罢市罢工，期达目的而后已，诸公苟真心为国，努力护法，曷弗急起直追。乘此和议破裂之时，声罪致讨，顺民意而告友邦，国家兴亡，在此一举，唯诸公图之。齐民立身社会，素淡权利思想，于北廷无怨，于南方无恩。今为爱护国家计，救我子孙计，不得不择善而从，代民请命。敢贡刍荛，尚冀鉴察。无任屏营祷盼之至。李齐民叩。庚。

　　（《各团体唤起正论》，上海《民国日报》1919 年 6 月 10 日）

唐继尧致广州军政府电

（1919 年 6 月 8 日）

万急。广东军政府鉴：

继尧不德，天降鞠凶，祖母之丧未安窀穸，兹先严复于六月七日午后四时弃养，呼天抢地，五内崩摧，现方寸已乱，未能治事。即日将督军印务，交参谋长马聪暂行代拆，省长印务交政务厅长杨福璋暂代行拆，仍祈军府简员接任，俾遂孝思。不胜迫切待命之至。唐继尧。庚。印。

（《军政府公报》修字第八十四号，1919 年 6 月 25
日，"公电"）

陈福禄致孙中山函

（1919 年 6 月 8 日）

书禀孙文先生阁下：

晚生陈福禄，原籍福建人，生产在实力伯岛，孟嘉锡埠（Macassar Celebes）。客年由孟嘉锡埠往东洋之东京，图谋兴立亚细亚极大商业之公司，以我国人、东洋人、南洋人三国联络，以兴三国中输出入货之商业。

东洋人一闻此意，极荷各界之赞成，兹在东京与副岛八十六先生，先行个人之公司，名曰日本支那南洋贸易商社，从中如大隈候〔侯〕亦极为赞助。是以于五月间，仆归来上海，幸得苏筠尚先生鼎发洋行亦慨然赞成，是以今在上海，先行个人之公司，名曰天成公司。惟其中以仆之见，我国人联络商业之事，殊属难为，是以极愿先生赐我一见，以期得有教益是也。倘蒙赐诺，订于何日，深愿明示是盼。

　　近在上海，又晤八打威李兴廉先生来游祖国。他亦是南洋生长，晤谈间，仆有陈及贵学说中，有立誓之一节，他极为感动，亦极拟同仆晋谒尊前，惟未知大人肯为俯纳否。李先生家产，大约有四、五百万，他之性生极爱祖国，在他住地诸公益事，乃系独一无二矣，谅先生亦经闻及矣。谨此奉陈，伏望复示至盼，并此即请大安

　　仆中国文学浅，性生亦不喜求人代书，是以上陈，诸情唯愿大人改字会意，而不责仆之唐突，是为幸幸。客年曾携有大隈候〔侯〕之介绍书于北京诸公，但无一见者，良可慨也。又禀。

仆陈福禄顿首书　六月八日

　　现住上海西门华界民国路二十八号。

　　孙中山批：代答以请与李君于七月十一日，即礼拜五午后三时，来莫利爱路二十九号住宅，极为欢迎。

（《革命文献》第四十八辑，第 359～360 页）

旅沪国会议员杨铭源等致广州军政府、参众两院电

（1919 年 6 月 9 日载）

　　国政窳坏，外交失败，学生本爱国热忱，为救亡之呼吁。北庭怙恶，斥为要挟，不得已罢课讲演，诉诸国民。京、沪等处复被军警拘捕者，数逾千人。昨日沪、宁罢市，誓除国贼，人心未死，国尚可为。我西南本以护法救国为宗旨，仗义执言，责无旁贷。乞速议定办法，共拯国难。杨铭源、裴廷藩、黄汝鉴、杨肇基、陈允中、徐宗德、陈则民、杜华、段雄、刘楚湘、揭日训、魏肇文、刘彦、王绍鏊、姚守先、杨福洲、张清樾、徐兰墅等叩。

　　（《促西南速起拯国难》，上海《民国日报》1919 年 6 月 9 日）

国会议员李载赓等致军政府总裁电

（1919 年 6 月 9 日）

广州护法政府总裁诸公钧鉴：

顷阅陆总裁荣廷艳日通电，上衔直称北京徐大总统、国务院等等名词，殊堪诧异。

查护法戡乱为军政府唯一之职责，载在军政府组织大纲。即改组以后各总裁就职宣言，罔不以护法相号召。陆荣廷亦总裁之一，言犹在耳，岂遂忘之！方今大法未复，内乱未平，即军政府之职责尚未解除，纵不得已言和，亦必依法解决，岂能舍法降敌？回忆数月以前伪国会选举总统之时，我护法政府特颁宣言，一再声明北方国会为非法机关，无论选出何人概不承认。我正式国会亦同时议决，委托军政府代理国务院，摄行大总统职权，以明正统之有在。大义昭然，揭于天下。故以后通电均称徐世昌为先生，而不承认其总统，更何能承认其组织之政府？

今陆荣廷艳电，竟突然有北京徐大总统、国务院之称，是不啻一举将历来护法主张完全取消，而示降服于敌人。对于护法为不忠，对于国人为不信，个人之名节扫地，西南之颜面何存，非惟可耻，尤可痛矣。盖此次所争者法，法与非法乃为绝对之争，安有折衷之途？如认北方为合法，即不啻自蹈于非法，且北京之伪总统原由伪国会所产出，既承认其伪总统，即不能不承认其伪国会。是一年来相争不决之国会问题，亦连带为陆氏所断送。大逆不道，莫此为甚。陆公达者，何至出此？想或一时疏忽失察，亦未可知。应请政府迅即询明该电称谓是否有误，如有误应着速更正，否则国法当存，万难优容，应请严加议处，以为护法不忠变节附逆者戒。是否有当，统候钧裁。国会议员李载赓、孔庆恺、方子杰、秦广礼、任焕藜、耿春宴、田增、李宣哲、刘积学、张光炜、万鸿图、董庆余、李文治、刘治洲、郭宝慈、王福缘、彭养光、岑述彭、何铨浥、刘泽、龙乐山、吴道达、刘汝麟、周起梦、刘荣棠、王葆真、刘成禹、戴书云等同叩。佳。

（《国会议员请洗污点电》，上海《民国日报》1919年6月22日）

国会议员李载赓等致孙中山等电

（1919年6月9日）

广州参众两院同人、莫督军，韶州李督办，南宁谭督军，云南唐督军，贵阳刘督军，成都熊督军，三原于督军、张副司令，漳州陈总司令，诏安方会办，郴州程总司令，夔州豫军王总司令，迤南柏总指挥、唐总司令，上海孙中山先生、章太炎先生、各报馆暨各省省议会均鉴：

佳日致军政府一电，文曰：广州护法政府总裁诸公钧鉴：顷阅陆总裁荣廷艳日通电，上衔直称北京徐大总统、国务院等等名词，殊堪诧异。查护法戡乱为军政府唯一之职责，载在军政府组织大纲。即改组以后各总裁就职宣言，罔不以护法相号召。陆荣廷亦总裁之一，言犹在耳，岂遂忘之！方今大法未复，内乱未平，即军政府之职责尚未解除，纵不得已言和，亦必依法解决，岂能舍法降敌？回忆数月以前伪国会选举总统之时，我护法政府特颁宣言，一再声明北方国会为非法机关，无论选出何人概不承认。我正式国会亦同时议决，委托军政府代理国务院，摄行大总统职权，以明正统之有在。大义昭然，揭于天下。故以后通电均称徐世昌为先生，而不承认其总统，更何能承认其组织之政府？今陆荣廷艳电，竟突然有北京徐大总统、国务院之称，是不啻一举将历来护法主张完全取消，而示降服于敌人。对于护法为不忠，对于国人为不信，个人之名节扫地，西南之颜面何存，非惟可耻，尤可痛矣。盖此次所争者法，法与非法乃为绝对之争，安有折衷之途？如认北方为合法，即不啻自蹈于非法，且北京之伪总统原由伪国会所产出，既承认其伪总统，即不能不承认其伪国会。是一年来相争不决之国会问题，亦连带为陆氏所断送。大逆不道，莫此为甚。陆公达者，何至出此？想或一时疏忽失察，亦未可知。应请政府迅即询明该电称谓是否有误，如有误应着速更正，否则国法当存，万难优容，应请严加议处，以为护法不忠变节附逆者戒。是否有当，统候钧裁。等语。查陆荣廷艳电竟承认徐世昌为大总统，何异投降，诸公失［矢］志护法，乞力任匡正为幸。国会议员李载赓、孔庆恺、方子杰、秦广礼、任焕藜、耿春宴、田增、李宣哲、刘积学、张光炜、万鸿图、董庆余、李文治、刘治洲、郭宝慈、王福缘、彭养光、岑述彭、何铨澠、刘泽、龙乐山、吴道达、刘汝麟、周起梦、刘荣棠、王葆真、刘成禺、戴书云等同叩。佳。

（《国会议员请洗污点电》，上海《民国日报》1919年6月22日）

于右任、张钫致军政府总裁、唐总代表电
（1919年6月9日）

军政府诸总裁暨唐总代表鉴：

乾县自一月下旬被陈树藩之军队围攻，我军王、郭二守将血战数月，张瑞玑入陕后复放弃职权，主张以人归许，以地归陈，遂至纠纷愈多，受祸愈烈。迨城中守将帛书告急，誓死不挠。陈树藩图乾之志，日益加甚，断我远来之粮，焚我附郭之麦，颗粒俱无，薁茭亦空，甚至草根树皮掘采俱尽。右任等不忍坐视，初拟派兵援救，嗣以和议停顿，险象环生，陈树藩又复加派重兵，增拨药弹，欲藉我方往援之师，作为衅自我开之据。窃恐战端一启，大局遂陷于不可收拾，不得已令饬王珏、郭俊杰二守将，于六月五日晚突围

退出。幸敌人梦梦，军士勇猛，一日夜已经脱险，虽有损失，尚无伤亡。此次和议再停，乾事仍为其一。我军不援，无以对死守不屈之将士，援之恐又中敌人黩武之阴谋。兹次隐忍退让，实为促进和平起见，不欲使陕民重罹水火，南北再启纷争。特电奉闻，伏祈垂察。于右任、张钫。青。

（《陕军顾全大局之表示》，上海《民国日报》1919年6月21日）

吴佩孚等致军政府各总裁等电
（1919 年 6 月 9 日）

国务总理、朱总代表、段督办、陆军部、外交部、教育部、农工商部各总长、各部院、各学校、王步军统领、吴警察总监、曹经略使、李督军、王督军、陈督军、张巡阅使、卢护军使、总商会、兵工厂，和平会唐总代表及南北各代表，军政府岑总裁及各总裁，督军、省长、各都统、各护军使、镇守使、各师旅长、各总司令、各省官校、商会、省议会、教育会、各报馆均鉴：

本日呈上大总统一电，文曰：北京大总统钧鉴：治密。窃师长等近日迭据沪电，内开：有北京学生因开会宣讲，被捕者数百余人，沪商全体罢市，并沿江各埠亦有继续罢市罢工之举动等语。不胜骇然。窃维天视自我民视，天听自我民听，民心即天心也。士为四民之首，士气即民气也。此次外交失败，学生开会力争，全国一致，不约而同。民心民气，概同想见。我政府当轴诸公，对于我大总统五月二十五日命令不注重剀切晓谕，而趋重逮捕□□①，操之过急；对于直言之学子，未免轻重倒颠措施，殊非我大总统维持时局之本心也。且防民之口，甚于防川，川壅而溃，其伤实多。征诸

---

① 原文如此。——编者

历史。不寒而栗，即如辛亥争路风潮，尤可为最近之殷鉴。夫天下兴亡，匹夫有责，况学生乎？古之以学生言时事者，汉则有刘陶，宋则有陈东，贾［载］在史册，后世传为美谈。当此外交失败之秋，顾忌者慑于威而不敢言，偏私者阿其好而不肯言。铜驼荆棘，坐视沦胥，大好河山，任人宰割，稍有人心，谁无义愤。彼莘莘学子，激于爱国热忱，而奔走呼号，前赴后继，以草击钟，以卵投石，既非争权利热中，又非为结党要誉，其心可悯，其志可嘉，其情更可有原。纵使语言过激，亦须遵照我大总统剀切晓谕四字竭力维持。如必以直言者为有罪，讲演者被逮捕，则是拙［扬］汤止沸，势必全国骚然。揆之古人，谏鼓之设，谤格之立，刍荛［荛］之询，乡校之义，不无刺责。且日俄战后，日人疑敌［？］村氏外交失败，亦曾有国焚屋宇之举动，日政府乃特开国民大会宣示交涉之理由，群情帖然，并未闻有激烈逮捕情事。我国此次交涉始末，既无不可告人之隐，即宜仿照日本办法，宣示全国，以释群疑。学生又何苦越职干政，自取咎［咎］戾。如必谓民气可抑，众口可缄，窃恐众怒难犯，专欲难成，大狱之兴，定招［招］大乱，其祸当不止于罢学、罢市已也。师长等素性戆直，罔知忌讳，忧之深有不觉言之切者，仰恳大总统以国本为念，以民心为怀，而释放学生，以培养士气。一面促开国民大会，宣示外交得失缘由，共维时艰，俾全国一致力争，收回青岛，以平民气，而救危亡。时机危迫，一发千钧，临电不胜惊惶待命之至。陆军第三师师长吴佩孚、直隶陆军第一混成旅旅长王承斌、第二混成旅旅长阎相文、第三混成旅旅长肖耀南率第一路全体官兵同叩。佳。等语。谨此奉闻。敬乞卓力维持，以息风潮，而安人心，是所企祈。陆军第三师师长吴佩孚、直隶陆军第一混成旅旅长王承斌、第二混成旅旅长阎相文、第三混成旅旅长肖耀南率第一路全体官兵同叩。青。

（《中华民国史档案资料汇编》第三辑民众运动，第379～380页）

陈炳堃致军政府各总裁电

（1919 年 6 月 9 日）

广州军政府政务会议各总裁诸公钧鉴：

　　案据本部上校参谋夏天民以表扬死义，请予转电具呈到部，据称：先兄夏震东，字星五，湖北黄冈县人，系前清湖北陆军学堂暨讲武堂将校班学业，历充湖北陆军第三十二标排长队官等职。辛亥起义，充汉口敢死队指挥官，旋改充鄂军第十六团一营管带官。癸丑事败，赴宁充南京第一师第二旅旅长，旋解职赴东，肄业日本法政学校。乙卯护国军兴，乃返鄂办理下游响应事宜，丙辰正月，事败就获，二月就义武昌，此年三十六岁。天民从戎在外，奔走频年，痛念先兄为国捐躯，窀穸未卜，拟请司令官□恳军政府俯念震东死义，量予表扬，以妥函魂。等情。据此，查夏震东历任军职，为国捐躯，至今未葬，情殊可悯，合无仰恳钧府查核，量予表扬，出自逾格□□，谨电转呈，祗候示邀。滇川黔靖国联军援陕第二路副司令暨嘉陵道尹陈炳堃叩。佳。印。

　　（《军政府公报》修字第八十二号，1919 年 6 月 18 日，"公电"）

李奎元致军政府各总裁等电

（1919 年 6 月 9 日）

北京大总统、国务总理、各部总次长，广州军政府各总裁，上海议和各总分代表、各报馆，保定曹经略使，南京李督军，武昌王督军，南昌陈督军，蚌埠、盛京巡阅使，龙华、宁夏护军使，承德、归化、张家口各都统，各省督军、省长、各镇守使、各师旅长、海内巨公、统兵各将领、各议会、各报馆均鉴：

强邻逼处，外患紧急，国步艰难，民生凋瘵。呜呼噫嘻！此何时乎，诚危急存亡之秋。乃是时，修明内政犹恐不及，乃不顾人民之疾苦，竟事意气之私争，不问欧亚之风云，坚持南北之意见，是诚何心哉！以中国之军队，杀中国之人民，本兄弟之阋墙，俨敌国之对峙，干戈相见，数载不息，条件之争，丝毫不让，究竟分属手足，从可知痛痒相关，唇亡齿寒，果何忍自伤其类。尝见伟人志士侈口于国利民福，政客名流悉心于民生国计，今则哀鸿遍野，抚恤无术，饮鸩止渴，仰息外债。独立之义旗一举，财产之损失万家，前敌之捷报传来，生命之牺牲无算。至若流离失所，转于沟壑者，更不知其几千百万，几恒河沙矣。福之乎，祸之乎，利乎，害乎，揆厥初心，能无见背？况东亚病夫传为口语，列强窥伺集矢中华，正宜团体固结，共固邦基，犹虞休养生息迫不及待，何有于南北，何有于荣辱，更何由于是非成败强弱曲直？

今大总统受人民之托，作和平之倡，招集沪上，息事宁人，斯诚中国存亡转移之图也。和会初开，欢声载道，无南无北，一例皆同，是足征人心不死，亦可见天意相随。无如一停再停矣，代表辞职矣，煮豆燃箕［其］，执迷不悟，痛心疾首，孰甚于斯？以当局言之，引咎责躬，各本天良，开诚布公，续开和议，抛除权利之私图，发诸良心之作用，自不难反本还源，一言解决；以代表言之，民意所托，责任綦重，罪魁功首，千里毫厘，正应赤心热血，大声疾呼，就简删繁，速求统一，鉴外交之失败，唤醒愚氓，任阻力之横生，无扰方寸。倘以稍觉棘手，退志遽萌，是视呼吸存亡之关键，如秦人视越人之肥瘠也。揆诸春秋责备贤者之义，宁毋自愧？

奎元才浅学疏，何敢妄谈国事？顾念水深火热几希，关乎存亡，不忍以内争之不息，酿成瓜分之惨祸，则牛马奴隶，与国皆同，固无所谓智愚贤否南北东西也。又况连年争斗，涂炭生灵，糜饷老师，自杀自侮，各行省之土地财产，半属抵押之品，四百兆之父兄子弟，将为亡国之民，不知于国际之奇耻大辱努力洗刷，反于兄弟之小忿微嫌极意苛擦，轻重倒置，是非混淆，言之酸鼻，思之断肠。同胞乎，同胞乎，回头猛省，急起直追，我国前途，庶其有豸。奎元总师湘楚，两载于兹，每念时艰，杞忧无已，用是不揣冒昧，敢献刍荛，尚希略述原心，赐予采纳。陆军第十一师师长李奎元叩。佳。印。

（《军政府公报》修字第八十六号，1919 年 7 月 2 日，"公电"）

顾品珍等致广东军政府电
（1919 年 6 月 10 日）

万火急。对广东军政府钧鉴：

云南督军兼省长唐公，现因丁外艰，电请钧府简员接任，计邀鉴察。以唐公至性过人，迭遭大故，陈请辞职，实慰人子之至情。惟当此国难方殷，内外交迫，唐公责任至重，宁能遽息仔肩？溯自护国、护法两役以来，滇军东出桂、粤，北向黔、川，靖国联军带甲百万雄师，渠帅自以十数，然联三军一心如身使臂者，则唐公威望有以致之。且滇省为迭次首义之区，奸人时萌窥伺，亦惟唐公从容坐镇，全境得以帖然。诚恐一旦离职，则联军形势必有涣散之虞，而滇省治安亦有动摇之虑，想钧府顾念大局，必已筹计及此。惟品珍等身列行阵，故敢尽陈愚虑，披沥直陈，敬恳钧府切电唐公，勉以墨绖从戎之义，俾竟危舟共济之功，于国于滇裨益甚巨。谨合词电请，尚乞垂察。顾品珍、赵又新、黄毓成、韩凤楼、赵钟奇、李友勋、秦光第、马聪、孙永安、杨体震、李绍□、陈维庚、吉钟护、王懋德、顾秉钧、杨蓁、邓泰中、李伯庚、李黉成、李修家、钱开甲、王廷治、田钟榖、项铣、耿金锡、朱德、金汉鼎、何国钧、赵世铭、吉宗濂、王兆祥、戎翼翘、欧阳沂、徐进、李宗黄、关梁、李敏、李选廷、马为麟、叶成林、蒋光亮、李玉崑、范石生、黄希仲、黄希尚、李鸣纶、陶凤堂、李福□、黄咏社、戴作楫、孙桂馨、赵伸、辛成贵、吉汝为、禄国藁、李济光、宋永康、华封歌、郑森、李应恒、罗树昌①（下略）等同叩。蒸。印。

（《军政府公报》修字第八十五号，1919 年 6 月 28 日，"公电"）

云南省议会致广州军政府、参众两院电
（1919 年 6 月 10 日）

广州军政府、参众两院钧鉴：

顷闻总裁兼云南督军、省长唐公因其太翁省三先生病故，电请辞职居丧，不胜惶悚。在唐公至孝性成，固非得已，惟当此内忧外患相逼迭乘，以大局计，以滇省计，均非唐公不能主持，应恳责以大义，慰留继职，衰经从戎，不胜企祷。滇省议会。蒸。印。

（《军政府公报》修字第八十五号，1919 年 6 月 28 日，"公电"）

云南学界致广州军政府电
（1919 年 6 月 10 日）

广州军政府鉴：

唐督丁艰辞职，本省各界虑有更动，发生问题，均各合词电请均［钧］府慰留唐督，维持治安。学界事同一体，一并随同呼吁，惟祈垂察。云南各学校校长杨思源、张士麟、李春□、秦光玉、钟庭槐、陈箴、张祖荫、李倍栋、李灿、顾品端、段箴，郭从光、陈

---

① 以下尚有 150 字左右，因漫漶不清，难以辨识，不录。——编者

□恭等暨学界全体同叩。蒸。印。

　　（《军政府公报》修字第八十五号，1919 年 6 月 28
日，"公电"）

云南总商会暨全体商民致广州军政府电

（1919 年 6 月 11 日）

广州军政府鉴：

　　唐督军兼省长因太翁弃养，电请辞职，全省商民遽听之下，惊
惶万状。伏念唐督自光复以来，出蜀出黔护国护法，仗义兴师，无
不披坚执锐，躬冒矢石，半壁西南，同撑危局，计抚绥南服，七载
于兹，整军经武，纪律严明，布政宣猷，措置裕如，三迤长庆安
澜，六诏同登衽席。际此强邻觊觎，谋我日急，南北大局尚未统
一，仰恳军府垂念边疆重要，非铸造共和之元勋，不足以资镇摄，
曲从民意，俯允所请，勿任卸肩。不胜迫切待命之至。滇总商会暨
全体商民叩。真。印。

　　（《军政府公报》修字第八十六号，1919 年 7 月 2 日，
"公电"）

沈鸿英等致广东军政府总裁、莫督军电

（1919 年 6 月 11 日）

广东军政府各总裁、莫督军钧鉴：

　　窃广东为护法策源之地，不容有谋危大局之人。查前省长李
耀汉素性贪滑，反复无常，当两粤自主期内，私通敌人，潜图内
应，凡粤省迭次变乱，李无不身预其谋。煽惑张天骥、莫擎宇独
立，而东江之兵祸起；阴结龙济光内侵高、雷、琼、崖，而四邑

之战局开；耸动袁带兵变，而香山之被害烈；东则勾引闽敌，而闽南始备受摧残。发难不止一人，受害几遍全省，蛛丝马迹，皆由李耀汉操纵牵诱于其间。我军于克复阳江、化州、南雄、潮汕诸役，迭查获其通敌证据。其尤谬者，竟与龙济光期约，以粤军讨陆总司令自居，所有悖逆函电、文书及其动员命令，均经先后缴存钧署有案。

查李本阴险小人，羌无实力，其遭遇时变，虚张声势，以欺北庭，而愚同党，恃其骗术，一面攫取北庭高官厚贿，一面唆使同党轻启衅端，成则己享其功，败则人蒙其祸。迨张、莫、袁相继奔窜，广东人民死亡枕藉，而彼之权位如故，但求可以谋一己之私利，虽牺牲他人糜烂地方，绝不顾恤，纵其鬼蜮之伎俩，实人类之蟊贼，西南之罪人，早当明正典刑，以绝祸本。钧座政崇宽大，仅予罢斥，听其自新。李应如何感悟前非，闭门思过，乃罢职以来，祸心尤炽，往来秘密于港、澳、肇、省各地遍设机关，日与袁带等设谋乱粤，出其悖入之资，广招土匪，私铸子弹，增购军实，且散布谣言，离间各军。对粤军则藉口广东主义以排客军；对桂军则藉口两广联合以排滇军；对滇军又故为危词，巧相挑拨，务使恶感丛生，冀收渔人之利。罢斥未久，即务本堂李子云名义，向多人购运大宗危险物赴肇，希图一逞。幸沿途关卡严密，急难起卸，卒在梧州破获合同约据，缴存钧署。近日钧厅严令会剿盗贼，彼则乘机大肆吸收，凡肇、阳、罗地方及附近土匪，均被招致。此剿彼招，隐为渠魁，立心不轨，显而可见。其对于肇、阳、罗各属，倚势作威，俨同割据，私烟、私赌、私盐色色俱备，三郡地方几成化外，人民受害，呼吁无门。又在任之时，除骗取北方巨款外，复强掠清理德华银行存款及九、拱两关代收厘费各三十余万元。囊橐既充，阴谋愈肆。钧座扶正抑邪，为民除害，岂宜纵此奸凶，使彼方良善人民长陷水火。况现据密探报告，李近以招匪计划已成，乱粤行为益急，省港密迩，警耗逼迫，倘不及早防维，尤恐养痈贻患，变生肘腋。庆父不除，鲁难未已。

祸根蔓延，驯至不可收拾。

鸿英等为粤省治安计，为西南大局计，迫得据实联呈，伏乞钧座迅将李耀汉一名通缉拿办，并将其财产没收，以儆贪凶而戢乱萌。不胜激切待命之至。总司令沈鸿英、林虎、马济、李根源、陆兰清、刘志陆、刘达庆、申葆藩、谢卓英暨海、陆各军司令、统领、各师、旅、团长、全体军人同叩。真。印。

（《全粤军人请缉李耀汉》，上海《民国日报》1919年6月19日）

于右任、张钫致军政府总裁等电
（1919年6月11日）

广州军政府诸总裁钧鉴：并转李督办及赵代表鉴：

我乾县守将王珏、郭英甫于月之五日突围退出。王从塬边至三原之楼底镇，郭走淳化，虽沿途屡被截击，差幸无大损失。不意陈树藩复使其部下张金印、张鸿远、姚振乾、郭金榜、白戈人分兵五路，大举过河，声言追击王、郭，实则冀犯我三原。现郭金榜已开至北屯，姚振乾已开至北杜村，并威逼驻扎泾阳胡司令景翼之部下田玉洁，使其让路，又声有非将社树借伊屯兵，攻打三原不可。此后陕西大战之开，自在意中，刻正在紧急中。查乾县本为王、郭二守将血战数月死守未失之地，当然属靖国军辖域，万无退出之理。只以张瑞玑与陈树藩狼狈为奸，图乾不已，甚至加派重兵，增拨药弹，欲藉我方往援之师，诬为衅自我开之据，包藏祸心，糜烂不恤。我军不忍乡人重罹水火，南北再启干戈，故以陕民为重，乾军为轻，大局为重，乾县为轻，万事隐忍，决然退出，是亦可以如陈氏之愿矣。何图既据乾县，复觊三原，人咸望和，彼独挑战，贼心如是，天理何存。右任等于军府委曲求和之时，始终以维持陕局为唯一天职，稍有可忍，无不甘受，决未有或堕战争之道德，以遗军府羞。兹次电告之后，陕西战事再开，右任等决不负责。敢请军府迅向北京政府严电诘责，并筹示对付方法。无任惶悚待命之至。于右任、张钫叩。尤。

（《于总司令宣布陈树藩进攻三原电》，上海《民国日报》1919 年 6 月 22 日）

熊克武致广州军政府电
（1919 年 6 月 11 日）

（衔略）义密。顷奉干老艳电，敬承伟诲，实深佩仰。和议停顿，举国骚然，欲求敏速正当之解决，自以双方政府直接磋议，较为简要。国会问题之不能不略示优容，以济危难，盖出于万不得已。如得改革有确实之保障，则挹彼注兹，纵有所牺牲，亦可见谅于国民。诚如干老指示各节，国会计期，已届改选，无再行使职权之必要。若能恢复宪制之根本权利，无间于护法之精神，盖未尝不可曲为迁就，足示西南爱重和平之意。惟和会既经总裁诸公主持于上，各省又复协赞于下，微特西南利害所关，抑亦护法名誉所以〔系〕，是诚图谋统一必经之手续也。应请查照干老艳电主张，力予维持。条件由军府直接商定，而仍以和会形式出之。则西南挽正之力，尚可见重于人，而大局解决，亦自无障碍之可言矣。谨先布臆，伏候卓裁。熊克武叩。真。

（《革命文献》第五十辑，第 426～427 页）

唐继尧致军政府各总裁等电
（1919 年 6 月 11 日）

广东参议院、众议院、军政府各总裁、各部长、莫督军、翟省长，龙州陆总裁，南宁谭督军，桂林陈省长，永州谭督军，漳州陈省长，贵州刘督军，成都熊督军、杨省长鉴：

继尧不德，天降鞠凶，祖母之丧未安窀穸，而先严复于本月七日弃养，昊天罔极，五内摧崩。前承国会擢任政务总裁，深愧未能尽职，现复党党在疚，欲报国而未能，惟有恳请国会另推一人，共维国是。除电请军府简员接任督军、省长外，哀此电陈，伏维矜察。唐继尧。尤。印。

（《唐督军丁艰杂记》，上海《民国日报》1919 年 7 月 4 日）

谭延闿致广州军政府等电
（1919 年 6 月 11 日）

火急。广州军政府、莫督军、李督办，龙州陆总裁，南宁谭联帅，云南唐总裁，贵阳刘督军，成都熊督军，衡州吴师长，南京李督军，南昌陈督军，武昌王督军，上海唐总代表均鉴：

顷读吴师长诸公佳日通电，情至义尽，理正词严，极所佩服。当此外交险恶，全恃国民为后盾，同心一致，争恐后时，若复摧残，其何能国。此次罢市风潮，举国激动，既见民气之可畏，益知专欲之难成，稍有人心，能不悔悟。吾辈分属国民，同处榱栋之中，□为秦越之视，仗义执言，义所当尽。伏望军府以正当之主张，为最后之忠告，向北京提出严重交涉，速释学生，惩办祸首，无以二三金壬之故，陷全国于危亡。李、陈、王三公民望所属，一言兴邦，务望主持正义，救国救民，以慰群情，而安大局。敢贡愚忱，伏维鉴教。延闿叩。真。印。

（《军政府公报》修字第八十四号，1919 年 6 月 25 日"公电"）

安福俱乐部国会议员致广州军政府等电
（1919 年 6 月 12 日载）

北京大总统、国务院，广东军政府，各都统、各省督军、省长、各巡阅使、各护军使、各省省议会、各报馆均鉴：

顷阅报载：国务院敬电宣布外交困难情形，对于和约主张签字，并谓征询两院议长意见相同等语。查日前政府提交众议院请求同意之咨文，对于青岛问题曾经郑重声明，主张暂行保留，以为异日挽救地步。前此众议院开会，虽以和约条文未经提出不能遽为同意，然对于保留青岛条约签字一层，意已多数赞成，咨复政府在案。今国务院敬电所云，是青岛问题亦在签字之列，与政府提交众议院咨文全然不符，殊堪诧异。且以征询两院议长为词，尤属误谬。查议会以多数议决为原则，议长不能代表全院意思，且询诸两院议长对于此层并无若何表示，政府假托名义，不知是何居心。议员等忝为国民代表，对此国家重大问题当然服从多数民意，上次众议院开会对于青岛问题已有明确之表示，今后政府外交计划纵有变更，议员等一日在职，绝对不能负责。谨电奉闻，敬希察鉴。安福俱乐部全体国会议员同叩。印。

（《国会议员之通电》，天津《大公报》1919 年 6 月
12 日）

伍朝枢致军政府政务会议、国会议长电
（1919 年 6 月 12 日）

政务会议，林、吴、褚议长钧鉴：

枢不敏，奉使来法，原期出席和会，勉竭驽骀，乃抵法之初，开会已久，我国代表早经列席，深恐蹈俄覆辙，两败俱伤，故未以

全权代表名义迳向和会要求列席。且会期转瞬告终，而王特使在会足代表南方，主张一切，更不忍以一人之位置，牵动我国之进行。区区之心，计邀鉴及。嗣是北方来电，委我参预会务，枢以南方威信所关，未表同意，惟就力之所及，黾勉赞襄。近山东问题目的未达，中德和约已交德代表，枢停滞此间毫无补益，不日首途归国，道经英美，拟向各方接洽，乘机鼓吹，期为我助。谨电陈，诸惟鉴。枢。文。

（《伍朝枢不日返国电》，《申报》1919 年 6 月 29 日）

陈炯明致广州军政府电
（1919 年 6 月 13 日载）

前据旅港惠州商董陈□宽等诉称：刘总办捕杀保商营勇，纵兵行抢，恐酿巨祸，请予主持公论等情。又据李镇守使福林函称：本案经张道尹、魏厅长查办属实等语。查广惠系李镇使辖境，保商营勇又系李使部属，刘总办如非骄横自恣以视粤军，何敢越权妄为捕杀，并将商渡抢掠一空。案经查实，应请立将刘总办撤差究办，惠州总办另行派员接理，以昭平允而安地方。慎毋瞻徇祖纵，使粤人性命等于蝼蚁。并请军府总裁诸公暨翟省长、张道尹、魏厅长主持公道，力促克日施行，粤局实利赖之。如何？并盼明教。炯明叩。

（《陈炯明请究办刘达庆》，上海《民国日报》1919年 6 月 13 日）

翟汪致军政府总裁等电
（1919 年 6 月 13 日）

广州军政府各总裁、莫督军，肇庆古镇守使鉴：梁参谋长、转李、邱、陈、黎、温统领览：

西江重要，军政府分派省军入肇防守。汪于文日闻报，经即电饬李、邱统领将肇城军队酌予退防，免生误会。复于本日电请林总司令先入肇城驻守，其余各属肇军，俟商定换防地点，再行分别办理在案。省军、肇军同属护法军人，畛域无分，泽袍与共。省军除入驻肇城一区外，此后各属，如有彼此应行换扎地点，请饬林总司令择定，先行电商，以便转饬各该统领移防腾让，俾免误会为盼。汪叩。省兼肇军总司令翟。元。印。

（《粤省消除内患之要电》，上海《民国日报》1919
年 6 月 20 日）

钱能训致军政府七总裁电
（1919 年 6 月 13 日）

（衔略）三十电悉。群公坚持和平，煞费苦心，至为仰佩。惟以所提八条办法，佥谓趋于极端，非能训一人之私议。今能训行已投劾引退，和会未观厥成，乃用痛心，攸负民望，罪戾深多，仍希群策群力，竟此和议全功，是所跂祷。能训。元。

（《钱干臣临别时致西南七总裁电》，天津《益世报》
1919 年 6 月 16 日 "函电录要"）

陆兰清致军政府总裁等电
（1919 年 6 月 14 日）

广州报界公会，抄送各报、军政府总裁、莫督军、沈军长、马军长、马总司令、李督办、各报馆钧鉴：

前奉督军令，李耀汉通敌煽乱，盘踞肇庆，密饬会同林军长统兵赴肇镇慑。遵于元日拔队，寒日直上贝水、永安、广利、后沥等处。沿途驻防肇军已于元夜（十三）闻风先遁，派队遍搜，仅缴回枪枝数十杆，子弹数千颗。即日申刻驰抵肇城，择地驻扎。现查肇军与李耀汉密切关系者，纷纷逃窜各属，古镇使、邱统领均接洽妥协，谅无大碍，刻下地方商民甚为安谧。此次仰赖诸公威望，办理迅速，尚望随时指示机宜，俾知遵守。陆兰清叩。寒。印。

（《林虎等军安抵肇庆》，上海《民国日报》1919 年 6 月 24 日）

赵义致孙中山函

（1919 年 6 月 14 日）

中山我志兄伟鉴：

前年在大元帅府别后，弟无事，不得已来汕头。前蒙邓参谋长仲元命，弟往返广州，与子超、黄强二君商议组织飞机队事，妥后同队内各同志来漳，至今有大半年之久。今因停战后，总司令欲将该队改为学校，弟非为飞机师，不能在校内担任，又无事可办。昨闻报纸上及同志到来谈及廖仲凯［恺］君往四川就财政厅长之职，弟欲从四川宜去，未知廖君允否？故特函先生恳求介绍，是否可行，请函复为盼。

前一二月接到赵公璧君由广州来函，始知道公璧君归国，现他在广州组织华侨实业协进会，为将来华侨之进行。弟曾接到钟荣光君函，亦如此欲命弟返广州办理协进会事。弟见公璧君复返美州［洲］，况该会未有经费开办，故欲往四川，先生意见如何？请复示也，此请

侠安

弟赵义上言　八年六月十四日

孙中山批：作答奖勉，期会羊城。

（《革命文献》第四十八辑，第 285 页）

陈炯明致孙中山函

（1919 年 6 月 15 日）

中山先生大鉴：

浩亭回，备述代筹各节，至为纫感。联湘一节，本与吾人素志相合。炯自入闽以来，受尽种种恶气，对于粤省未尝一日忘怀，苟有机会，必当一试。惟现在实力未充，敌人探侦密布，我辈有谋人之心，不必使人知之，似宣［宜?］密与要约，使彼先发，庶不致受绐于人，仍请先生主持进行为要。联络林悦卿一节，任彼取何策，均可照办；惟恐彼不足与谋耳。现在岑、陆内讧，莫荣新有通缉李子灵之电，倘彼辈发生战事，粤军有机可乘，即拟返旆。此间电信交通，未臻完备。闻美洲无线电机每副价只美金百余，现拟购备数副，以资应用，即请代函美洲支部定购为祷。兹因梅培兄赴沪之便，特肃数行，余由梅培兄面述。专此，敬请

伟安。

陈炯明（印）敬启　中华民国八年六月十五日

孙中山批：元冲拟答。焕廷照写信美洲支部，采买电机。

（《革命文献》第四十八期，第 282 ~ 283 页）

张铁梅、王升平致孙中山函

（1919 年 6 月 15 日）

先生钧鉴：

敬肃者，窃铁梅、升平一介柝材，毫无知识，十年粤海，从事戎行。忆自辛亥革命，癸丑讨袁，随诸烈之后，驰骋战阵，血透征衫，满望永固国基，长存宪法。不图丙辰之秋，督军倡乱，酿成复辟，段肆阴谋，解散国会。斯时也，铁梅等请缨无路，忍愤填膺。不久而莫逆附段，独立潮梅，钧座任命金君国治，直接来营，并承

电令进剿。梅等以绾军在握，义不容辞。甫奏功成，乃犯权奸之忌，乘我后方不备，威逼解散，戕杀金君。旋省又奉钧座任命援赣军团长职务，中途波折，消灭无形。梅等至斯，灰心已极，正拟检点归耕，不与时事，嗣因粤军护法，蒙湘臣司令号召援闽，略奏肤功，差纾廑注。惟是我军，苦心孤诣，势若独行，幸远托帡幪，诸沐维持调护。迄以和议停顿，解决难期，伏思钧座念苍生属望之殷，当有所主持。久欲禀叩安祺，呈请方略，只以云泥分隔，未敢冒陈。兹特肃禀驰陈，尚冀不弃卑陋，俯赐方针，曷胜祷叩之至。专此，敬颂崇安，伏乞

垂鉴

> 援闽粤军第五十一营营长张铁梅
> 援闽粤军第五十二营营长王升平
> 中华民国八年六月十五日

孙中山批：元冲代答，并寄书一本。

（《革命文献》第五十辑，第 225～226 页）

鄂籍国会议员张知本等致军政府总裁函

（1919 年 6 月 15 日）

护法政府各总裁均鉴：

敬启者：顷据夔州柏总指挥巧电称：五月蒸日得唐总司令克明庚电，云派兵助吴师长防孙锡光。五〈月〉蒸□日得师长醒汉函报：唐于五月四日拂晓攻击，吴为安宁地方计，已退守来凤。现两方相持，如临大敌。蔚确查此次衅由唐开，究不知因何故，刻派人前往调解，除另函报外，谨此电陈云云。

又据哿日黎联军总司令电称：窃职前此据唐总司令克明先后电称，孙锡光凌迫师长吴醒汉，已派兵前往剿办等情。当经电饬该总司令务须慎重行事，勿陷吴师长于危险地位。去后，旋据吴师令

[长] 醒汉函报：上月□□由来凤赴宣恩防地慰劳将士，本月四日忽被唐总司令派队来袭，宣恩变起仓猝等情前来。查□□总司令电陈各节，两方绝对大相违反，不胜诧异，又飞饬双方速行停止交哄，静待查办各等情。又据柏总指挥五月二十日致鄂籍议员公函，叙明此案甚详，另纸抄呈。

总观以上各节，则唐、吴交哄已成事实，议论何方胜负，均为法令所不许。施郡地瘠民贫，为鄂省最，鄂军退守该地以来，历年余之久，饷糈接济，在在皆取诸民，人民已不堪其苦，若再加以法外兵祸，其何以对地方人民乎？况唐总司令克明前有残杀蔡总司令幼襄之嫌，悬案尚未解决，今又攻击吴师长，自非别有肺肝，宁忍出此。应请钧府一面电饬该管长官，转饬唐、吴两方停止攻击，一面迅速切实查办，并蔡案一律彻底根究，治以应得之罪，以平鄂西之乱。匪惟鄂人感激，抑亦军府整饬军纪，维持威信之急图也。临颖不胜迫切待命之至。专此，敬颂
政祺

鄂籍国会议员张知本、刘成禺、时功玖、高振霄、袁麟阁、白逾桓、汪哕鸾、范鸿钧、张大昕、覃寿公、关栋、陈廷飏、彭养光、王笃诚、蔡汇东、鲁鱼、毕鼎琛、董昆瀛、廖宗北仝启

中华民国六年六月十五日

（《军政府公报》修字第八十六号，1919 年 7 月 2 日，"公文"）

沈鸿英等致军政府各总裁电
（1919 年 6 月 16 日）

军政府各总裁钧鉴：

顷闻翟省长自愿辞职，钧府权衡所在，自必慎选替人以承其

乏。惟当此时局纠纷，投艰任巨，非得威望素著之员，不足以资镇慑。环顾粤中，资深望重者固不乏人，第党派纷岐，若畀任非人，则应付措施难期和衷一致，转滋纷纭。鸿英等公同商榷，拟请任命莫督军暂行兼摄省长，以一事权而杜纷扰。此为地方治安计，非敢别有私意存乎其间。众见相同，用特联电陈请，伏乞鉴核，迅发明令以重职守，粤局幸甚。沈鸿英、林虎、马济、李根源、陆兰清、申葆藩、谢卓英暨全体陆海军人同叩。铣。印。

（《粤省长问题波折再纪》，上海《民国日报》1919年6月26日）

李烈钧致广州军政府电

（1919年6月16日）

（衔略）前广东省长李耀汉屡谋叛乱，证据确凿，迭奉军政府、莫督军通电缉拿，建威销萌，钦慰无量。惟内患既靖，一切善后尚有亟欲借箸者。粤省为我护法义师根本重地，频年兵燹，元气凋伤，将欲振槁苏枯，是在勤求治理。顾欲提纲挈领，又在行政长官。现任翟省长虽护法情殷，然因旧日部属关系，旁观多所揣测，局内即不免瞻顾，兹闻具呈辞职，足知势处为难。伏愿军府鉴其苦衷［衷］，即予批准，以全终始。至继任人才，关系至重，小则一省内政之兴替，大则西南根本之安危，苟非声威卓著才识宏通之人，断不能胜任愉快。查有现任粤赣湘边防军务督办、滇军总司令、前陕西省长李根源，才气横溢，能胜艰巨。前在陕西省长任内，政绩大著，临难不屈。间关南来，南歼龙孽，北遏赣寇，斡旋粤局，转危为安，厥功甚伟。现任福建省长、援闽粤军总司令陈炯明，宏才远志，见义勇为。前任广东都督兼民政长，平夷大难，癸丑建义，不顾利害，能申其志。此次提师赴闽，力障东南，尤著劳勚。以上两员，皆禀殊才而负重望，又皆曾任省长，经验完富，治理裕如。若择一而任，必能振起粤局，为国增重。烈钧在粤数年，轸念民瘼，意良不忍，慨前途之辽远，必使吾民得所，然后用民而心始即安。用特为民请命，伏维军府毅然主持，甄择简任，毋任翘企待命之至。李烈钧叩。铣。印。

（《粤省长问题波折再纪》，上海《民国日报》1919年6月26日）

周之贞致孙中山等电
（1919年6月16日）

广州分送军政府岑总裁、伍总裁、林总裁、莫督军、翟省长、陈师长、魏司令、各镇守使，南宁陆总裁，上海孙总裁、唐总裁，漳州陈总司令钧鉴：

贞部自讨龙事竣，编配成军，于今数年。虽无大勋，然力维地方治安，幸无陨越。去岁蒙陈总司令调赴援闽，幸护法之志庶可少伸，当即叠电军署呈请出发，唯时以地方未靖，奉令仍旧驻防。既未邀准启行，遂仍驻防宁会，然心焉向往，无日不以护法为怀，故虽欠饷几二十阅月而恪守军纪，维持治安未尝稍懈。固由仰赖钧宪德威，而亦贞时加训勉，责以护法大义，劝以共济时艰之所致。方私幸可告无罪，不意愿日驻防清远之军，忽率大队入我防地，将贞部分防四会属威井墟郑排长所部，猝尔围攻。当时该排长不忍糜烂地方，约束所部，未予抵抗，竟被轰毙士兵三十余名，将所有枪支尽行掠去。事前未奉督军明令，无所遵循，忽遭惨杀，军民骇愤。兹为顾全地方治安起见，业经严勒所部退防广宁，免酿事端而待后命。除电呈督军、省长请示祗遵外，合将原委电陈，伏祈亮鉴。统领周之贞。谏。印。

（《李耀汉案要讯汇录》，上海《民国日报》1919年6月27日）

刘焕藜致孙中山函

（1919 年 6 月 16 日）

先生钧鉴：

敬读学说，知三民主义、五权宪法为革命建设之要图，不可稍缓。惜辛亥功成，各党人狃于积习，以理想太高置之，至使奠国良规，同于泡影。

八载已［以］来，政治无轨道可守，是以祸乱相寻，日趋于危险状况。固国贼武人为之，亦吾党不知尊崇先生之主张，自贻后悔，良堪愤憾。往者不可谏，来者犹可追，亡羊补牢，吾党当为努力。即发展中国实业计划，切中机宜，稍纵即逝，刻不容缓。无如南北政府，冥顽不灵，不第于先生政见不为采择，反加疑忌焉。而吾党乏尺寸之柄，遵行未由，而所谓纯粹党员负气节，而只知有国家不知有权利者，强半为恶劣政府所不容，飘零江湖，太息英雄无用武之地。

语云：其人存则政举。先生欲贯彻主张，奠定中华，非集党员之中坚分子，坚忍卓绝，英迈果毅，确有脑筋者，进而教之，使之实力进行，恐难收效。如谓潮流所趋，自有达到目的之一日，姑俟诸异时，又岂先生救国之苦衷，博爱之本愿哉。焕藜管见，希望先生决心表示统率旧部，振作精神，大张旗鼓，非类者锄而去之，扫彼障碍，光我日月，奠河山于磐石，登同胞于衽席，上慰皇帝之灵，下开禩世之福。焕藜不敏，愿执鞭其后。肃此，敬请

崇安，伏冀

垂教

刘焕藜谨上　十六日

寓法界吴兴里三四号

孙中山批：代答：先生仍闭户著书，不理外事，望同志推广学说，劝进国民。

（《革命文献》第四十八辑，第 360～361 页）

四川遂宁学界外交后援会致广州军政府电
（1919 年 6 月 16 日）

广州军政府鉴：山东青岛□让签押，本会誓不承认，望政府力为抗拒，国民甘为后盾，至死不辞。特此电闻。四川遂宁学界外交后援会。铣。叩。铁。

（《军政府公报》修字第八十六号，1919 年 7 月 2 日
"公电"）

丁一钧致孙中山函
（1919 年 6 月 17 日）

大总统钧鉴：

窃一钧已故滇川黔靖国联军援陕第四路总司令、前四川护国军总指挥兼第三梯团长丁泽煦（字厚堂）之室也。

前年春间，先夫子以久战余生，息影海上，适川中罗、刘交哄，先夫子恭奉钧令，益以杨沧白省长之代传钧意，频频敦促，不得已乃摒挡首途，为国为党，两年于役，辛苦勤劳，当在洞鉴之中。只冀北庭征服，便可解甲还田。不图先夫子乃晦于明哲保身之道，而忽被川军熊总司令克武之谋诱而及于难。恸哉！先夫子护国护法，两经战役，家产荡尽，历受创伤，于国于党，虽不敢云有功，似亦可告通过。乃竟不得以死，死犹九原饮恨，千古伤心。此固仁人君子之所不忍闻，而尤一钧之所以痛心疾首，午夜泣血，不得不忍死走万里，急急焉期具以及难之详情，陈诉于钧座也。

会沿途荆棘，滞留稽迟，于日昨方达海上，访悉钧座，养疴此间，当于今晨请谒，未蒙赐进，莫名悚惶。一钧一弱妇人耳，恸先夫子之死于非命，不过冀钧座得了解先夫子及难之原因，能恕先夫子之无咎于党，无负于国耳。一钧现住三洋泾桥泰安栈二十九号，

倘蒙传见，便当整肃晋谒，谨此将意，不任屏营惶恐激切待命之至。专此，恭叩

钧安，伏希

朗照不庄

名正肃　六月十七号

孙中山批：着元冲往慰问之，并与卢舜卿商酌办理。

（《革命文献》第四十八辑，第361～362页）

北京交通部顾问碧格致孙中山函

（1919年6月17日）

孙逸仙先生阁下：

敬启者：得读《远东时报》六月号所载尊著论文，敢以一铁路专门家之资格，敬表喜忭之忱。

在阁下所选定路线，仆在此时虽难遽言赞成、反对，但以一铁路联结广大之农业腹地与人口稠密之海岸之理想，感我实深。窃谓阁下于此已于铁路经济理论上直一具体之贡献。即此路线自身，已能蠲解滞积，开辟一生产区，使食料价可较贱，以职业授巨额之退伍兵卒，又能使大量之硬币得有流转，而通货之位置将循之以〔为〕于正也。

在仆尤有庆者，则大著正以此时发表，而仆适亦应横贯太平洋杂志社主之求，曾草一论，恰亦触及此种思想径路。此论非至七月不能发表，而阁下之意见，对于现在此点着想，使怀疑我者大足以开悟之矣。

冒昧致书，惟冀鉴原。又信阁下此种启沃思想敏妙之作，必将有继此而宣于世者也。专此，敬颂

勋祺

碧格谨启　一九一九年六月十七日于北京

（《孙文选集》上册，第301～302页）

林虎致军政府总裁等电

（1919 年 6 月 17 日）

龙州陆总裁，广州军政府各总裁、各部长、督军、省长钧鉴：各督办、各总司令、各司令、各镇守使、各师、旅长、各统领、各道尹均鉴：

六月十二日督军莫令：以第二军总司令林虎署肇阳罗镇守使等因。奉此。遵于筱日受代视事，军民尚安，请纾廑念。维虎十余年来常在兵间，已忧患之迭乘，亦精力之交敝，意欲休息邱□①，超然物外久矣。徒以护国保邦，身亦负责之人，不追随同人之后合力撑持，于义有所未安。天方□□丧乱弘多艰难之际，岂敢过自爱惜，所以慷慨而前不辞劳怨者也。管内当叛人李耀汉朘剥之后，闾阎凋敝，已成菜色，此时急务，首在激浊扬清，以饬官常，休养生息，以苏民困。惟虽有救焚拯溺之心，惜无旦夕宜民之效，寸衷于此，良用耿耿。所有各事，除秉承各宪命令而行，同志诸公必当有以益我，诗云：无金玉尔音而有遐心。请陈斯义，以待教言。林虎谨叩。筱。印。

（《军政府公报》修字第八十五号，1919 年 6 月 28 日"公电"）

王道致孙中山函

（1919 年 6 月 17 日）

先生钧鉴：

日前晋聆教益，快慰无似。越日复荷赐大作，拜读之余，茅塞

---

①　原文如此。——编者

顿开。年来国人之议先生理想太高者，此书一出，驳斥最当，引证适宜，持此议者，谅可休矣。

道自从先生后服役于国，丙辰之夏倡义于湘，被汤芗铭捕禁于狱，几濒于危。最后袁丧汤逃，在桑梓服务二载，护法师兴，先生赴粤任元帅职，本已由湘就道前来，藉供驱策，抵沪，军府已改组矣。当时深愤岑西陵之狡，陆荣廷之滑，继思系根本错误，无怪然耳。去秋赴漳州，思为本党稍效棉薄，因原与竞公在沪有一面缘，故未烦先生绍介。到漳时，适石屏先生来，竞公托其赴安溪解宋、赵之内讧，邀道与同行。嗣见石屏先生主张，与漳州出发时似有不同，道遂拂衣返沪。寓沪经半载，一无所为，生活日用，现实无以为计，决定于月底携眷返湘。

日前在尊寓侧听先生将来对于广西必有措置。道拟返乡后，绕道赴郴州一行，湘中武人如程颂云、林修梅、赵垣［恒］惕、林支宇诸人，与道尚颇有交谊，先生或有何见教，敬祈于日内函示方针，自当遵照进行可也。专此奉告，敬询

伟安，并希

鸿裁

王道谨上　六月十七日书

孙中山批：元冲代答，以对于各人可相机诱导，如有确能行先生方针者，可再函告，然后再定办法也。

（《革命文献》第五十辑，第 227～228 页）

广东善后协会致广州军政府等电
（1919 年 6 月 17 日）

军政府、督军、省长、省议会、粤籍国会议员俱乐部、市政公所、总商会、自治研究社、报界公会及各团体、香港华商总会均鉴：

粤垣修路拆城，迁毁民屋一节，敝会迭接绅商各界函电，均称

现定路线凡十余条，阔者一百尺，狭者亦八十尺，所拆铺屋约二三万户，此后尚不知凡几。毫无补费，贫民食宿无所者约数万人，商民连带失业者约十余万人。老幼提携，号泣道路，悲愤之气，充溢间阎。兵燹水灾，无此惨酷。征之舆论，皆谓干路不必太宽，枝路不〈必〉太多；补给费应照时价发现款；路旁骑楼地不必如现在规定二丈之阔，应仍归原业主管，不能收没入官。此皆粤中父老之公言，本会所据为陈请者。夫吾粤至于今日，火热水深可谓极矣。拆城筑路，在国家闲暇何尝非内政之急，即拆屋让地，在各国市政何尝不视为当然。然当此人祸天灾疮痍满目之际，似不应径情直遂，不稍顾惜。况粤民私愿，只在稍狭路基减枝线，以冀少拆民居；补给物价还骑楼，以冀稍偿失业，于路政实无所碍。想当事诸公接近群黎疾苦之声，必能蹙然变计。值此和会停顿，拒外风潮起落之时，而更重以乡关荆棘之忧。民不能安，何以图治？本会同人深盼主其事者速为改图善策，毋以利民者转而害民。至于已拆之屋，尤必须补偿屋价，庶免失业者为饥寒所迫，致生变故也。临电不胜迫切之至。广东善后协会。筱。

（《关于粤垣路政之呼吁》，上海《民国日报》1919年6月18日）

李根源致广州军政府电
（1919年6月17日）

（衔略）李部长铣电敬悉。广东为西南根本重地，整理内政，刻不容缓。省长一席，自宜慎选其人，以餍群望。协公推荐陈公竞存，并齿及下走，夫以竞公之才学勋劳，久负粤中重望，简膺此席，固足以胜任愉快。若根源则内审个人进退之宜，外察地方得失之故，自维谫劣，万不敢承。区区之意，早已有所宣言。惟兹事关系至重，虽不敢漫自参预，亦例得有所献陈。自护法军兴，粤局几经波折，固赖督军莫公毅力主持，暨各军一致匡定，群力群策，以底于成。而始终其事，维持调护，实维协公撑柱其间。加之才识声望，品概事业，并足以广越群伦，以任粤长自无不游刃有余。当此群言纷杂之日，非资深望重，不足以压服众心，非卓识宏才，不足以振起预习。根源关怀粤局，顾念民瘼，敢援举尔所知之义，伏望军府衡夺，简择任命，俾地方深得人之庆，大局增巩固之基。粤局幸甚，西南幸甚。如何敬候钧裁。李根源。巧（十七）。印。

　　（《粤省长问题波折三纪》，上海《民国日报》1919年6月27日）

古日光致广州军政府等电
（1919年6月17日）

广州分送军政府、莫督军、翟省长钧鉴：

　　林镇守使进驻肇城，职镇日光经于本月十七日将肇阳罗镇守使关防，咨送林新任接收，职镇日光即于是日交卸。谨电闻。卸肇阳罗镇守使古日光叩。筱。印。

　　（《李耀汉案要讯汇录》，上海《民国日报》1919年6月27日）

翟汪呈广州军政府、莫督军文
（1919年6月18日）

　　（上略）① 惟有分别编遣，改正名称，拟请取销肇军名义，由军政府编定为护国第几军，以泯畛域之见。肇军正式由政府发饷者

———————————

① 报纸刊载时如此。——编者

十八营，其余有商人自备或就地筹款者，如新会第十九营，即宁阳铁路公司出饷是也。惟兵贵精不贵多，且肇军成立，系在民国初元，编为三标，照陆军营制，共计九营，其后始改西路警卫军。民国三年，复编为肇军十五营，续加三营。五年改编陆军第二师，汪承乏旅长，复仍编为肇军十八营，至今未改。然所谓肇军旧部者，厥惟元年初编之三团。即古镇守使所统三营，亦由陆军济军拨入，非纯粹肇军。今拟就汪全部选留相依有年、精练而服从者，照陆军编制编回三团，另编炮队一营。即照军府所定名称，即由汪为总司令，认真训练，以供驱策。其余则请拨入别部，获遣散归农，所需薪饷，仍就旧日指定各处按月给领。如蒙俯允，再将司令部及各团、营编制列表，呈候核定。至于驻防地点，则请钧座指定省城某处，俾易训练而免谣诼；或以数营留省，余则驻防附省，悉候钧裁。汪为收束肇军起见，是否有当，伏乞军府提出政务会议，核示祗遵，实为公便。

（《翟汪欲保全肇军》，上海《民国日报》1919 年 6 月 24 日）

驻省肇军统领黎章鸿等致军政府总裁电

（1919 年 6 月 18 日）

军政府各总裁钧鉴：

翟省长前奉钧府命令代理斯缺，以维治安，几经训勉，复由莫督军敦促，并出示布告，舆论翕然，始行就职。今阅报载海陆军官铣电，闻省长自愿辞职，惹起纠纷，翟省长何能当此重咎，翟省长始终并无辞职之说，致负军府付托初心及莫督军当日维持之雅意。本此事实，合电陈明钧府，应如何消除隐患，镇服人心，以维大局之处，伏候衡夺。驻省肇军统领黎章鸿、陈均义、余六吉、王俊三、周振堂、愈炳伦、彭智芳等叩。巧。印。

（《粤省长问题之纠纷》，长沙《大公报》1919 年 6 月 28 日）

莫荣新致孙中山等电

（1919 年 6 月 18 日）

万急。广州分送军政府岑、伍、林各总裁、各部总长、翟省长，龙州陆总裁，云南唐总裁，上海孙总裁、唐总代表，漳州陈总司令鉴：

查李耀汉阴谋乱粤，破坏大局，种种罪恶，经于文电明白宣布。乃现接翟省长元日通电，反以进兵肇庆事前未先知会为言，表示委曲，宣言退让，此荣新之所为大惑不解者，不得不为诸公详述之。如原电所称：肇庆系肇军司令部驻扎地点，汪自任总司令以来，始终以护法为职志，拥护军政府。李耀汉早经卸责，与肇军毫无关系，即有法外行动，自与肇军无涉，此次进兵，未先知会，设有误会，必至糜烂地方等语。查李耀汉蓄谋不轨已非一朝，往者勾结逆敌阴图煽乱，既已确有明征，近则大招土匪，收缴警枪，私造炮弹、炸药，潜运危险物品，往来省肇港澳之间，秘密集会，贿惑驻恩军队叛变，冀图乘机举事，围攻省垣。凡此法外行动，逆迹更属昭彰，不独荣新知之，即粤人知者亦复不少。而肇军司令部近驻肇城，翟省长既任总司令职责，岂竟毫无闻见，将谁欺乎？若知之而不能预为制止，即是有辜责任，岂不与拥护军政府始终护法之心志大相背驰耶！至谓李耀汉早经卸责，与肇军毫无关系，尤属欺人之谈。夫肇军名目虽殊，同属粤省军队，本隶军署范围，安得以驻在地方即自各立门户？乃李耀汉包藏祸心，窃弄兵柄，名虽卸责，实则呼应犹灵，凡属所部供其奔走者尚不乏人。翟省长太阿倒持，不自引咎，而谓李与肇军毫无关系，其谁信之！总之，李耀汉逆谋显露，在省军未发以前，肇军日有数十名陆续来者，揆其狡计，无非希图牵制，而省署并已先自戒严，翟省长果不知情，何竟张皇若是。且肇垣原属本省区域，此次省军出发西江，戡定肇事，纯为军事计划，应守秘密。翟省长虽近在省城，固无先行知会之必要，即使知会，诚恐统驭无力，转为偾事，贻害地方，谁尸其咎？况军队换防，镇使更调，安良除暴，荣新职责所在，令出惟行，肇军既非敌国，更何有退让之可言。来电所云，一若相逼太甚，未免耸人听闻。荣新一介武夫，未常学问，本此忠厚待人之忱，常懔阋墙外侮之戒，然为保持全粤治安计，故不能不筹策万全，而不惜以身府怨也。区区愚诚，用揭公听，诸希亮察，不胜幸甚。莫荣新叩。巧。印。

（《军政府公报》修字第八十六号，1919 年 7 月 2 日，"公电"）

莫荣新致广州军政府等电

（1919 年 6 月 18 日）

广州分送军政府、翟省长，肇庆分送古镇守使、邱统领鉴：

古、邱筱会电悉。肇军司令部既经取销，所欠该部各营饷项，应即向司令部核算清楚，分别拨领，希各查照办理。荣新叩。督军。巧。印。

（《军政府公报》修字第八十五号，1919 年 6 月 28 日，"公电"）

邹鲁等致孙中山等电

（1919 年 6 月 18 日）

广州岑总裁、伍总裁、林总裁、莫督军、报界公会并转各报馆，上海孙总裁、唐总裁，南宁陆总裁，云南唐总裁钧鉴：

广东自通缉前省长李耀汉公报发表后，粤民一日数惊，嗣更迭省长之说频传，人心益形惶恐。经各团体同人等于六月十七日联请军政府，如翟省长决定辞职，请由政务会议速决任伍总裁兼任广东省长，以维全省治安。伍总裁德助［劭］年高，中外钦仰，必能以粤人靖粤难。素稔执事关怀粤事，务请电劝伍总裁勿存谦让，力任其难，则粤民受赐多矣。国会议员邹鲁、谢英伯、陆祺、杨梦弼、刘芷芬，省会议员钟声、符鸿澄、谢元堪、关强伯、陆孟飞、古应芬、陈巨理、杨宏业、许森芳、陈逸川，自治研究社邓善麟、李凤歧，商团罗乐之，九善堂徐树棠、田志堂、朱溢光，孔教会林福成、古伯荃，联安局绅朱文格、李凤鎏、李凤𪟝、易仁善，机器总会黄焕庭，商界温心如、饶裕、温家骧、吴甘礼、张毅，学界黄碧池、黄蕉帆、温秩笙、黄章甫、温和、温蓉芬、卢翊逵、黄明广、黄明阶、关心时、黄守理、邓杰生、黄毅、黄思同叩。巧。

（《粤省长问题之纠纷》，长沙《大公报》1919 年 6 月 28 日）

上海山东协会致广州军政府等电

（1919 年 6 月 19 日载）

北京府、院、参众两院，广东军政府、参众两院，各督军、省长、省议会，各省山东会馆、各团体、各报馆均鉴：

报载政府电欧会专使全约签字，牺牲山东，不恤国亡，措施乖谬，至于斯极。据王专使正廷电称，陆、王、顾各专使均主保留山东三条，三条不保留，则拒绝签字。诚以山东咽喉之地拱手让人冒然签约，是自召灭亡。且不签德约，中国在国际间尚多活动余地，签约则适以自缚。有谓不签字失各国同情，陷中国于孤立者，其观察适得其反。我国应全体一致誓死力争，政府宜速撤消主张签字之电，并撤回主张签字之胡使，其他各机关均宜电请陆、王、顾各专使坚持到底，誓为后盾。时机危迫，伫盼施行。上海山东协会。

（《上海山东协会主张保留三条电》，上海《民国日报》1919 年 6 月 19 日）

旅沪福建同乡会致南北政府电

（1919 年 6 月 19 日）

北京总统府、国务院，广州军政府钧鉴：

　　昨得福建省议会及各团体急电，商会会长黄秉荣干涉排货，殴伤学生，督军李厚基包庇黄秉荣，横加摧折，学生赴省议会请愿，李竟派兵拿捕学生至数千人，酿成全城罢市，殊深愤骇。查此次学生举动，由北京倡始，全国响应，非仅发生于闽中一隅。各省集众演说，当道尚能怵于公理，应付不甚乖方。闽学生请愿省会，举动尤极合法，乃李厚基甘冒不韪，肆行残暴，闽人何辜，横遭荼毒。循是以往，闽人岂尚有一线生存之机。恳请将李速行惩儆，以平公愤。迫切待命之至。旅沪福建同乡会叩。皓。

　　（《国人讨李之积极进行》，上海《民国日报》1919
年 6 月 21 日）

粤籍国会议员刘芷芬等致军政府总裁函

（1919 年 6 月 19 日）

总裁诸公钧鉴：

　　敬启者：窃维省长一职，乃省中最高级之行政长官，为一省吏治隆污之所由系，即为一省人民治安之所攸归。吾粤年来迭因省长更动，牵引政治风潮，近日又因省长问题，发生剧烈竞争。前日各团体开会议决，佥以伍总裁德高望重，极为各界所尊崇翕服之人。既为各团体之公推，即为物望所专属，以之兼任省长，最为适宜。议员等代表民意，为此函请军政府，即任命伍总裁廷芳兼任省长，以慰舆情而靖地方。不胜逼切之至。伏乞政务会议议决施行。

粤籍国会议员刘芷芬、邹鲁、陆祺、杨梦弼、谢英伯、叶夏声、李洪翰、李自芳、李英铨、彭建标、何士果、郭宝慈、陈宏栋、王釜、谢怀材、李炳焜、黄元白、郑应修、萧凤翥等敬启

六月十九日

（《粤省长问题波折三纪》，上海《民国日报》1919年6月27日）

国民大会上海事务所致军政府各总裁电

（1919年6月19日）

广州军政府各总裁公鉴：

自外交失败，全国国民一致声讨国贼。公等坐拥重兵，日与卖国政府言和，希冀稍分卖国赃钱，已为国人所痛恨。前次北京逮捕学生，幸经学、商、工各界罢业营救，北廷慑于众怒，释放学生，罢课［免］二三卖国从犯，风潮渐息。今福建李厚基又逮捕学生至五六千人之多，军府近在比邻，乃犹漠不关心，如秦越人之视肥瘠，问心何以自安？乞速电诘北京政府及福建李厚基，令其迅与释放，否则令攻闽各军立即声讨，以盖前愆。我国民犹可为公等原恕也。国民大会上海事务所。皓。

（《国民大会近电汇录》，上海《民国日报》1919年6月21日）

陈家鼐致孙中山等电

（1919年6月19日）

广州军政府各总裁、各部长、参众两院，南京李督军，南昌陈督军，

武昌王督军，各省督军、省长、各师、旅、团长、省议会、教育会、商会、农会、工会、各团体、各报馆，上海孙总裁、唐总裁、章太炎、徐固卿、胡汉民、谭石屏、蔡子民、孙伯兰、张季直诸先生，永州谭督军，郴州程总司令、林民政长、赵师长、林旅长，衡州吴师长，常德冯旅长，武冈周总司令，辰州林总司令、各总司令鉴：

亡中国者，究中日一切密约，青岛问题不过一端而已。救国之道，在取消一切密约，拒绝欧约签字，而非曹、陆、章去职便可谓已尽救国之能事也。

慨自金壬秉政，媚外卖国，丧失权利，不可数计。举其著者，前之如廿一条之中日协约，近之如民国七年之军事协定。中国军队由日本人教练指挥，军用地图由日本人任意取用，各兵工厂由日本人派员管理，警察制度由日本人另行编制。此足以亡国者一也。

铁路为交通之命脉，立国之要素。而自胶顺至济南之胶济铁路、自高密至徐州之高徐铁路、自济南至顺德之济顺铁路、自洮南至热河之洮热铁路、自洮南至长春之长洮铁路、自吉林至开原之吉开铁路、自热洮铁路之一地点至某海港之铁路，建筑管理诸权，一切卖与日本矣。更有京绥铁路之借款，四郑铁路之借款，南寻［浔］铁路之延长，吉会铁路之无限延长。计以上诸线，南至闽赣，北迄满蒙，西通陇海，他日路线告成，其铁轨之所经，即日人势力之所及，是中国三分有二之土地，不啻已入日本之势力范围矣。此足以亡国者二也。

其他如军务借款、军械借款、电政借款、森林借款、矿山借款、电话借款、运河借款、银行借款，屈指难以尽计。计两年之中，借入日债，竟达三万万元九千万有奇。所订各约，无一不丧失主权，断送权利。此足以亡国者三也。

凡此三者，非一一根本取消，中国断无存在之望，此吾人所以不得不誓死力争也。乃于举国誓死力争之秋，北京政府于取消密约问题，不闻有一语道及，惟连电促令欧会陆、王各使签字对德和约，承认日人继承德人于山东之一切权利，是惟恐亡国之不速，而更欲促进之也。人之无良，至斯极矣。案前据王君正廷电称：我国各使对于山东三条均主保留，不能保留，则拒绝签字，诚以签字则表示承认日人之要求，永远不得恢复；不签字，则表示拒绝日人之要求，尚有收回之余地。于此二者，孰利孰害，妇孺能知。乃北京政府，竟一再促令签字，对于国内并发布通电，以去就相要挟，此可证北政府于此实甘心断送，有可挽回而不欲挽回者也。一端如此，其他各约可知已。或谓我不签约，不能维持国际地位者。案国际同盟与巴黎和会本属二事，一为暂时机关，一为永久性质，现据陆征祥电称，我国已经加入国际同盟，是国际地位之说不攻自破。或谓我不签约而伤英法感情，不知救国事大，感情事小，况英法与日利害本不相蒙，我不签字，乃系对日问题，与英法何关，有何感情可言？凡此诸说，无非媚外卖国者故作谰言，以惑国人观听，不足置信者也。要而言之，中华民国者，四万万人共有之民国，而非少数人之私产也。其存其亡，吾四万万人共负莫大之责任。当此存亡呼吸千钧一发之时，吾全国各机关、各团体，无论军、政、农、工、商、学各界，惟当一致奋起，誓死力争，一面拒绝签字，一面取消密约，不达目的不止。幸速图之。陈家鼐叩。皓。

（《陈家鼐拒绝签字及取消密约通电》，天津《益世报》1919 年 6 月 28 日）

吕公望致广州军政府电
（1919 年 6 月 19 日）

广州军政府钧鉴：

　　删电敬悉。揭阳南陇乡郑栋材一案，查真日敝部游击队郭连长，以郑族因案滋闹呈诉连部，传郑氏查询，旋即交保遣回。事为该管队长所闻，以禁止军人干预民事，曾经三令五申，该连长既有越职行为，立即斥革在案。事隔口日，旋奉钧电，内开各节，全属子虚。此间不法棍徒遇事生风，武断诈财，习为惯技，风俗浇薄，可为浩叹，乃劳廑注，谨电复闻。吕公望。皓。印。

（《军政府公报》修字第八十五号，1919 年 6 月 28

日，"公电"）

翟汪致广州军政府、莫督军书
（1919 年 6 月 20 日载）

（上略）[①] 省军入肇一事，昨经诣商办法，旋即电饬肇军退让防地，并蒙钧府、军政府电致林总司令统兵入肇，申明纪律以免误会，勿得骚扰商民等因。肇城一方两电俱到，彼此当无误会。惟肇军分驻各属，多有电报不达，公事迟递，亦须经旬始到之区。省军分道四出，指顾即到，肇军未奉敝处饬令退防文电，恐有误会之虑。应请执事刻即电商林总司令先入肇城，其余各属暂由肇军驻扎，一俟彼此妥商换防地点，再行会饬遵照。是所盼祷，企候示复（后略）。

（《粤省消除内患之要电》，上海《民国日报》1919

年 6 月 20 日）

翟汪致广州军政府等电
（1919 年 6 月 20 日载）

（衔略）[②] 日来粤省谣诼纷兴，甚至有驻省各军联攻肇庆之说。汪迭次电询莫督军，均谓并无其事。当经会函布告，藉稳人心。乃文日竟闻第二军确有出发西江之事，当经亲赴督军署面询原

---

① 报载如此。——编者
② 报载如此。——编者

委，承复以军府查李耀汉在肇有法外行动，故派兵进驻肇庆等语。查肇庆系肇军司令部驻扎地点，汪自任总司令以来，始终以护法为职志，拥护军政府，当为百粤人民所共见。李耀汉早经卸职，与肇军毫无关系，即有法外行动，自与肇军无涉。此次进兵肇庆，汪近驻省城，先未知会，设有误会必至糜烂地方。当经电饬邱、李两统领酌予退防，一面严束所部不得误会，如违即以军法从事。似此节节退让，纯为维持治安起见。但以始终护法拥护军政府之肇军，而竟无端牵涉，诚恐军心愤激，别酿事端。除再严令约束所部力维地方、静候军政府解决外，用特沥陈察核，尚祈主持公论，力予维持。广东幸甚，肇军幸甚。汪非欲多所辨白，惟事实具在，无可讳饰，及此不言，诚恐事后以缄默见谪。统希谅察。汪叩。

　　（《粤省消除内患之要电》，上海《民国日报》1919
年 6 月 20 日）

翟汪致军政府各总裁等电
（1919 年 6 月 20 日）

送军政府各总裁、各部长、莫督军、李督办、各镇守使鉴：财政厅、警务处、各道尹、各军司令、统领、各县知事均览：

　　汪旧病遽发，难膺艰巨。现已将广东省长职务交粤海道张道尹护理，希查照。代理省长翟汪叩。二十号。

　　（《粤省长问题波折三纪》，上海《民国日报》1919
年 6 月 27 日）

钮永建致军政府各总裁等电
（1919 年 6 月 20 日）

军政府政务会议各总裁、各部长、各代表、参众两院、莫督军钧鉴：

此次李耀汉谋叛，军政府暨督军派兵入肇，不血刃而定变须臾，伟略神谋，诚深钦佩。惟省长问题尚未解决，各方纷举，莫知所从。永建谬为护法分子，睹此时艰，敢安缄默。窃以为解决此问题，宜先认定宗旨，于是始有办法。省长为一省民治之最高长官，民国精神，首在崇尚民治，故我护法诸同志，日以军民分治确立地方制度为前提。则军政府驻在之地，自当首先实行，为全国倡。凡省长缺出继任办法，须力避军阀臭味而归之于民选，由地方正式机关选出，本、客籍各二三人为候补省长，呈请军政府以代行政府职权之名义，择一以任命之。而其他各机关、各个人偶有所见，只可对于选举及任命之机关，贡献其意见，而不必为纷纷之举荐，致乱听闻，动摇秩序，此解决粤省长问题之正当办法也。如谓中外多故，当急得有为之才，何暇循延缓之步骤，则直由政府行使其组织大纲上所赋之临时职权，慎选才略冠时，志气奋扬之老成硕望，而断行任命，斯亦救济时局权宜之办法也。若政府不担责任，持谦饰之情，成迁延之局，竟使诸将领为分外之干涉，各团体、各个人为复杂之要求，不仅筑室道谋，亦复成何政体。太阿倒持，后患滋甚，岂我民国肇造所宜，亦非护法本义应尔。诸公智周万物，望重九州，必不知所语，伏祈谅察。钮永建。哿。叩（二十）。

（《广东省长问题种种》，上海《民国日报》1919 年 6 月 29 日）

王天纵致军政府各总裁等电

（1919 年 6 月 21 日载）

广州军政府各总裁、各部总次长、参众两院、各学校、各商会、各报馆，云南唐总裁，上海唐、朱两总代表、各商会、各学堂、各报馆，北京黎黄波 ［陂］、冯河间、徐东海诸先生及和平期成会诸先生、各大学校、各专门学校、各中学校及其他各学校、各商会、各报馆，各省督军、省长及各都统、各省议会、各总司令、各师长、各学校、各商会、报馆均鉴：

顷奉政务会议佳电开：山东问题形势险恶，欧洲和会有完全承认日人要求消息，人心激昂已达沸点云云。窃日本此举是欲高丽琉球我也，我国人民急当竭力以争，不可退让。倘此举得行，土地沦亡，国权丧失，设他国援例而起，瓜分之祸，即在目前，履霜坚冰，此为之渐。言念及此，能勿寒心。夫此次巴黎和会，美大总统极力主张公理，日人要求，揆之公理，甚为不合，倘我国各代表据理力争，该和会未必即能承认。昔仲莲［连］愿以一身蹈海，拒绝帝秦，今我国若全体与之力争，未有不能挽回者。兹故通电我海内同胞，急须继唐、朱两总代表，飞电欧洲和会我国代表诸君，苦口力争，严辞峻拒，必取消日人之要求而后已，庶足以保全主权，不失国体。至北京学生用威之事，实由于曹、章之徒伤权卖国，激发学生一片热忱，而为此激烈之举，犹足见我国民忠肝义胆，非等于曲学阿世者流。东汉太学诸生，明季东林义士，无是过也。当路者不为之提倡，而反欲加之刑戮，是自摧残其民气，而甘心为亡国之奴，不顾天下后世之唾骂也。吾等将继学生以起，扑杀此獠，以谢天下，永为后世卖国奸雄之戒。用此遍告同人[1]。

（《军政府公报》修字第八十三号，1919 年 6 月 21 日，"公电"）

天津基督教联合会致广州军政府电

（1919 年 6 月 21 日载）

广州军政府钧鉴：

和议决裂，全国恐惶，自为鹬蚌之争，谁怜豆萁之泣，瞻念前

---

[1] 以下尚有 80 字左右难以辨识。——编者

途，何堪设想。公民等除呼□上□外，自得仰恳大总裁俯念民情，以国家生命财产为前提，火速饬前方继续开议，用苏民命，共济时艰，万勿自伐自侮，陷国家于万劫不回之惨境也。时势危迫，不恤冒昧请命之至。天津基督教联合会同人叩。

（《军政府公报》修字第八十三号，1919 年 6 月 21 日，"公电"）

国会议员尹承福等致军政府各总裁等电
（1919 年 6 月 21 日载）

广州护法政府各总裁、政务会议、各省军代表、各前敌司令，云南唐联帅，桂林陆总裁，韶州李督办，上海唐总代表、各分代表、商业联合会虞、邹两先生、各报馆、各团体均鉴：

报载上海和平议和我分代表章士钊致护法政府漾电，有法律趋势只能办到南京单纯制宪，另由平和会议承认徐为第二届大总统等语，不胜骇异。查约法，制宪系国会职权之一部，有何单纯制宪之可言，选举总统亦具有专条，何劳和会之承认。如此电果确，则护法者身先违法，自陷不义。年来我西南护法各省劳师动众，将士暴骨，黎庶流离，所讨者违法，所争者约法，非对人施攻击也。今议和结果终能舍法就人，而其初何必倡义兴师，多此一举，累我国民，劳我将士，以护法始而违法终。纵章士钊不畏清议，独不留护法群帅地乎，此法律之不可违也。即以事实论，试问漾电主张万一办到，能否保其长治久安？我中原多贤豪志士，恐未必尽甘屈服于章士钊违法主张之下，而不敢反抗。再兴问罪之师，以暴易暴，终难服人，以此求和，适益纷扰，此事实之不能行也。章士钊身为护法议和代表，不知遵守护法政府议和大纲，竟敢公然违反，祸国贼民，莫此为甚。同人等为永久和平计，通电纠正，望公等坚持正义，戢彼奸谋，贯彻初衷，救民慰国。临电神驰，企盼至祷。尹承福、刘汝麟、呈［吴］忠仁、李希莲、陶礼燊、李应森、樊文耀、项肩、李洪翰、许森铨□、李炳琨、石□［秉？］甲、李建民、岳伯□、陈尚裔、李星□、卢一品、石佩文、彰廷珍、方因培、董庆余、任焕藜、方子杰、高振霄等叩。印。

　　（《军政府公报》修字第八十三号，1919 年 6 月 21
日，"公电"）

川滇黔俱进会发起人顾品珍等致
广州军政府等电[①]
（1919 年 6 月 22 日）

广州军政府、参众两院转驻粤滇军李总司令、川滇黔陕协会，云南唐总裁、省议会，成都熊督军、杨省长、省议会，贵阳刘督军、王总司令、省议会，上海旅沪四川善后协会刘代表亚休、缪代表延之、王代表伯群、吴玉章、谢惠生、李宗黄诸先生、各报馆，云南分送卫戍司令部、财政厅、政务厅、警务处、各师、旅、团长、各道尹、各报馆，贵阳分送财政厅、政务厅、警务处、各师、旅、团长、各道尹、各报馆，成都杨警备副司令、向旅长、聂道尹、张警卫团长、财政厅、政务厅、各团长、各团体、各报馆（下略）[②] 均鉴：

　　前以国势危疑，忧患未已，川滇黔三省托于护法政府之下，极关重要，而三省结合，尚乏十分密切之精神，故同人等在渝发起川滇黔俱进会，以谋三省永久之结合，促共同利益之发展。曾经通电三省军政长官，均获一致赞同。兹于本月养日开正式大会宣布成

---

　　①　报载时未署发电日期，据《四川军阀史料》第二辑（四川人民出版社，1983），
　　　　该电应发于 6 月 22 日。——编者
　　②　原文如此。——编者

立，公推顾品珍、余际唐、袁祖铭三君为会长，总会会所设于重庆五福街。我三省唇齿相依，安危夙共，值风雨飘摇之际，为同舟共济之谋。诸公关怀大局，眷念时艰，应如何进行，尚望详细指示，俾三省同心协力，共济颠危，庶几早息纠纷，大局始有和平之望。敬布愚忱，伫候明教。川滇黔俱进会发起人顾品珍、赵又新、但懋辛、余际唐、袁祖铭、吕超、黄复生、石青阳、颜德基、卢师谛、张群、李郁生、李肇甫、胡瑛、童显汉、孙镜清、张治祥、胡国梁、朱之洪、梅际郁、曾道、杜浓、刘骎、张尚祥、王雨农、潘江、田景兴、李灿、王鼎元、张其煦、贺源澈、黄登岱、吴骏英、郑贤书、杨霖、温仁椿、汪德董、陈德骥、王光鼎、熊成章等同叩。

（《川滇黔俱进会成立电》，上海《民国日报》1919年7月10日）

旅沪广东善后协会致军政府政务
会议各总裁、部长电
（1919年6月23日载）

据报载：粤省长翟汪辞职，惹起纷争。李根源并非粤人，杨永泰不孚众望，民国以民为主体，省长为一省民政最高之机关，选任之标准，当以民意为从违。旅沪同乡屡经会议，佥谓吾粤数载以还，主客各军林立，刁斗相闻，风鹤频惊，市无宁日，民不聊生。揆厥原因，未始匪由野心家凭藉武力，觊觎非分，有以致之。此次战端之启，又以省长为竞争之媒。长此以往，粤人如水益深，如火益热，将何以发挥民治之精神，图元气之回复？查前年朱庆澜去职，经省议会选举胡汉民继任。胡君学识既优，政绩又著，地方方庆得人，乃见忌于陈炳焜、李耀汉，胡君未能就职。其时两粤号称自主，军府尚未成立，陈、李专横恣睢，罔恤舆论，私相授受，以致民意未伸。迨者，军府摄行大总统及国务院职权，是为粤择人，责在诸公。军府护法应以法律为前提，根据前省会选举案，委任胡君继职，务乞诸公采纳全省民意，顾全地方治安，毋坐令护法旗帜下，幻现魍魉世界也。幸甚。

（《粤团体信仰胡汉民君》，上海《民国日报》1919年6月23日）

龚心湛致孙中山等电
（1919 年 6 月 23 日载）

广州岑西林转伍、陆、唐、孙、林诸先生鉴：

奉读致大总统佳电，此次学界风潮，原系迫于爱国之诚，惟青年学子意气所激，致逾恒轨。在政府未能尽保育教督之责，引咎方深，适奉良规，益用兢惕。京师治安，为中外观瞻所系，维持秩序，责有攸归，前经颁令训勉各学校学生，并已婉劝一律回校，始终均以文明对待，绝无苛待情事。曹、章、陆并已顺从舆论，准予罢斥。在时局未宁，人言庞杂，谣诼之兴，每乖事实，务祈谅此苦衷，详为解释，俾祛群疑，无任跂祷。龚心湛叩。印。

（《龚代总理致西南要电》，长沙《大公报》1919 年 6月 23 日"要电"）

段祺瑞致孙中山等电
（1919 年 6 月 23 日）

上海哈同花园王总代表鉴：密译转孙中山、唐少川、伍秩庸、唐冀赓诸先生钧鉴：

惠电敬悉。时局艰危，同舟共济，统一早见，国之福也。祺瑞谢政久矣，苟利于国，始终以之，空谷足音，蛩然以喜。民亦劳止，迄［讫］可小休。议席瞬开，无任殷盼。特电奉复，诸希鉴之。祺瑞。漾。印。

（《中华民国史事纪要（初稿）》（1919 年 1 ~ 6 月），第 813 页）

翟汪致孙中山等电
（1919 年 6 月 24 日载）

广州军政府岑、伍、林总裁、各部总长、莫督军，龙州陆总裁，云南唐总裁，上海孙总裁、唐总代表钧鉴：广州分送各总司令，漳州陈总司令鉴：

顷据探报：宁阳铁路护军肇军第十九营在新会防次，未奉换防命令，忽被缴械，并枪毙目兵多名，营长、营副均被拘去，连、排长未知数目。旋入县署将知事贺蕴珊枪毙等情。伏思此次省军进逼肇庆，事前汪未与闻，嗣因道路喧传，文日汪始亲见督军，并派代表谒军政府表明肇军服从命令，绝无法外举动。一面严电驻肇邱、李两统领，酌让防地，静候解决。当蒙俯允，飞电林军长，如肇军确能服从命令，即协同防缉，静待后命。旋奉文日宣布肇军既食国家之饷，即为国家之兵，本督军专惩祸首，不事株连等因，同深佩仰。寒夜肇庆报告：留守肇军已欢迎省军入城，其余均择地移驻，并允肇军绝无抗拒。今忽发生新会惨剧，则是以土匪对待。现在肇军驻防西江各属不下七千，即在省会亦有八营，闻此警耗，知必无幸。万一铤而走险，甘愿同归于尽，届时虽重劳兵力，聚而歼旃，然已玉石俱焚，如地方何？如人道何？况和议决裂，外患方殷，而遽生内讧，尤为西南护法缺点。伏乞我军政府、督军，飞电林军长及水陆各军官，对于肇军务加优待，勿再缴械逮捕，并将拘获各军官立予省释。一面再将罪不及众德意明白宣布，以安众心。至于肇军如何换防，如何支配，早示机宜，俾资遵照。并乞诸公顾全大局，鼎力维持。迫切陈词，伫俟明命。翟汪叩。感［?］。①

（《翟汪欲保全肇军》，上海《民国日报》1919 年 6
月 24 日）

全国平和期成会联合会致军政府总裁等电
（1919 年 6 月 24 日）

北京大总统、国务院，广州军政府诸总裁，各省督军、省长、各军
总司令、省议会、商会、教育会、各团体、各报馆、各平和期成会
均鉴：

自沪上和会决裂以后，国家生气顿绝，罢学罢市罢工风潮激荡
全国，皆由人民痛心触望，有以致此。若不急谋赓续开议，将并后
来言和之机会而胥失之，前车来轸，忧念何如。

窃按数月来和议进行情形，不能谓南北当局无诚意，所以迟疑
却虑始终为梗者，厥惟国会问题耳。国会既处于当事人地位，则议
和期内自应同时停会，以待和会解决。乃双方代表始终顾虑，不敢
提出此议，遂致北代表受新会党派胁迫，南代表被旧会议员包围，
和会中辍，此其主因。况据报载，近日北京新国会现象，无一非阻
挠和局，危害国家，更有不可不使停会之势。在新国会两院议员，
安福系占其多数，恣睢盘踞，倒行逆施，兹姑就其大略言之：

一、该系因不慊于大总统之振导和平，乃故遇事加以劫持，遂
令元首大权诸受束缚，驯至有辞职之表示。是该系侵权妄为，直欲
陷国家于无政府。

一、政府之去曹、陆、章诸人，实由国民之要求，乃该系乘机
推翻钱阁以为报复，且提条件多端，阴图垄断内阁。是直接与当局

---

① 省军人肇事发生于是年 6 月，报纸刊载该电时间为 24 日，感日为 27 日，疑有
误。——编者

为难，即间接与国民宣战。

一、胶约签字问题，国家存亡攸系，国人苦心绞脑，总期计出万全。乃该系因倒阁与组阁之关系，忽主签字，忽主不签，反复无常，惟求自便，不特以国家为儿戏，直不知羞耻为何物。

一、中行为国家银行，实全国金融命源所在，际此国内经济情形险恶异常，外国经济势力压迫日甚，凡有人心者当如何力为爱护。乃该系久思破坏，近竟匆匆违法通过则例，以求插足其中，攫取党费。不恤紊乱国家金融，危害商民血本。

以上所举但有其一，已为国人所共弃，其余愆慝，更仆难书。似此纵一派以凌跞群伦，藉立法以扶持行政，循是而往，不至陷吾国于万劫不复不止。说者或疑，以政府命令国会停会，有失国会尊严。不知现属力谋和平统一之时，凡足为和平统一之梗者，皆应竭力消除。旧国会系非常集合，今既言和，便已脱去非常时代，应即停会以待解决。新国会为未统一时代之组织，既谋统一，自不便再令其执行大权。矧国会为人民代表，人民既认两会停会为救国唯一之方，政府自应顺彼众意，免背主权在民之制。当此国事万危，吾民巨痛切肤，无责可卸，惟有审自身之利害，竭最后之请求。应恳一面宣示两会，同时停会，一面促令代表继续开议，存亡生死，争在须臾。急难择言，统维亮察。全国平和期成会联合会叩。敬。

（《平和会请令两国会停会电》，长沙《大公报》1919
年6月29日"要电"）

曾杰致孙中山函

（1919年6月24日）

中山先生道席：

丁巳春间，趋奉尘教，适先生方潜以静察，手草知行一论，顷得刊本读之，深服持论独高，用心良苦。行之非艰者，以其精神所到，金石为开，办得一个至诚心，则天下无不可成的事业也。先生手造民国，有志竟成，惜辛壬之交，一篑功亏，至今尤为遗憾。此后风雨飘摇，国基益坏，砥柱狂澜，未审将从何下手。杰本驽骀下乘，如蒙示之南针，亦当困勉力行，以附骥末。临颖神驰。即希道鉴，不宣。

曾杰拜手　六月廿四号

　　孙中山批：元冲代答以望将学说广为传布，以变易国人之思想，则国事乃有可为也。

（《革命文献》第四十八辑，第 362 页）

广东揭阳南陇乡郑栋村［材？］等致
广州军政府等电

（1919 年 6 月 25 日载）

广州军政府暨督军、省长钧鉴：

　　有自称援闽浙军第三营长，违禁招兵，干预词讼，妄听阿耳瞒□藉□扰，抄抢掳勒，如遭寇变，乞查办追究。呈续上。揭阳南陇乡郑栋村［材？］等叩。

（《军政府公报》修字第八十四号，1919 年 6 月 25
日，"公电"）

上海、南京欧美同学会致广州军政府等电

（1919 年 6 月 25 日载）

北京国务院，广东军政府，各省督军、省长、教育会、商会、农会、工党、学生联合会、各报馆鉴：

　　巴黎和议最要之结果，为成立国际同盟会，美总统亲身赴会者为此，世界和局能否永久，及我国将来之希望均在此，是会宪章载

入奥约及德约，奥约关于我国诸款利于我当签押，德约山东诸款不利于我，不当签押。奥约既载国际同盟会宪章，我签奥约，即是加入该会，将来我国可以该会会员资格，提出山东问题及各项强迫订立之条件及违法之密约，申诉于该会，以待公平解决，故签奥约有利而无害。若签德约，是明认日本无理要求，既失友邦公道之助，又不能再申诉于国际同盟会，势孤气馁，永劫不复。各专使中，王、顾二使法理外交最为熟悉，均主张不签德约。在沪美、英、法、意各团体，亦尝驰电其本国政府助我抗争，是签德约之有害无利，已可断言。为中国计，为子孙万世计，应即飞电专使签奥约，而勿签德约，以留他日申诉于国际同盟会之地步，中国幸甚。上海、南京欧美同学会。

（《欧美同学会痛拒德约签字》，《申报》1919 年 6 月 25 日）

湘南善后会致广州军政府等电
（1919 年 6 月 25 日）

广州军政府、参众两院湘议员，永州谭督军，郴州程总司令、赵师长、林处长均鉴：

闻军府与湘南当事派员至日，私将湘省江华锡矿抵借日款二百万元。查该矿为湘人命脉，何得抵借外人，况日本侵蚀野心举国同愤，山东问题正在协力抵制声讨国贼之时，乃忽传有此举，舆论更为沸腾，究竟有无其事，敢请明白宣布，以释群疑。如果属实，务祈迅予撤销，免拂舆情，而激公愤。迫切电询，无任延跂。湘南善后会陈九韶、雷铸寰、周毅、王猷、首绍南、唐瞻、云宾见、唐虞、吴鸿骞、王毓祥、王祺、萧骧、马承坚、祝鹏祥、伍行敦、李周麟、吴静等叩。有。

（《湘南善后会致军政府电》，《申报》1919 年 6 月 26 日）

港商麦天民、朱由德等致广州军政府等电

（1919 年 6 月 26 日载）

广州军政府、莫督军、省议会钧鉴：

肇事虽幸敉平，惟粤中多事，须一致坚请岑总裁兼任省长，方足以杜乱萌而消隐患。港商麦天民、朱由德等叩。

（《不可思议之粤局》，天津《大公报》1919 年 6 月
26 日）

闽南国民大会致广州军政府等电

（1919 年 6 月 26 日）

广州军政府、参众两院、国民大会、学生联合会，上海国民大会、学生联合会、各报馆、各社团均鉴：

敝处国民大会破获奸商诸源等号，私卖劣货二百包，价值四千余元，包重各百余斤。漾日、敬日学生二百余人亲行扛至龙江，投诸浊流，手足重茧，彻夜不停，万众聚观，拍手称快。谨闻。闽南国民大会叩。宥。

（《漳州国民大会来电》，上海《民国日报》1919 年 7
月 6 日"公电"）

刘显世致南北当局等电

（1919 年 6 月 27 日）

（衔略）① 国事蜩螗，外交失败，人心浮动，大变乘之，内外交侵，上下相迫，风雨晦冥，祸乱胡底。数月以来，屏息以待，深望南北当局体察群众，勒马悬崖，推陈致新，与民更始。不图反复顿

---

① 原文如此。——编者

挫，荡漾牵延，民病日深，国基日圮，言念前途，痛何如之。显世忝膺疆寄，七载于兹，上无补于国本，下无利于人民，午夜扪心，惭恶何似。故惟保卫一方，以俟政变之有定，因应大局，企图根本之改革。乃天方丧乱，各持是非，政象与民心背驰，事实与真理乖错，泯泯棼棼，何时可已？国家中心已失，社会潮流丕变，持义不足以自完，发言不足以起信，荏苒岁月，前途茫茫。不得不行其心之所安，求一当以自处。兹已准备收束，实行裁兵，注重民治，振兴实业，薪合民本主义，以应世界进化之潮流，不背社会原理，以为事实解决之先导。更望执政诸公体察舆论，豁然觉悟，揭诚相见，亟图变更，以利导社会，宁息政法，庶几一线生机得以延长，百业凋敝或可复苏。区区苦衷，尚希共谅。贵州督军兼省长刘显世叩。感。

（《刘显世促进和议电》，天津《大公报》1919年7月2日"公电汇志"）

陈炯明致军政府总裁等电
（1919年6月27日）

急。广州军政府总裁诸公、莫督军、国会、省议会、商会、教育会、各报馆鉴：

闻粤省长去职，□□□□□□□□（码不明）① 炯明外维大局，内顾梓桑，安危所关，未忍缄默。窃粤为护法发源之地，首善之区，倘有动摇，影响至巨，而党见纷歧，军队庞杂，实无可讳，处置倘或失宜，祸机无难立至。闻全粤民意，咸属望秩老兼任省长，以释纠纷，炯明极端赞同。盖以力服人，不若以德，秩老德高望重，持正不阿，内足以消除党见，外足以固□〔邦〕交，环顾粤人，实为首选。尚望军府轸念民生，体恤舆论，当机立断，消患

---

① 原文如此。——编者

无形，岂惟粤人之福，大局实利赖之。炯明。感。印。

（《推举粤省长之函电》，上海《民国日报》1919 年 7
月 6 日）

广东各社团致孙中山等电
（1919 年 6 月 27 日）

分送北京粤东会馆，汉口广东会馆，上海广肇公所、广东善后协
会、孙中山、唐少川先生暨同乡诸公鉴：

　　吾粤连年灾害，加以兵燹，民不聊生，近顷省长翟汪去职，觊
觎斯缺者大不乏人，然同人等目睹乡里困苦情形，诚恐引起争端，
糜烂立见，迭经开大会决定，一致公举有威望、非军阀、真护法之
伍总裁廷芳兼任斯职。诚以伍公系粤人，既符粤人治粤之旨，而军
民分治，尤今日救时要策，南北将官迭已宣言，尤当实践。经连日
联赴军政府请愿，请愿任命，不达目的不止。诸公关怀桑梓，具有
同情，请速通电主张，庶足救粤人于水火。盼切祷切。广东九善
堂、七十二行商、自治研究社、华侨协进会、孔教会、西关文渊书
院、中等以上学校学生联合会暨三十八团社同人同叩。感。

（《公举伍廷芳长粤要电》，上海《民国日报》1919
年 7 月 8 日）

王正廷致军政府总裁电
（1919 年 6 月 27 日）

密。政务会议诸总裁鉴：

　　筱电敬悉。德约准明日下午三时签字，保留虽难，仍坚持。如
办不到，与陆决不签字。廷。感。（七月二日到）

（《德约不签字之粤讯》，上海《民国日报》1919 年 7
月 10 日）

王正廷致军政府政务会议、国会电

（1919 年 6 月 28 日）

儒密。政务会议、国会鉴：

德约今日下午三时签字，山东三款仅持签□保留不获，继持另文保留，久争又不获，甚至签字前声明他日得重提此案，竟亦不允。似此横加压抑，公道何存，廷与陆已拒绝签字。廷。俭。（七月二日到）

（《德约不签字之粤讯》，上海《民国日报》1919 年 7 月 10 日）

徐谦、汪兆铭致军政府政务会议电

（1919 年 6 月 28 日）

密。政务会议鉴：

德约因山东三款不能保留，王、陆一致拒绝签字。徐谦、汪兆铭。俭。（七月二日到）

（《德约不签字之粤讯》，上海《民国日报》1919 年 7 月 10 日）

赵恒惕致广州军政府等电

（1919 年 6 月 28 日）

（衔略）① 顷接广东护国第一军总司令部通报，六月十一日在

---

① 原文如此。——编者

马四［田?］①墟缉获陆鸿逵一名，搜出逆党薛大可、曾毓隽、黄敦怿致程总司令颂云函三件，拟就以程领衔电稿一通，并密码、日记各件，均系破坏西南大局之证据，特将函电抄送前来。查阅内容，显系与段逆祺瑞暗中勾结，良可痛心。我西南护法兴师，积年苦战，原以段逆坏法残民、卖国求逞之故，若竟膈然事之，其何以对我父老子弟，而慰死亡将士之魂。方今商学各界停课罢市，抵死力争，以诛国贼为职志，风声所播，遍于全国。岂有护法分子，而反趋承于卖国首领之前耶？且和议不成，皆缘北方乘我弱点，利用内奸，使自表其对等和议之资格，彼乃得持其敝。若西南自撤藩篱，则和平永无希望，国事不可为矣。程潜身为护法领袖，而暗与段通，对于全军威信全失，惕等为大局计，为湘计，为维系军心计，不得不牺牲感情，顾全大义，与程氏脱离关系，以期贯彻初志，而告无罪于国人。望诸公始终一致，勿为局部议和之诡谋所动，西南幸甚。迫切陈词，伏维亮察。湖南护国军陆军第一师赵恒惕等率全体官兵同叩。勘。印。

（《程潜通段案之要电》，上海《民国日报》1919 年 7 月 10 日）

程潜致军政府政务会议电

（1919 年 6 月 28 日）

广州军政府政务会议钧鉴：

　　去冬，有旧友陆鸿逵咏仪者，由沪来郴，同潜等数人略作周旋，并无何等政治意味，临行始说及此行将作京沪之游，随时以政治上重要情报相饷，潜允之。

　　本年正月杪，忽由京来电云，有重要报告，非面罄不可，并询潜

---

① 后文所录程潜致军政府政务会议电作马田墟，存疑。——编者

能否许其来郴，当经电允许。本月六日，吴君佩孚由衡电报称陆君七日由衡来郴，嘱派兵保护。潜以防线以内向称安稳，仅遣黄委员前往照料行李、宿舍等事。十日傍晚，行至马田墟，系粤军统领刘梅卿所部驻扎地点，将陆君拘留，黄委员即晚归报。潜比即飞电马总司令，请其释放，一面派张支队长统绪前往与刘统领交涉去后。据张支队长报称，刘统领云，陆咏仪携有密码三本，北方要人函三件，电稿一纸，其来意乃系离间军心，敝统领奉令拿办，不能释放等语。潜因再电马总司令，略谓陆之来郴，系事前得潜允许，此次所携函电其内容若何，固难悬揣，然即令陆受他人之诱惑，有何狂悖情形，而处置之权在我，片面之词必无效力；但陆君之来，终属善意，祈释放以全潜之友谊等语。二十三日得马总司令复电，略谓陆之拘留，乃因粤事与湘事无涉，其内容尚待审查，不能宣布等语。潜以不便过于絮聒，只得听其处置。又以事关友军感情，希望从速和融，故亦不即报告钧府。

　　昨日始得潜所属各机关报告，粤军第一军副官通报发表陆咏仪所携曾毓隽、薛大可、黄敦愫函各一件及电稿一件，内容上无何等重大危险性质，大体不外和议难成，湘人久厄水火，劝潜牺牲个人，以救全湘之意。其详悉情形，想马总司令必当呈报钧府。闻刘统领不日派人将陆咏仪押送来粤之说，理合将陆案大概情形呈报，静候钧府查办，如潜罪有应得，自甘斧钺。不胜惶悚待命之至。程潜叩。俭（二十八）。

　　（《程潜通段案之要电》，上海《民国日报》1919 年 7
　　月 10 日）

程潜致军政府政务会议电

（1919 年 6 月 29 日）

万急。广州军政府政务会议钧鉴：

　　潜所属湘军一大部分勘日通电，与潜脱离关系，自愧任事无状，业于本日将湘南护国军关防，送交第一师师长赵恒惕，嘱令维持秩序。潜即日来粤请罪。程潜叩。艳。印。

（《程潜出走之下落》，长沙《大公报》1919 年 7 月 12 日）

各省旅沪公团致孙中山函
（1919 年 6 月 30 日）

敬肃者：念五日各公团在前德国总会欢迎南北总代表，藉表国民渴望和平之肫诚，荷承两总代表俯鉴民意，同时莅止，允为开议。并蒙钧座遣派代表莅会，群情欢忭。中西报纸备至揄扬，友邦人士亦极乐观。诚以早和一日，即早一日消弭祸患，楚弓楚得，荣辱何关。伏乞俯念时局阽危，斯民水火，转请唐总代表，即日订期开议，以救民生，而维国本，不胜追〔迫〕切待命之至。专肃，
敬颂
公绥

各省旅沪工商、实业、慈善、教会各公团谨肃
六月三十日

（《中华民国史事纪要（初稿）》1919 年 1~6 月，第 833 页）

徐东垣致孙中山函
（1919 年 6 月 30 日）

中山先生勋鉴：

谨陈者：自粤东军政府改组后，吾党即失发展地步，神能如先生者，尚持消极主义，屑末如垣岂有活动余地乎。二载以来，无所事事，虽云才力薄微，亦时势使然也。现处和会半死活之际，更使人无所主张，以垣管见，即使其有成，亦不过迁就敷衍下去，为几

强有力者巩固地盘，安置饭碗已耳。欲就此产生一法治国，亦云难矣。近以排日风潮，日人对吾行动稍觉宽容，虽彼命意有在，吾可乘机以逞，出动鲁东，尚可图行险以侥幸。故垣不觉蠢蠢欲动，不知是否有当，敢祈垂教，俾有所遵循。吉奉暗潮，不过两奸相争，终难为我用，现伪政府极力疏通，将不免化干戈为币帛矣。倘有决裂之时，吉军有若干学生，出身中下级军官，尚有血气，垣已联络成熟，彼时当能拔赵帜而易汉帜也。临颖不胜待命之至，肃此，维颂勋祉

徐东垣谨禀　六月三十号

孙中山批：代答以现宜潜养实力，不宜动作。俟各地养足实力，到有机可动之时，然后约定为一共同动作乃可也。

（《革命文献》第四十八辑，第 180 页）

参议员晡汉丞致广州军政府等电
（1919 年 6 月 30 日）

广州军政府钧鉴：转国会湘议员公鉴：

湘总司令程潜昨晚出走，此间军民全体拟欢迎赵公恒惕继任，秩序如常，谨闻。参议员晡汉丞叩。陷。

（《程潜通段案之要电》，上海《民国日报》1919 年 7

月 10 日）

湖南高检长萧度致军政府各总裁等电
（1919 年 6 月 30 日）

广州军政府、岑主座暨各总裁、参众两院、各部总次长钧鉴：

程潜昨夜离郴，赖粤湘两军维持秩序，闾阎安堵，谨闻。湘高

检长萧度叩。卅。印。

　　（《程潜通段案之要电》，上海《民国日报》1919年7月10日）

林支宇致广州军政府电
（1919年6月30日）

（衔略）① 赵、宋诸公勘电，大义凛然，无任感佩。卖国首领段祺瑞，已为全国所共弃，程氏竟与暗通，诚独何心。诸公牺牲感情，宣告与程氏脱离关系，支宇虽职掌民政，极表同情。顷查程氏确于昨夜十二时出走，现与驻郴湘粤各军共同维持，秩序如常。惟往事已矣，来日大难，我西南弱点每易为北方所乘，务望当轴诸公始终一致，团结既坚，奸谋自戢，民国前途庶于利赖。用布区区，伏维鉴察。湘南民政处长林支宇。（三十）陷。叩。

　　（《林支宇报告程潜出走》，上海《民国日报》1919年7月12日）

唐继尧致军政府各总裁等电
（1919年5月底、6月初）

万万急。对广东军政府各总裁、各部长、莫督军，龙州陆总裁，南宁谭督军，永州谭督军，贵阳刘督军，成都熊督军，郴州程总司令鉴：

　　义密。岑总裁有、宥两电敬悉。北方政局不生变化，和议当可复开，然非妥筹补救之方，恐此后仍难结束。宥电所示，拟将解决诸要点，由两政府直接商定，再以和平会议之形式出之，办法甚为

――――――――――――――――
① 原文如此。——编者

直捷，顾鄙意窃有进者。和局屡经停顿，虽由北方无诚意言和，而各方之责望过多，使当局者多所顾忌，以致双方意见愈趋愈离。此后欲使和议进行不生障碍：第一，宜由军府将前后提出条件重加厘订，何者在所必争，何者可以让步，拟定具体办法，交由代表与北方切商，以免代表与军府之间，主张不能一致。第二，条件提出后，军府宜有切实负责之人，毅力主持，而不为浮议所摇夺，以免军府卸责于代表，代表受制于旁观。否则方针不定，责任不专，即使和议复开，仍恐一哄而散。国事纷扰，安有解决之期？默察和议经过情形，不能不过虑及此。至总代表一席，仍以挽留少川先生为宜；如少川坚辞，或浼伍总裁一行，或另派有声望为北方所钦服者，均请由军府酌定，此间毫无成见也。专复布忱，仍祈公酌。

（《一九一九年南北议和资料》，第341～342页）

唐继尧致军政府各总裁等电
（1919年5～6月间）

万万急。广东军政府各总裁、各部长、参众两院、莫督军、翟省长，龙州陆总裁，南宁谭督军，桂林陈省长，漳州陈省长，韶州李督办，诏安方会办，永州谭督军，郴州程总司令，贵阳刘督军、王总司令，成都熊督军、杨省长鉴：

新成密。此次和议再停，钱能训即有另派代表或直接商洽之电。继尧以为另派代表则有抛弃主张之嫌；直接商洽，又有单独媾和之虑。故力主挽留代表，赓续议和。近据各处来电，云西南各省，多有派员入京，分头接洽之事，此殆由北京故为此说，簸弄西南。然果有事实发生，则国家正气扫地尽矣。西南同心护法，原为国家，诚不忍日寻干戈以伤国脉，故速望和局成立，亦属情所同然。但目前和议虽停，终不至于决裂，北方因外交失败，群情汹汹，现正处四面楚歌之中，岂复能轻开战衅。我西南顺人心之趋向，作正大之主张，但能全体一心，则国事将有圆满解决之望。即西南各省内部各有特别情形，然提交军府合力磋商，亦不难同时解决。若急不暇择，单独进行，使北方得操纵其间，西南因而解体。无论北方以利相饵，终必食言而肥，即使如愿相偿，而置大局于不顾，则前此经年血战，只为自便私图，以义始者，以利终，我西南将何面目以见天下！

窃意国事至此，正千钧一发之时，我西南允宜表示决心，以维全局。兹陈数事，乞诸公裁之：（一）护法各省各军，共同组织之军政府，于国事未解决、南北未统一以前，均合力拥护维持，始终勿二。（二）请军政府主持与北方续开正式和议。凡关于国家重要事件，由护法团体公意解决之。（三）为国事容易解决计，和议条件应让步至何限度，由军政府酌定适宜办法，征取各省各军同意，为一致之主张。（四）各省特别事宜，请军政府交和会同时提议。其有各省利害互相冲突之事，先由军府与各省各军妥商办法，而严拒北方之单独诱和。

以上数端，撮举大要，其有未备，统乞卓裁。继尧现复居忧，茕茕在疚，家国两无所补，万念皆灰；惟大局安危，忍不能舍，辄越礼冒陈。惟诸公鉴其愚诚，而嘉纳之。至祷。

（《一九一九年南北议和资料》，第342～343页）

王鼎致孙中山函[1]

（1919年7月1日）

中山先生钧鉴：

忆吾党茹苦含辛，缔造民国，讵被奸人窃柄，祸国殃民，攘扰

---

[1] 原函仅署旧历六月初四日而无年份。据邮戳为1919年7月1日在上海所发。——编者

兵戈，大难不已。近更愈演愈奇，卖国故属公然，而复辟又复萌动。噫！国亡民危，已抵眉睫。言之发指，思之痛心，复恨西南当道，尚忍各自私利，不思补救。所以先生竟飘然来沪，近复闭户著书。鼎不敢盲然晋谒，叩其意见，只好行先生之志，以设法救亡为前提。

盖救亡之策，鼎以为非组织暗杀团体不可。兹特敬陈腹心，求先生屑以诲教之。但区区奔走数年，遍访侠客志士，淘汰复淘汰，慎之又慎之，幸剩最可靠之数人。去秋因在沪生计难为，遂率诸同志去粤，恰遇旧同志卢佛眼君在汕组织游击队司令部。鼎故敢馨其怀抱，蒙渠慷慨帮同组织。鼎复率诸同志返沪监视和议，并拟设法打消。幸和议假决裂，同人藉稍休息。奈均属过激一派，复肯忍劳任怨，遂促鼎设法赴京，实行锄除民贼，以救危亡。

鼎本绵薄，拼尽义务，遂会商黄觉君邀留日学界诸君，凑借七百金。本此区区小数，曷克兴此大举。而主义既定，势所必行，且同志诸君，复愿拼掷头颅，慨然于三秒各怀利件，陆续赴京。鼎亦即于四月中旬赶去，所幸布置完妥，未拈祸尤，遇机得手坚决以待；然苦于经济太乏，实难支敷。然此事绝非一日之功，且嫌单减，不能生决〔绝〕大效力。遂密合在京同人，详细讨论，结果以变更一种特别办法，重行布置，决定将此非法国会，完全轰毁，灭绝非法政府之基础，推倒乱法武人之屏幪，群龙无首，自当遁迹。单简办法仍实施之，当生决〔绝〕大效力。吾党正义自当不拔，国家危亡自可挽救。鼎遂复于五月十五日返沪，紧急筹备，然深恐以区区经济掣肘致误大事。谨此冒昧直陈于先生之前，祈火急密赐若干，以资积极进行。

是否有当？伏乞密裁。如蒙俯念同人之苦心，救国锄奸为吾党应有之事，请派妥人指示一切。倘得提携为最后之一篑功成，死当含笑，生当再接。谨肃。专叩大安。

后学王鼎鞠躬　旧历六月初四

　　暂寓英界五马路山东路转角豫丰厚江西报关行廿四号，更姓吴。如蒙赐示，即以吴转王喜樵。

　　孙中山批：代答以暗杀一举，先生向不赞成，则在清朝时代，亦阻同志行此。以天下恶人杀不尽杀也，道在我有正大之主张，积极之进行，则恶人自然消灭，不待于暗杀也。

（《国父墨迹》，第 352 页）

梁启超致南北当局诸公电
（1919 年 7 月 1 日）

北京汪、林总长请转南北当局诸公鉴：

　　和约拒署，表示国民义愤差强人意。然外交方益艰巨，全国一致对外，犹惧不济，若更扰攘分崩，不亡何待。启超在欧数月，每遇彼都人士以内乱情形相质，则若芒刺在背，不知所对。外交失败以来，相爱者咸冀我因此刺激速弭内讧，以图外竞，庶助我者得以张目。今沪议杳无续耗，大局益趋混沌，循此以往，岂惟今兹所失，规复无期，窃恐有人藉口保安，称兵相压，爱我者亦无能为助。中国人如重洋遇飓，远援无补，出入生死，纯恃自力。若再操戈舟中，只有同归于尽。当此存亡俄顷，有何嫌怨之不可捐？有何权利之复可恋？诸公之明，宁见不及此？伏望本热诚交让之精神，快刀断麻，迅谋统一，合全国智力，谋对外善后，则失马祸福，盖未可知。若长此为意气之争，结果只同归于自杀，国家固已矣，诸公亦何乐焉。万里惊魂，垂涕而道，伏惟垂察，以惠我民。梁启超叩。七月一日。

（《梁启超之促和电》，《申报》1919 年 7 月 16 日）

上海和会南方代表致军政府各总裁电

（1919 年 7 月 1 日）

广州军政府各总裁均鉴：

艳日汪子健、江汉珊两君来称，北方政府希望继续和会，先由彼两人与南方代表接洽，并询对于和会有何具体意见。仪答称：仪等所提条件，本之军府训令，并非个人私见，条件既经北方否认，仪等负责辞职，虽经军府电留，已失发言地位。此时应由北方政府向军政府直接交涉，如经军府同意，当然会有第二次训令，令仪等开议。当仪等提出条件时，并未声明一字不能动，既属对等会议，当然遇事和衷协商。仪等苦衷未能深得北方代表之体谅，深为遗恨。现南方代表全体留沪，无一人他往，如北方政府诚意谋和，朱总代表及代表诸公南下续开和议，仪等亦当然电商军府，与诸公竭诚相商。时艰至此，全国厌乱，凡属国人，皆当尽瘁和局，况仪等躬负其责者乎！惟两君先事商询个人私见，恕不能有所表示等语。特电奉闻，伫望赐教。唐绍仪、章士钊、胡汉民、缪嘉寿、曾彦、郭椿森、王伯群、刘光烈、彭允彝、饶鸣銮、李述膺等叩。东。

（《南代表之函电》，《申报》1919 年 7 月 2 日）

陈炯明致广州军政府电

（1919 年 7 月 1 日）

敬读唐、刘、李、熊诸公铣电，持论正大，虑患深远，至表赞同。我西南组织军府以来，藉统一之形，矫涣散之弊，果能始终不懈，内外相维，护法初衷，何难贯彻。北庭倘真觉悟，和会续开，斯时和议事宜，当然由军府主持，以求解决。共维大法，清绝祸乱，仍望一致主张，大局幸甚。炯明。东。印。

> （《陈竞存方声涛两要电》，上海《民国日报》1919
> 年7月14日）

胡汉民致军政府政务会议、国会电
（1919年7月2日）

广州军政府政务会议并转国会诸公鉴：

汉民于五月元日与各代表联名辞职，虽经来电挽留，窃愿保存士各有志之义，敬再声请，后此勿论和议是否继续，汉民个人不复任代表之责。又，本日报载南方代表报告汪、江二人来沪电，汉民并未与闻。合并声明。胡汉民。冬。

> （《胡汉民致广州军府国会电》，上海《民国日报》
> 1919年7月3日）

广西国民大会致军政府总裁电
（1919年7月3日）

广州军政府列总裁钧鉴：

北廷秘密卖国，青岛违约不还，国家危亡，悬于眉睫。公等赤忱护法，退让议和，原冀息事宁人，促其反省，用心良苦。奈段怙恶不悛，七大铁路又继续秘密断送，使我专使力竭于外，国民愤争于内，罢学罢市，举国骚然，稍有人心，亟宜补过。乃复变本加厉，倒行逆施，内则拘禁学生，外则主签苛约，神州陆沉，永劫不复。同人等怵祸惊心，急图自救，爰集我广西父老，于六月三十日开国民大会，到者三万余人，讨论救国方法，群情愤激，万众悲呼，且有断指血书，誓殉国死者。一致表决下列六事：（一）和约不签字。（二）取消中日密约。（三）声讨卖国贼。（四）提倡国货。（五）维持教育。（六）电上海国民大会，发起组织全国国民大会，主张全国一致行动。表决结果，除分电广州参众两院、各省区域、欧洲和会我国专使及各国代表外，理合电达钧府。公等荷国家之重寄，负西南以前驱，讵可徘徊歧路，因循不决，坐失时机，请即准备作战计画，吾辈国民，愿为后盾，不达目的，誓与国殉，务使内奸尽除，外患早息，国家前途，实利赖之。广西国民大会叩。江。

（《广西国民大会之激电》，上海《民国日报》1919年7月16日）

国会议员林森等致孙中山等电

（1919 年 7 月 4 日载）

广州去电分送广州军政府各总裁、各总长、督军，上海孙总裁、唐总裁，云南唐总裁均鉴：

广东自翟汪离职以后，省长问题久未解决，人心惶惶，实为护法根本地不祥之事。现广东社团、公民等迭次开大会议，请愿护法政府本军民分治、军人不干政治、本省人办理本省行政事宜之西南向来主张，要求伍总裁兼任省长。同人等对于广东各社团之三大主张，深表赞成，而伍总裁名望俱崇，中外钦佩，尤胜广东省长之任。务请诸公，尊重广东民意，本诸公向来救国之根本主张，任伍总裁兼任广东省长，非特广东人民受赐不浅，护法前途实利赖焉。林森、刘泽龙、恩克阿穆尔、史之照、李含芳、张华澜、王猷、曹振懋、丁济生、裴章淦、赖中嘉、居正、杨树璜、龚焕辰、蔡汇东、万鸿图、卢仲琳、李文治、丁超五、萧辉锦、凌毅、陈承箕、王鸿庞、谢持、彭养光、范鸿、刘钧、李正阳、杨梦弼、毕升深、丁鹙、张善舆、王乃昌、王湘、魏笑涛、孙昌璋、童杭时、熊兆渭、邹鲁、廖宗北、周起梦、张秋白、董昆瀛、何畏、叶夏声、谢英伯、何士果、刘芷芬、陆祺、李炳焜等叩。

（粤省长问题似决非决，上海《民国日报》1919 年 7 月 4 日）

广东中等以上学校学生联合会致广州军政府请愿书

（1919 年 7 月 4 日载）

为请愿事：窃广东自翟省长去职后，继日未决，各界社团金以广东省长一席，不独为一省行政之机关，尤与西南护法前途有重要关系。伍总裁廷芳，既富有政治之经验，尤具有护法之决心，加以人民之感情至深，地方之利弊至悉，是以连日集议，〈一〉致推举兼任省长，惟闻伍总裁未允俯就，故此问题仍未解决。学生等于地方政治，本不当越俎旁参，惟念教育为立国根基，近自军阀迭掌政权，教育事业绝不注意，额定经费犹且层递减缩，几至不能自存，若省长再属武人，或仰军阀意旨，则更无进步达发［发达］之希望。益懔每况愈下之悲观，当经会集全省各校全体学生，公同讨论，以为省长问题关系教育前途匪细，素称伍总裁品端学粹，夙具栽培后学之盛心，用特披沥下情，联叩钧府，伏请俯念省长为学务所系，伍总裁为士论所归，速决任伍总裁兼任广东省长。学生等现因国事停课，惟省长倘不得人，则学界前途不堪设想，学生等恐亦无返校就学之兴趣。事关大局，不得不冒昧直陈，尚请即日公决，曷胜迫切待命之至。广东中等以上学校学生联合会代表区祚安、梁其森暨全体同学公叩。

（《粤省长问题似决非决》，上海《民国日报》1919 年 7 月 4 日）

湘南善后会致广州军政府等快邮代电

（1919 年 7 月 4 日）

广州军政府，永州谭督军，郴州赵师长、林处长均鉴：

此次军兴，湘南担负最重，创巨痛深，所有捐派款项均属人民膏血，曾经声明日后偿还在案。程潜既通敌脱逃，滥费自必不少，程子楷等有经手财政之责，应请彻查用途，并严饬楷等不得擅离，以免卷逃。无任盼祷。湘南善后会叩。支。

（《湘人注意程潜之用途》，上海《民国日报》1919
年 7 月 8 日）

程潜致孙中山等电

（1919 年 7 月 4 日）

广州军政府各总裁、各部长、参众两院、莫督军，云南唐总裁，南宁陆总裁、都〔谭〕督军、李省长，上海孙总裁、唐总代表，贵阳刘督军，成都熊督军、杨省长，韶州李督办，漳州陈省长，汕头方会办，黄冈吕督办，西南各省各总司令、各师旅长、各省议会，各报馆均鉴：

自上月十一日陆鸿逵在永兴马田墟被马军拘留，二十七日马军揭出传单一纸，内含种种煽惑湘军之语，并附北方来函三件、电稿一件。二十八日，湘军师长赵恒惕等由马行营发出通电，与潜脱离关系，潜得电即复电令其维持秩序。离去郴县，所有关于陆案始末，业经电呈军府在案。潜两年以来，外摧强敌，内抚饥军，每念孤危，未知死所，一旦得超然远引，保其余生，未始非私中之幸。惟彼既以陆事为口实，不敢不粗为陈说，以干清听。

查此次发布之书信三封，一曾毓隽，一薛大可，一黄敦怿，电稿一纸，内署有朱泽黄、王正雅等名衔。即一般所据为潜之罪状，而诬为单独媾和者。曾毓隽与潜素昧生平，朱、黄与潜行动分歧已非一日，若薛大可、黄敦怿在政治上乃毫无关系之人，单独媾和问题何等重大，即使彼等欲媒介其间，亦何足以博两方之信任？且即据其来书，亦大半游说之辞，尤足以证明潜之毫无关系。况近来单独媾和者，不但成效未睹，亦已反对朋兴，覆辙在前，潜又何甘自蹈？且马军搜获函件，均系由北方带来，潜未有丝毫笔迹，倘使北庭有意离间，得三数不关重要之人如陆鸿逵者，各携函件分投西南群帅，而我西南一如所以待潜者待之，则是北庭不折一兵，而使西南大局一朝瓦解，岂非至危之事耶？总之，此中显系奸人合谋构陷，借题嫁害，以成其私，变虽起于一朝，而所由来者渐，吾湘军人遂坠其术，前途危险，宁复何言！又以往事证之，潜于媾和则主张恢复国会为唯一条件，于湘省会之改选则数次力争，卒达保存之目的。电文具在，可以复按。诚欲单独媾和，又何必以此取忌于北庭，其污蔑倾陷，不辨自明。

惟潜此次去职，负疚良多，实有不在此而在彼者。长、岳既下，不能直捣武汉，师徒挠败，护法基础几致动摇，潜之罪也。长、岳再陷，沦为敌土，人民失所，流离载道，豕蛇肆虐，村市为墟，潜之罪也。郴、桂一隅，输款输米，百数十万，不能偿还，失信于民，潜之罪也。从军之士兵，出死入生，寒不得衣，饥不得食，欠饷积累三百余万，给发无期，潜之罪也。死亡将士，负伤士卒，既不能隆其抚恤，以慰幽魂，复不能优其给养，以励袍泽，潜之罪也。今不此之责，而以莫须有之事加潜，潜复何词。潜奔走国事亦既十有余年，对于国家，俯仰无愧，惟秉性愚戆，与时多忤，自维德不足以御众，诚不足以感物，智不足以知机，才不足以制变，与民增累，负疚在躬，清夜自思，岂胜惭悚。今幸脱离关系，自当屏迹穷山，不问世事，他日疆场有故，尚有效力于国家之一日也。临电无任神驰。程潜叩。支。

　　　（《程潜自白并未通敌》，上海《民国日报》1919 年 7
　　月 13 日）

方声涛致广州军政府电

（1919 年 7 月 4 日）

萱公删、铣两电，陈义剀切，虑事周详，循诵再三，如鉴照影。锦公电、竞公电，均表赞同，尤为先获我心。苏洵有云：灭六国者六国也，非秦也。我西南固无六国，和事宜统归军府主持，一本至公，而北方虽有秦越之心绪，当然隙无自入。好我者劝，恶我者惧，内可以增团结之坚固，外即以促和议之速成。目下要图，诚无逾此。谨抒胸臆，并希一致主张，不尽神往。方声涛叩。支。印。

（《陈竞存方声涛两要电》，上海《民国日报》1919年 7 月 14 日）

王鼎致孙中山函

（1919 年 7 月 4 日）

中山先生钧鉴：

拜读七月三日传谕，足见先生人道为怀，鼎属何人，敢不遵命。但事有本末，举废须有先后。鼎之主张虽违人道，而在此人道毫未萌芽之中国，诚犹愈于标榜人道，驱人野战，积若干之腥血枯骨，而造成本身之金饭碗者。所以不能不自疑，则诛不胜诛是已，顾诛虽不胜诛，儆一亦庶以戒百。

今国人对人治观念犹未就洽，非某人不治之说，尚甚嚣张。鼎等虽欲审辩是非，以晓当世，如不能见效，何用本个人裁判是非之见解，为此歼渠擒王之计划，一欲以此破国人人治观念之迷信，一欲以树除恶斩乱之风声。虽扬汤未为止沸，今时救国之方法，亦舍此扬汤止沸之外，无他术也。况潜京同人，誓以决心，鼎又负责组织，实不忍废于垂成。今所难者，但一经济断续问题。至事先之布置，以及事后之善后，则固早经规划就绪，万无一疏，其不至以此影响于党义，尤堪自信。盖此事为鼎等个人行动，而同志皆慷慨武健纯粹之份子，已相约誓，无论何时，不得牵涉，事如濒危，除授命以外，不知其他也。

尚望先生念国事之未定，鼎等有志之未成，俯予奖饬，俾得卒底于事。如承矜察，即乞准拨数分钟之余暇，俾鼎得以面罄所怀，或派妥实君子，间赐教言。事危人急，痛哭陈情，迫切待命之至。语不铨次，惟先生矜而宥之。敬布腹心，虔前卓裁。谨请

伟安

后学王鼎鞠躬　七月四日晚九时泣书

通信处：三马路三新旅馆楼下东边第三个房间吴转王亚樵亲启。

孙中山批：代答以各行其志无不可也。惟此甚艰困，实无力相助也。

（《革命文献》第四十八辑，第 363 页）

宋渊源等致军政府诸总裁等电
（1919 年 7 月 5 日）

急。广州军政府诸总裁、林督军，漳州方会办钧鉴：

窃闽粤阋墙，悲生其豆，既非所愿，又非所宜，前奉钧府暨林督军、方会办之命，即已敬谨祗遵，靖［静］待解决。顷闻钧府有令方会办亲人内境收束之命，三军之士欢忭异常，大旌下临，有纲领毕张之望，节麾至止，是精神悉振之时，引领旌旗，曷胜霓盼。惟方公何时起节，尚未明示确期，除派代表何显龙等赴漳欢迎外，理合呈请钧府，迅赐电促方公从速起节，以慰众望，而安军心。无任祷企之至。宋渊源、张贞、杨持平、许协然同叩。微。印。

（《军政府公报》修字第九十一号，1919 年 7 月 23日，"公电"）

福建晋江等县各界致军政府诸总裁等电
（1919 年 7 月 5 日）

急。广州军政府诸总裁、林督军，漳州方会办鉴：

窃西南用兵，弥经两载，征师赋饷，闾里骚然。乃当南北停战之期，忍有闽粤阋墙之惨，既非大局之幸，复贻地方之忧，言念桑梓，涕泗交集。兹闻军府有令方会办巡视永安各地之命，八郡小民闻风欢忭，旌旗所至，雨露遍施，裘带所临，干戈悉化，云霓之望，匪可言宣也。惟方公何时起节，尚未明示周行，除派代表□绍基等赴漳谨敬欢迎外，理合恳请钧座，迅赐电促方公从速起节，以慰众望。临电无任翘企待命之至。晋江县学界代表光尔登、商界代表周鼎、南安县学界代表□尊光、商界代表周寅、安溪县教育会会长谢德、商会会长吴蓝田、永春县教育会会长郑周松、商会会长王安章、安海镇商会会长蔡绍训等绅商工各界同叩。微。印。

（《军政府公报》修字第九十一号，1919 年 7 月 23 日，"公电"）

南京总商会致广州军政府、参众两院电
（1919 年 7 月 5 日）

广州军政府、参众两院钧鉴：

阅报载，欧会拒绝签字，外交失败，祸延燃眉，速息内争，一致对外，为万难再缓之举。乞南北当局牺牲一切意见，克期议和，以谋统一，并请新旧国会俯徇舆论，速行自决，救国救民，舍此无由。临电哀鸣，伏希鉴纳。南京总商会全体泣叩。歌。

（《军政府公报》修字第九十一号，1919 年 7 月 23 日，"公电"）

吴佩孚致军政府各总裁等电

（1919 年 7 月 5 日）

万急。对北京朱总代表、各部总长、王步军统领、马师长、曲师长，保定曹经略使、陈师长，盛京张巡阅使，济南张督军、沈省长，南京李督军，武昌王督军，南昌陈督军，广州军政府岑总裁及各总裁，武鸣陆巡阅使，云南唐督军，贵阳刘督军，上海和平会唐总代表及南北各代表、卢护军使，常德、张家口、归化各都统，各省督军、省长、各护军使、镇守使、各师旅长、各总司令、各和平会、省议会、商会、各学校、各报馆均鉴：

　　本日禀陈国务院一电，文曰：北京国务院钧鉴：治密。顷读钧院江日通电，谓此次德约，我国山东问题力持保留，未能办到，当时未经签字，详情续布等语。窃查山东青岛，系中国公共之领土，非少数人之私产也。况其地当冲要，为我国沿海第一门户，绝不能断送于外人，故全国人民同心协力，誓死相争，拒绝签字，非达到交还目的不止。我政府对此重大问题，正内俯察舆情，以应外交，将我专使在欧会所办中日交涉手续若何，现已达到何等程度，并主持何计划，进行通电，逐细明白宣布，征求全国大同主意，合国家全体之实力对日唯一之标准，庶几可收完全效果。兹钧院江电仅以简单数语含混了事，中日交涉真像并未明晓，江电亦未通达全国。且细察当时二字，正将来之对照，虽云当时未签，实隐伏将来之必签。倘不先通布征求民意，遽以少数人心理主持签字，迨已签之后再行续布详情，不特西南反对，且恐内潮益加剧烈，全国民心沸腾，舟中之人皆吾敌矣，更将何以处之？况中日交涉系国际重要问题，我国大局现时尚未统一，即遽行签字，亦属无效，复滋纷扰，此理甚明，此事体大，请钧院熟察之，且慎重之，则国家幸甚。师长等既有所见，势难缄默，迫切上陈，敬乞采纳，免贻后□，是所企祷。师长吴佩孚，旅长王承斌、阎相文、萧耀南同叩。微。等语。谨以奉闻。吴佩孚叩。歌。印。

（《军政府公报》修字第九十一号，1919 年 7 月 23 日，"公电"）

陈肇英致军政府各总裁、林督军电
（1919 年 7 月 6 日）

十万火急。广州军政府各总裁暨林督军钧鉴：

安永纠辖事，曾将经过情形节次电陈在案。近日方会办、陈省长各能相见以诚，并顾念大局，眷怀民生，深以手足微嫌致动干戈为非计，已各严束部队，力释前嫌，方会办准三日内亲赴前方彻底解决，各军和好如初，闽局从此稳固矣。谨闻。陈肇英叩。鱼。印。

（《军政府公报》修字第九十一号，1919 年 7 月 23 日，"公电"）

广东省议员林国英致广州军政府等电
（1919 年 7 月 6 日）

广州军政府、督军、省长、李参谋部长并探送伍军长钧鉴：

议员刻因事旋梓，迭据本邑饶平绅学各界面称：援赣第四军第二梯团第三支队驻扎浮山，连长骆健突于六月五日率队掳殴启新学校员生，捣毁校具，案经劝学所长张宗辅及各学校、各界分电列宪，恳予撤究，并经县知事诣勘呈复各等因前来。议员伏查骆连长无故率队蹂躏学务，实属罪有应得。因思伍军长治军素严，岂容此不法连长逍遥法外，应请从速予以相当处分，以维学务，以慰舆情。无任恳切待命之至。寓□□□路□□里省议员林国英。鱼印。

（《军政府公报》修字第九十一号，1919 年 7 月 23 日，"公电"）

李烈钧致军政府各总裁等电

（1919 年 7 月 6 日）

广州军政府各总裁、各部长、参众两院，莫督军，云南唐总裁，南宁陆总裁、谭督军，贵阳刘督军，成都熊督军、杨省长，永州谭督军，郴州赵总司令，韶州李督办，漳州陈省长，汕头方会办，抄送广州吕督办钧鉴：

自停战言和，北方即派员四出，以利诱单独媾和为事。南方固众志成城，然鉴于民生凋敝，国计日蹙，促成和局计，固亦乐于缓和感情，待彼醒悟。于是因北方之分投不同，南方随机应付，不免惹起联徐、联段之疑议。究之联徐、联段勿论，是否应付得宜，均已失严格之论据。故吾人应付之分际，要自宜审。前者北方亦有人来粤，说钧与某氏联络，共商大局，其意甚希望南方将领先和会而承认总统。当以军府总括全局，和战自有统筹，讵可歧途应付？婉辞拒绝，胸怀坦然。日前湘南缉获陆某一案，殆即前以说钧者转说颂公。顾来说者为一事，承认与否，又为一事，莫须有三字何以服颂公？现颂公去职，以赵、宋诸君之严正，继统其军，自属湘南之幸。特念颂公百战功高，偶以他方之构煽，遽蒙不洁，窃钧窃国，慨叹何极！区区之愚，非为一人争得失，实为全局衡轻重。倘同人因惩于此，益致审于应付之分际，则颂公之不幸，又未尝非全局之幸也。李烈钧。鱼。印。

（《程潜案之近讯》，《申报》1919 年 7 月 14 日）

上海商业公团联合会致军政府各总裁电

（1919 年 7 月 6 日）

广州军政府各总裁钧鉴：

德约拒签，国民公意，外交变幻，千钧一发。若国内再不统一，益启他人觊觎，俎肉釜鱼，险象已见。陆专使致两代表俭电，国命悬诸上海和会，其沉痛扼要，不忍卒读。务恳诸公，对于继续和议积极进行，并唐总代表双方让步，共谋国是。以期和局早成，阋墙永息，一致对外，收效桑榆，万勿一误再误。迫切上陈，诸惟亮察。上海商业公团联合会叩。鱼。

　　（《商业公团电请续开和议》，《申报》1919 年 7 月
　　7 日）

许协揆致孙中山函
（1919 年 7 月 6 日）

中山先生尊鉴：

　　月前晋谒座右，缕陈蜀省各将领倾重民治，崇佩我公诸状，皆沧白托揆详以上闻者。过承勉慰有加，且允以尊影分赠诸将，尤足以固系军心，而策励向义。揆且感且奋，退而数与惠生先生往还，益思所以报国报我公者。

　　揆佐沧白归川以来，历时半载。沧白处境之困，有非语言所能绘状者，而揆亦以国难友谊交责，未敢暇逸。乃熊锦帆本其坐南向北之狡性，惟取亦战亦和亦南亦北之态度。初则明白商诸沧白，欲以北探二字杀揆，经沧白切实否认，熊氏计不得逞；复派人尾随，意图暗杀。揆当时原欲一身报国，罔足瞻惜，几经沧白劝导，托揆驰赴南洋，暂避熊氏之锋，兼于川省实业开发，有所接洽。此揆由川来申之原由也。

　　惟揆身虽南往，而心则未忘吾友在川之困难，尚祈我公以非常之热念与手腕，援助蜀省同志，速劝廖仲恺绕道入川，清理财政。揆敢性命保证，廖君入川虽有反对者，而仲恺终能畅行其计划。一面速照揆前日所开将领名单，分赠尊相，由揆转寄，或再驰书奖慰，尤合时势。凡前所开诸名，皆揆同沧白返川以后新行结纳之

人，而为我公民治主义之干盾也。夫川省地博物丰，人民七千余万，沧白以书生受命于艰苦之际，此时幸已根趾确立，非特政党与舆论两方面，其势力非锦帆所能同日而语。即军界方面，锦帆亦不过纸糊之虎，空有其名。而潜伏之势力，则沧白远在熊氏之上，一朝有事，熊氏惟奔窜出走而已。此乃揆遍访川省上中下级各军官，而灼见其然者也。

我公此时苟能以奋斗精神处置川事，乘此千载一时之机运，确树百年强国之宏基，实为今日可能之事，且惟今日方能之。否则失兹弗图，政界风云，瞬息百变，万一因仲恺不入川，而财权旁堕，因我公多劳而未暇顾川，一发之动，牵及全身，国难方殷，而同志赴救之根基，仅一四川而不能守，我公宁能忍坐睹乎。要之，促仲恺入川与切实团结川省将领之心两事，此为我公救川救国之第一步。如何使沧白地位于南北外交上不生变幻，如何使川省教育革新，实业开发，此为我公救川救国之第二步。

揆性拙直，虽知所陈各节，或早在怀照之中。然知无不言，辄尽刍荛，揆不敢爱身，安敢吝辞，我公幸晒察焉。专此，顺祝谟安，并候

诲示，仲恺先生均此

许协揆（印）顿呈　七月六号

附：此张纸是请寄相片者

萧焕斗　玉田禹九　福五参赞

傅　岩　霖舟思可　青阳团长

张　再　辅成参谋

王　直　馨斋谘议

黄润泉　福五团长

黄润余　福五团长

赵　鹤　元直　二师驻省文报所所长

何明初

吕岑楼　汉群大哥

李小谷　省署参议（前黔军军法局长）

冷寅东　福五参赞

杨啸谷　福五筹边处长

吕如渊　汉群三哥　　团长

孙中山批：送相一节即照办理，托为转，仲凯〔恺〕往，与仲酌覆，由元冲拟稿。

（《革命文献》第五十辑，第287～289页）

湘西将领田应诏等致广州军政府电
（1919年7月6日）

（衔略）① 迭接湖南各电，愤悉程潜通敌卖湘，无良无耻一至于斯，言之殊堪发指。今虽已遁，法岂容宽，应请军府分电西南护法各省，查拿严惩，以儆反侧等语。窃我湖南频年兵战，全局大势所系，总之不可无人。谭公组安仁深望重，治湘有年，成绩昭著，现各护法之师无一非旧部属，威泽敦被，遐迩畏怀，应请军府克日委湖南各军总司令职务，藉资镇慑，而拓鸿图。又，赵师长炎武，首义誓师，劳苦勋高，近日维持，为力尤巨，应请同时授以湘南总司令之职，以利统率。现除由湘西南各军官公同推请其先行就职外，诸公谅表同情，恳即加电推戴，无任吁祷之至。田应诏、张学济、萧汝霖、林德轩、周则范、周伟、胡学伸叩。鱼。印。

（《推戴谈〔谭〕赵继程潜诸电》，上海《民国日报》1919年7月15日）

---

① 原文如此。——编者

文鼎光致军政府总裁书

（1919 年 7 月 8 日载）

军政府各大总裁钧鉴：

敬启者：李耀汉肇衅，举国骚然。耀汉以贪鄙之武夫，当其登台之始，若无人焉，利用其易迎易拒而为之暗助，又何至有今日之事哉。然而一误不容再误，覆辙岂堪复蹈。乃自耀汉失败后，各方竞争不已，而军府依违两可，绝无解决，遂令我粤三千万人绝对反对，无不义愤填胸。噫！军政府诸公，何不稍从民意乎。吾民意所尊重者，首推伍君廷芳，次及胡君汉民。盖粤人长粤，军民分治，斯二者乃粤人万众一心持之最坚百折而不可回者，所望我军府立行解决者也，请缕陈之。

夫北方武人专恣，军府所以讨之。乃报载省长问题，不曰电询武鸣，即曰请示督军，岂武鸣与督军有任免省长之权，而议会与军府反处于退闲之地，是不能近维咫尺，而欲远控万里，有是理乎？此不可不解决者一也。军府本为吾民造福，故粤人始则减衣节食，继且忍饥抵饿，以供军府之薪俸。军府一饮一食，无非吾粤民脂民膏，在军府应如何轸念吾粤也。讵料以全粤之民意，举其德望素著者以长吾粤，而不见许于军府，诸公来粤，岂真徒哺啜乎？诗曰：不素餐兮。诸公其三复之。此不可不解决者二也。北方不恤民意，解散国会，西南讨其非法，今以省长问题，军府各怀私见而不恤民意，是先以非法自居，而欲讨人之非法，岂不见讥于友邦而贻笑于北方乎？吾为军府羞也。此不可不解决者三也。军府摄行总统之职，有任免官吏之权，如曰力不足以任免，是谓放弃其职权。如力既给以任免，而不出自正当之民意，是谓滥用其职权。军府呈此恶象，比诸北方，何异于以五十步笑百步哉。此不可不解决者四也。

鼎光等粤人也，不能不关怀桑梓，姑以其管见陈诸左右。吾粤

中之德高望重、中外景仰者，首推伍公廷芳，至于叠任粤督，富有
经验，品高行洁，再经议会举其长粤，迄今犹未取销者，则有胡君
汉民。于斯二者，敢献刍荛，伏祈察纳，并候
日祺

学界文鼎光敬启

（《粤省长争潮中之请愿》，上海《民国日报》1919
年7月8日）

国会议员尹承福致军政府意见书

（1919年7月8日载）

优胜劣败，决之于事后，不如决之于机先。论之以势力，不
如论之以情理，师直为壮，曲为老，今则曲在北廷矣。时而借
款，时而抵押，时而个人密约，诈称同意，既出于非法，又拂乎
民情，卖国行为，日甚一日。西南各省果能以至义伐至不义，痛
饮黄河，直捣犁穴，直指顾间事耳。决疑定计，操胜千里，此其
时矣。

曩者，一失败于停战，再失败于和议，虽外感于友邦之劝告，
内顺于人民之渴望，机宜虚抛，将士候命，迟延至今，仍无断果。
对公敌而养痈贻患，对内部而衅起萧墙，在彼北廷初则以旷日持久
之奸谋，暗自借款，增兵运械，继则以和而不和之时机，百计挑
拨，单独媾和，喜名也则饵之以勋位，好利也即邀之以厚禄，对此
对垒交绥、停战言和之下，受其名贪其利者，非汉奸即猪仔耳。故
其非义之举，非分之加，智者所不乐取，仁者所不屑〈为〉。乃北
廷不自省悟，以一副总统名义，驱北方悍将于前，骗西南要人于
后。查约法，大总统无任命副总统之权，况非法总统乎？既自为非
法，犹欲独擅此特权，能乎？自欺欺人，其谁信之。

凡我国人，奔走呼号，一则曰惩办祸首，再则曰请讨国贼，报

电交驰，喧传道路，即西报评论，亦谓中国人民无不爱和平而守法律为文者。乃陵践劫夺，无所不至，宜力加指斥，不认北京现政府为中国人民之政治所从出，可知是非曲直，自有公论。

上海和会，开议无期，我西南各省亟宜妥筹方针，以定国是。拟由护法政府电请各总裁来粤集议一次，妥定进行方法，则各方面之意见从此交换，外来之蜚言藉以消弭。虽不能常川驻粤，有此次会议，日后驻粤各代表有所遵循，庶可免有名无实、不负责任之宿弊。幸勿以七总裁一时不能来粤为言，甘自放弃，坐失时机也。狂直之言，一见之愚，尚请鉴察。

（《拟请七总裁到粤议政》，上海《民国日报》1919
年 7 月 8 日）

许应煌、李浚等呈广州军政府文
（1919 年 7 月 8 日载）

呈为恳请恤念时艰，出任民政，以安粤局事：窃以北廷乱政，兵戎迭兴，此次护法之役又以粤为策源地，历年以来，吾粤之民生苦矣，吏治坏矣。兼之近年长民政者更非其人，而民生益苦，吏治益坏。回忆岑公西林督粤时之弊绝风清，官吏守法，四民乐业，匕鬯不惊者，奚啻霄壤哉。去年粤局不靖，得岑公出为军府主任总裁，而粤局安，而北廷惧，是岑公勋望福德，不惟足以平粤局，抑且可以奠国家。今者粤局傥扰，省长一职，继任待贤，吾民处此风雨飘摇之中，困苦颠连之下，使长吾粤者苟再非其人，固属吾民之不幸，亦岂军府所能忍。公民等再三聚议，惟有吁恳岑公西林长政吾粤而救国家，虽岑公以主任总裁之尊，足以安民以治国，究不若亲莅民事者之为亲切而易抚也。军府如恻念吾粤，不忍吾民之罹于疾苦也，敢请岑公以主任总裁之职，兼摄民政之长，速亲民事，以苏吾民，则吾粤幸甚，国家幸甚。临禀不胜迫切待命渴仰之至。谨呈军政府钧裁。

（《粤省长争潮中之请愿》，上海《民国日报》1919
年7月8日）

国会议员邹鲁、谢英伯等质问广州军政府书
（1919年7月8日载）

为质问事：顷闻代理粤海道尹张锦芳自称准前代理广东省长翟
汪，咨请护理广东省长，出示接印视事，殊深诧骇。查任免文武官
吏，属大总统之职权，而任命省长尤须出自大总统特简，载在约
法，著为官规。自西南护法，国会付与护法政府以代行国务院，及
摄行大总统职权，则任命省长及一切文武官吏，当然以护法政府之
命令行之，毫无疑义。乃粤海道尹张锦芳，竟未奉护法政府命令而
擅称省长，姑无论前省长翟汪有无交其护理，即使有翟省长咨请，
亦属违法。盖翟汪未奉命免职而擅行离任，迹近私逃，而以逃官所
委之护理，于法讵生效方［力］？护法政府受国会之付托，代行大
总统、国务院职权，而对于此种弃职潜逃之省长不见追究，对于
虚悬之省长遗缺不迅补任，对于违法僭擅之道尹不允惩处，如其
无心，则为失职，如其有意，则为违法。报纸传闻，护法政府经
由某督军疏通，定有交换条件，予以默认。如果属实，尤为重负
国会付托。

议员等宿忆去年李耀汉开缺，由翟汪代理，系由今政府根据军
政府组织大纲所定，积极主张，无稍让步。而此次经国会委托摄大
总统职务以后，及任令省长私相授受，有如熟视无睹，殊为大惑不
解，其应质问者一。今之政务会议，即国务会议性质，各总裁、各
代表应如国务员列席国务会议，解决一切政务，负其责任，而不能
放弃职守。如果不愿负责，则依法维［惟］有解职，断不能任意
退席，妨碍议决，致国务无由进行。乃自粤省省长问题发生以后，

迭经公民请愿及各总裁、代表提付讨论，而近日屡次开议，一涉省长问题，则各总裁、各代表相率退席，使此问题悬案半月而不解决，坐视道尹违法擅称省长而不问，蔑弃人民公意而弗恤，似此不负责任，实无异消极抵制，殊属不成政体。究竟各总裁、各代表是否不能再负国务院之责任，而表示辞职之意，议员等忝在监督行政，不得不预为大局之计，此应质问者二。基上两事，特依院法第四十条提出质问，并依同条限期三日答复。

国会议员邹鲁、谢英伯等

（《国会议员质问军府书》，上海《民国日报》1919年7月8日）

旅沪广东团体致广州军政府等电

（1919年7月8日载）

（衔略）① 粤省多故，言人人殊，瞻望故乡，忧心如捣。昨各界大会讨论省长问题，佥谓伍公秩庸，德高望重，肆外闳中，成见俱无，猜疑亦泯，以之长粤，相庆得人。伏望军政府诸公，慨念粤事多艰，迅即公决，俾即就任，以定人心，大局幸甚。

（《旅沪粤人讨论粤省长问题》，《申报》1919年7月8日）

旅沪国会议员丁象谦等致军政府总裁电

（1919年7月8日）

广州军政府各总裁均鉴：

湘南护法军总司令程潜，通款北庭，图危大局，证据暴露，举

---

① 原文如此。——编者

国震惊。程既畏罪潜逃，未伏其辜，国人若隐忍不言，法何由立？自护法军兴，阅时两载，诪张为幻，成效阙然。推原其故，一由于真伪之不分，一由于法纪之不肃，相恶为国，隐祸潜滋。即以程论，自岳州弃师宵遁，丧地千里，使西南局面囿于湘南，实为北方之顺臣，破坏前功之戎首。事实具在，国人尚复听其标护法之名，为称乱之地，法纪不加，谴责不及，程遂暴行恣睢，无复顾忌，与北庭信使往还，图谋不轨，倒行逆施，直至今日。夫真伪不并立，邪正不两存，护法军之所由来，实原叛法者而起，两相处于极端，安有接近之余地。况北庭年来卖国丧权，求庇异族，稍明大义者皆与之不共戴天。程潜身总师干，职在卫国，乃甘心附逆，虽卖国亦所不计，揆情度法，均在不赦。前者李耀汉附段，称兵扰乱粤局，曾经军府声罪致讨，通电缉拿，今程与李事同一例，应请军府接照通敌罪名，协拿到案，尽法惩治，庶足以彰法纪。若犹包容姑息，坐长寇仇，将见流纵诡随，毁法者皆逃法网，大局前途，何堪设想。敢电布臆，敬候察核施行。丁象谦、陈堃、席绶、郑忾辰、张书元、陈九韶、李积芳、李燮阳、陈荣广、李锜、罗上霓、彭介石、牟琳、王试功、茅祖权、张我华、梁系登同叩。庚。印。

（《国会议员请缉程潜电》，上海《民国日报》1919
年7月9日）

熊克武致南北当局及各方要人电
（1919 年 7 月 8 日）

（衔略）① 沪会再停，倏逾日月，以国人想望和平之殷，而和平前途相去逾觉辽远。虽兹事体大，不免有审顾踌躇之势，然际此内忧外患迫在眉睫，失今不图，祸至无日，敢就管见所及，敬为诸公陈之。

---

① 原文如此。——编者

比年以来，战祸蔓延，民生凋敝，工商辍业，井里为墟，幸而和局告成，犹无补于已伤之元气，若竟长此迁延，耽日玩岁，群情惶惑，枝节横生，万一复见决裂，必至牵率吾民胥归于尽。揆诸双方舍战言和之初衷，毋乃大相背戾。此犹仅就对内关系言之也。据报载，德国对于修正条约业经签字，国际战争亦既弭平，世界列强胥集视线于东亚，以国际地位而论，吾国已侪于小弱之列，若犹内争不已，牵动外交，诚恐世界和平之局，将无我立足之地。青岛交涉失败，特其见端，后之接踵而来者，势且十百于此，设使陷国家于绝地，将何以自解于人民。故以对外关系言之，尤不能不望和议之继续进行也。

窃谓同是国人，奚分畛域，将欲排和平之障碍，要当相见以真诚，虽双方提出条件，小有异同，未始无商榷之余地。倘能捐除成见，不难立解纠纷。诸公热忱爱国，定有同心，务祈一致主张，促催南北代表克期赓续开议，俾一切大计得以早日解决，内慰群伦延企之情，外杜强邻觊觎之计，国家前途，实利赖之。熊克武叩。齐。印。

（《熊克武催促续开和议》，上海《民国日报》1919
年7月17日）

孙宗末、孙宗昉致孙中山函

（1919年7月8日）

中山先生钧鉴：

捧读大作，推陈出新，妙以庸行，佐证礭确①，即起古人，亦当心折。至养成自治精神，扩充经济能力，尤探政本。昉意有一种政策，必有一种政党，方足资鼓励，而策进行，未知当否。前上条陈本，急则治标之法，明知管窥蠡见，不足以测高深，停而未发。第欲维持现状，于法律事实，不触不背，令双方接近，是何卓见，

---

① "礭"现定为"确"的异体字，但"确确"不词，无义。故仍旧。——编者

请示南针，以扶危局，而释杞忧。肃此，拱候铎教，并颂

著安

宗末、宗昉谨上　七月八号

孙中山批：代答见后：先生对于时局尚无办法，故暂拟不问。然后同志对于国家有可尽力之处，宜分途进行。俟办有成绩，乃报告前来，如到时机，自可合力动作也。

（《革命文献》第四十八辑，第 310 页）

陈强等致广州军政府等电

（1919 年 7 月 8 日）

西南兴师，已逾两载，征服无力，分治未能，有和无战，已为南北之所共喻。以是和会开始于沪，信使络绎于途，此公然之秘密，无可为计。前次陆总裁艳电，称徐世昌为大总统，最近谭浩明、谭延闿等东电，复称徐为大总统，并列段合肥及参战军三师长，明眼者皆知由暗中接洽而来。以兄弟阋墙之事，在议和长期之中，委曲求全，非无可谅。若以护法论，徐为非法总统，段为毁法祸首，参战军为日本人之中国军，全国痛恶，不经和会之形式，违反国民之心理，贸然承认，通电张皇，置西南其余护法各军于不问，卖友、卖法、卖军府、卖西南，声罪致讨，何患无词。顾不肯为者，亦以国事终有解决之期，同根不取相煎之急已耳。不意近日北方派有湘人陆鸿逵，赴郴游说湘军总司令程潜，信札、电稿为粤军马济司令部搜去。马即据以宣布：湘军赵恒惕，因指通敌，脱离程氏关系。夫程为护法军帅，不能阻禁敌人之来试尝，与维持本军之系统，平日信望，诚有可议，然陆并未抵郴，程之态度如何，无从悬揣，遽以片面之请求，作为通段之罪案，揆之情理，宁可谓平？陆、谭等之明认总统，无敢议其非，程之被惑未成，即为罪状，譬之女子，被人目送者为不贞，与人目成者，反为守节。有是

理乎？古有窃国、窃钩之叹，今深煮豆燃箕［其］之嗟。强等与程同学交好，不敢以私情妨公谊，然意有未平，辄直道之。是非曲直，敢希亮察。陈强、张孝准、易象。庚。

（《程潜事件之粤论》，《申报》1919 年 7 月 11 日）

田应诏、张学济致军政府政务会议电
（1919 年 7 月 9 日）

万急。广州军政府政务会议钧鉴：

顷接谭督军派来之陶澄孝君由溆浦来电，文曰：顷阅组督卌致周蔗兄电云：昨接政务会议电云：张道电称，宋、方构难，已请令陶少将顺道查明，并调胡君退出，以安绥民等语。查此处并未发此项电文，不知由何地何人伪造。除电谭督外，万恳钧府根究，并赐示复。田应诏、张学济。青。印。

（《军政府公报》修字第九十一号，1919 年 7 月 23日，"公电"）

南洋华侨代表林遇春等致军政府政务会议电
（1919 年 7 月 10 日载）

军政府政务会议钧鉴：

粤省为护法重地，时局纠纷，省长一席关系全省安危，非得老成望重、中外同仰如伍总裁廷芳，出而兼署是职，不足杜暗潮安人心，经吾粤公民五次请愿，伏思粤人治粤，武人不得兼文职，三千万同胞所共认，为林总裁、莫督军、海陆军将领最近电所主张，只未蒙表示。近竟以张锦芳护理，复经公民大会将其违法事情请国会罢斥，当此吾粤千钧一发之际，险象环生，人心惶惶，所关甚巨。

伏希钧府迅即提出议会，敦劝伍总裁立出维持，以应粤人华侨喁喁之殷，大局幸甚。南洋华侨全体代表林遇春等叩。

（《粤省长问题尚未解决》，上海《民国日报》1919年7月10日）

福建省议会副议长郑丰稔致广州军政府等电
（1919 年 7 月 10 日载）

（衔略）① 李厚基于十四号勾引外国兵士，残杀学生，辱国丧权，已属罪大恶极。犹以为未足，复于十六日派兵围攻眈潭，攻省会，拘捕请愿学生千余人。以二省最高立法机关视如无物，此为洪宪时代曹、陆诸奸所〈不〉敢为者，李厚基悍然行之，国民公敌，普天同愤。北庭和议，如果出于诚意，自应先除李氏，以谢国人。否则，我西南政府当急下讨李之令，一面通电各友邦，声明此举纯属对人问题，于西南和局全未牵动。盖法律失，犹有挽救之时，主权失，立召陆沉之祸，全部停战，所以挽救大局，一部作战，所以挽救陆沉，理本相成，义无反顾。倘蒙诸公一致主张，岂惟闽中之幸，亦大局之幸也。临电不胜哀切待命之至。福建省议会副议长郑丰稔。印。

（《郑丰稔请逐李厚基》，上海《民国日报》1919 年 7 月 10 日）

湖南省议会致广州军政府等电
（1919 年 7 月 10 日）

北京湖南会馆转旅京同乡诸公，广州军政府、参众两院湘籍议员转旅粤同乡诸公，永州谭督军、国民日报馆，郴州林民政处长转赵师

---

① 原文如此。——编者

长、各旅团长、司令，上海湖南善后协会转旅沪同乡诸公、各报馆，天津熊秉三、范静生先生，武昌王督军、何省长、省议会、总商会、汉口总商会、各报馆均鉴：

顷致北京当轴电，文曰：北京大总统、国务总理、农商部、财政部钧鉴：湖南第一纺纱厂，竭地方之财百余万金。建筑之宏敞，机锭之完善，为全国各纱厂之最。民国五年，由省议会议决归商承办。六年七月，由省政府与商人朱恩绶等订约，完全归商承办。因其时厂未竣工，订明于七年四月交厂。张督到任后，商人屡次呈请履行，张督迄未允许。本年本会以工程久竣，营业无期，既不能振兴实业，复恐机件损坏，咨请张督从速宣布办法，亦迄未见复。顷闻有鄂人李某，因在鄂所办之某纱厂纱锭缺少，出资一百六十万，将湘纱厂收买，即将纱锭拆卸移运赴鄂，使湘省数载之经营归诸泡影。查省议会暂行法，本省财产及营造物之处分、买入及其管理方法，应由省议会之议决。湘省民穷财尽，所恃以兴工业活灾黎者，全在乎此。湘省绅商久已集股承办，即张督或因筹款为难情形，亦宜与湘省绅商开诚接洽，尽有商量之余地。倘将纱锭售去，是夺婴儿之乳，直欲死我湘人耳。伏乞钧座速饬湘督照案照约办理，否则湘人为保留一线之生机，必激成全体之公愤，决不能任人之捆载而去也。除再函问湘省长外，谨以电陈，迫切待命等语。谨以奉闻。伏愿国人共同鉴谅，湘人急起协争为幸。湖南省议会叩。蒸。

（《湘省议会力争纺纱厂电》，上海《民国日报》1919
年7月20日"公电"）

全国和平联合会致军政府各总裁等电
（1919年7月11日载）

北京大总统、国务院，广州军政府各总裁、政务会议钧鉴：

德约拒签，外交益紧，朝野震动，南北忧危。陆专使等电请息争对外，以延国命，词切意诚。国家值此时机，态度宜极明瞭。谨就管见，缕析上陈：（一）对协约各国与德缔结之和约，宜宣示除关于山东问题外全体赞同，免使怀疑，以敦睦谊。（二）对奥约宜速决签字，以证拒签德约纯为山东问题，并为加入国际同盟之表见。（三）对德约拒签，其原因非由德发生，宜速对德宣示取消交战状态，并以立废参战军，及解除共同防敌之军事协定表示之。（四）对日既以不签德约，表示不满意彼之继承德国在山东权利，宜举本案及与本案相关联之各种丧权条约，请求国际同盟会判决更正或废止之，并严拒与彼直接交涉、秘密交涉及向彼单独借款。（五）外交难题既待国际同盟会解决，我为保全国际地位计，宜一面电令专使，坚持拒绝不保留签字之办法，仍勿轻离法京，一面简派国际同盟会代表，俾便于国际同盟开会以前运用及防止一切。（六）实行以上五款，非南北一致，效力薄弱。宜速开上海会议，诚意言和，先限定至短期间统一内政，并将中日秘约及所付一切文书记录，检交和会，协议废除之办法。上陈六则，存亡所关，舆论悉符，未敢含默。总期内定国是，以坚人民信仰之心，外慎邦交，以成举国协争之志。恳赐采择，立见施行，临电无任竦切待命之至。全国和平联合会叩。

（《和平联合会消息》，《申报》1919 年 7 月 11 日）

龚心湛致孙中山等电

（1919 年 7 月 11 日）

广州岑西林先生并转伍、陆、唐、孙、林诸公均鉴：

江电悉。德约拒签理由，此间已明令宣布。王专使所述宣告对德恢复和平，注重在解除中德战况，甚有见地。尊拟宣言原文，词意亦均周妥。惟宣告战况终了，究以何项手续为适当，实为一〈应〉研究问题。据法律家言，宣战可由单方宣示，媾和则舍订和约外，无论用何法声明，均不能脱离战争地位。仍以非公式方式，与德接洽，或介人居间疏通为宜。又有谓停战逾年，始订和约，于事实尚无妨碍，各国不乏先例云云。现据专使报告，协约方面，尚能担任调停，以俟调停一节，进行如何，再行确定办法。一面电询专使，宣布战况终了，究以何项手续为适当。此时国步艰电，对外必须一致。俟有消息，再当密闻。龚心湛。真。印。

（《南北互商对德问题电》，上海《民国日报》1919年8月8日）

王祺等致军政府各总裁等电

（1919 年 7 月 11 日）

广州军政府各总裁、各部长、参众两院钧鉴：

湘南总〈司〉令程潜，既以敌人勾结疑案去职，而谭延闿、赵恒惕等，更有东电承认非法国会产出之大总统，群情痛憾之。段祺瑞及参战军之证乃确于敌间，罪又甚焉。当此和议未成，吾湘为西南门户，总司令一职未便久悬。查湘南将领，其起义零陵之刘镇守使建藩，业已物故，尚有起义衡州之林纵队长修梅。林君赤诚护法，血战功高，前月尤有对于法律问题，丝毫不能让步之通电，大义懔〔凛〕然，万流景仰。祺等厕身护法旗帜之下，呼号奔走，心力俱瘅，诚不忍见我湘南军队之鱼烂而亡，又太息痛恨于谭延闿等之叛法降敌，用特呈请我军政府，任命林修梅为湘南总司令，以定内乱而全大局。临电无任迫切待命之至。王祺、李大年、常鋆、谢寅杰、张述、刘骏、赵志祥、龙则权等九十三人同叩。真。

（《举林修梅代程潜电》，上海《民国日报》1919 年 7月 12 日）

罗剑仇等致孙中山等电①

（1919 年 7 月 11 日）

　　程潜出走，湘南总司令一席，不宜长此虚悬，林纵队长修梅倡义衡州，始终护法，夫以首先独立之地，而有最初讨贼之人，俾总师干，允孚众望。仰恳钧府任命林修梅为湘南总司令，以维湘局。而畅戎机。

　　（《请任林修梅总帅湘南》，上海《民国日报》1919
年 7 月 12 日）

赵恒惕致军政府总裁电

（1919 年 7 月 11 日）

　　急。广州军政府岑主座及各总裁钧鉴：

　　奉钧府秘书厅佳电，开：奉政务会议议决，任命赵恒惕为湘南护国军总司令，此令。特闻。等情。闻命之下，莫名□□。自陆案发生，群情愤慨，大义所在，故有勘电之发，若遂继任总职，不免涉嫌权利，大违素志。□□谬领师干，已惭旷职，况复多□，难任繁剧，岂可更窃高位，重益愆尤，区区苦衷，百□不渝。伏祈鉴此愚忱，收回成命，仍请从冬电所请，以谭督军延闿为湘军总司令，移节驻郴，以安湘局。不胜屏营待命之至。湖南陆军第一师师长赵恒惕叩。真。印。（七月十一日）

　　（《军政府公报》修字第九十一号，1919 年 7 月 23
日，"公电"）

---

① 此电自罗剑仇等致谭延闿等电辑出。除孙中山外，该电尚致送广州参众两院、军政府各总裁，发电人为罗剑仇、杨熙绩、宋南山。——编者

缪嘉寿致军政府政务会议、参众两院电

（1919 年 7 月 11 日）

万急。广州军政府政务会议、国会参众两院均鉴：

南北分立，国势濒危。前在和议进行期间，北方一切非法行为自可由和会提出辩论，以图制段。不料和议一再停顿，建议无由，北方遂利用时机，肆意妄为，几置国家利害存亡于不顾。我西南年来护法，无非顾持国家，苟任其横恣为患，伊于胡底？窃以为无论和议开否，我护法团体应随时急起直追，除属于彼方自身问题可勿庸过问外，至关于国家大计，无问外交内政，万不能漠视，亟应严切主张，及行监制，以维护法本质。管见所及，略有数端：

一、外交问题宜妥筹主张也。此次欧约拒绝签字，纯出民意压迫，专使良心，并非北政府主持。然此不过目前抗拒，后患正殷，闻北政府尚有补签之密议，应如何筹拟善后方法，请即早为协议，对内对外通电表示。且参战军、军事密约宜责令撤废也。和议进行时，南方曾有欧战既终，撤销参战处、参战军，废除军事密约之提议。北方强以应付欧洲和会未结，应俟欧战终了为词。现在欧会业已告结，漫云欧战，即欧事亦已终了，无可再三推托。应请责备北政府实践前言，限期撤废，以除根本祸患。

一、西北筹边使应主张取消也。徐树铮之西北筹边使，职权既因范围太广，等于藩封，尾大不掉，遂其拍卖，贻害无穷。西北无设此之必要，况与军事协定废除有关，应请严电取销，以弭后患。

一、和议宜督促进行也。欧会已终，我国外交又复失败，国内统一万不可缓，应请速电进行，早求解决。似必先行切实考虑如何乃可破除障碍，如何乃可望其成功，我护法团体最后之条件至何限度，苟不能达到，即当决心抛弃不生不死之和局，另图良策救济国家。

以上数端，均关国家生死存亡，尚乞力为主持，国家幸甚。迫切陈词，即维鉴察，伫候明教。缪嘉寿叩。真。印。

（《军政府公报》修字第九十五号，1919 年 8 月 6 日，"公电"）

陈炯明等致军政府总裁、各部总次长电
（1919 年 7 月 11 日）

广州总裁诸公、各部总次长均鉴：

和会中顿，两月于兹，迄未明示，赓续之期，亦不确定，□□□□，□令三军短气，壮士灰心，且师徒久暴于郊原，农工长嗟于闾（以下不清）①，种种谣诼，更骇听闻。夫河上逍遥，本非治军之长计，□使往返②，噬脐之悔，宁待蓍龟。炯等责在护法，心所谓危，言不觉直，仰恳钧府当机立断，速决和战③之策，周行见示，慰我众心，谨率三军枕戈待命。陈炯明、方声涛、陈肇英叩。真。印。

（《军政府公报》修字第九十四号，1919 年 8 月 2 日，"公电"）

广东国民大会致孙中山电④
（1919 年 7 月 11 日）

孙总裁大鉴：

蒸日开国民大会，请军府下令讨贼，并决议任伍总裁兼粤省长。未获解决，群情汹涌，经由总商会通告，定于真日一律罢市。

---

①　以下约有 20 字难以辨识。——编者
②　以下约有 15 字难以辨识。——编者
③　以下约有 6 字难以辨识。——编者
④　《革命文献》断为 1919 年 5 月。据内容，应在 1919 年 7 月。——编者

请立电军府国会，以维粤局。广东国民大会叩。真。

（《革命文献》第四十八辑，第 294 页）

广东第二届省议会致孙中山等电
（1919 年 7 月 12 日）

广州军政府各总裁、各部长、参众两院、莫督军、张护省长、盐运使司、财政厅长、警务处长、高审检厅长、各督办、各镇守使、各道尹，上海唐总代表、孙总裁，武鸣陆总裁，漳州陈总司令，各省督军、省长、省议会鉴：

广东本届省议会经翟前省长召集，于四月十二日举行开会礼式。惟选举议长时，因翟前省长以总监督名义代行主席，擅定选举细则，并派员监督写票，由议员何礼文等认为违法越权，提出质问，并陈请军政府解释在案。时逾三月，犹未奉复，停议至今，议长问题既未确定，副议长又未选出，议会进行，因而阻碍。现为维持会务起见，经于七月七日在省议会开全体议员谈话会，公决议长问题。未经军府解释以前，先行依据省议会暂行法第十二条之规定，并仿照前届本省议会两次选举易仁善、林树森为临时议长办法，定期七月十二日先选临时议长，以便开议。是日出席议员八十四人，除弃权及废票外，李国钧以六十三票当选，当场宣布就职。特电奉闻。广东第二届省议会叩。文。借印。

（《粤省议会新旧之争执》，上海《民国日报》1919
年 7 月 25 日）

天津各界联合会致广州军政府等电
（1919 年 7 月 13 日载）

北京大总统、国务院，广州军政府，各省督军、省长、省议会、商会、教育会、学生联合会、各界公民联合会、各报馆鉴：

巴黎和会，拒绝签字，实为保存我国国脉，关系至重。兹闻北京政府又有训令巴黎专使签字之说，遽听之下，不胜惶骇。查青岛并高徐、顺济草约、二十一条，以及各种秘约，有一足可亡国。以条件而让国土、国权，视国家为营利物品，少数人之侮弄国人，抵死不能承认。假令因力不能敌，致成失败之结果，国土为所占领，强存弱亡，本属公例。反是，用阴谋勾结，卖尽国人，诚吾人所公愤。是以风从云涌，反对和会签字，以死力争，实痛亡国之惨剧也。兹闻此种训令消息，敝会异常惶惧，悲愤填膺。国亡在即，千钧一发，用敢呼告全国同胞，关于以上各款，若无完满结果，回复国土、国权之原状，应矢志否认，抵死拒绝。为此通电，协力一致进行，以救危局，并望速行组织各联合会，以谋民意统一。临电无任盼切祷切之至。天津各界联合会。

（《京津各界力拒补签之文电》，《申报》1919 年 7 月 13 日）

吴佩孚致军政府各总裁等电
（1919 年 7 月 13 日）

北京国务院、参战处、外交部陈代总长、陆军部靳总长、各部院、王步军统领，广东军政府各总裁，各省督军、省长、各都统、各护军使、镇守使、各师旅长、各总司令、各和平会、省议会、商会、各学校、各报馆均鉴：

驻湘直军各将领，于本月佳日呈上徐大总统一电，文曰：北京大总统钧鉴：治密。前奉院江电，谓此次德约，我国专条问题，力持保留，未能办到，当时未经签字，详情续布等语。师长等以词过简略，当于微日通电，请布详情，迄未示下。兹接沪汉函电，悉我国专使临时欧会拒绝签字，甚有价值。仰见我大总统俯从民意，亦见我国外交尚有人也。然外交至此，非可以拒绝签字四字了之。势如临崖之马，万不可轻策一鞭，致贻后悔。大总统处此一发千钧之际，临大疑，决大计，当机立断，不俟终日，勿为众议所惑，勿为威力所屈，保我主权，还我故土，天下后世，咸被鸿庥。谨将管见所及，一一陈之：一、请速电饬专使再接再厉，坚持到底，并汇集各种理由，陈请列强为公道之主张，更联络美总统，恳其为公道之援助，以期必达目的。万一和会不能解决，应留作悬案，俟于国际联盟提出公诉，以待万国公决。一、请将拒绝签字情形宣布全国，以平民气。此后如再有勾串外人，仍请签字割地者，以卖国论。一、请特任王专使正廷为国际联盟会委员。因其拒绝签字，始终不挠，且中日条约多系陆长外交时经手，自箝其口，自掣其肘，终感不便。与其使陆为难，不若令王始终其事，收效较易。（中略）① 谨此胪叙禀陈，伏乞察纳为叩。师长吴佩孚，旅长王承斌、阎相文、萧耀南同叩等语。谨以奉闻，伫候明教。吴佩孚叩。元。

（《衡州吴师长等通电》，《申报》1919 年 7 月 13 日"公电"）

吕公望致广州军政府电
（1919 年 7 月 13 日）

广州军政府钧鉴：

顷据前敌司令陈肇英元电称：据第一支队长吴秉元报告，转据第二营长韦世瑜报告：昨日上午□时，灌口浙军向前移动，有向我军攻击之势等语。除令饬所属严防外，应请电恳军府转向北方交涉等情。除电令严防外，合亟电恳钧府，电达北政府交涉，务令该军

---

① 原文如此。——编者

退回原防，以免冲突，甚幸。吕公望叩。元。印。

（《军政府公报》修字第九十一号，1919 年 7 月 23
日，"公电"）

广州国民大会致孙中山等电
（1919 年 7 月 14 日）

上海国民大会、学生联合会、孙总裁、唐总裁、胡展堂先生、广东
各同乡、各报馆公鉴：

　　寒日午刻，工商学界数千人群往省议会，请愿讨贼、废约及选举
伍总裁兼任广东省长，到会议员四十余人，悉已署名承允。以未足法
定人数，各界环候正式开会，投票□出，俾符法定手续。不意突来警
察游击队、宪兵千数百人，并带机关枪两杆，环绕议会，威迫解散。公
民等始终严守秩序，只对之申明理由，未与抗辨。该兵等不惟不恤，竟
放枪数十排，对人民射击，致伤十数人，未知有无性命之虞。人民气愤
填结，哭声振天，卒被强力胁逼，退出议会，并拘拿男女学生五十余人
以去，沿途凌辱，生死莫卜。不意护法省分，所有段祺瑞不敢为不忍为
者，一一出以桂系之军人而不顾。粤民今日惟有痛心疾首，以待全国人
民之公断，实则粤民生命之存亡在于今日，沦于奴隶亦在今日。诸公主
持人道，断不忍三千万之粤民，被残虐于三五军阀之手，拯而出之，推
[惟] 有希望于诸公矣。临电陨涕，不知所云。广州国民大会公叩。寒。

（《广东国民大会通电》，上海《民国日报》1919 年 7
月 22 日）

广东工商学界徐桂等致孙中山等电
（1919 年 7 月 14 日）

上海国民大会、孙总裁、唐总裁、胡汉民先生暨各报馆均鉴：

　　蒸日广州开国民大会于东园，到会者数万人，议决之事：一、惩办卖国各贼，二、废除密约，三、公举伍总裁兼任广东省长。随往军政府请愿。军政府于一、二两条，允为代电，至第三条则以武〔无〕力办理见却。

　　查广东频年厄于苛政，疾苦流离，无所控诉，非德〔得〕粤人有德望者治之，不足以苏民困。而桂系诸人视省长为无上权利，必思攫夺，经各团体十上书于军府，请以伍总裁兼任，其最终之答复仅以无力办理相报。明明是军府惮于武人权力，莫之敢违。军府为护法机关，尚不惜枉法以徇武人之欲，而不恤民意，粤民将始终屈伏于军政之下，无从解脱，他日北方将有兴义师以讨南方军人之违法者，南方何以自解？现在粤人已相率罢工、罢市，以期必达三者之目的，而桂系军队已严布命令，冀为猛厉之干涉，粤人生命固不足惜，如护法何。

　　素仰诸公主持正谊，嫉恶如仇，若披发缨冠之救，则道语超隔，非所敢期，惟敢公道之言出于有道者之口，但能使北京惨剧不再演于羊城且加励〔厉〕焉，则吾粤幸甚。

　　再，孙、唐二公同以粤人并隶军府，目见南方军阀横暴，不能救正，自应引咎辞职，以谢吾粤之昆弟。临电惶恐，不知所云，希为谅鉴。广东工商学界徐桂等一万一千五百六十人同叩。寒。

　　（《武人下粤人之呼吁》，上海《民国日报》1919 年 7 月 25 日）

李希莲致孙中山函[①]

（1919 年 7 月 14 日）

中山先生伟鉴：

　　前上数函，均蒙藻饰逾恒，每深佩感。日昨过沪，正拟拜谒，

---

　　①　原函仅署 14 日。信封邮戳显示为 1919 年 7 月 25 日在吉林省农安县付邮。——编者

藉聆教言，只以两到邵君处，均未得晤为憾，嗣登轮去吉矣。莲在粤与林子超私计，国事如此沉寂，不如鼓吹民气为根本计划，并催促同人早日回粤为最要之图。是以匆匆旋里。及到长，正值奉吉交恶，势将为武。调来军队，吉林西境几至无地无兵。寒舍籍在农安，为长春正北，抵里而新调军队亦日多一日。北方军队之惯例，想早在洞鉴之中。吉林界近强邻，倘有冲突，渔人得利，则三省危矣。先生深谋远算，对此有何主张，务希拨冗筹措之。如有用莲向吉林当道言之之处，莲无不愿为，好在吉督尚有癸丑不杀之情，或可进言也。国事危迫，不知所云。述此，敬请

夏安

李希莲鞠躬　十四号

孙中山批：答以过沪交臂相失，良用为怅。文现仍闭户著书，不理外事，故对奉吉之事毫无成见。

（《革命文献》第四十八辑，第181页）

谭浩明致军政府总裁等电

（1919年7月14日）

急。广州军政府各总裁、各部长、莫督军、李督办，龙州陆总裁，云南唐总裁，贵阳刘督军，永州谭督军，成都熊督军，漳州陈省长，诏安方总指挥均鉴：

自湘军赵师长等勘日通电，发布程总司令于艳日离职，湘中军务不可无人主持，迭据湘南、湘西各将领、省议会、林民政处长等来电，均主张请组公继续行使原有省长兼督军职权，兼任湘军总司令，而以赵师长继任湘南总司令，群情爱戴，至为挚切。浩明湘中护法，与湘省军民共患难甚久，出生入死者凡两年，知之甚悉。以湘南、湘西之情势，军民政务之复杂艰难，诚非资望素著如组公者，不足以统一湘政而资整理。若夫血战功高，资劳并著，军民拥

戴，无出赵师长右者，湘南总司令一职诚非赵莫属。敢举所知，贡诸军府，伏乞察核，分令遵照，维持湘局，即所以维持大局也。浩明。寒。印。

（《军政府公报》修字第九十四号，1919年8月2日，"公电"）

柏文蔚致广州军政府、唐总代表电
（1919年7月14日）

广州军政府、上海唐总代表钧鉴：

支电谅达。王占元所派朱、周二代表已到此，文蔚以入山选□为名，不与往返。黎、唐两部，蔚曾说以大义，当亦不入彀中。惟自北代表回京后，敌于巴东高店子一带运械增兵，积极进行，居心叵测，不可不虑。特此电达，敬乞垂察。柏文蔚叩。盐。印。

（《军政府公报》修字第九十四号，1919年8月2日，"公电"）

广东国民大会致孙中山等电
（1919年7月15日）

上海国民大会、学生联合会、孙总裁、唐总裁、胡汉民先生、各报馆、广东各同乡均鉴：

寒两电计达。删日在东园续开国民大会，拟赴参众两院请愿，十二时顷，学生数千人悉已聚合，专待工商两界齐集列队同往。乃警察厅长魏邦屏［平］亲率游击队携带机关枪到场，一遇学生不问理由，即以枪杆乱击，多所夷伤。学生沿途痛哭，路人为之酸鼻。该兵等且敢毁坏学生所持国旗，并搜掠学生银物，似此凶暴成性，不惜为桂系鹰犬，人人为之切齿。现广东罢工、罢市日益扩大，轮船、铁路交通悉绝，皆群盗麇集之政府有以酿之，人民实耻居于盗政府之下。伏望诸公为保障人权起见，竭力援助以救危厄。临电不胜延跂之至。再，寒日省议会击散学生之事，有财政厅长杨永泰之卫队协同放枪。杨素为桂系所豢养，不惜仰成［承］军阀鼻息，以粤人祸粤，尤鲜廉耻。特表其罪，以告国人。国民大会公叩。删。

　　　　（《武力下粤人之呼吁》，上海《民国日报》1919 年 7月 25 日）

湘军第二区司令周伟等致孙中山等电

（1919 年 7 月 15 日）

广州军政府岑主座、各总裁、各部总长、李参谋总长、林海军总长、云南唐总裁、武鸣陆总裁、南宁谭联军总司令，贵阳刘督军，成都熊督军，三原于总司令，韶州李督办，南京李督军，南昌陈督军，武昌王督军，长沙李师长，衡州吴师长，常德冯旅长，洪江田总司令，永州谭督军，郴州赵师长、林纵队长、林处长，溆浦周总司令，辰州张、林、胡各总司令，上海孙总裁、唐总代表、中华工会陈寿元先生转孙伯兰先生、各救国公团大会、各报馆公鉴：

　　读吴师长元电，慷慨执言，痛下针砭，阴霾惨雾，霹雳一声，稍有人心，能无感泣。山东问题保留未得，中日密约废止未能，惟有拒绝签字以待国际联盟公判，已属亡羊补牢，若遽允签字，则是甘心自杀，后此再无国际外交可言。如二三国贼敢背民意，贸然行之，我全国军民抵死不能认为有效。中日交涉，吴公主张以王使专任，免致牵掣，尤为救济要图。如再有甘为外臣丧权辱国割地签字者，国有常刑，军民当共讨之。从前违反民意私结密约者，亦须交付特别法庭，与以相当裁判，使继起者咸有戒心，不敢效尤将国出卖。

抑伟犹有进者，南北相持，事经两载，民膏原野，帑竭军需，北方任意抵押，国有、民有搜刮无遗，偿还无期，路权、矿权及他利权皆入外人掌握。南方就地征求，搜罗亦竭。况外交险恶已达极端，多延一日阋墙之争，即多启一日渔人之利，及吾民穷财尽，家国同亡，何如早定方针，力求根本解决，固邦本谋统一以御外侮。刻值欧和会议国际联盟，正公理伸张之期，日虽违众背驰，列强利害攸关，绝不使德意志第二发生东亚，我国果有自立之权能，列强自有正义之援助。千钧一发，千载一时，稍纵即逝。即遇迫不得已之时，我国国际贫而不弱。自南北战役，各军均实地练习，足资运用，合全力以对外，不难一举以争存。效命有日，伟愿率所部健儿随鞭弭以作前驱，军人义为国死，此其时矣。救国爱国，同德同心，谨陈管窥，伏祈明教。湘军第二区司令周伟，支队长陈林戟、张品俊、周继勋、王诗补叩。咸。印。

（《湘军司令周伟等通电》，上海《民国日报》1919年7月19日）

广东国民大会致孙中山等电
（1919 年 7 月 16 日）

广东参议院、众议院、军政府各总裁、各部长、督军、省议会、报界公会转各团体，上海孙总裁、唐总裁、胡汉民先生、学生联合会、广东善后协会、广肇公所、潮州会馆、嘉应五属会馆、大埔会馆、《申报》、《新闻报》、《民国日报》、《中华新报》、《新申报》、《时事新报》转各省督军、省长、省议会、各团体，云南唐总裁、武鸣陆总裁，漳州陈总司令均鉴：

广东国民大会叠次请愿军政府，下令讨伐卖国贼，废除各种密约，及任命人民信仰之伍总裁兼任广东省长，屡置不闻，粤民愤激。经于真日相继罢市、罢工，盐日下午四时学、商、工各界正得在省会省议员一致签字赞成之际，突来军警数百，随带机关枪三架，如临大敌，直行开枪乱击，当场枪伤学生、工人等十余人，有无性命之虞，尚未得知。当即发电通告，电报未能发出。本日正在广东东园集议，又来军警数百，分带机关枪数架，强行解散，两次毁灭国旗，轻视本国，各文件尽被遗失。电报不能拍发，特用快邮代电奉达。以护法之地，而以救国救乡之人为仇，务请仗义援助，以申正义，大局幸甚。临电情急，不知所云。广东国民大会公叩。铣。

十万急。咸日即将机器总局长黄焕庭、公民代表刘桂石、胡文灿等毒殴惨刑，故入人罪。乞即严电伸雪，挽救危亡，临电悚惶迫切待命之至。再公叩。

（《武力下粤人之呼吁》，上海《民国日报》1919 年 7 月 25 日）

广东学生联合会致广州护法政府等电
（1919 年 7 月 16 日）

广州护法政府、参众两议院议员、教育会、报界公会、总商会、外交后援会、省议会，上海全国学生联合会，各省教育会、总商会、学生联合会、各报馆均鉴：

本日学生巡行演讲，原冀激扬民气，救国救粤，不意道经太平街，突有大队武装军警数百人汹涌前来，不问情由，强夺学生符明昌手执国旗，逮捕学生周其鉴等三百余人，押回警厅，多方侮辱，嗣经学生驳论，始乃释放。窃思学生等此次救国运动，主张公理，是国民应尽之天职，乃军警无端示威，横加逮捕，实为国法人道所不容。应请诸公主持公理，予以维持。不胜迫切待命之至。广东学生联合会叩。七月十六日夜发。

（《武力下粤人之呼吁》，上海《民国日报》1919 年 7 月 25 日）

广东中等以上学生联合会致军政府总裁等电

（1919 年 7 月 16 日）

万急。广州军政府各总裁、参众两院林议长、吴议长、褚议长，广东莫督军、魏厅长、报界公会、省议会、教育会，上海全国学生联合会，各省教〈育〉会、学生联合会、各报馆、各总商会均鉴：

本会发刊《雪耻周刊》报，鼓吹民气，外护国权，内除国贼，冀尽学生之天职，共图挽救。不意本月十五夜八时，敝会同学蔡少棠等五人，在西濠口发售，突被武装军警十余人横加干涉，放枪示威，抢去周报百余份，声言不准发售。似此国家多难，外交失败，尚赖激扬，群起图存，分属学生，义当救国，周报之设，实本斯旨。军警同人宜如何保护周全，乃于《雪耻周刊》妄施强夺，行同盗贼，纵使北方军警之凶暴，亦不致是。况吾粤隶属政府之下，摧残舆论，律岂能容。公等或执政权，或持公论，爱国如命，嫉恶若仇，对此军警凶暴，万乞与以相当之惩戒，对于舆论尚希力予敝会以维持，外交内政或将有赖。迫切陈言，希为垂鉴。广东中等以上学生联合会叩。七昨〔月〕十六日。

（《武力下粤人之呼吁》，上海《民国日报》1919 年 7 月 25 日）

王安澜致军政府各总裁等电

（1919 年 7 月 16 日）

万急。广州军政府各总裁，云南联军总司令唐，成都熊督军钧鉴：

迭据前方探报，陕西兴安，北廷陡增奉军一旅，砖坪、镇坪各处陆续亦添重兵，并赶修拆毁路道，筹设兵站，一切绝行旅往来，作种种军事上之准备。惟敌人防线相距仅五六十里，敝军又处在僻远，刻下和议不审有无端倪，而事关军情，不能不报。除严令前防各队特别防范，总之衅不自我开外，谨此飞电，乞示方略，以便遵循。王安澜叩。铣。印。驻城口由巫山电局发。

　　（《军政府公报》修字第九十七号，1919 年 8 月 13
日，"公电"）

广州军政府致孙中山等电

（1919 年 7 月 16 日）

云南唐总裁，武鸣陆总裁，上海孙总裁、唐总代表、各代表，南宁谭督军、李省长，贵阳刘督军，成都熊督军、杨省长，三原于督军、张会办，永州谭督军，郴州赵总司令，夔州黎联军总司令、柏总指挥、豫军王总司令，巫山送城口王总司令，施南唐总司令，辰州田、张、胡、林各总司令，溆浦周总司令，漳州陈省长、方会办，广州林总裁、莫督军、李督办、吕督办均鉴：

　　兹发一宣言，通告中外，文曰：自欧战发生，德人以潜艇封锁战略加危害于中立国，我国对德警告无效，继以绝交，终与美国一致宣战。当即声明所有中德两国从前所订一切条约、合同、协约，皆因两国立于战争地位一律废止。去年十一月十一日，我协约国与德国订休战条约，随开和平和会议于巴黎，我国亦派专员出席与会。惟对于和约中关我国山东问题三款不能承认，我国专使已屡次提出抗议，除山东问题三款外，其他条款及中德关系各款，我国均悉表示赞成。今因我专使提出保留山东问题无效，未签字于和约，此系我国保全主权万不获已之举，对于协约各国实非常抱歉，而对于德国恢复和平之意，亦与协约各国相同，并不因未签字而有所变易。我中华民国希望协约各友邦，对于山东问题三款再加考量，为公道正谊之主张，而为东亚和平永久的保障，实所馨香祷祝者也。

特此通告。军政府。铣。印。

(《军政府公报》修字第九十一号，1919 年 7 月 23
日，"通告")

陈民钟、潘雨峰致孙中山电
(1919 年 7 月 18 日载)

中山先生钧鉴：

闽粤两军之争，为吾闽之不幸，亦吾党之不幸。民钟、雨峰以
为护法未竟全功，自起内哄，适与敌人以渔人之机，即允许卓然、
杨持平、张贞诸同志，请代表前来永安为调解，现已议有具体办法
如下：（一）闽南靖国护法各军名目，一律改编为闽军，应归何人
节制，服从先生主裁。（二）县知事之任用，由许军长保荐，陈总
可［司］令加委，惟以本党人员为标准。（三）安溪方面由许军长
酌派军队驻防。（四）双方扣留人员应即释放，所获枪械应缴还。
（五）该方财政宜归统一。（六）许、杨、张诸君，应公电表示服
从许军长命令，即所以表示服从先生主义。钟、峰等深知闽中同志
素服从先生，倘得先生一言，当能息此纷争，请酌派人员或电示办
法，至盼至祷。陈民钟、潘雨峰叩。

(《粤闽军议和之经过》，上海《民国日报》1919 年 7
月 18 日)

许崇智致孙中山电
(1919 年 7 月 18 日载)

中山先生钧鉴：

自宋渊源与陶质彬以小嫌疑而酿成闽粤两军之争，至今月余，

未有宁息。当此和议复停，时局危急之秋，前线敌军狨焉思逞，而我军竟起内哄，长此相持，贻患颇巨。查许卓然、杨持平、张贞等，皆系本党同志，素服从先生主义者，今特请陈、潘二君前来调解，意颇诚挚。为大局计，为地方计，自应静候调停，至如何办法，应请钧座示遵。崇智叩。

(《粤闽军议和之经过》，上海《民国日报》1919 年 7月 18 日)

杨持平等致孙中山电
(1919 年 7 月 18 日载)

上海孙中山先生钧鉴：

闽粤两军以误会而起冲突，牵延月余，损失亦巨。持平等以阋墙之争为当戒，愿息同室之戈，因请陈民钟、潘峰雨 [雨峰？] 两君往谒许军长，并电请先生主持调停。兹蒙派代表徐瑞霖君，及许军长代表冯镇东、方毅两君，先后莅安海 [溪？]，会商办法，已决议数条如下：（一）安溪方面由许军长酌派军队驻防。 （二）安溪知事，由许军长委任，转呈陈省长加委。（三）持平等及所部，绝受服从中山先生，以期贯彻吾党主张。（四）以后所有关于公谊、党谊上，持平等一致服从许军长调遣。（五）安溪方面两方损失枪械，俟查明确数后，报告先生敬候主裁。以上办法，均经同意，持平等愿蠲前嫌，重修旧好，其愿服从许军长而拥护陈竞公者，无不本诸至诚，敢告天日，以求不负先生之属望，不背吾党之宗旨也。除电呈许军长，及函达陈总司令外，谨此电呈，伏乞鉴察。杨持平、张贞、许卓然等同叩。

(《粤闽军议和之经过》，上海《民国日报》1919 年 7月 18 日)

谭延闿致军政府政务会议电

（1919 年 7 月 18 日）

火急。广州军政府政务会议鉴：

真、谏电敬悉。延闿自去年以来，秉承钧府，主持勉尽责任，虽未别立名目，亦已有政必闻，支柱至今，胥蒙维护。此次湘中将领以前方军事待理，请启用总司令印信，维持现状。事机所迫，勉从其请，已非初意，兹奉明谕，悚惕尤深。湘局如斯，心力所及，苟有所裨，自当竭诚，以副责望。遵于廿日赴郴，谨当随事详陈请示遵行，伏祈鉴察。延闿。巧。印。

（《军政府公报》修字九十四号，1919 年 8 月 2 日"公电"）

李根源致广州军政府、莫督军电

（1919 年 7 月 18 日）

广州军政府、莫督军钧鉴：

现据援赣第一军司令成桄元日代电称：雄属四乡匪患渐告肃清。惟北山、横水一带接近赣边，山谷深阻，向为土匪啸聚之地。战后麇集愈众，约有百数十人，劫掳公行，所向乡团皆靡。去冬，曾由职派兵一连择要屯驻，相机防剿，匪徒遂窜徙赣境举林、下塘地方，半载宁靖。近月以来，该匪乃分多数零星小股从山□入扰，掳杀叠告，北乡居民俱相率移家远避，流离转徙，农事辍废。按北山一带，从横水至凌溪，尽是崇峦连山，线路已长，鸟道□十度岭，即入赣境，守望极难周密，增兵剿捕，则越境远窜，跟踪追击，又恐发生误会，自非粤赣协商会剿，实无清平之望。拟请钧署转请军政府、莫督军电商赣督，由雄庚驻军划地兜剿，或责成两县知事率警队、乡团约期围攻，以绝匪患，而安民业。是否有当，伏候钧裁等情。据此，查粤赣连界，匪徒麇集，此击彼窜，守望难周。若越境跟迹追击，又恐发生误会。该司令所请尚属实情，所请电商赣督，由两方驻军划界兜剿之处，是否有当，理合转请察核示遵。根源叩。巧。印。

（《军政府公报》修字第九十六号，1919 年 8 月 9 日，"公电"）

唐绍仪致军政府政务会议等电

（1919 年 7 月 19 日）

万急。广东军政府政务会议、莫督军、魏警察厅长公鉴：

闻广东军警拘去国民大会学生等代表，并将加以刑罚，未审确否。窃思凡人爱乡出于天性，且以为托庇护法政府之下，谅得以自由发表人民公意，群集举动或逾常规，想无恶意。此辈青年只宜予以相当之开导，不可遽事摧残。当五月初间北京学界风潮，北京政府对于所捕学生亦随即释放，不复诛求。况广东为护法政府所在之地，文明宽大更应过之，此为内外视线所集，不可不慎。敬请就于此事取宽和之态度，将所拘学生人等即予省释，无俾他人藉为口实，是所切盼。专电即祈示复。唐绍仪。皓。印。

（《唐绍仪发电稿》，《近代史资料》总 51 号，第 150 页）

方声涛致广州军政府等电

（1919 年 7 月 20 日）

广州军政府、莫督军、林督军钧鉴：

顷据职部第一混成旅旅长夏述唐呈称：职旅游击队队长吴俊

英于日昨携带快枪十六杆，伙食二千余元，乘夜潜逃。吴年四十余岁，面圆，身胖，有须，潮州揭阳人。请予通缉，以肃军纪等情。吴俊英身为官长，竟敢□挟□款、军械私逃，不法已极，理合电请通饬各军一体协缉归案究办，以肃军纪。方声涛叩。号。印。

（《军政府公报》修字第九十四号，1919 年 8 月 2 日，"公电"）

龚心湛致孙中山等电

（1919 年 7 月 20 日）

广州岑西林先生暨伍、陆、唐、孙诸公均鉴：

前奉真电，嘱查闽省增兵防匪一事，兹准李督巧电称：闽军自停战后，从未稍越防线，周旅亦无增兵侵防之事，真电所称并无影响等语。希查照转知林君，勿因谣传，遽滋枝节为祷。心湛。号。印。

（《军政府公报》修字第九十五号，1919 年 8 月 6 日，"公电"）

贵州省议会致孙中山等电

（1919 年 7 月 21 日）

广东军政府岑、伍、林三总裁，云南唐总裁，上海孙总裁、唐总裁，武鸣陆总裁鉴：

黔自护国之役刘督军兼任省长以来，虽当军书旁午之际，而百政具举，谋划无遗。在刘督为国宣劳，不辞艰苦，在人民食甘饮和，忍使过瘁。年来迭据绅民任振藩、吕齐昌等先后恳请分治，俾节贤劳等情，具书请愿到会，并称黔中道尹王伯群才识并裕，德望兼隆，前屡治黔东黔〈西？〉两道，善政在民，至今称道。丙辰之役，首倡大义，湘西作战，厥功尤多。此次代表西南和议，主持正论，不屈不挠，功业昭彰，在人耳目。以之长民，必能称职。请转呈军府任命为贵州省长等语。当经开会讨论，一致赞成。

伏查军民分治，他省多已实行。吾黔现状，虽属安谧如常，然刘督军年近古稀，护法未竟全功，军事端劳筹策，苟长此独任艰巨，此非爱护老成之道。且该绅民等请愿所列该道尹功绩，概属实情，如以彼干济之才膺全黔省长之职务，将见萧规曹随，必日臻于至善矣。本会为代表民意机关，理合电恳钧府俯顺舆情，准如所请，俾刘督得纾兼顾之劳，人民亦慰云霓之望。则非仅全黔地方之幸，抑亦国家前途之幸也。临电不胜迫切待命之至。黔议会叩。马。印。

（《黔议会请行军民分治》，上海《民国日报》1919年8月8日）

凌钺致孙中山函
（1919 年 7 月 21 日）

中山先生伟鉴：

启者：钺于日前因内子赵君连城病重，由粤返沪，拟明日午后六时往谒先生，藉以畅叙，先此函达。顺颂

钧祺

凌钺启　七月廿一日正午

孙中山批：代答所约之日适外出，请廿五日午后三时来可也。

（《革命文献》第四十八辑，第 296 页）

上海山东协会致军政府各总裁等电

（1919 年 7 月 21 日）

北京大总统、国务院，广州军政府各总裁钧鉴：

国际联盟不久开会，山东问题及中日密约，我国皆须提出，请各国公平解决，非慎选国际代表，不足达国民真意，要各国同情。此次拒签德约，王专使正廷主张最力，刚正不屈，中外推重，委充国际代表，必能胜任。吴佩孚及各团体一致推举，主张极是，请钧座即加委任，以顺民意，而保国权。上海山东协会叩。马。

（《鲁人请任王正廷为国际代表》，《申报》1919 年 7
月 21 日）

中国银行商股股东联合总会致
军政府七总裁等电

（1919 年 7 月 21 日）

广州军政府七总裁、国会、商会、省议会均鉴：

中国银行商股股东开联合总会于上海，到会五万一千七百九十六股，一致议决三条：一、现行则例于南北未统一以前不议修改，将来非由多数商股股东同意，亦不得用普通法律案手续修改此特许性质之则例；二、加股问题，审合现在时局及营业方针，议决暂不增股；三、整理京钞，订定办法六条，责成董监事会实行。敬先电达，伏希主持公道，力予协助其宣订，及整理京钞办法，函详。中国银行商股股东联合总会正干事长桑铁珊、副干事长孟莼孙等同叩。个。印。

（《军政府公报》修字第九十四号，1919 年 8 月 2 日，
"公电"）

赵恒惕致军政府政务会议电

（1919 年 7 月 21 日）

广州军政府政务会议钧鉴：

奉读谏电，敬悉军府厪念湘南、责望恒惕至意，义本不容复辞。惟贱恙未痊，万难胜任，脱有竭蹶，贻误实多，非敢执谦，故方大命。现谭督军克日临郴，军事主持有人，禀承诸多便捷。矧湘南近益凋敝，国家倘减一军事之机关，民间即可省无穷之物力。敬恳俯察愚忧，曲允前请。临电迫切，无任悚惶。湖南陆军第一师师长赵恒惕叩。马。印。

（《军政府公报》修字第九十六号，1919 年 8 月 9 日，
"公电"）

唐克明致军政府政务会议等电

（1919 年 7 月 21 日）

广州分送军政府政务会议、议员会鄂籍议员，并转张代表伯烈、居代表觉生，上海湖北公民会诸公钧鉴：

前接王占元、何佩镕沁电，当向唐联军总司令请示，并电陈在案。兹与黎总司令主张一律拒绝，已由此间拟电，请黎公领衔会复王、何，文曰：武昌王子春先生、何韵琦先生均鉴：沁电达悉。西南为争存国法，不得已出于用兵一途，菀靳陕以至闽畿，战线所及，皆遭因累，不独施鹤下需为然。而盼望全局和平，皆与施鹤并切，故涸困之苏息，悉谋全国之和平。□但沾沾一隅，转恐愈启纠纷，想公等若不肯以一隅之见，贻破坏和局之责。天才等保有斯土，爱护人民，自较公等为殷，未免反不如候上海和议，应可转圜，静候大局解决是幸。黎天才、唐克明、柏文蔚。文。印。等

语。知关廑念，谨此奉闻。唐克明叩。马。印。

（《军政府公报》修字第九十七号，1919 年 8 月 13 日，"公电"）

吕超致军政府各总裁等电
（1919 年 7 月 21 日）

广州军政府各总裁、各部总次长、政务会议、莫督军、李督办，北京大总统、国务院、各部总次长、段督办，武鸣陆总裁，云南唐总裁，贵阳刘督军，三原于总司令、张会办，南京李督军，武昌王督军，南昌陈督军，衡州谭总司令、谭督军、吴师长，吉林孟督军，天津曹经略使，盛京张督军，成都熊督军，上海唐总代表、朱总代表，常德、归化、张家口各都统，各省督军、省长、各护军使、各镇守使、各总司令、各军长、各师旅长、各和平会、省议会、各报馆均鉴：

自青岛问题发生以来，京内外人士协同挽救，吾军界独阒然无闻焉。诚以事关外交，军人例不越俎。今则危亡之祸近在目前，双方趋于极端，兵舰集于腹地，群起而谋抵制者，仅此罢市商人及少数瘏口哓音之学子，苟无后盾，谁续前矛。此谭、吴诸公有电，所为激痛陈词以昭示全国也。

超待罪行间，惭无一念，耿耿于怀，窃惟今日大势，欲固国防，先弭内乱，欲弭内乱，先一政权，政权统一之方，则自消灭武人干政之风始。此议早经林、莫诸公倡导于前，各省名流赞同于后，通电俱在，无俟赘陈。南北和会所以一再停滞，自有甘心决裂而不惜者。貌为法律之争执，实受武人之驱使，不肖政客徒从而□之，愈至不可收拾。以蜩螗沸羹之内厄，而欲免外人之觊觎，宁可得耶？长此相持，纠纷日甚，使赴欧专使绝望待援，卖国诸人藉为口实，恐所失者不仅一青岛，所虑者不仅一东邻，大错铸成，陆沉祸至，虽有百喙，将何以谢国人也。为救亡计，对于千钧一发之和会，宜交相扶掖，以促其进行。国会之去留，内阁之组织，宜认为纯粹之法律问题，凡我军人誓不过问。彼蓄志破坏者，无论为南为北，国人得而共诛之。无所恃即无所争，本良心之作用，为根本之解决，俾宪法早日告成，政权归于统一，然后合筹全国实力谋巩固主权，所谓亡羊补牢，计犹未晚。否则，外侮之来，实有不忍言者。闻西藏自治之警传，痛吾国疆宇之日蹙，清夜以思，真不知涕之何从也。

夫军人者，以捍国卫民为天职者也，此而勿以解决，其何以存国民？且国势至此，瓜分之祸，宁复讳言，国贼肆其奸谋，军人被其簧鼓，设使阑珊残局断送于鹬蚌相持之日，为亡国罪人，为万夫怨事，曷有逾于此者。公等高瞻远瞩，完局在胸，值此存亡呼吸之顷，必有救国良图，倘不以为狂瞽，尚希有以教之。四川靖国军第五师师长吕超叩。马。印。

（《军政府公报》修字第一百号，1919 年 8 月 23 日"公电"）

王安澜致孙中山等电

（1919 年 7 月 22 日）

万急。广州护法政府各总裁、各部长、参议院、众议院、莫督军、翟省长、吕督办、李督办、蓝慰问使，武鸣陆总裁，云南唐总裁，上海唐总裁、孙总裁、章太炎、孙伯兰、汪精卫、熊秉三、张敬舆、张溥泉诸先生，成都熊督军、杨省长、但、刘各师长，韶州李总司令、许总指挥，漳州林督军、陈省长、方会办，贵阳刘督军，南宁谭督军，桂林陈省长、永州谭督军、李省长，郴州程总司令，辰州张、胡、周、林、田各司令，重庆余镇守使、黄总司令、王总司令，顺庆石总司令，绥定颜总司令，保宁陈副司令，资州顾军长，泸州赵军长、吕司令，老阳何总司令，万县卢副司令、田司令、杨司令，夔州黎总司令，豫章［军？］王总司令、柏总指挥，施南唐总司令，巫山颜师长，三原于督军、张会办转叶军长及胡、曹、卢、焦、高各司令暨各省省议会、各商会、各报馆均鉴：

　　案据陕西靖国军第八路司令戴凤臣、营长郭曾、马青云等呈称：窃凤臣等籍隶山东，自前清入伍以来，革命思想灌入脑筋，改革后随前陆军第二师师长、现任湖北督军王占元供差鄂汉。适总司令统制三师，得亲泰斗，治军驭下，一本至诚，德威所及，遐迩同瞻，只因托庇无缘，今犹引为深恨。以此护法军兴，凤臣谬膺陕督警卫，目击陈逆树藩助桀为虐，杀戮同志，抗我义师，开放烟禁，肥饱私囊，种种剥削，民不聊生，心虽痛恨切齿，其如行动不克自由何。后闻总司令出师援陕，进据兴安，秋毫无犯，不一月而陕南半境完全肃清，凤臣等远道闻风，不胜雀跃，屡思响应，共逐奸贼，旋因防范甚严，未敢轻举。迨停战令下，陈逆为巩固个人权利起见，利用停战时期，违抗命令四路进攻，调凤臣等率队窃取陕南，因此得脱羁绊。及抵砖坪，宣布护法，全体赞同，公推凤臣等为领袖，根据陕西义军成立陕西靖国军第八路司令部，除将一二不肖官长当置重典外，一面声罪致讨，鏖战三昼夜，恨与陕西全体民军相距太远，军势甚孤，只得向后退却，防堵界猱。伏思我总司令德隆望重，纪律严明，良禽择木而栖，达人择主而事，凤臣等虽愚，一念及前途，能不择所事乎？用特不揣冒昧，率我健儿，竭诚投效，编制指挥，惟命是听，耿耿此心，有如皦日。如蒙不弃菲葑，收之麾下，凤臣等即马革裹尸，亦所乐从。事机迫切，沥血上呈，伏乞鉴核，立盼明示等情。据此。查戴凤臣等反戈向义，矢志投诚，实属深明大义，殊堪嘉尚。迭经一再详查，所呈俱属实在，来意亦颇笃挚，且全幅武器精良，子弹尤为充足，同属靖国，有何畛域之分？第念倾向情殷，势难再事推却，灰其护法之心，故先收容，经已改编为本军第六路，仍委戴凤臣为第六路司令官，以昭激

劝，而资鼓励。可见人心未死，强权终不足恃，际兹和议停顿，定
当振刷精神，督励将士，严守原防，静待后命。谨此电闻，统希亮
察。滇川黔靖国联军援鄂第二路左翼总司令王安澜呈叩。祃。（由
城口寄巫山局转发）

　　（《军政府公报》修字第九十七号，1919 年 8 月 13 日
"公电"）

揭阳县塘埔乡民黄惟道致军政府总裁等电
（1919 年 7 月 23 日载）

广州军政府总裁、督军、省长钧鉴：

　　黄疥武、黄廷荣冒称援闽浙军游击队第一统领部第一营，违禁
招兵，勒捐军饷，骚扰抄抢，情同寇变，乞查办呈续上。揭阳县塘
埔乡民黄惟道叩。

　　（《军政府公报》修字第九十一号，1919 年 7 月 23
日，"公电"）

翟汪致军政府各总裁电
（1919 年 7 月 23 日载）

军政府各总裁钧鉴：

　　汪前奉钧令，代理广东省长，任事以来，惭无寸效。迩因病往
香港就医，除咨请粤海道尹张锦芳暂行护理外，当经于六月十九日
咨陈钧府，并通电在案。汪乃未愈，省长一职关系重要，自未便以
久病之身徒拥虚名，致妨大局。为此咨陈钧府，准开去代理省长一
职，俾得安心调治，戴德无配。翟汪叩。

　　（《广州罢市之原因》，《申报》1919 年 7 月 23 日）

唐绍仪致军政府总裁、莫督军电

（1919 年 7 月 23 日载）

广州军政府诸位总裁暨莫督军鉴：

据旅沪广东各团公函称：广州自翟省长去后，人民多次请愿，激成风潮，影响商务。同人等关怀桑梓，情形隔膜，公推吴铁城、许炳榛、唐宝锷、孔昭晟四君为代表，回粤查访真相，妥为调停，请电知当局接洽等语。旋四君来见，称同前因，定于日内起程，用特据情电达，即祈查照。绍仪。印。

（《旅沪粤人欢饯代表》，上海《民国日报》1919 年 7
月 23 日）

上海九团体致南北政府电

（1919 年 7 月 23 日）

北京大总统、国务院，广东军政府钧鉴：

我国既拒签德约，凡收回德人前在山东一切权利之善后办法，其枢机在国际联盟，其责任在国际联盟之专使。况山东问题以外，有关国权之事，应行提议者正多，非精选使才，不足当外交之要冲，而达国民之公意。王、顾二使在欧得各国之同情，为全国所信仰，畀以斯任，必协机宜。陆使虽资望较崇，但前曾亲订日约，易为所持，且体弱多病，似可暂听休养，俾免为难。谓宜于赴欧专使中，择熟谙公法、才长肆应者，补充足额，以资熟手。连日各团体公同讨论，意见相同，谨合词陈述，请双方当局同意派遣，以重邦交，而孚舆论。江苏省教育会、中华职业教育社、上海县教育会、寰球中国学生会、中国青年会、上海基督教联合会、欧美同学会、华侨联合会、上海救火联合会。漾。

（《各公团推举国际联盟专使》，《申报》1919 年 7 月
24 日）

上海广肇公所致广州军政府等电
（1919 年 7 月 23 日）

广州军政府、莫督军、九善堂、七十二行、总商会、报界公会均鉴：

国事濒危，外交险恶，南北势成水火，人民已陷于水深火热之中，合四万万人同心救国犹恐不逮，乃我粤因一省长而争持至此，言之可为痛心。我国分崩离抑［析？］，国几不保，今以护法之地，犹为鹬蚌之争，试思破巢之下，尚有完卵否？为今之计，各宜化除意见，同御外侮，以国家为前题，拯人民于水火。民国幸甚，粤人幸甚。上海广肇公所叩。漾。

（《广肇公所致粤当局电》，上海《民国日报》1919
年 7 月 24 日）

新会学生救国联合会致广州军政府等电
（1919 年 7 月 23 日）

广州军政府、莫督军、张省长、广东学生联合会、粮食救济会、报界公会、九善堂、总商会、伍秩庸、谭亦彰、陈香邻乡先生均鉴：

新会米荒，乱机迫在眉睫，奸商仍偷运出洋，源源不断。乞飞饬营县警厅巡舰认真严禁，以维民食。新会学生救国联合会叩。漾。印。

（《军政府公报》修字第九十五号，1919 年 8 月 6 日，
"公电"）

伍朝枢致军政府政务会议电

（1919 年 7 月 23 日）

华盛顿来电。政务会议钧鉴：

美报盛传中国总代表将签和约，某报且载半公式消息：原拟十八日签押，嗣又不果，昨晤元老院外交委员长，渠前谈及此。查鲁事失败，全国愤激，我既否认于前，讵可反悔于后，虎头蛇尾，腾笑中外。况元老院方面抱不平，拟提出修正，全美舆论亦主持公道，岂有他人力笃维持，而我反软化者。深恐有人在北方运动签押，北方柔弱不能坚持到底，拟请钧府维持，并电唐总代表为祷。枢。梗。

（《军政府公报》修字第九十七号，1919 年 8 月 3 日，"公电"）

云南国民大会致广州军政府等电

（1919 年 7 月 23 日）

广州军政府、参众两院，北京徐菊人先生，各省督军、省长、省议会、商会、教育会、农会、各团体、各报馆，上海国民大会、国民联合会，天津路权维持会钧鉴：

报载顺济、高徐铁路垫款二千万，鲁省甘愿负担赔偿，要求北庭收回路权等语。鲁人爱国，不惜牺牲巨款，诚属可嘉。然山东者，中国人之山东，非山东人之山东，岂宜以一省人民偏受重累？谓宜由北庭负责，一俟解决大局，再行籍没各卖国贼私产，以为弥补，方为正当。至于断送山东，罪在北庭，非由北庭完全收回，并将一切密约取消，否则，凡为国民，誓不承认。尊处如以为然，尚祈一致主张为祷。滇国民大会叩。漾。

（《云南国民大会力争山东路约电》，天津《益世报》1919 年 8 月 19 日，"公电录要"）

新加坡侨商张佑平等致广州军政府等电
（1919 年 7 月 24 日载）

广州军政府、参众两院、报界公会、商会、九善堂、教育会、广东学生联合会公鉴：

伍博士廷芳之为广东省长，可得广东人民之协助。盖粤人治粤，然后可以保护治安，维持秩序，此侨商等所以亦一致如此主张也。且自护法军南来，一切费用仰给于广东，财富现涸竭已极，如仍以武力为省长，则益将不可恢复。况武人干政，尤为国家之危患，侨商等安居异地，然为祖国同胞计，故敢恳请速任伍廷芳博士，以保治安，而无多顾虑也。星架坡侨商张佑平、张国人、李君佑、李佑阶、吴纪生、梁文记、钟方生、黄更斉记①、何四公、吴竹泰、罗佑唐、张秀兰、李良记、唐公生、吴秀为庆方能②、李秀阳、鲍广山、何秀廷、黄又松、钟赫钧、古继燊等叩。

（《侨商推戴伍廷芳长粤》，上海《民国日报》1919年 7 月 24 日）

新加坡华商代表陈友屏等致广州军政府等电
（1919 年 7 月 24 日载）

广州军政府、参众两院、商会、教育会、九善堂、报界公会、学生联合会鉴：

伍公廷芳业由广东全体人民一致推戴，呈请就任兼广东省长之职，以符粤人治粤之主旨。逖闻之下，深表赞同。窃以南方政府标护法之帜，自宜促进民治之精神，倘民治机关仍任军阀所垄断，微

---

①　原文如此。——编者
②　原文如此。——编者

特现时生民凋敝情形，陷吾粤于永劫不复之境；且军人干政，必将危及全国，扰乱将无已时。某等越在海疆，对于祖国政局之纠纷，深用悲愤，伏望政府为粤省秩序安宁起见，毅然立断，迅速任命伍总裁廷芳兼任广东省长，以维大局而慰舆情，无任盼祷。星架坡华商代表陈友屏、张少兰、陈国参、黎銮祺、黄吉新等叩。

　　（《侨商推戴伍廷芳长粤》，上海《民国日报》1919
　　年 7 月 24 日）

唐绍仪致广州军政府电
（1919 年 7 月 24 日）

广州军政府鉴：

　　据旅沪广东各团公函称：广州自翟省长去后，人民多次请愿，激成风潮，影响商务。同人等关怀桑梓，情形隔膜，公推吴铁城、许柄榛、唐宝锷、孔昭晟四君为代表，回粤查访真相，妥为调停，请电知当局接洽等语。相应据情代达。唐绍仪。敬。印。

　　（《唐绍仪发电稿》，《近代史资料》总 51 号，第 150 页）

粤籍国会议员彭建标等致孙中山等电
（1919 年 7 月 24 日）

军政府各总裁、各部长、莫督军、省议会，南宁陆总裁、谭督军、上海孙总裁、唐总代表、广东善后协会，北京广东会馆转同乡京官，云南唐总裁，漳州陈司令、方总指挥、吕督办、韶州李督办、广东各镇守使均鉴：

　　粤自省长问题发生，各方均有推举。惟省长为一省行政最高机关，万不宜使狡猾之人滥竽充选。乃连日报载，有推举龙建章长粤之议，殊深骇异。

查龙建章与叶恭绰均交通系中重要人物，世称为龙虎二将，举国皆知。叶以聪黠机巧著，龙以阴柔深险著。昔在政局，蠹国营私，有目共睹。改革以还，谄事袁世凯，得充贵州巡按使，治黔经年，毫无政绩，日以制造民意助袁称帝为事。粤中请愿帝袁，龙名亦居首列，书牍具在，无可掩饰。护国军兴，龙愧对黔人，仓皇弃职。以言党派，则与交通系结不解缘；以言治功，则纯用巧宦手段，涂饰耳目。吾粤连年祸患，凡龙济光、莫擎宇、李耀汉等先后叛乱，皆由交通系暗助，北方操纵煽动，并拨款接济。而龙建章匿居港地，阴为之策划，蛛丝马迹，历历可寻。段祺瑞嘉该系牵制粤局之功，帝制罪犯，遂悉予特赦。是世民直接受龙、莫、李之祸，实间接受交通系之祸。迨诸乱迭平，狡谋不逞，龙建章又以媒介单独媾和为己任。对于两广当局，则称与徐有师生之谊，尽可待达隐情，力谋疏通。对于北方，则称与陆、莫有感情，一切问题，可以居中说合。招摇骗惑，买空卖空。近且乘省长风潮，冀窃政柄，奔走京沪，极力进行，阴嗾党徒，冒发电报，于是推举省长文电中靦然有龙建章姓名出现。果成事实，岂惟粤省之玷，抑亦护法之羞。

同人等为粤省民政前途及西南大局计，义难缄默，故对于龙建章运动长省之举，决不赞成。并乞诸公主持正论，以维粤局，幸甚。粤籍国会议员彭建标、郭宝慈、林伯和、王鉴、沈智夫等同叩。敬。

（《反对龙建章长粤要电》，上海《民国日报》1919
年8月7日）

粤籍国会议员陆祺等致军政府各总裁电

（1919年7月24日）

广州护法政府各总裁钧鉴：

我粤省长自翟汪离职后，各界多以伍总裁兼任为请，诚以伍公耆年硕德，出而长粤，自足餍粤人之望。及相悬一月，请愿数次，伍公卒以政务纷繁，未遑兼顾。近据报纸喧传，野心家纷出觊觎。议员等查粤海道尹张锦芳，护理省长月余，尚能维持现状，足见老成持重，堪资长粤。伍公如未允兼任，拟请护法政府即发明令，以之代理广东省长，俾得安心任事，且免纷争，而息浮言，宁人息事，莫逾乎此。尚希俯纳施行，粤局幸甚。粤籍国会议员陆祺、李洪翰、李清、符梦松、何铨绳、杨梦弼、林伯和、陆荣钧叩。敬。

（《粤闻纪要》，《申报》1919 年 8 月 8 日）

唐克明至孙中山等电

（1919 年 7 月 24 日）

广州军政府总裁诸公、各部总次长、政务会议各省代表、参众两院院长、议员诸公、鄂军代表张伯烈、陕闽湘鄂四省联合会诸公、莫督军、翟省长、魏厅长、林军长、李镇守使、陈总司令、钮督办、各舰长、汪精卫先生、鄂籍国会议员，韶州李督办、李镇守使、朱师长、成总司令转沈军长、古镇守使，武鸣陆总裁，南宁谭督军，桂林陈省长并转各师、旅长，云南唐联军总司令、刘代督军、由代省长、唐卫戍司令，贵阳刘督军，成都熊督军、杨省长、但师长，资州顾军长，泸州赵军长、夏司令，重庆黄总司令、卢副司令、王总司令、余江防司令，绥定颜总司令，顺庆石总司令转吕师长，保宁陈副司令，新津刘督办，万县杨中路司令、田梯团长，三原于督军、张会办转凤翔叶军长，漳州陈省长转方会办、浙军吕督办、王副司令，永州谭督军，郴州程总司令转韦、夏、马各总司令、赵师长、林、贾两旅长，辰州卢总指挥、田、张、胡各总司令并转桑植林总司令，溆浦周总司令，夔州黎联军总司令、柏总指挥、豫军王总司令，巫山颜师长转城口王总司令，上海孙总裁、唐总代表及各代表、张溥泉、孙伯兰、章太炎、蒋作宾、黄大伟、居觉生、刘丹蕨诸先生并转护法后援会、湖北善后公会诸先生均鉴：

施南交通闭塞，大局情形每多隔膜，然令我护法义军同心同德，初不虑有他项。乃和会再停，而单独媾和、联徐联段之说，竟纷传于吾人耳鼓，呜乎！此不祥而骇人听闻之谣，胡为乎来哉？

夫西南以护法兴师，当事诸公识见之明达，志气之坚卓，人心之服从，世界各国莫不钦服，何致今日有冒天下之大不韪，枉道求和，而自取覆亡若斯者。此必为北廷谲诈之谋有以致之，我护法军决不有是也。南北势力立于对等地位，则所谓南者，合护法义军全局而言也，我何单独而与言和哉？彼又何为而谋与我单独言和哉？彼盖袭远交近攻之术，欲不战而屈我；且北方违法，南方护法，绝然反对，奋九牛之力不能挽而合之。今以外患急迫，不得已始迁就言和，奸党未灭，已觉大违初愿，况丧失人格靦颜联彼哉。是非利害，稍有智识者，皆能明辩，稍有血性皆不肯为，而谓我西南义军肯受其愚而坠其术哉。夫联者，志同道合，利害相携也；讨者，诛彼凶残，以申国法也。今以所讨者而联之，则昔日讨伐之谓何？讨之不服，转而屈身折志以联合，斯无异反而自讨，彼且以一联字讨我于无形中矣。盖天下断未有昔之仇我者，今可以友我也。辛亥以还，南之联北者有之，而黎大总统其贻害最烈之一人。近之龙济光、刘存厚辈之欲藉助于北方者，又何如哉？总之，北方所畏者，在西南全局，非畏一省一军。脱一省一军被其所惑，则我之局势破裂，此一省一军亦必同归于尽。覆巢之下，宁有幸乎？此即不顾大局而单独求利，亦未为利也。而谓我西南人士，有此丧心病狂饮鸩止渴者哉？惟是北廷始以和议缓我之兵，继则遍布谣言，冀图摇惑人心，使我自生猜忌，互相残杀，以遂其一网打尽之计。我苟不察，则如火如荼之义军殆无噍类。奸谋险狠，殊堪痛恨，所望我护法诸公共相警觉，互为防维，依照冀公删电办法合力进行。并恳军政府握定主旨，通电各省各军团结一气，勿为所惑，则谣言自息，人心自定，无论言和言战，皆足以永立于不败之地矣。愚昧之言，尚乞察纳是祷。唐克明叩。敬。印。

（《军政府公报》修字第九十六号，1919 年 8 月 9 日，
"公电"）

宋渊源致孙中山函
（1919 年 7 月 24 日）

中山先生伟鉴：

徐君瑞霖来闽，代表崇闳，如亲謦欬，高谈未已，旧感顿兴。
忆昔亡清末季，满运未终，专制流毒，遍于区宇。渊源负笈榕垣，
广览书报，诵悉先生三民主义，喜极而狂，如梦初觉，自是倾向服
膺之诚，盘旋脑海，而不能去。其后游历日本，入同盟会，得瞻丰
采，益深景仰。

辛亥起义，由东而鄂而闽，幸得光复闽疆，并在闽组织吾党支
部，发挥民权，不遗余力。二次失败，奔走于南洋英、荷、法所属
各埠，极力鼓吹，备历险阻。袁运既终，国会恢复，支流杂出，派
别纷歧，渊源服从党义，拥戴先生。对于益友社、民友会，竭诚团
结，冀达先生民权自治之主张。不料段氏捣乱，国会再被摧残，先
生亲率舰队南下，护法军兴，渊源响应乡邦，为先生后盾，任劳任
怨，所弗敢辞。每至棘手灰心之际，一回想先生之言论丰采，辄为
之勇气百倍。盖渊源仅有革命之躯体，而先生实予以革命之精神。

比者闽粤两军误会，致生龃龉，兄弟阋墙，燃萁煮豆，事过境
迁，双方何尝不自为追悔。今先生眷念闽邦，关怀大局，特派徐君
来闽根本解决，承谕息战修好各节，均谨服从，业经电达在案。至
渊源所部，拟改编为福建警卫军，加意训练，并随时灌输吾党之宗
旨，使成沈雄坚忍之革命军，以供先生之驱策，倘有所命，自应绝
对服从。徐君亲履内地，与渊源所部时相款接，知之綦详，想必代
为报告。唯渊源尚有所请求于先生者数事：一、关于福建警卫军之

编制，承认各项交涉事件，请为主持。二、目下地方艰窘，饷糈无着，请赐设法援助，或代请援于南洋华侨。三、军队整理需才孔殷，请派军事重要人才到闽襄助，如得有通晓闽南语言者尤佳。四、竞存方面，请电饬勿仍误会，遇事互相提携。以上陈请，务乞俯准施行。

至关于大局进行方略，尚乞随时指示，俾渊源得以勉效驰驱，为吾党特放异彩，是皆先生之赐也。临禀无任恳切企祷之至。肃颂钧安

渊源谨禀

七月廿四日　自闽永春县发

（《革命文献》第五十辑，第 226~227 页）

田应诏等致军政府政务会议等电
（1919 年 7 月 24 日）

广东军政府政务会议、参众两院，云南唐联帅，贵州刘督军，永州谭督军钧鉴：

刻接陶君澄孝皓电，文曰：永州谭督军，溆浦周总司令，辰州田、张两总司令，辰溆萧总司令均鉴：澄十一日由叙起程，十六日抵绥属三角弄，当函知胡副司令宇平，胡复函即退，十八日午后遂入驻绥，各部退驻保靖方面，当率卫队入城。即请宋镇回署照常视事，四民欢欣鼓舞，秩序如常。至查办各部，容后呈报督座核办。特先电闻。陶澄孝叩。皓。印。等语。窃查陶君职系查办，前次到辰，请其亲赴绥保调查一切，坚辞不允。一经返溆，即带周兵赴绥，已属有意偏袒，到绥以后，复逼军府电令维持秩序之胡副司令学伸退出，更属违反命令。诏等又函胡君照办，不过表示退让，以求正当之解决。讵料陶竟不查是非，亦不电呈谭督转请军府核办，自请宋复原职，通电宣布，此种行为，不惟越权妄为，目中并无军府、谭督。如不严予惩处，诚恐效尤者继起，失我西南护法政府之

威信，大局前途，何堪设想。应请谭督迅速撤陶回永，严予处分，以免破坏大局，捣乱湘西。不胜迫切待命之至。田应诏、张学济、萧汝霖、林德轩仝叩。敬。印。

（《军政府公报》第一百零二号，1919 年 8 月 30 日，"公电"）

广东第二届省议会临时议长李国钧致孙中山等电
（1919 年 7 月 25 日载）

广州军政府各总裁、各部长、参众两院、莫督军、张护省长、盐运使司、财政厅长、警务处长、高审检厅长、各督办、各镇守使、各道尹、上海唐总代表、孙总裁，武鸣陆总裁，漳州陈总司令，各省督军、省长、省议会鉴：

本届省议会缘翟前省长以总监督名义主席选举议长，发生违法问题，久未奉军府解决。嗣经全体议员谈话会公决，定期依法先举临时议长。国钧猥以菲材，谬膺斯选，汲深绠短，惧弗克胜，只以粤事纠纷，百端待议，职责所在，义无可辞，当经即日就职，维持会务。仍恳军政府将议长问题迅赐解决，俾得早卸仔肩，而免陨越。谨电奉陈，伫候明教。广东第二届省议会临时议长李国钧叩。

（《粤省议会新旧之争执》，上海《民国日报》1919 年 7 月 25 日）

陈遐龄致军政府各总裁等电
（1919 年 7 月 25 日）

火急。北京大总统、国务院、参陆、外交、财政各部、蒙藏院、参众两议院，广东各总裁、政务会议，黎、冯两前总统、段督办、徐筹边使，保定曹经略使，各巡阅使、巡阅副使，各省督军、省长、各都统、各护军使、各镇守使、各师、旅长、各司令、各法团、各省议会、各报馆钧鉴：

顷读川督蒸电，于边事尚未切尽，谨以一隅之见为国人略陈之。

查藏人自前清及今，无自治之名，有自治之实。外交上所宜力争者，为限止英人在藏之行动，而我不失宗主权。又须以威信结藏，使勿受英愚，则藏庶不为印度之续，而五族共和之民国，金瓯始能无缺。至界线问题，则川边自改土归流以来，所改者土也，非藏也。原界有图可按，而青海等处更无论矣。藏人此次犯边，应为我共和国一种内乱，用兵划界，均应属于边事范围，自不能听人干涉。英副领事台克满离边北上时，龄早知有今日，曾电当道注意。

又川督原电，引停战为奇耻，诚奇耻也。惟去年绒坝岔之役，本军血战廿余昼夜，弹尽款绝，龄急电迭求接济，川督派刘成勋解弹五万发、款二万元，逼令我军退出雅防始行交款，事闻关外，全军回顾，龄不得已忍痛停战，此奇耻所由来也。其时亟图挽救，遂有去年九月分上当轴之呈文，今年二月上成都军事会议之九条，皆言日后之胜负视预备之先后外，此乞款乞弹情词急切之电，不知凡几，皆为国防起见。而川省杨沧白、王幼愚及省议会之唐游诸君，关怀大局，皆能以边事为言；滇省唐督军于乡匪肆扰时，尚济我巴军万元；远在大理之孙司令永安，以济巴军以杂粮，始得收复巴理；甘省张督军曾两次倍道四千余里，专函到炉，询商攻守事宜。两公爱国热诚，高人万万，实深钦感。川督顾念边防，共发过款、弹各十余万，米无颗粒。以龄承乏边事，乞［迄］今二十阅月，大小数十战，所得仅此。以每年二千余万两收入之川省，济边止此。更属望于万里外之中央统筹兼顾，国防前途，何堪设想。

又川督原电谓，俟停战期满，即督川中将士，分道进攻。查川中军队，距藏边前线，近者二千余里，远者三四千里，停战期逾月即满，何能飞来？边卒饥饿欲死，川督尚谓无法挹注，川军又何款以拔？总之，西藏外交之得失，视川边战事之胜负，而边事之成败利钝，视接济之多寡迟速。川督热心爱国，请践蒸电之言，以国防为前题，于八月十五号以前，先筹发款三十万、九五子弹各二十万，星夜解边；并请将四、五、六、七、八五个月伙食一同发下，以后照龄二月上九条按月实行，接济伙食五万元、米五百石，俾龄进攻确有把握，恢复民国已失之土地，免劳□□①川督二次之西征。否则，龄不敢以空言塞责、战胜自欺。

现边情危迫，无暇详述，经过事实，文电俱在，事后当编辑成书，遍告国人，是非功过，待之公论。谨此略陈，为最后之呼吁。否则，请明降命令，俾退龄率队离边，赴京待罪。临电无任屏营待命之至。川边镇守使陈退龄叩。有。印。

（《陈退龄痛陈川藏边防之二电》，天津《大公报》1919 年 8 月 29 日）

国会议员陈宏栋等致广州军政府等函

（1919 年 7 月 26 日载）

军政府、督军署、警察厅：

敬启者：昨有各学校学生、公民代表四十九人，到本俱乐部诉称：以关于本省省长问题，前日赴省会请愿。不料有警察多人，兼有番禺县署游击队、财政厅卫队在场，横加干涉，以枪殴击，并放枪数十响，为示威之行动，受伤者共有二十余人之多。昨日在东园开会，亦被军警强逼制止，撕毁国旗，任意驱逐，横加殴击，并携带机关枪数枝，如临大敌。且称学生、公民集会请愿，人民法律应有之权，官厅宜负保护责任，今乃一任军警横加干涉，肆意蹂躏，陆续拿人等情。议员等即日就本俱乐部召集同人，开会讨论，结果

---

① 原文如此。——编者

均以〔以〕军警若果有此行为，未免轶出常轨，为此函请贵政府、贵督军、贵厅长迅下训令禁止，并将被拿之人释放，以安人心，而靖地方。不胜迫切待命之至。专此，敬请

政安

陈宏栋、何士果、杨梦弼、王釜、王鸿庞、苏佑慈、易仁善、谢怀材、何铨渑、黄元白、叶夏声、李清源、李洪翰、林伯和、刘芷芬、符梦松、沈智夫、郭宝慈、李炳焜

（《国会议员不满粤当局》，上海《民国日报》1919

年7月26日）

朱伯为致孙中山函
（1919年7月27日）

中山先生钧鉴：

敬启者：窃以欧战告终，列强疲惫，商业发展惟在远东。我国战祸频年，民穷财竭，外债山积，破产堪虞，若不力图自强，必遭沦胥之祸。自强之道甚多，内政外交，在在均关重要。而实业一项，乃为根本要图。同人等有鉴及此，是用创办本报，每十日出版一册，以提倡实业为宗旨，搜集实业智识，以及关于各种实业之经验，贡献国人，以供研究。定于阳历八月十一日出版。凤稔先生提倡实业，国人共仰，用特函布，敬希指示一切，以资遵循。并恳辱贶祝词，藉光本报，不胜感祷。专此，敬请

毅安

《实业旬报》主任、四川旅沪同乡会会

长、商业公团联合会干事朱伯为谨启（印）

中华民国八年七月二十七日

孙中山批：汉民代作祝词。

（《革命文献》第四十八辑，第364页）

陈遐龄致军政府各总裁电

（1919 年 7 月 27 日）

北京大总统、国务院、参陆、外交、财政各部、蒙藏院、参众两议院、广东各总裁、政务会议、黎、冯两前总统、段督办、徐筹边使、熊督办、保定曹经略使、各巡阅使、巡阅副使，各省督军、省长、各都统、各护军使、各镇守使、各师、旅长、各司令、各法团、各省议会、各报馆钧鉴：

川督蒸日通电，乃龄年余以来所期望而不可得者，捧读之余，钦佩曷已。惟原电对于藏事关系经过情形，尚有未切尽者，遐龄愿以一得之愚，敬为国人陈之。

（一）原电第一条谓：自治问题，万不得认为事实，国家用兵，外人不能干涉。诚哉言乎。查西藏一隅，本属吾国版图，自改革后，因我国多故，无暇经营，致该番无自治之名，久有自治之实，在吾国今日已有不承认之承认。遐龄谓此时所应力争者，在应限制英人在藏之行动权限，与不背离吾国五族共和之主旨，不过姑有商家之分号，仍在总号范围之内。至其上年与彭统领以细故启衅，实为吾国一种内乱，用兵戡定，自有主权。譬之一家有子弟不肖，自当挞楚，决无外人拦入，折〔析〕分其产之理。此遐龄之所望于我大总统提议时之应坚持者也。

（二）原电第二条谓：甘滇新青等省，英使提出划归西藏，条文苛酷，如再示人以弱，将来界务必至变本加厉云云。令人闻之，悲愤横集。遐龄更有欲为详言者。查边藏同隶吾国，其界线之分，亦等于各省。无论甘滇新青，各有定界，不能变易，即川边亦原有定界，江达以西为藏，东为边，西南以雅鲁藏布江为界。边自边，藏自藏，前清部院俱有案可稽，毫不容混。且边地设治，原系改土归流，并非取之于藏。如谓藏番兵力所到，即应攘为己有，设我军直抵拉萨，时藏界又从何划？前英副领事台克满自前线回炉，即日晋省，旋又折回京，遐龄曾两上警告，盖早知有今日之逼议。惟藏番受外人愚弄，昧于大义，我中华民族既以五族为一家，大总统即为五族之家长，自当一视同仁，剀切开导，俾达赖不受人愚，倾心归附，免为印度之续。此遐龄又之所馨香祷祝者也。

（三）原电第三条引停战为奇耻，诚奇耻也。其所以蒙此奇耻者，又不能不为国人言之。遐龄受命于危难之际，值边军统领彭日升不受命令，迭次失败，遐龄驱欠饷百余万之陆军混成一旅，分道出关，转战千里。绒坝岔一役，血战廿余昼夜，敌始大挫。屡电乞济款弹，殊川督于此时令刘成勋带款二万、弹五万，逼我退让雅防，致前线军心大愤，咸欲入关，几使前功尽弃。盖雅州各属，在前清办理边务时，已认定该区为川边之粮道。即护国军兴，蔡前督洞察边情，亦以雅六属并洪雅越巂，为川边采运之专区，由边派兵驻扎，就各属提款购运以免延误。其后罗、戴、周、刘各督军，亦相沿办理。乃今川督军不察时势，竟逼令退让，并乘之于我军与番激战时，使我首尾不顾，龄不得已暂行停战，此奇耻之所由来也。然往者已矣，来者可追。停战后，遐龄即据实分呈当轴，并请川督速筹大批款弹，以图恢复，曾声明边藏之胜负，即恃彼此预备之后先，乃数月声息俱无。本年二月成都会议，遐龄又剀切上呈九条，备言利害。此外，文电随时呈报者，不知凡几。其所以不惜苦口陈词，原冀补救于万一。而川督委之于画蛇添足之筹边处，其督办又属之于刘成勋，款则委之以画饼充饥之烟酒公卖局，至今未得分文。不知国防关系，国人有责，以远在四千里外之甘省张督，犹两次专差倍道来炉，筹商攻守机宜为者，转电中央代乞款弹；滇省唐督于乡匪肆扰时，尚为我巴防军队筹拨万元；其驻大理孙司令永安，并连道济我巴军杂粮，上年收复理化，该司令电商方略，遥为声援。以上诸公，其目光高远，过他人万万。而不谓川督之对边，至今犹有我师不让汉荣，决不接济之语。查上年曾以月接济我伙食三万元、米五百石，为逼让雅防交换之条件，迄今一无实行，而我已让去六县，所保仅汉荥一线运道。乃复藉为口食，不知办理边务。即照部章核定成案，每月发足一十三万五千三百元，而后方采运，仍非规复雅属不可，遑言再让荥汉。此遐龄不能不直陈者也。

（四）原电第四条谓：西藏问题，十倍青岛，诚为今日之至论。至原电自谓年余来增械增饷，不遗余力，并指定烟酒公卖局为川边之用。苦心孤诣，遐龄未尝不知感激，惟遐龄承乏廿余月，大小数十战，所得川中先后接济，仅零星领过款、弹各十余万。如非杨沧伯、王幼瑜及四川省议会唐游诸公关怀大局，费尽唇舌，代为催促，尚不可得，米□颗粒未见，我川中父老人民共见共闻。遐龄迭电催发，非曰无以军食为词，即云勿以后方为虑，来去均有原电可证。至云川中频年丧乱，财力耗竭，苦无挹注之法，需全国担负；七月庚日来电又云，需仰给中央云。遐龄殊不谓然。查历年边款，皆由川省筹给，如欲仰给中央，远水近火，万难有济。如欲各省协助，此时亦决难办到。遐龄默察川中财政，每年额收，共银三千余万两。近年来常收之外，有预征者，有苛罚者，有特别新筹者，其收入总数倍于曩昔。何难分涓滴之余润，以济川边、川中各军？每月均关，全饷三月，川督始有实支七成之通令，而苦守国防之兵，竟至按月允济之饮食，现四阅月尚无着，使稍为挹注，各友军爱国心同，未尝不可通融。再不然，将指定之烟酒公卖局款，实行接济。计全川收入，亦为数不少，川督果能以国防为前题，实行筹备，亦不至有摩顶放踵之日。此遐龄仍始终期望于川督者也。

再：原电谓：停战期满，即督队进攻。以时势计之，藏番即不深入成都，亦当长驱邛崃，且边地早寒，以夙未出关之军队，趋于冰天雪窖，是不啻以械与人。此地势气候上万难成为事实者。尹硕权在京，殷叔桓在滇，当道诸公不难就近询明。况现在停战期逾月即满，川督通电已经半月，尚未闻有如何积极进行者。以我现在扼守前方之军队，饥饿欲死，川督尚云无法挹注，岂停战期满，川军开拔，便有巨款耶？此语是否自欺欺人，今姑不论，惟与我国人共鉴。川督此时对边之筹济，以证其蒸电爱国之真伪。如能于廿日内，先筹拨九五子弹各廿万发、款卅万，并后方有可靠之目的款，仍先发四、五、六、七、八等五个月之伙食，当与甘滇两省近边军队约期进攻。如不恢复失地，遐龄甘当军法。如必欲听我军饿死，另筹西征计划，龄复何言。倘此时力不能支，惟有率部离边而已。

　　总之，西藏外交之得失，视川边战之胜负，而川边战事之胜负，又视接济多寡迟速。龄与川边既无杯酒之欢，亦无睚眦之怨，屡次大声疾呼，无非为国防起见，言虽激切，情非得已。川督如韪龄言，则东隅虽逝，桑榆未晚；如怒龄言，愈加嫉忌，使我坐失国防，罪在后方，国人当共谅之。以上所陈，皆有文电，事实可证。现边事危急，无暇赘述，俟稍有结束，当集成书，遍告国人，是非公〔功〕罪，俟之公论而已。川边镇守使陈遐龄叩。感电。

　　敬启者：昨于七月二十五号发出有电，通告全国，计已达览。因前电言之太略，兹又长言之。至年余事实罄竹难书，加以边事急迫，罔知避忌，恐沿途电局扣阻，用特刷印分邮，伏乞察鉴。

　　（《陈遐龄痛陈川藏边防之二电（续）》，天津《大公报》1919 年 8 月 30 日）

张伯烈致军政府各总裁等电

（1919 年 7 月 28 日）

广州参众两院同人、护法政府各总裁、各部长、各省各军代表（中略）[1]、各报馆均鉴：

　　日前，护法政府由关税余款分拨来银五十万两，政务会议拟将

---

　　①　原文如此。——编者

此款支配，除国会、海军经费各若干外，尚有程潜、李书城各若干之说。伯烈以国会议员兼厕鄂军代表，列席政务会议，对于如此支配之处，认为失当，即在政务会议上提起异议，预请兼财政部长伍总裁善为理处。因以书函说明理由，并为鄂西黎、唐各军请命，其意在请政务会议保存此款，作为和议决裂之战备金，不可滥行支配，形同瓜分。即令军需在即，亦当循名核实，利益均沾。若湘军之款，程潜既已去职，则自有主管者在，非程潜私人可得而受；若李书城，现任护法政府军事委员兼任遣送敌侨事务局督办，改官粤垣，将近年余，所部残军早归湘军编制，事实昭彰，在人耳目，何今突然又有收束军队之举？夫此款虽拨自关余，亦是小民膏血，苟或用途不明，稍涉偏私，不惟无以对我国民，且不足以服前方军士之心，而堕护法政府之威信也。

伯烈不敏，自信此种主张绝无成见。不意昨二十七日十时，忽有着黑衫裤之人来宅，据云李书城已派数人将来先生宅行凶，并带有手枪，我因同乡关系特来报告，请先生暂行回避，以免受害。言毕即去。伯烈骤闻之下，异常惊骇，正踌躇间，甫及数分钟，果有前李书城部下副官黄承羲及其妹夫张德六，与现充遣送敌侨事务局职员张樵嵩、李文恭、潘月楼等五人，带来兵士二名，敲门而入，势甚汹汹。伯烈睹此险象，不得已乃越窗逃避，胸臂受伤，奔赴临近警察署求援，未遭毒手。斯时，黄承羲、张德六等□□□□楼，满室搜索，咆哮凶恶，不可理喻。嗣见伯烈实不在家，始退至邻舍胡君仪卿家以俟烈归，为时警署已徇烈请，派来警士多名，当场将承羲等五人拘获，解厅候办矣。

窃谓护法根本之地，青天白日，公然有此凶暴行为，法律前途，曷堪设想。除依法向法庭起诉外，特将李书城嗾众行凶未遂各原由，电陈左右，伏乞主张公道，而彰法纪。国会议员、鄂军代表张伯烈叩。俭。

（《张伯烈为分配关余致西南各省电》，天津《益世报》1919 年 8 月 10 日）

谭延闿等致军政府各总裁等电

（1919 年 7 月 28 日）

广东军政府岑总裁及各总裁、参众两院湘籍议员，上海唐总代表、南方分代表、湖南善后协会，武昌王督军，长沙各报馆均鉴：

自张敬尧入湘以来，虐民黩货，非止一端。最近将湖南第一纺纱厂机件拍卖与鄂人李紫云，湘省议会及各地方团体一致通电反对。查纺纱为湖南最注重之工业，亟应积极提倡，而乃横被摧残，延闿等实难坐视，应请王督军责令李紫云退机废约，交由湘人管理，并通电保证之。尤望我军府通告北廷，严令张敬尧嗣后对于湖南地方一切公有财产毋得拍卖或抵押，免致激成众怒，牵动湘局。迫切陈词，伏希公鉴。谭延闿、赵恒惕、林支宇、林修梅、宋鹤庚、廖家栋、鲁涤平、贺耀祖、唐生智、叶开鑫、翟维威、赵越、张振武、刘铏、吴剑学、张辉瓒、谢国光、罗先闿、刘茂龙、李韫珩叩。勘。印。

（《军政府公报》修字第九十五号，1919 年 8 月 6 日，"公电"）

吕公望致军政府总裁电

（1919 年 7 月 30 日）

广州军政府总裁钧鉴：

顷据前敌司令陈肇英电称：此次家兄来漳，述家内被封情形，泣不能仰，现仍被封如故，致家人多所怨望。英一身不足惜，惟家人受累，情实难堪，恳请鼎力设法，先行启封，一切账目均由双方派员会算等语。查此案前蒙军府往返交涉，已有头绪，迄今日久，谅已启封，据陈前情，依然被累，任令延搁，似属非宜，恳请严电北廷，转饬浙督迅即先行启封，一面由双方派员会算，以清纠葛，至为盼祷。吕公望叩。卅。印。

　　（《军政府公报》修字第九十六号，1919 年 8 月 9 日，
"公电"）

湘西地方参事会参事瞿松生等致
军政府各总裁等电

（1919 年 7 月 30 日）

十万急。广州军政府各总裁、参众两院湘议员团，云南唐总裁，贵阳刘督军，上海唐总代表、湖南善后协会，天津熊秉三先生，武冈送永州局转谭督军、萧镇守使、各司令，郴州赵总司令、林纵队长、林处长、各司令、各旅团长，溆浦周总司令，辰州卢旅长、田、张、林各总司令、胡副司令，辰谿萧总司令、陈司令，洪江蔡副使，凤凰厅田代镇守使并转麻阳陈司令，乾城姚团长，永绥陶查办使兀郦君钧鉴：

　　前者宋、方冲突，蒙军府暨谭督军轸念民瘼，派陶澄孝来绥查办，幸陶公应付有方，不仗兵矢，先商胡副司令，彼此进退，秩序如常，宋镇回城，驻留原防，并将宋、方意见解释，勿再轻开衅端，双方均已允服。方冀消弭兵戈，从此得睹天日，乃张学济野心未戢，又复令招匪军，纷纷开赴保靖、永绥等处，扬言攻城击陶，并假临时议会名义通电，窥其用意，非大肆杀戮不足以快其狼心。

　　湘西未遭兵燹，黔、溆各属四民安乐，而我辰、绥自张学济回后，先有林、谢之战，继有谢镇、姚协之争，复有宋、方之事，其他如甘清几、朱云步、向泽南等之乱，不胜枚举。崔莩满地，民业俱废，稍有天良者，莫不心痛。兹张学济否认陶公，复欲捣乱，冥顽不灵，至斯已极。特此迫切呼吁，泣恳军府、谭督帅迅饬张道，即将靖绥匪军撤归辰州，严加约束，如张敢冒不韪，肆行无忌，应

请周总司令就近派军前往镇摄，以维地方，大局幸甚，湘西幸甚。湘西地方参事会参事瞿松生、余树栋、姚春霖、徐寿铭暨永龙公民代表张家修、崔毓崧、李瑞钊、童库培等同叩。卅。印。

（《军政府公报》修字第九十九号，1919 年 8 月 20 日，"公电"）

田应诏等致孙中山等电
（1919 年 7 月 30 日）

广州军政府各总裁、各部总次长、政务会议、参众两院、莫督军、李督办，韶州李督办，武鸣陆总裁，云南唐总裁、唐卫成司令，贵州刘督军、王总司令，成都熊督军、杨省长、夔州柏总指挥、黎总司令、唐总司令、豫军王总司令，泸州赵军长、叶军长、重庆黄总司令、卢副司令，三原于督军、张会办，南宁谭督军、李省长，福建林督军、方会办、吕督办，溆浦周总司令，上海唐总代表、各分代表、孙总裁，永州谭督军，郴州探送永兴赵师长、林纵队长、林民政处长，各省各护法区域各督军、省长、各师旅团长、各总司令、各镇守使、各省议会、各法团、各报馆均鉴：

顷阅长沙公意报纸，内载湘西之局部议和，□湘西各将领除周则范外，其余田应诏、张学济、胡瑛、林德轩三部分，现与冯玉祥旅长已接洽妥善，请愿与中央局部议和，各方面之议和条件已经商定云云，等语。闻之深为诧异。和议问题关系全国，自有军府主持，非一方一人所能置喙，更何局部之可言。况诏等前接奉唐、刘诸公铣电，所公布之主旨，极表赞同，并陈明竭力巩固军府，始终不渝，主意咸日通电在案。光明磊落，岂一时黑白所能混污。今该报竟妄行登载，悠悠之谈，不值一哂。然奸人造谣，意有所在，迷离变幻，既易淆乎观听，当防遏于再萌。区区之忧，不得不重为昭揭，以资声明，而免诬蔑。临电激切，幸垂照鉴。田应诏、张学济、林德轩叩。卅。印。

　　　　（《军政府公报》修字第一百号，1919 年 8 月 23 日，
"公电"）

宁堵纲致广州军政府等电
（1919 年 7 月 31 日）

广州军政府、督军、省长、省议会、报界公会钧鉴：

　　窃父亲岛典历任新增分局长，现奉委保卫总局长，于三月勘日回新增分局。是夜二更，被多匪入街，抢劫商店，并掳分局，父力抵拒，被匪动枪毙命。哀乞迅速拨派大兵剿办，以伸正义，存没沾恩。墨絰随灵山中学生宁堵纲泪电。卅一。

　　　　（《军政府公报》修字第九十六号，1919 年 8 月 9 日，
"公电"）

谭延闿等致孙中山等电
（1919 年 7 月 31 日）

广州军政府岑总裁、伍总裁、林总裁、各部总次长、参众两院、莫督军，武鸣陆总裁，云南唐总裁，成都熊督军、杨省长，贵阳刘督军，韶州李督办，漳州陈省长，三原于督军，诏安方总指挥，南宁谭督军、柏省长，上海孙总裁、唐总代表、各省分代表、章太炎先生、张溥泉先生、孙伯兰先生、熊秉三先生、全国学生联合会、各团体、各报馆钧鉴：

　　南北和议，① 覆巢之下，宁有完卵？近据各报载，青岛问题我

---

　　① 　以下约有 20 余字难以辨识。——编者

国在欧会拒绝签字后，北政府毫无办法，一般甘心卖国之徒仍复运动继续签字，惟恐国亡之不速。现若辈藉口以欺骗国人者，不过谓欧约不签字，我国即不能加入国际同盟；又谓我国绝不签字，日本将以实力占据青岛。以上所论据，在稍有常识者即不能为其所欺。国际同盟乃欧战结局后应时势而生之产物，欧洲和会自为一事，国际同盟又自为一事，何致因我国对于欧约不肯签字，而防［妨］我国际同盟之加入乎？况我国不签字理由，实迫于青岛问题不克保留而出此，早经对外宣告，并于国际无防［妨］。至谓我不签字，日人将以实力占据青岛之说，尤不足惧。自积极方面言之，我国果能将南北和议早日结局，一致对外，自不难为正当之防卫；自消极方面言之，日人对于青岛野心勃勃，不签字固占据，签字亦占据，与其签字完成承认，继续自箝其口何如？不签字，在国际上犹认日本为不正当，尚易为将来之挽救乎。

诸公对于外交情形见闻较确，自有伟谋硕画挽兹危局，惟千虑所得，不敢不告，务望早日促成和议，一致对外，并祈设法阻止继续签字之诡谋，以延国脉于一线。谨贡区区，伏惟鉴察。谭延闿、赵恒惕、林修梅、宋鹤庚、廖家栋、鲁涤平、吴剑学、谢国光、罗光闿、刘梦龙、李韫珩叩。卅一。印。

（《军政府公报》修字第九十七号，1919 年 8 月 13 日，"公电"）

广东国民大会致孙中山函[①]

（1919 年 7 月）

中山先生钧鉴：

广东自翟前省长弃职潜逃，各界一致推举伍总裁廷芳兼任，请

[①] 《革命文献》断为 1919 年 5 月。据内容，应在 1919 年 7 月。——编者

愿军府，前后八次，迄未解决。且任武人非法横行，不经军府同意，私派张锦芳护理省长，亦不过问。群情汹涌，愤不欲生。昨十日为外交问题，在东园开国民大会，佥以对外固切要之图，而安内犹刻不容缓。全体国民万数人，即日复联赴军府，请求下令讨伐卖国贼，及任伍总裁兼粤省长。军府各总裁仍无答复，人心愈愤。经于十一日起，一律罢市要求，以示坚决。十二日各工党复继续罢工，以壮声援。素稔先生爱乡爱国，夙其热诚，兹特派李君醒庵到沪接洽，并请通电军府，以维粤局。至详情由李君面陈，恕不再赘。诸希垂听。专肃，敬请

勋安

（《革命文献》第四十八辑，第 295 页）